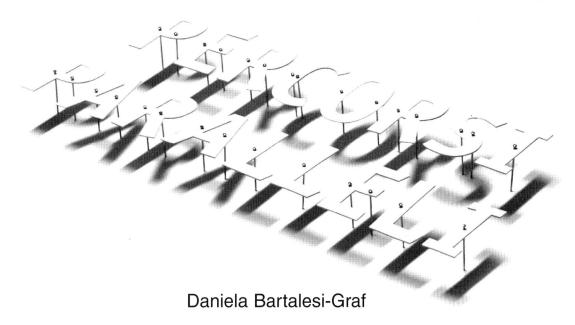

Daniela Bartalesi-Graf

L'ITALIA
DAL FASCISMO AD OGGI:

Percorsi paralleli nella storia, nella letteratura e nel cinema

I edizione
© Copyright 2005
Guerra Edizioni - Perugia

ISBN 88-7715-769-0

Guerra Edizioni
via Aldo Manna, 25 - Perugia (Italia)
tel. +39 075 5289090
fax +39 075 5288244
e-mail: geinfo@guerraedizioni.com
www.guerraedizioni.com

Progetto grafico
salt & pepper_perugia

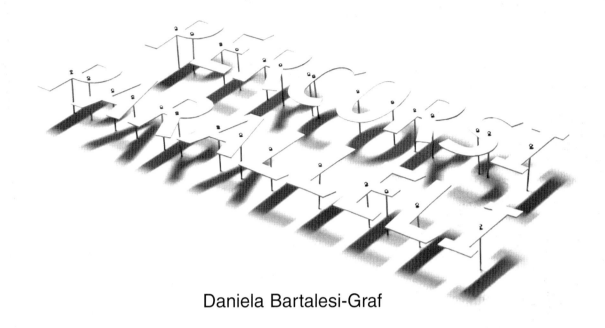

Daniela Bartalesi-Graf

L'ITALIA
DAL FASCISMO AD OGGI:

Percorsi paralleli nella storia, nella letteratura e nel cinema

Guerra Edizioni

INDICE

INDICE

INDICE

Palermo, un anno fa

Eppure sta vincendo

PRESENTAZIONE

Questo testo percorre gli ultimi ottant'anni di storia italiana, ma non si ferma alla narrazione dei principali eventi storici. La seconda parte del titolo - "percorsi paralleli nella storia, nella letteratura e nel cinema" - riassume la mia intenzione: offrire un quadro conciso ma non superficiale della società e della cultura italiana nella loro evoluzione dal fascismo ad oggi. A questo fine, ho usato un metodo interdisciplinare, accostando voci diverse e anche contraddittorie, provenienti dal mondo delle letteratura, della cultura popolare, della storia e del cinema. In ogni capitolo, infatti, alle pagine di storia (**"Introduzione storica"**) seguono le seguenti sezioni di approfondimento:

- **"Quadretti culturali"**: due approfondimenti su aspetti della cultura e della vita italiana di quell'epoca.

- **"Le Parole dei protagonisti a confronto"**: una serie di testimonianze dirette di uomini e donne che hanno vissuto in prima persona le vicende narrate nell' "Introduzione storica" (politici, scrittori, gente comune).

- **"Le letture"**[1]: una selezione di brani di narrativa o saggistica di autori di primo piano i quali offrono il loro punto di vista, la loro esperienza personale, la loro interpretazione di ogni periodo storico.

- **"I film"**: schede di discussione e di analisi relative ad alcuni film che hanno meglio rappresentato il periodo in questione. I criteri usati nella scelta dei film, parafrasando Pierre Sorlin, sono stati: "l'originalità di un film, la sua capacità di rappresentare realisticamente gli eventi storici e la cultura dell'epoca, il fatto di essere stato accolto favorevolmente dal pubblico"[2].

Il collegamento fra la storia e le altre sezioni di approfondimento è reso esplicito nelle varie note a piè pagina contenute nell'Introduzione storica: qualora un evento storico trovi una eco in una lettura, film, quadretto culturale, o nelle parole di un protagonista, una nota a piè pagina porta all'attenzione del lettore quel particolare collegamento.

Il testo si articola in sei capitoli: i primi quattro sono in ordine cronologico, coprendo ognuno circa 20-25 anni di storia. Gli ultimi due capitoli - "Il fenomeno della nuova immigrazione negli ultimi 25 anni" e "Prospettive dal sud: lo stato e la mafia" - sono approfondimenti di due argomenti specifici, già accennati nei primi quattro capitoli: il passaggio dell'Italia da nazione di emigrazione a nazione di immigrazione e la specificità della situazione economica, politica e sociale del sud d'Italia, con particolare attenzione al fenomeno mafioso.

Questo testo è indirizzato agli studenti di livello intermedio e avanzato di italiano come lingua seconda, che frequentano l'università, gli ultimi anni di scuola media superiore, o scuole private di lingue, ma anche agli studenti di madrelingua italiana delle medie inferiori o superiori. Troppo spesso i programmi scolastici delle scuole pubbliche italiane dedicano solo un'attenzione marginale alla nostra storia più recente. In questo testo, anche studenti ed insegnanti di madrelingua italiana troveranno ampio materiale di riflessione e discussione sulle radici storiche e culturali della società in cui vivono.

Pensando in particolare alle esigenze degli studenti di italiano L2, ogni capitolo è corredato da annotazioni linguistiche e osservazioni grammaticali con relativi esercizi. Inoltre, i seguenti ausili didattici, contenuti in ogni capitolo, saranno

---

[1] La data posta a fianco del titolo di ogni lettura é quella di prima pubblicazione dell'opera. Per l'indicazione di ogni copyright, vedi sezione 'Fonti' alle fine del testo.

[2] P. Sorlin, *La storia nei film, interpretazioni del passato*, La Nuova Italia, Firenze, 1984, p. 18.

utili anche a studenti di madrelingua italiana: domande di comprensione e discussione relative ad ogni introduzione storica, lettura e film, soggetti per componimenti scritti, presentazioni orali - individuali o di gruppo - e dibattiti su ogni argomento trattato. Questo testo non vuole solo insegnare un determinato periodo storico, vuole anche far discutere e riflettere incoraggiando gli studenti ad esercitare le proprie capacità critiche e analitiche.

Suggerimenti didattici per l'insegnante

Il testo contiene sei capitoli e si presta quindi molto bene ad essere utilizzato in qualsiasi semestre accademico che tipicamente si articola su tredici-quattordici settimane di insegnamento. A discrezione dell'insegnante e a seconda delle diverse esigenze accademiche e didattiche, il materiale può essere diviso in vari modi. Ecco alcuni suggerimenti:

- si possono dedicare **due** settimane ad **ogni capitolo**, ma **tre** settimane al capitolo **quattro** che ha una più lunga introduzione storica ed è più ricco di letture;

- alcuni insegnanti vorranno coprire solo i capitoli "**storici**" (cioè primi **quattro**), tralasciando gli ultimi due di approfondimento; in questo caso si potranno dedicare tre settimane ad ogni capitolo;

- nei corsi meno avanzati (ad esempio, di secondo anno a livello universitario e di terzo anno nella scuola media superiore) e nei quali si dedica ancora molto tempo al ripasso di strutture grammaticali, il testo può essere diviso su due semestri, come segue: nel **primo semestre** si possono coprire i primi **due** capitoli (dal fascismo agli anni '60) e il capitolo **sei** "prospettive dal sud", che riprende molti dei temi trattati nel secondo capitolo (riforma agraria, immigrazione interna, effetti della ricostruzione al sud, ecc.); il **secondo semestre** può essere dedicato interamente alla storia italiana più recente, coprendo quindi i capitoli **tre** e **quattro** (dalle proteste del '68 al presente) e il capitolo **cinque** (la recente immigrazione).

Ogni capitolo offre un'ampia scelta di brani letterari e di saggistica, di film, di soggetti per componimenti scritti, presentazioni orali e dibattiti in classe: l'insegnante avrà quindi ampia discrezione nell'uso del materiale. La lettura a casa e la discussione in classe della **introduzione storica**, di un **quadretto culturale**, di **due letture**, e la visione di un **film** per capitolo saranno sicuramente sufficienti ad una comprensione più che superficiale di ogni periodo storico.

Nell'ipotesi che ogni capitolo venga trattato nel corso di due settimane di 8 ore complessive di insegnamento, come è d'uso nella maggior parte degli istituti di insegnamento di livello medio e superiore, si consiglia di articolare il programma delle lezioni nel seguente modo:

1. Una lezione dedicata alla discussione dell'"**introduzione storica**"; l'insegnante può assegnare a casa le **domande di comprensione** e utilizzarle come inizio della discussione in classe. Al fine di evitare che la lezione si trasformi in una semplice ripetizione del materiale contenuto nel testo, si consiglia all'insegnante di chiedere agli studenti di riflettere anche sui seguenti punti:

   a. Nelle pagine di storia che hai letto per questa lezione, quale informazione o idea hai trovato più interessante o ti ha colpito di più o hai trovato più rilevante per comprendere meglio alcuni aspetti della nostra storia contemporanea?
   b. Dopo aver letto le pagine assegnate per oggi, c'è qualche aspetto che vorresti approfondire, o hai qualche domanda - generale o specifica - da portare in classe?

   In questo modo la discussione si sposta sull'esperienza diretta dello studente e sulle sue reazioni agli eventi storici in discussione.

2. Una lezione dedicata a uno o entrambi i "**quadretti culturali**". I "quadretti" sono approfondimenti di aspetti della cultura italiana e possono essere utilizzati in vario modo. L'insegnante può dividere la classe in due gruppi e assegnare un quadretto culturale a ogni gruppo. La lezione consisterà in una presentazione, da parte di un gruppo all'altro, del contenuto del "quadretto" assegnato. Anche in questo caso, come per la lezione dedicata all'introduzione storica, un metodo efficace per stimolare la discussione è porre agli studenti domande che sollecitino la loro reazione personale alla lettura, del tipo:

- **Che cosa vi ha colpito di più leggendo questo "quadretto"?**
- **Questo "quadretto" vi ha aiutato in qualche modo a capire meglio la "storia", così com'è presentata nella introduzione storica? In che modo?**

In alternativa, l'insegnante potrà chiedere agli studenti di scorrere entrambi i "quadretti", di scegliere di leggere con attenzione quello che ogni studente ritiene più interessante, e di motivare quindi la propria scelta alla classe. Entrambi i metodi sono efficaci per una lezione "centrata" sugli studenti e sulle loro reazioni al materiale letto, piuttosto che sulle opinioni dell'insegnante o sulla ripetizione del contenuto della lettura.

3. Una lezione dedicata alla sezione "**parole dei protagonisti**"; l'insegnante assegna il seguente compito a casa: ogni studente dovrà scorrere le testimonianze contenute in questa sezione e sceglierne una o più che l'hanno colpito/a particolarmente o che, secondo lo studente, meglio rappresenta un punto di vista o forse due punti di vista opposti su una tematica di particolare interesse. Le lezione è dedicata ad una discussione dei brani scelti dagli studenti e della loro relazione con le tematiche studiate nella introduzione storica.

4. Due lezioni dedicate alle "**letture**"; l'insegnante qui ha un'ampia scelta di brani letterari e di saggistica con l'ovvio vantaggio che variazioni al programma possono essere effettuate da semestre a semestre o anche all'ultimo momento, tenendo presente gli interessi particolari degli studenti o gli obiettivi didattici dell'insegnante. Anche in questo caso, come per la lezione dedicata all'introduzione storica, si consiglia di assegnare a casa le domande di comprensione e discussione sul testo, ma anche di chiedere agli studenti di preparare una risposta a tutti o ad alcuni seguenti punti:

a. **Scegli la frase che ti è piaciuta di più, o che è più rappresentativa di questa lettura e spiega il perchè della tua scelta.**

b. **Che cosa ti colpisce in particolare di questa lettura?**

c. **Secondo te, perchè l'autore ha scritto questo racconto/articolo/saggio? Qual è lo scopo del suo scritto?**

d. **Quali domande e commenti avresti per l'autore se potessi intervistarlo?**

e. **Chiosa a margine del testo le parti che ti sembrano interessanti (*), le parti che non ti sembrano interessanti o che non condividi (!), le parti che non hai capito (?)**

In questo modo si evita che la lezione si trasformi in una noiosa ripetizione del contenuto letterale della lettura.

5. Una lezione dedicata alla discussione di uno dei tre **film** proposti, che gli studenti avranno già visto al di fuori delle ore di lezione. L'insegnante chiederà agli studenti di preparare a casa tutte o solo alcune delle domande di comprensione e discussione contenute in ogni sezione dedicata ai film. Le domande hanno anche la funzione di guida alla visione del film in quanto possono essere lette come un riassunto della trama del film stesso. Spesso risulta superfluo e ingombrante rispondere a tutte le domande in classe; piuttosto, è più stimolante per la discussione, chiedere agli studenti quali domande hanno trovato più interessanti o più rilevanti per i temi trattati nel film. Altre domande molto efficaci per stimolare la discussione su qualsiasi film sono le seguenti:

a. **Consiglieresti questo film ad un'amico/a? Perchè?**

b. **Conosci qualcuno in particolare che amerebbe questo film? Spiega.**

6. Una lezione dedicata al **dibattito** che dovrebbe coinvolgere tutta la classe. L'insegnante troverà idee per uno o due dibattiti alla fine di ogni capitolo. Lo scopo dei dibattiti è consentire agli studenti di diventare "protagonisti" dei vari periodi storici studiati - in qualità di politici, personaggi fittizi tratti dalla narrativa o dal cinema, gente comune - facendo proprie idee e punti di vista diversi e spesso contraddittori, dibattendo decisioni ed elaborando proposte concrete per la soluzione di problemi reali.

Nel corso dei dibattiti, gli studenti usano attivamente i vocaboli che hanno studiato nelle due settimane precedenti, con ovvi benefici per le loro competenze linguistiche. Si consiglia di formalizzare i dibattiti, dando istruzioni precise agli studenti in anticipo. Il "compito" per quella lezione sarà di preparare e provare la propria parte. La fase della preparazione consisterà nel ripassare le opinioni politiche del personaggio che si deve interpretare, usando le introduzioni storiche o le parole dei protagonisti, a seconda dei casi. Sarà opportuno che ognuno ripassi anche i punti di vista dei propri "avversari". L'obiettivo è raggiungere una buona conoscenza del periodo in questione, per poter usare esempi storici reali nelle proprie argomentazioni. La lezione dovrà essere suddivisa in periodi precisi, proprio come si farebbe in una vero dibattito televisivo, al fine di evitare che alcuni studenti parlino troppo e che altri si sentano esclusi dalla discussione. A questo proposito sarà utile portare in classe un orologio da cucina: in base al numero di partecipanti, si dirà in anticipo che ognuno ha un certo limite di tempo per parlare. Si può cominciare con una "dichiarazione di apertura" nella quale ognuno esprime la propria opinione sull'argomento in questione, seguita da una fase di "risposta alle dichiarazioni degli avversari" o di "libero dibattimento". Infine, si lasceranno alcuni minuti alla fine della lezione per la formulazione di una "dichiarazione di chiusura". L'importante è che le varie fasi siano decise in anticipo e rese note a tutta la classe così come i limiti di tempo assegnati ad ognuno. In alternativa, la classe può essere divisa in due gruppi: il pubblico, o "audience" (il cui compito è preparare domande per gli "ospiti") e gli "ospiti" o partecipanti al dibattito. In entrambi i casi, l'insegnante avrà funzioni di moderatore.

7. L'ultimo giorno può essere dedicato ad un breve quiz o esamino scritto che riprenda i temi principali del capitolo e i punti grammaticali relativi alle letture discusse in classe. Per questo giorno, si può anche richiedere agli studenti di consegnare un componimento scritto o di preparare una presentazione orale, assegnando un tema a scelta fra quelli contenuti alla fine di ogni capitolo, nella sezione **"Soggetti per temi, discussioni in classe e/o presentazioni orali"**. Si noterà che questa sezione contiene almeno una proposta di approfondimento per ogni lettura e per ogni film proposto in quel capitolo.

Esistono innumerevoli altre possibilità di suddividere il materiale, a seconda delle esigenze didattiche e della durata di un particolare corso. L'autrice rimane a disposizione di insegnanti e studenti per qualsiasi chiarimento. Naturalmente, anche critiche, consigli, commenti o segnalazione di errori saranno letti con attenzione. Indirizzate le vostre e-mail a: *daniela.bartalesi-graf@tufts.edu*, oppure *geinfo@guerra-edizioni.com*.

Ringrazio:

- I seguenti istituti e persone che hanno offerto il loro contributo finanziario:
  - Critical Thinking Program, Prof.ssa Susan Russinof, Tufts University
  - Writing Across the Curriculum Program, Tufts University
  - Tomasso Family Fund, Prof. Vincent Pollina, Curator, Tufts University

- Iride e Franco Bartalesi che hanno letto con occhio attento e critico il primo manoscritto.
- Gli amici e le amiche della Biblioteca Ricottiana di Voghera per tutto il loro aiuto e la loro dedizione.

CAPITOLO
UNO

IL FASCISMO E LA SECONDA GUERRA MONDIALE IN ITALIA

LE ORIGINI DEL FASCISMO IN ITALIA

Fascio Littorio. L'insegna del potere nell'antica Roma. Divenne insegna del PNF in omaggio al culto fascista della romanità.

Durante la prima guerra mondiale (la '**Grande Guerra**') l'Italia aveva combattuto dalla parte dei vincitori, cioè a fianco delle nazioni dell'Intesa (Francia, Gran Bretagna e Russia) e contro l'Impero Austro-Ungarico. A guerra finita, l'Italia ottenne l'annessione di Trieste, importantissimo porto sul Mar Adriatico, dell'entroterra istriano di lingua slava e del Sud Tirolo (o Alto Adige), geograficamente appartenente all'Italia, ma la cui popolazione era a maggioranza di lingua tedesca. Queste annessioni, però, non riuscirono a soddisfare molti nazionalisti ed ex interventisti[1]. Essi infatti credevano che l'Italia avesse diritto anche alla città di Fiume, importante porto in Croazia, e a parte della Dalmazia; questi territori furono invece assegnati ad un nuovo stato, la Jugoslavia. Molti cominciarono a parlare di '**vittoria mutilata**'. Questo sentimento di orgoglio nazionale offeso formò la prima base ideologica del fascismo.

Il nuovo **movimento fascista** riuscì anche a strumentalizzare la paura, fortemente sentita da parte della borghesia imprenditoriale e del grande capitale, di un avvento in Italia di una rivoluzione di tipo socialista, come era avvenuto in Russia nel 1917. Il periodo del dopoguerra, infatti, fu caratterizzato da una profonda e diffusa instabilità sociale, con scioperi e occupazioni delle terre e delle fabbriche un po' ovunque. La situazione era aggravata anche dalla disoccupazione dovuta al ritorno dei reduci dalla guerra, ora in cerca di lavoro.

"Credere obbedire combattere", 1938.

D'altra parte, i governi che si susseguirono al comando della nazione si dimostrarono sempre più incapaci sia di migliorare la situazione economica del paese, sia di operare quel controllo sociale che avrebbe calmato le paure degli imprenditori. In questo contesto, i '**Fasci di Combattimento**' di **Benito Mussolini**, vere e proprie formazioni paramilitari, si fecero interpreti dei timori e del bisogno di ordine sentiti dalle classi più privilegiate[2] e, allo stesso tempo, del bisogno di rinascita e rivincita nazionale dopo l'umiliazione della cosiddetta 'vittoria mutilata'. Ben presto i 'fasci di combattimento' furono visti da molti come le uniche forze in grado di riportare 'ordine' nel paese e divennero la mano armata degli industriali contro gli operai in sciopero, le sedi dei sindacati e dei partiti di sinistra[3].

Il **28 ottobre 1922**, in un'azione un po' sensazionale denominata '**Marcia su Roma**'[4], squadre fasciste proveniente da tutt'Italia si diressero su Roma. Il **re Vittorio Emanuele III**, impaurito dalla prospettiva di una guerra civile, non diede l'ordine all'esercito di fermarle; anzi, diede l'incarico a Mussolini di formare un nuovo governo. Il re ebbe quindi la grave responsabilità di legittimare un atto di forza con la nomina di Mussolini a nuovo capo del governo.

---

[1] Chi aveva promosso l'intervento italiano nel conflitto.
[2] Vedi letture *Bruno* p. 38 e *La visita del Federale* p. 40.
[3] Vedi 'Le parole dei protagonisti a confronto' (1. iii) p. 33.
[4] Vedi lettura *Come si chiama quest'Uomo?* p. 42, e 'Le parole dei protagonisti a confronto' (1. v.) p. 33, (2.) p. 34.

Mussolini, al centro, al suo arrivo
al congresso di Roma.

Fu questo l'inizio della **dittatura fascista** (durata dal **1922** al **1943**), la prima instaurata nell' Europa occidentale - prima del nazismo in Germania (1933) e del franchismo in Spagna (1939). Questi furono anche gli anni più tragici e oscuri dall'unità d'Italia, durante i quali, oltre a perdere ogni libertà personale e politica, gli italiani furono travolti dalla tragedia della seconda guerra mondiale, dell'occupazione nazista e della guerra civile.

LA POLITICA DEL FASCISMO

Mussolini, ricevuta la carica di capo del governo dal re, iniziò subito il processo di 'fascistizzazione' dello stato italiano. Nelle **elezioni generali** del **1924**, il partito fascista ottenne il 64% dei voti, grazie alle intimidazioni e alla violenza sistematica operata dalle squadre fasciste durante le elezioni. Subito dopo, **Giacomo Matteotti**, un deputato socialista che aveva parlato apertamente in Parlamento contro il fascismo denunciando il clima di violenza precedente le elezioni, fu rapito ed ucciso. Mussolini pronunciò, in seguito a questo fatto, un famoso discorso in Parlamento, durante il quale ammise indirettamente di essere stato il mandante di questo omicidio: "Ebbene, dichiaro qui al cospetto di quest'Assemblea, che io assumo, da solo, la responsabilità politica, morale, storica di tutto quanto è avvenuto".

Il delitto Matteotti fu solo l'inizio della graduale eliminizione, anche fisica, di qualsiasi opposizione politica. I partiti d'opposizione, dopo aver chiesto inutilmente a Mussolini di sciogliere le sue milizie e di cessare le intimidazioni e le violenze, dichiararono che non potevano più continuare a far parte del parlamento e ne uscirono in quella che fu chiamata la **secessione dell'Aventino**.

Nel **1925** fu completato il processo di formazione dello stato totalitario, con l'abolizione della stampa d'opposizione, lo scioglimento di tutti i partiti, la soppressione del diritto di sciopero e dei sindacati, la nomina diretta dei direttori di giornale da parte di Mussolini, l'istituzione del confino per i reati di opinione e il ripristino della pena di morte.

Città del Vaticano. Patti Lateranensi,
7 giugno 1929.

Nel **1929** furono firmati i **Patti Lateranensi** (detti anche **Concordato**) fra il Vaticano e il governo di Mussolini. Per la prima volta dall'unità d'Italia, il Vaticano riconobbe ufficialmente il Regno d'Italia, ed il governo italiano a sua volta riconobbe il Vaticano come stato indipendente; la religione cattolica fu dichiarata unica religione dello Stato italiano, e fu garantito il suo insegnamento nelle scuole pubbliche.

La politica espansionistica del regime fascista si concretizzò nell'ottobre **1935** con l'**invasione dell'Etiopia** che, aggiunta all'Eritrea e alla Somalia, già domini italiani, andò a formare l'**Impero Italiano**, presentato dal **Duce**[5] come erede diretto dell'antico Impero Romano.

[5] Mussolini, dal latino 'dux': capo, condottiero.

Sinistra: "All'armi siam fascisti! A NOI!"

Centro: Manifesto di propaganda fascista che incita all'uso del "bastone" per reprimere l'opposizione.

Destra: "Seminare per vincere", 1941.

Seguì nel **1936** la partecipazione dell'Italia nella **guerra civile spagnola**, a fianco delle truppe del Generale Franco e contro il legittimo governo del Fronte Popolare, e nel **1939 l'invasione dell'Albania**, seguita dalla firma del **Patto d'Acciaio** con la **Germania** di **Hitler**.

Nel **1938**, in seguito al progressivo avvicinamento di Mussolini alla politica razzista di Hitler, anche in Italia vennero prese misure **anti-semitiche**. Furono proibiti i matrimoni misti, gli ebrei non poterono più lavorare o studiare nelle scuole pubbliche di qualsiasi grado, e furono espulsi da tutti gli uffici amministrativi dello stato. Bisogna ricordare comunque che la politica del governo fascista non prevedeva l'eliminazione fisica degli ebrei, come voleva Hitler in Germania. Solo dopo la caduta del fascismo nel 1943 e l'occupazione dell'Italia settentrionale e centrale da parte dell'esercito nazista, gli ebrei italiani furono deportati e uccisi nei campi di sterminio nazisti.

CARATTERISTICHE DEL REGIME FASCISTA

Riassumiamo qui di seguito alcuni elementi che contraddistinsero il regime fascista dai governi costituzionali che lo precedettero:

L'albero delle razze: in questa illustrazione per un testo scolastico la razza ariana è presentata come superiore.

- l'identificazione totale del Partito Fascista con lo Stato[6]; il **Duce** (Benito Mussolini) divenne anche il Capo del Governo, coadiuvato dalla **Camera dei Fasci e delle Corporazioni** che era l'organismo legislativo dello Stato;
- l'eliminazione (anche fisica) di qualsiasi opposizione politica[7]: tutti i partiti politici d'opposizione furono costretti ad entrare in clandestinità. Furono anche eliminate le organizzazioni sindacali dei lavoratori. Al loro posto si adottò lo '**Stato Corporativo**', cioè l'istituzione di associazioni che combinavano lavoratori ed imprenditori e che dovevano consigliare il governo nel campo delle politiche economiche. Lo scopo dello Stato Corporativo era eliminare ogni conflitto di classe, unendo i lavoratori ed i loro datori di lavoro in un'unica organizzazione.
- il controllo totale e la censura di ogni mezzo di comunicazione di massa (stampa, particolarmente i quotidiani, la radio e il cinema).
- l'istituzione di simboli tangibili che volevano separare il periodo fascista dal resto della storia italiana, quali:
  - l'adozione del '**saluto romano**', invece della stretta di mano; l'adozione del 'voi' invece del 'Lei'[8], la proibizione dell'uso di parole di origine straniera;
  - la revisione del calendario: gli anni cominciarono ad essere contati non solo dalla

---

6 Vedi 'Le parole dei protagonisti a confronto' (1, i) p. 33.
7 Vedi 'Le parole dei protagonisti a confronto' (1, iii) p. 33, (8.) p. 36.

8 Vedi 'Le parole dei protagonisti a confronto' (2.) p. 34.

"Fila la matita italiana di qualità", 1938.

nascista di Cristo, ma anche dal 1922, anno della presa di potere da parte del partito fascista. Ad esempio, all'anno 1936, quando Mussolini proclamò l'Impero, fu affiancata la dicitura, in lettere romane, 'XIV anno dell'Era Fascista';

- l'istituzione di organismi speciali di repressione, quali la 'milizia volontaria per la sicurezza nazionale' (MVSN), una organizzazione paramilitare di volontari fascisti, e l'OVRA (Opera Vigilanza Repressione Antifascismo), una specie di polizia segreta che si occupava di denunciare chiunque fosse sospetto di opporsi al regime e sorvegliava gli stessi gerarchi.

Il Fascismo costruì un'ideologia su cui basare il suo forte apparato propagandistico. Nel marasma di frasi altisonanti e di richiami all'obbedienza al 'Capo' è possibile discernere due concetti essenziali:

- l'esaltazione del **nazionalismo**, cioè dell'idea che l'individuo dovesse identificarsi con la nazione italiana - prima che con il suo gruppo sociale o familiare - e che la nazione e il popolo italiano, avessero particolari diritti da rivendicare - territoriali e politici - verso altre nazioni europee e non europee;

- l'esaltazione della passata gloria dell'**Impero Romano**[9]; il regime fascista veniva presentato come l'erede della tradizione romana e l'unico movimento che potesse riportare l'Italia all'antica posizione di egemonia culturale e politica nel Mediterraneo.

Il fascismo si preoccupò anche di ottenere il consenso della popolazione, oltre che di operarne il controllo, attuando così la cosiddetta politica del bastone e della carota. Si istituirono pertanto i **Dopolavoro** e le **Case del Fascio** che promuovevano attività ricreative e di tempo libero dirette ai lavoratori. Esistevano anche vari istituti previdenziali e di assistenza che offrivano aiuti diretti alle famiglie. Infine, le frequenti adunate, parate militari, esercitazioni e gare sportive, l'organizzazione di bambini e ragazzi in formazioni paramilitari[10] contribuivano ad ottenere il duplice obiettivo di intrattenimento e di controllo sociale.

L'adozione del 'saluto romano'.

---

[9] Vedi 'Le parole dei protagonisti a confronto' (I. iv) p. 33.   [10] Vedi letture *Bruno* p. 38 e *La visita del Federale*, p. 40.

LA SECONDA GUERRA MONDIALE: I PRIMI ANNI (1940-1943)

Sopra: Mussolini arringa la folla da un balcone.

Sotto: "Vincere e Vinceremo", 1940.

L'Italia non era preparata militarmente all'entrata in guerra, e la popolazione era in generale pacifista e anti-tedesca, anche per ragioni storiche. La guerra però sembrava la logica conseguenza della propaganda fascista che aveva sempre esaltato le tradizioni imperiali romane e la necessità per l'Italia di avere il suo '**posto al sole**[11]. Mussolini, inoltre, temeva che l'Italia avrebbe ricoperto un ruolo subalterno nel nuovo assetto politico post-bellico, se avesse continuato con la sua politica di non belligeranza[i]. Così, nonostante le opinioni contrarie di alcuni suoi collaboratori, Mussolini, in un discorso memorabile seguito da milioni di italiani, il **10 giugno 1940** dichiarò l'**entrata in guerra** a fianco della Germania contro l'Inghilterra e la Francia[12].

Nonostante la sua inferiorità economica e militare, l'Italia decise di non affiancarsi direttamente alle truppe tedesche, ma di muovere guerra al nemico su fronti indipendenti, in quella che fu chiamata una '**guerra parallela**' nel Mediterraneo, nell'Africa del Nord e nell'Africa Orientale.

Dopo alcune iniziali avanzate in Nord d'Africa, la guerra si rivelò presto un disastro per l'esercito italiano. Nel **novembre 1941** l'Italia perse l'**Africa Orientale Italiana** (A.O.I., cioè Etiopia, Somalia ed Eritrea), l'orgoglio dell'imperialismo fascista, che fu occupata dall'esercito inglese.

L'altra impresa tentata dall'Italia fu l'**invasione della Grecia** dall'Albania (**ottobre 1940**). Una inaspettata controffensiva greca costrinse gli italiani ad abbandonare l'attacco, a porsi su posizioni di difesa e successivamente a ritirarsi. Nell'aprile del 1941, Hitler venne in aiuto dell'esercito italiano nei Balcani e riuscì ad occuparli, non eliminando peraltro la resistenza dei partigiani greci e jugoslavi, che si dimostrò sempre più tenace.

A causa delle sconfitte subite, Mussolini abbandonò la sua strategia offensiva e comiciò ad assumere un ruolo di totale dipendenza nei confronti della Germania, fino alla adesione italiana alla disastrosa **campagna di Russia** (**giugno 1941**) voluta da Hitler dopo il fallimento dei tentativi di invasione dell'Inghilterra.

Mussolini, credendo in una facile vittoria, volle a tutti i costi partecipare a questa campagna. L'attacco all'Unione Sovietica aveva anche contenuti propagandistici in quanto venne presentata come la lotta estrema contro l'avanzata del comunismo in Europa[ii].

---

[11] Vedi 'Le parole dei protagonisti a confronto' (1.vii) p. 34.   [12] Vedi lettura *L'entrata in guerra*, p. 46.

Sopra sinistra: Hitler in visita ufficiale a Roma.

Sopra destra: civili arrestati a Roma dai tedeschi dopo l'attacco dei partigiani in via Rasella nel quale 32 soldati tedeschi furono uccisi.

La realtà si presentò presto ben più difficile di quanto previsto. Nonostante alcune prime fulminee vittorie delle truppe dell'Asse, i sovietici riuscirono a organizzare una resistenza prolungata a Stalingrado e una controffensiva su tutto il fronte (**novembre '42-marzo '43**). Le truppe italiane, male equipaggiate per le rigide temperature invernali, subirono perdite enormi nella loro tragica ritirata. Decine di migliaia di soldati italiani morirono in combattimento, in prigionia o per congelamento.

LA FINE DEL REGIME FASCISTA

A partire dalla seconda metà del 1942, le condizioni di vita della popolazione italiana si fecero sempre più difficili[13], sia per la carenza di ogni genere di prima necessità causata dalla guerra e dalla **politica autarchica**[14] del regime, sia per i bombardamenti alleati sulle maggiori città industriali del nord che colpivano fabbriche e linee ferroviarie, ma anche le abitazioni dei civili, con il fine di demoralizzare la popolazione e di dimostrare la debolezza del regime fascista[15]. Le vittime fra la popolazione civile furono diverse migliaia. A questo punto, le promesse fatte da Mussolini all'inizio della guerra, se confrontate con le condizioni di miseria e di paura che affliggevano i più, apparvero per la prima volta come grottesche bugie.

La diminuzione del potere d'acquisto dei salari e l'intensificazione dei ritmi di lavoro nelle fabbriche per soddisfare la produzione bellica causarono numerosi scioperi (marzo 1943) nelle città industriali del nord, i primi in vent'anni di dittatura. Le rivendicazioni operaie erano prima solo di tipo economico, ma si colorarono presto di contenuti politici, come la richiesta di pace accompagnata al rifiuto di "continuare a produrre per la guerra fascista"[iii-16]. A questo

Alcuni soldati italiani si preparano alla difesa di Roma dopo l'8 settembre 1943.

punto, anche molti industriali che avevano appoggiato entusiasticamente il fascismo e l'entrata in guerra, si resero conto che la situazione era insostenibile, che la guerra era perduta e che la sconfitta avrebbe travolto il fascismo. Anche la classe imprenditoriale cominciò a convincersi che doveva rinnegare il fascismo se voleva assicurarsi la sopravvivenza [iv].

Dal punto di vista militare, la guerra non poteva andare peggio. Nel **maggio 1943**, gli eserciti italiano e tedesco (le forze dell'**Asse**) in Nord d'Africa furono sconfitti definitivamente dagli **Alleati** (inglesi e americani) che occuparono interamente l'Africa Settentrionale: migliaia di soldati italiani persero la vita in Nord Africa e ben 200.000 furono fatti prigionieri[v].

---

[13] Vedi 'Quadretto culturale': *Scarpe di cartone e profumi francesi*. p. 29.

[14] L'eliminazione delle importazioni e la conseguente politica di produrre tutto internamente. L'aggettivo "autarchico"

usato per descrivere un prodotto diventò presto sinonimo di "pessima qualità".

[15] Vedi 'Le parole dei protagonisti a confronto' (4.) p. 34.

[16] Vedi 'Le parole dei protagonisti a confronto' (11.) p. 36.

Navi alleate nel porto di Anzio, distrutto dai bombardamenti del 22 gennaio 1944.

Anche il Re Vittorio Emanuele III si rendeva conto che era giunto il momento di sbarazzarsi di Mussolini, ma temeva una reazione violenta da parte della Germania le cui truppe erano dislocate nell'Italia del nord. Il re aveva anche paura che la caduta di Mussolini avrebbe favorito le forze antifasciste repubblicane contrarie alla Monarchia e ben consapevoli delle sue responsabilità nell'aver portato Mussolini al potere e nell'aver approvato la guerra. Il re temeva, in altre parole, di essere lui stesso travolto nella caduta del regime fascista [vi].

Lo **sbarco alleato**[17] in Sicilia nel **luglio 1943**, e l'occupazione dell'isola - ai quali corrispose un rapido afflusso delle truppe naziste nel nord e nel centro della penisola - furono gli eventi che convinsero il re ad agire.

[17] L'arrivo via mare sulle spiagge della Sicilia delle truppe americane e inglesi.

Sinistra: Manifesto che incoraggia l'arruolamento nelle Brigate Nere della Repubblica di Saló, ottobre 1944.

Centro: Scuola Media di Milano dopo i bombardamenti del maggio 1944.

Destra: Un pugno di ferro - il fascismo - schiaccia i partigiani e gli antifascisti, le cui case sono state incendiate per rappresaglia, luglio 1944.

Il **25 luglio 1943**, il Gran Consiglio del Fascismo votò una **mozione di sfiducia** contro Mussolini; subito dopo, il re lo fece arrestare e nominò Primo Ministro il Maresciallo D'Italia **Badoglio**. La reazione della popolazione italiana fu immediatamente positiva: la gente scese nelle strade a manifestare la propria gioia per la fine del fascismo, distrusse sedi del partito fascista e simboli del regime. Questa euforia però si spense presto. Badoglio dichiarò che la guerra sarebbe continuata e, anche se aveva decretato lo scioglimento del partito fascista, non ristabilì le piene libertà civili, e i partiti antifascisti dovettero continuare ad operare in clandestinità; anzi, temendo un'insurrezione popolare, Badoglio attuò una pesante repressione delle manifestazioni in tutta Italia: decine di cittadini furono uccisi dalla polizia, centinaia furono i feriti e più di mille gli arrestati.

Gli alleati continuarono a considerare gli italiani come nemici e intensificarono i massicci bombardamenti sulle città del nord, causando migliaia di vittime civili e di senzatetto, mentre le truppe di terra avanzavano ormai sul continente occupando la Calabria. Allo stesso tempo, i tedeschi scendevano velocemente verso l'Italia centrale, approfittando delle esitazioni e della posizione ambigua del governo italiano. Quando ormai le truppe tedesche avevano occupato gran parte dell'Italia settentrionale e centrale, il governo Badoglio si decise a firmare un **armistizio** con le forze alleate, che venne reso pubblico l'**8 settembre 1943**.

L'armistizio provocò una reazione violenta ed immediata dei nazisti contro l'esercito italiano, considerato traditore, ma nè Badoglio nè il re ordinarono la resistenza contro l'invasore tedesco, o almeno la difesa di Roma - a quel punto forse ancora possibile. Questa mancanza di direttive provocò il disorientamento totale delle truppe italiane: alcuni si arresero ai tedeschi, altri tentarono di resistere coraggiosamente, altri si unirono alle prime formazioni di resistenza partigiana, la maggior parte si dispersero; migliaia di soldati iniziarono così un lungo e pericoloso ritorno a casa, senza aiuti e del tutto disorganizzati, spesso inseguiti, catturati dai tedeschi e deportati in Germania[18].

9 settembre 1953: prima pagina del Corriere della Sera con la notizia della firma dell'armistizio con gli Alleati, e la dichiarazione di Badoglio.

Il re e Badoglio, invece, pensando alla salvezza della Casa Reale e temendo che l'organizzazione di una difesa armata avrebbe rafforzato le forze antifasciste ed antimonarchiche, si rifugiarono a **Brindisi**, nel sud est dell'Italia, dove fondarono il **Regno del Sud**, mentre l'esercito tedesco occupava velocemente la capitale.

18 Vedi 'Le parole dei protagonisti a confronto' (9.) p. 36.

L'arrivo degli angloamericani a Napoli, 1° ottobre 1943.

Mussolini venne liberato dai tedeschi il **12 settembre 1943**, portato in Germania e poi rispedito nell'Italia del nord dove fondò la **Repubblica Sociale Italiana** (detta anche **Repubblica di Salò**, dal nome della città sul Lago di Garda dove aveva sede). Questa 'repubblica' non era altro che un governo fantoccio di Hitler e controllava unicamente i territori del nord occupati dall'esercito tedesco, avvalendosi di quei funzionari dello stato e di quei settori dell'esercito ancora fedeli al fascismo. Fu a questo punto che cominciò anche una delle pagine più dolorose dell'occupazione nazista: la deportazione degli ebrei italiani nei campi di concentramento tedeschi[19].

LA GUERRA DI LIBERAZIONE

A questo punto, l'Italia era divisa in due (il nord e il centro occupati dai tedeschi e amministrati dal governo fascista di Salò, e il sud occupato dagli alleati e amministrato dal Regno del Sud)[20]; per le popolazioni occupate dai tedeschi, l'obiettivo del conflitto era duplice: liberazione del territorio nazionale dall'esercito tedesco invasore e sconfitta del fascismo.

Mentre gli alleati li attaccavano dal sud, tedeschi e 'repubblichini'[21] avevano un altro formidabile nemico nel centro e nel nord: le **formazioni partigiane** organizzate dal **Cln** (Comitato di Liberazione Nazionale). Facevano parte di questa organizzazione tutti i partiti sopravvissuti nella clandestinità durante il ventennio fascista - **Partito Comunista** e **Partito Socialista**, e quelli ricostituiti dopo l'8 settembre - **Democrazia Cristiana** e **Partito d'Azione**. I dirigenti di questi partiti, specialmente del PCI e del PSI, erano riusciti a mantenere dall'estero esili contatti con gruppi di operai e lavoratori agricoli specialmente nel nord, contatti che si erano rafforzati durante i grandi scioperi della primavera del '43.

L' 'esercito partigiano' era formato da operai e contadini, ma anche da soldati dispersi dopo l'8 settembre e da folti gruppi di intellettuali cresciuti durante il fascismo e ora completamente disillusi[22]. I partigiani operavano principalmente nelle montagne e nelle colline del centro e del nord, a volte in modo relativamente indipendente, in quanto le comunicazioni erano rese quasi impossibili dalla presenza degli eserciti nazista e fascista[23]. La tecnica di combattimento usata era la guerriglia, cioè la messa in atto di sabotaggi e di rapidi attacchi di sorpresa, seguiti da altrettanto rapide ritirate. Le armi erano quelle rubate al nemico o prese dall'esercito italiano dopo l'8 settembre. Nelle grandi città del nord agivano, in condizioni clandestine difficilissime, i **GAP** (Gruppi di Azione Partigiana) che effettuarono coraggiose azioni di sabotaggio contro l'esercito nazista occupante. I vantaggi che le formazioni partigiane avevano rispetto al nemico erano la conoscenza diretta del territorio e l'appoggio da parte della popolazione civile. Le numerosissime violenze naziste perpetrate in tutta Italia anche contro i civili[24] rafforzarono l'appoggio che la popolazione già dava alle formazioni partigiane e

19 Vedi film *Il cielo cade* (scene finali) p. 60, Letture *L'Intellettuale a Auschwitz* p. 48 e la poesia *Se questo è un uomo* p. 51.
20 Vedi film *La ciociara*, p. 57 e lettura *L'incontro con gli inglesi*, p. 52.
21 I soldati arruolati nell'esercito fascista della Repubblica di Salò.

22 Vedi 'Le parole dei protagonisti a confronto' (7.) p. 35.
23 Vedi 'Le parole dei protagonisti a confronto' (10.) p. 36.
24 Vedi 'Le parole dei protagonisti a confronto' (5.) p. 35, (6.) p. 35, (12.) p. 36.

aumentarono la determinazione di tutti a liberare il territorio nazionale. Negli ultimi due anni di guerra, i partigiani, coordinati dal CLN, giocarono un ruolo di primo piano (parallelamente agli alleati che risalivano lentamente la penisola) nella lotta contro i nazisti e i fascisti[25].

Gli alleati, dopo lo **sbarco di Anzio**, a sud di Roma (**22 gennaio 1944**), avanzarono faticosamente e riuscirono a **liberare Roma** solo il **4 giugno 1944** [26], dopo che la città aveva subito nove mesi di durissima occupazione tedesca, durante i quali i nazisti deportarono più di duemila ebrei nei campi di concentramento in Germania.

Anche a nord di Roma l'avanzata degli alleati fu lentissima (autunno/inverno '44-'45), con i tedeschi attestati su una linea di difesa chiamata '**linea gotica**' che percorreva gli Appennini del Nord dal Tirreno al Mar Adriatico[27]. Nello stesso periodo, la resistenza nel centro/nord si rafforzò numericamente. Prima dell'arrivo degli alleati al nord, le formazioni partigiane riuscirono a liberare zone relativamente vaste di territorio che proclamarono 'repubbliche'[28]: ce ne furono circa quattordici, alcune durarono alcuni mesi, altre solo poche settimane, ma furono esperienze significative di governi democratici dopo vent'anni di dittatura fascista.

Fucilazione di partigiani a Milano.

La liberazione generale del nord d'Italia dall'esercito tedesco avvenne il **25 aprile 1945**, ad opera delle varie formazioni partigiane, che scesero sulle grandi città dalle montagne, e della popolazione che insorse spontaneamente organizzando scioperi e occupazioni di fabbriche.

Mussolini aveva abbandonato la sede del suo governo sul Lago di Garda, e si era trasferito a Milano il 18 aprile '45. Quando fu chiaro che l'insurrezione era ormai inevitabile, fuggì travestito da tedesco, ma fu riconosciuto ed arrestato da una formazione partigiana sul Lago di Como, mentre cercava di passare in Valtellina per organizzare un'ultima, disperata resistenza. Mussolini ed altri gerarchi fascisti al suo seguito, fra cui la sua amante Claretta Petacci, furono fucilati dai partigiani il **28 aprile**[29], portati a Milano ed esposti in **Piazza Loreto** nel luogo dove i nazisti avevano ucciso diversi civili in una rappresaglia.

CONCLUSIONI

In Italia, quindi, la fine della seconda guerra mondiale e del nazi-fascismo avvennero grazie all'intervento dell'esercito alleato, ma anche grazie all'eccezionale lotta condotta dal movimento partigiano. Il 25 aprile '45 non segnò solo la fine di una guerra lunga e tremenda, ma anche di vent'anni di oppressione e di sofferenze inflitte dal regime fascista: per molti italiani questo doveva essere l'inizio di una nuova era di pace, di giustizia sociale e di rinnovamento democratico[30]. La contraddizione fra la presenza di queste forti aspettative di rinnovamento e la mancata attuazione di vere riforme istituzionali e sociali è uno degli elementi che caratterizzò la storia italiana del dopoguerra.

[25] Vedi film *La notte di San Lorenzo* p. 58 e 'Quadretto culturale': *Da madre prolifica a staffetta partigiana*, p. 30.
[26] Vedi 'Le parole dei protagonisti a confronto' (13.) p. 37 e (14.) p. 37, e film *La ciociara*, p. 57.
[27] Vedi film *La notte di San Lorenzo*, p. 58.

[28] Vedi lettura *Gisella, Ministro della Repubblica della Val D'Ossola*, p. 55.
[29] Vedi 'Le parole dei protagonisti a confronto' (3.) p. 34.
[30] Vedi lettura *L'incontro con gli inglesi*, p. 52.

i   G. Candeloro, *Storia dell'Italia moderna: la seconda guerra mondiale, il crollo del fascismo, la Resistenza, 1939-1945*, Feltrinelli, Milano 2002, pp. 33-49.
ii Ibid., p. 88.
iii Manifesto del *Comitato segreto di agitazione del Piemonte, della Lombardia e della Liguria* del 10 febbraio 1943, citato in

"Sciopero: un'arma contro i tedeschi" di Sergio Turone, *Storia illustrata*, N. 196, Mondadori, Milano1974.
iv G. Candeloro, op. cit., pp. 163-4.
v   Ibid., p. 102-3.
vi Ibid., p. 179.

I corpi senza vita di Benito Mussolini e di Claretta Petacci esposti in Piazza Loreto a Milano.

VOCABOLI ESSENZIALI PER PARLARE E SCRIVERE DI QUESTO PERIODO

il regime, la dittatura, la prima / la seconda guerra mondiale, il fascismo, il fascista, l'entrata in guerra, la vittoria, la sconfitta, il nazionalismo, il dopoguerra, gli scioperi, la borghesia, la disoccupazione, le squadre fasciste, l'armistizio, la libertà di stampa, la libertà di pensiero, l'invasione, l'impero, gli ebrei, la razza, l'anti-semitismo, l'opposizione politica, le adunate, la marcia, l'attacco, i bombardamenti, le vittime, la popolazione civile, i partigiani, gli alleati, lo sbarco, l'antifascismo, la resistenza, il nemico, la liberazione.

DOMANDE DI COMPRENSIONE (CAPITOLO UNO)

1. Quali furono le conseguenze per l'Italia della vittoria dell'Intesa, alla fine della prima guerra mondiale?
2. Perchè alcuni parlarono di 'vittoria mutilata'?
3. Quali furono alcuni importanti fattori che contribuirono al successo del movimento fascista, alla fine della prima guerra mondiale?
4. Come prese il potere Mussolini e quale fu il ruolo del re Vittorio Emanuele III in questa fase?
5. Quale 'primato' ha la dittatura fascista?
6. Chi era Giacomo Matteotti, e perchè fu ucciso?
7. Quali misure prese Mussolini per realizzare lo stato autoritario?
8. Quali possono essere, secondo te, gli aspetti negativi e positivi della firma dei Patti Lateranensi?
9. Quali furono le maggiori iniziative del governo fascista in politica estera negli anni '30?
10. Quali misure anti-semitiche prese il governo di Mussolini?
11. Quale caratteristica del regime fascista ti colpisce maggiormente, fra quelle indicate nel testo? Motiva la tua scelta.
12. Quali erano le motivazioni di Mussolini per entrare in guerra?
13. Quale fu la campagna più disastrosa per l'Italia durante i primi anni di guerra?
14. Quando e perchè Mussolini assunse un ruolo subalterno nei confronti di Hitler?
15. Che cosa rese particolarmente difficile la vita per la popolazione civile, specialmente dalla fine del 1942?
16. Quali erano le rivendicazioni degli operai nella primavera del 1943?
17. Quali eventi contribuirono alla caduta del fascismo?
18. Come cadde il fascismo?
19. Quali furono le responsabilità del re e di Badoglio subito dopo la caduta del fascismo?
20. Quali furono le conseguenze dell'8 settembre?
21. Che cosa fecero il re e Badoglio dopo l'8 settembre?
22. Che cosa fecero i soldati dell'esercito italiano?
23. Cosa fece Mussolini dopo essere stato liberato?
24. Inverno 1943-1944: spiega brevemente quale era la situazione in Italia e quali forze operavano sul territorio italiano.
25. Chi erano i 'partigiani' e da quali elementi era formato il CLN?
26. Quale fu il ruolo degli Alleati e dei partigiani nella liberazione dell'Italia?
27. Come morì Mussolini?

QUADRETTI CULTURALI

SCARPE DI CARTONE E PROFUMI FRANCESI

La guerra significò in Italia anche il razionamento dei viveri e del vestiario che veniva controllato dal governo tramite l'emissione di carte annonarie, cioè di tagliandi da presentare al momento dell'acquisto; ad ogni tagliando corrispondeva una certa quantità di ogni genere alimentare, o di vestiario. C'erano tessere distinte per uomini, donne, ragazzi, bambini sotto i quattro anni, e il governo stabiliva la quantità di calorie e di articoli di vestiario a cui ognuno aveva diritto giornalmente.

Un negoziante taglia il bollino che corrisponde alla razione.

Negli ultimi anni di guerra, le razioni si fecero sempre più insufficienti, anche semplicemente a soddisfare la fame, e chi poteva permetterselo le integrava con quello che riusciva a trovare sul mercato nero. Le restrizioni imposte dalla guerra obbligarono molte donne alla ricerca di mille espedienti per riutilizzare tutti gli scarti in cucina e per riciclare qualsiasi materiale venisse loro sotto mano per produrre in casa oggetti altrimenti irreperibili.

In cucina si riutilizzavano persino le bucce dei piselli per le minestre; il burro si faceva in casa, sbattendo il latte nella bottiglia[i], il caffè ormai introvabile si faceva con i semi d'uva. Se la farina era irreperibile, la si ricavava dalle lenticchie. Se mancava il cuoio per le scarpe, si facevano sandali con suola di sughero, oppure addirittura di cartone o di gomma di bicicletta o di legno. La tomaia si faceva di stoffa. Furono così inventate le 'scarpe dell'Impero', diventate presto sinonimo di scarpe di pessima qualità. Le camicette si confezionavano con i fazzoletti la cui vendita era libera[ii], la legna impossibile da comprare e da reperire nelle città si prendeva tagliando gli alberi dei parchi pubblici. I materassi venivano svuotati della lana, con la quale si facevano maglioni, e riempiti di foglie.[iii] La guerra costrinse la donna ad impiegare tutta la sua estrosità e creatività semplicemente per sopravvivere.

Il settimanale *La Domenica del Corriere*, molto diffuso allora, offriva regolarmente consigli su come sopravvivere in tempo di restrizioni. Nelle rubriche 'Fra i fornelli' e 'Consigli alle massaie' si proponevano suggerimenti vari per la gestione della casa e 'ricette' nelle quali si esaltavano i vantaggi dei piatti 'di magro', dato che olio e burro erano fra gli ingredienti più introvabili. Si consigliava alla massaia di compensare la mancanza di 'grassi' usando erbe aromatiche e succo di cipolle per condire pasta e carne. Se la carne mancava, la rubrica proponeva ricette a base di frattaglie e sangue cotto. Si offrivano consigli su come rendere commestibili persino le foglie dure dei carciofi e il latte rancido. "Non riuscite a trovare sapone per le vostre manine quando saranno molto unte?" domanda 'la massaia scrupolosa' nella rubrica 'Consigli alle massaie'. Non c'è problema: si può preparare in casa un sapone che non vi richiederà 'ingredienti un po' difficili da trovare in questi tempi': cenere e calce in polvere è tutto ciò che vi serve! Un'attenzione speciale era riservata alla 'massaia sfollata' che 'deve cucinare su un fuoco fatto con legna non ben secca'. Le ricette sono punteggiate di periodi ipotetici. È evidente che la disponibilità di ingredienti anche comunissimi non poteva essere data per scontata: "Se riuscite a reperire..", " Se potete disporre di...", "Se, anche di questi tempi (rara fortuna!) avete potuto avere...", ecc.

Le rubriche, 'La moda pratica' e 'Cambiamento di stagione' fornivano consigli su come riadattare vestiti usati: "Bisogna accomodare quello che c'è perchè di fare vestiti nuovi non è il caso di parlare" ammonisce la rubrica. "Accomodare", "rifare", "rimodernare" sono i verbi più usati in questi articoli.

Questi consigli non erano certo diretti ai più privilegiati che continuarono a godere dei lussi a cui erano abituati, anche in piena guerra. Claretta Petacci, l'amante di Mussolini uccisa con lui alla fine della guerra, non fu mai costretta ad abbandonare la sua passione per le pellicce e la biancheria fine, nemmeno negli anni più bui della guerra. Comprava i suoi profumi francesi, anche quando erano proibiti, al Grand Hotel di Roma, al prezzo di 500 lire a flacone.[iv] Per dare un'idea del potere d'acquisto di 500 lire allora, basta ricordare le famose note di una popolare canzone dell'epoca: "Se potessi avere mille lire al mese..." Con mille lire al mese, come diceva la canzone, ogni italiano avrebbe potuto aspirare a uno stile di vita piccolo borghese: "fare tante spese" e "avere una casettina in periferia".

Le spese voluttuarie dell'alta borghesia contrastavano anche con l'ideologia di regime che promuoveva l'austerità e la semplicità dei costumi, che esaltava uno stile di vita sprezzante dei lussi e della vita 'molle', presentata come caratteristica dei paesi anglosassoni. Le classi privilegiate, pur aderendo pubblicamente alla politica del fascismo non seppero mai adeguarsi al suo spirito austero nella vita privata; le classi subalterne, al contrario, erano costrette a vivere nelle restrittezze seguendo uno stile di vita, loro malgrado, più vicino ai dettami dell'ideologia fascista.

i   Miriam Mafai, *Pane nero*, Mondadori Milano 1987, p. 91
ii Ibid., p. 102
iii Mirella Alloisio, Giuliana Beltrami Gadola, *Volontarie della libertà (8 settembre 1943 - 25 aprile 1945)*, Gabriele Mazzotta Editore, 1981, p. 33
iv Miriam Mafai, *op. cit.*, p. 101

Sinistra: Ragazza partigiana.

Centro: Un partigiano e una staffetta.

Destra: Una ragazza accompagna un soldato sbandato.

DA 'MADRE PROLIFICA' A 'STAFFETTA' PARTIGIANA

Durante il ventennio fascista, la propaganda di regime esaltava nella donna i ruoli tradizionali di madre e di moglie. La fecondità era grandemente valutata, tanto che esistevano premi speciali per le 'madri prolifiche'. La donna doveva non solo produrre una prole numerosa, ma aveva anche il dovere di educarla ai valori fascisti. Il regime aveva bisogno di nuovi soldati per le sue guerre e di giovani contadini che avrebbero popolato le nuove terre dell'Impero. Mussolini stesso disse in un famoso discorso alle donne:

"Come donne italiane e fasciste, voi avete dei particolari doveri da compiere: voi dovete essere le custodi dei focolari, (la folla grida con una sola voce "Sì! Sì"): voi dovete dare con la vostra vigilante attenzione, col vostro indefettibile amore, la prima impronta alla prole che noi desideriamo numerosa e gagliarda. Le generazioni dei soldati, dei pionieri, necessarie per difendere l'Impero, saranno quali voi le farete. Ora io vi domando: l'educazione che darete, sarà romana e fascista?

(La multitudine urla ancora: "Sì! Sì")[i].

L' "Almanacco della donna italiana", una rivista femminile che durante il ventennio era diventata un semplice altoparlante per l'ideologia del regime, riconosce alla donna, al massimo, una funzione attiva in campo assistenziale:

"C'è molto da fare nel nostro paese in fatto di assistenza sanitaria, morale e sociale, specialmente nel popolo...Chi più della donna è capace di risolvere tali problemi assistenziali per i quali non bastano le leggi, non bastano i mezzi, ma sono indispensabili fede, costanza, comprensione, sacrificio?" [ii]

D'altra parte, il fascismo non fece che rendere più esplicite idee correnti e diffuse che avevano le loro radici nella cultura cattolica e nella morale del tempo. Questa morale si tradusse anche in norma giuridica: una legge del 1927, ad esempio, escluse le donne dai concorsi per l'insegnamento di lettere e filosofia ai licei, e per il posto di presidi. Pochissime erano le donne laureate, a causa anche delle tasse che dovevano pagare - il doppio di quelle dei loro coetanei maschi [iii].

Con l'avvento della guerra le cose cambiarono. Molte donne che prima si occupavano della casa cominciarono a lavorare nelle fabbriche e nei servizi per sostituire gli uomini impegnati al fronte. Tutte furono costrette ad uscire dalle loro case se volevano sopravvivere: procurarsi cibo quotidianamente era diventato un'impresa che richiedeva inventiva e un notevole sforzo fisico; fare file di ore davanti ai negozi, effettuare spedizioni nelle campagne attorno alle città, prendere contatti e scambiare informazioni con altre donne - erano queste tutte attività necessarie alla sopravvivenza.

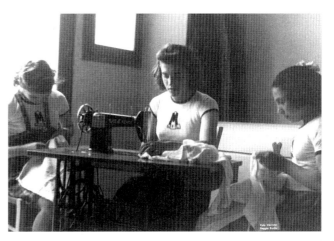

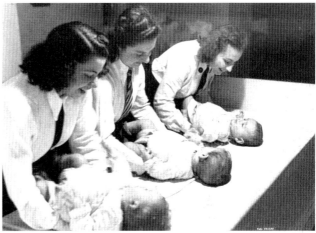

Lavori femminili, Casa della Gioventù Italiana del Littorio, Reggio Emilia.

Durante i tremendi bombardamenti di Milano dell'agosto 1943, la sera molte donne mettevano i loro bambini su carri, biciclette e ogni mezzo di trasporto reperibile, e lasciavano la città per passare la notte al sicuro nei prati della periferia. Paradossalmente, la guerra voluta da Mussolini obbligò le donne ad uscire dal ruolo passivo di custodi del focolare in cui il fascismo le aveva relegate. Proprio perchè erano le donne che sentivano più direttamente l'emergenza alimentare, furono anche le donne che per prime organizzarono manifestazioni un po' in tutte le città per ottenere l'aumento delle razioni. In alcune situazioni si organizzarono anche assalti ai forni dove si produceva pane per i tedeschi. Si formarono i "Gruppi di difesa della donna e per l'assistenza ai combattenti per la libertà" che si proponevano non solo di incoraggiare le donne alla partecipazione politica, ma anche di organizzare una rete di mutuo soccorso per le famiglie dei carcerati e deportati. Dopo l'8 settembre, molti soldati riuscirono a mettersi in salvo dalle rappresaglie tedesche perchè trovarono, durante la loro fuga, donne disposte a nasconderli, a sfamarli, a fornire loro vestiti civili. Se si pensa che la donna non aveva mai votato in Italia, è sorprendente il suo livello di partecipazione attiva non solo a questo tipo di attività sia politica che assistenziale, ma anche alla guerra partigiana.

Gli esempi di donne impegnate militarmente nella lotta antifascista non mancano, ed in alcuni rari casi alcune raggiungono anche ruoli di comando[I], ma la morale dell'epoca era ancora molto forte e diffusa ed influenzava anche i gruppi più progressisti all'interno delle formazioni partigiane. Per molti partigiani era inconcepibile che le donne assumessero ruoli combattenti tipicamente maschili. Così, nella maggior parte dei casi, le donne finirono per ricoprire ruoli ancillari e collaterali: diventarono infermiere, cuciniere, staffette porta-ordini.

[I] Vedi lettura *Gisella, Ministro delle Repubblica della Val D'Ossola* p. 55.

QUADRETTI CULTURALI

"Quante volte ho attraversato Milano in bicicletta con il reggiseno pieno zeppo di carte d'identità!" ricorda Elda, staffetta partigiana[iv]. Le donne, in altre parole, continuarono ad essere madri, mogli o sorelle non più all'interno delle case, ma a fianco dei combattenti partigiani. E' interessante notare a questo proposito i differenti nomi di battaglia scelti dalle donne e dagli uomini: mentre i partigiani preferivano nomi che richiamassero l'azione e il coraggio (Tigre, Turbine, Aquila, ecc.), le partigiane prediligevano nomi femminili italiani o russi, spesso di ispirazione romantica (Katia, Violetta, Mimì, ecc.)[v]

Questa dualità - riconoscimento del ruolo attivo che la donna poteva ricoprire nella politica della nuova nazione e convinzione che la sua naturale vocazione fosse la famiglia e la maternità - è evidente anche esaminando uno dei pochi periodici antifascisti femminili, *Noi donne*. Il giornale non trattava solo di argomenti politici: nelle sue pagine si discuteva anche di cucina, di moda, di igiene dei bambini. *Noi donne* voleva incoraggiare le donne alla partecipazione politica e alla lotta antifascista partendo proprio dal disagio che le donne sentivano dall'inizio della guerra: l'incapacità di assolvere con successo a quei compiti di madre e moglie che la società aveva loro sempre assegnato. Così si legge in uno dei suoi primi numeri.

> *"[Noi donne] vuole... costruire un domani libero e felice ove sia concesso alla donna di educare i suoi bambini per un avvenire costruttivo e non per vederli ogni vent'anni gettati alla morte... Per vent'anni il fascismo ci ha scartate dalla vita nazionale, mentre disgregava le nostre famiglie, imponendo ai nostri bambini un'educazione che noi non volevamo, scatenando una guerra che noi non sentivamo e portando il nostro paese allo sfacelo economico. Noi vogliamo ricostruire la nostra famiglia ed è perciò che siamo direttamente interessate da tutti i problemi della vita nazionale, dalla guerra, dalla ricostruzione economica, dalla epurazione, ecc.".* [vi]

A guerra finita, la morale corrente si aspettava che le donne ritornassero ai loro ruoli tradizionali nell'ambito della casa e della famiglia. Dopotutto questo sarebbe stato il segno più tangibile che la vita poteva ricominciare nella normalità. I 'compagni' partigiani accettarono, a volte con difficoltà, che quelle donne che avevano combattuto con loro in montagna sfilassero al loro fianco nelle grandi parate del maggio '45 per celebrare la fine della guerra. La gente che guardava e applaudiva non la pensava tutta alla stesso modo, però. Questa è la testimonianza di una ragazza ex-partigiana:

> *"Mi ricordo che il primo anniversario della Liberazione, il 25 aprile del 1946, mi son detta: E' la nostra festa! Sono andata davanti al Municipio col fazzoletto rosso intorno al collo. Certa genta mi sghignazzava in faccia. Qualcuno mi diceva: "Ma va' a fare la calzetta!"[...] Avevo una voglia di vendicarmi, di prendere un mitra e poi di andare là a dire: "Adesso vi faccio io la calza a voi!"*[vii]

i   Discorso alle donne fasciste, 20 giugno 1937, *Scritti e discorsi dal novembre 1936 al maggio 1938*, Ulrico Hoepli Editore, Milano 1938.

ii   Citato in M. Saracinelli, N. Iotti, "L'Almanacco della donna italiana: dai movimenti femminili ai Fasci (1920-1943)" p. 114, in *La Corporazione delle donne, Ricerche e studi sui modelli femminili nel ventennio*, a cura di M.Addis Saba, Vallecchi, Firenze 1988.

iii   M. Alloisio, G. Beltrami Gadola, *Volontarie della libertà, 8 settembre 1943 - 25 aprile 1945*, Gabriele Mazzotta Editore, Milano 1981, p. 12.

iv   M. Boneschi, *Santa Pazienza. La storia delle donne italiane dal dopoguerra a oggi*, Mondadori, Milano 1998, p. 8.

v   M. Alloisio, G. Beltrami Gadola, *Volontarie della libertà, 8 settembre 1943 - 25 aprile 1945*, Gabriele Mazzotta Editore, Milano 1981, p. 35.

vi   Citato in Fernanda Alene, "Noi Donne" p. 142, in *Enciclopedia dell'antifascismo e della resistenza*" Vol.VI, La Pietra, Milano 1968.

vii   Citato in Miriam Mafai, *Pane nero*, Mondadori, Milano 1987, pp. 263-4.

LE PAROLE DEI PROTAGONISTI A CONFRONTO

1. MUSSOLINI:

i) **Sulla stato:** *Lo Stato, così come il fascismo lo concepisce e l'attua, è un fatto spirituale e morale [...] è, nel suo sorgere e nel suo sviluppo, una manifestazione dello spirito. [...] Lo Stato non è solamente presente, ma è anche passato e, sopra tutto, futuro. E' lo stato che, trascendendo il limite breve delle vite individuali, rappresenta la coscienza immanente della Nazione. E' lo stato che in Italia, si riassume e si esalta nella dinastia di Savoia, e nella Sacra Augusta Persona del Re.*[i] *Per il fascista, tutto è nello Stato, e nulla di umano e spirituale esiste, e tanto meno ha valore, fuori dallo Stato. In tal senso il fascismo è totalitario, e lo Stato Fascista, sintesi e unità di ogni valore, interpreta, sviluppa e potenzia tutta la vita di un popolo.*[ii]

ii) **Sulle sue origini:** *[...] io non scendo da antenati aristocratici ed illustri; i miei antenati erano contadini che lavoravano la terra e mio padre un fabbro che piegava sull'incudine il ferro rovente. Talvolta io da piccolo aiutavo mio padre nel suo duro, umile lavoro ed ora ho il compito ben più aspro e più duro di piegare le anime.*[iii]

iii) **Sulla violenza:** *E vengo alla violenza. La violenza non è immorale. La violenza è qualche volta morale. [...] la violenza è risolutiva, perchè alla fine del luglio e di agosto in quarantotto ore di violenza sistematica e guerriera abbiamo ottenuto quello che non avremmo ottenuto in quarantotto anni di prediche e di propaganda. Quindi quando la nostra violenza è risolutiva di una situazione cancrenosa, è moralissima, sacrosanta e necessaria.*[iv]

iv) **Sulla necessità dell'Impero:** *Siamo 40 milioni serrati in questa nostra angusta e adorabile penisola che ha troppe montagne ed un territorio che non può nutrire tutti quanti. Ci sono attorno all'Italia paesi che hanno una popolazione inferiore alla nostra ed un territorio doppio del nostro. Ed allora si comprende come il problema dell'espansione italiana nel mondo sia un problema di vita o di morte per la razza italiana. Dico espansione: espansione in ogni senso: morale, politico, economico, demografico.*[v] *Lo Stato fascista è una volontà di potenza e d'imperio. La tradizione romana è qui un'idea di forza. Nella dottrina del fascismo l'impero non è soltanto un'espressione territoriale o militare o mercantile, ma spirituale e morale.*[vi]

v) **Sulla marcia su Roma:** *Il fascismo non è arrivato al potere per le vie normali. Vi arrivò marciando su Roma 'armata manu', con un atto squisitamente insurrezionale. Se nessuno osò resistere, gli è perchè si comprese che era inutile resistere al destino. [...]*

La marcia su Roma fu l'epilogo di un lungo sacrificio. Ma fu nel tempo stesso il cominciamento di un nuovo periodo[vii].

vi) **Sulla fede nel Fascismo:** *La fede nel fascismo, la mia fede è qualche cosa che va al di là del semplice Partito, della semplice idea [...] Il fascismo è un fenomeno religioso di vaste proporzioni storiche, ed è il prodotto di una razza. Nulla si può contro il fascismo: nemmeno gli stessi fascisti potrebbero nulla contro questo movimento gigantesco che si impone.*[viii]

vii) **Sulla pace e sulla guerra:** *[Il fascismo] respinge il pacifismo che nasconde una rinuncia alla lotta e una viltà di fronte al sacrificio. Solo la guerra porta al massimo di tensione tutte le energie umane e imprime un sigillo di nobiltà ai popoli che hanno la virtù di affrontarla. Tutte le altre prove sono dei sostituti che non pongono mai l'uomo di fronte a se stesso, nell'alternativa della vita e della morte... Questo spirito antipacifista, il fascismo lo trasporta anche nella vita degli individui. L'orgoglioso motto squadrista "me ne frego" scritto sulle bende di una ferita, è un atto di filosofia non soltanto stoica, è il sunto di una dottrina non soltanto politica: è l'educazione al combattimento, l'accettazione dei rischi che esso comporta; è un nuovo stile di vita italiano.* [ix]

viii) **Sulla democrazia:** *Il fascismo... afferma la diseguaglianza irrimediabile e feconda e benefica degli uomini che non si possono livellare attraverso... il suffragio universale. Regimi democratici possono essere definiti quelli nei quali, di tanto in tanto, si dà al popolo l'illusione di essere sovrano, mentre la vera effettiva sovranità sta in altre forze talora irresponsabili e segrete. La democrazia è un regime senza re, ma con moltissimi re talora più esclusivi, tirannici e rovinosi che un solo re che sia tiranno.*[x]

2. ACHILLE STARACE, SEGRETARIO DEL PARTITO FASCISTA

Scrive in una Disposizione dell'8 novembre 1938: *Chissà perchè ci si attarda ancora a considerare la fine dell'anno al metro del 31 dicembre piuttosto che a quello del 28 ottobre. Il 31 dicembre esercita tuttora una particolare attrazione sugli specialisti nei convenevoli augurali che non sanno ancora rendersi conto della necessità di disturbare il vecchio calendario e di ammettere l'esistenza dell'anno fascista: la stessa attrazione che esercitano la stretta di mano, l'uso del lei, la scappellata con relativa riverenza, e le altre raffinatezze del genere. L'attaccamento a queste consuetudini...è l'indice di una mentalità conservatrice, tipicamente borghese e quindi non fascista.*[xi]

3. DICHIARAZIONE DEL CLN DOPO L'UCCISIONE DI MUSSOLINI E DEL SUO SEGUITO

(Milano, 30 aprile 1945) *Il CLN dichiara che la fucilazione di Mussolini e complici da esso ordinata è la conclusione necessaria di una fase storica che lascia il nostro paese ancora coperto di macerie materiali e morali; è la conclusione di una lotta che segna per la patria la premessa della nascita e della ricostruzione. Il popolo italiano non potrebbe iniziare una vita libera e normale - che il fascismo per venti anni gli ha negato - se il CLN non avesse tempestivamente dimostrato la sua ferrea decisione di saper far suo il giudizio già pronunciato dalla storia. Solo a prezzo di questo taglio netto con un passato di vergogna e di delitti il popolo italiano poteva avere l'assicurazione che il CLN è deciso a perseguire con fermezza il rinnovamento democratico del paese (...).*[xii]

4. MINO MILANI

Scrittore per ragazzi, 15 anni all'epoca dei fatti, descrive i bombardamenti aerei alleati dell'agosto 1943: *Era la voce della sirena a segnare il tempo dei bombardamenti: cinque suoni da un secondo erano il preallarme, che invitava a tenersi all'erta, cinque suoni da cinque secondi erano l'allarme, il cessato allarme un ululato continuato lungo un minuto. Preallarme* *e allarme significavano svelto scalpiccio di piedi, e poi voci, pianti, grida, il frastuono degli aerei, dei mitragliamenti, delle bombe... i cacciabombardieri o le fortezze volanti degli Alleati... sganciavano prima i bengala, come enormi stelle rotonde dalla luce bianca che illuminavano a giorno la zona sottostante, poi le bombe. Le bombe dirompenti, quelle che si spezzavano in infinite schegge incendiarie erano le peggiori. Se ti trovavi in un posto in collina, o in montagna, la vista di una città bombardata poteva quasi sembrarti uno spettacolo di fuochi artificiali.*[xiii]

5. "VOCE DELLE DONNE"

Giornale clandestino dei Gruppi di difesa della donna, 26 gennaio 1945: *Disprezzo e odio ai tedeschi! Vi chiamiamo alla lotta contro l'immorale spettacolo che alcune nostre concittadine offrono con il loro contegno nei confronti dei soldati germanici. E' doloroso riconoscere che alcune donne nella nostra città sono diventate concubine occasionali o permanenti dei soldati tedeschi.[...] Che cosa dunque vi chiediamo, donne bolognesi? Anzitutto il vostro contegno, irreprensibile nei confronti dei soldati tedeschi, un contegno fatto cioè di dignitosa fierezza, come si addice al momento che la nostra Patria vive. In secondo luogo, vi chiediamo di disprezzare queste femmine svergognate che si abbassano al punto di cadere nelle braccia dei nostri tiranni [...] Non pensano queste disgraziate che le mani che le accarezzano sono ancora lorde di sangue italiano, sono le stesse che hanno depredato, percosso, incendiato interi villaggi, e che torturano e seviziano i nostri eroici patrioti e le nostre eroine...?*[xiv]

6. MANIFESTO FASCISTA AGLI ABITANTI DELLA PROVINCIA DI PAVIA, CON MINACCIA DI RAPPRESAGLIE **(senza data, autunno 1944?)** *Abitanti della Provincia di Pavia! Grazie al valoroso intervento delle FF. AA. Germaniche e quelle della Repubblica Sociale Italiana, la maggior parte del territorio della provincia è ormai liberato da Ribelli, Partigiani e Banditi. Ordine e tranquillità sono dunque tornati nelle città e nei paesi. Ognuno di voi può quindi tornare tranquillamente al suo posto di lavoro senza temere di essere ostacolato in nessun modo da questi nemici della Patria. [...] Ogni aiuto volontario da parte vostra a favore di Partigiani e di Banditi verrà considerato come Atto di Alto Tradimento. L'Alto Tradimento viene punito con la Morte e la distruzione di tutti i vostri beni. Pensate all'esempio ammonitore subito da alcuni vostri paesi, che per essere stati nidi di Partigiani, sono stati rasi al suolo. Sta a voi scegliere fra l'ordine o la distruzione e la Morte. Pensateci e agite in merito. Il Comandante.*[xv]

7. LUIGI MENEGHELLO

Scrittore, discute le motivazioni dei giovani intellettuali della sua generazione a farsi partigiani: *Fin da principio intendevamo bensì tentare di fare gli attivisti, reagire con la guerra e l'azione; ma anche ritirarci dalla comunità, andare in disparte. C'erano insomma due aspetti contraddittori del nostro implicito concerto della banda: uno era che volevamo combattere il mondo, aguerrirci in qualche modo contro di esso; dall'altro volevamo sfuggirlo, ritirarci da esso come in preghiera... Ci pareva confusamente che per ciò che era accaduto in Italia qualcuno dovesse almeno soffrire; in certi momenti sembrava un esercizio personale di mortificazione, in altri un compito civico. Era come se dovessimo portare noi il peso dell'Italia e dei suoi guai, e del resto anche letteralmente io non ho mai portato e trasportato tanto in vita mia: farine, esplosivi, pignatte,...*[xvi]

8. LIVIERO MATTIOLI
Operaio, condannato a sedici anni di reclusione per far parte del partito comunista (da una lettera dal carcere ai genitori, datata 21 maggio 1934, nella quale critica la loro richiesta di grazia a suo favore) *Genitori carissimi,... Vi avevo già scritto che non dovevate far niente per la mia liberazione, ma credo che sono state inutili le mie raccomandazioni... Sappiate che sono stato arrestato per una causa che io credo giusta, e che è giusta; dunque non credo che debba ricredermi, sapevo anche che facendo quello che ho fatto andavo incontro al carcere, dunque con tutto questo mi sento capace di sopportare la condizione in cui mi trovo.[xvii]*

9. NUTO REVELLI
Scrittore e partigiano, soldato al momento dell'armistizio: *8 settembre. La notizia dell'armistizio mi entra in casa dalla strada. Gridano che la guerra è finita, che Badoglio sta parlando.... La gente è raccolta di fronte ai caffè come al tempo dei discorsi del duce, come ai tempi dei campionati mondiali di calcio, del giro di Francia.... Riordino le idee. I tedeschi che cosa faranno? I tedeschi saranno spietati. C'è da sparare.... Che fare? Il gioco è grande, superiore alle nostre forze. E' tremendo assistere a questa lenta agonia, sentire che la divisa, che le armi diventano un peso, un ingombro. ... Sparare vuol dire credere in qualcosa di giusto o di sbagliato. Qui non si crede più a nulla.... Il grosso della 4a armata sta ripiegando in città.... E' una valanga di gente senza comando, che sosta, che scappa. Tutto è così brutto, così spaventosamente squallido, da sgomentare. Soldati che hanno buttato le armi, sconvolti, alla ricerca affannosa di abiti borghesi.[xviii]*

10. ORIANA FALLACI
Scrittrice, giornalista, 13 anni all'epoca dei fatti, descrive la sua esperienza come staffetta partigiana nella zona di Firenze: *Ero staffetta per le squadre di città. Portavo armi, manifestini, copie del "Non Mollare", tenevo i contatti con le varie cellule portando messaggi e bigliettini. Ma soprattutto, in quel periodo, il mio compito era quello di accompagnare i prigionieri inglesi, americani, sudafricani verso le linee alleate. Parlo dei prigionieri scappati l'8 settembre dai campi di concentramento. In bicicletta li accompagnavo da Firenze... un viaggio di 40 chilometri all'andata e 40 chilometri al ritorno.[xix]*

11. ANNA RAVARELLI
Operaia alla Magneti Marelli di Crescenzago (Milano) descrive l'inizio di uno sciopero nel marzo del 1943: *C'era un gran fermento in fabbrica, quel giorno, e una grande attesa. Quando la sirena suonò, in silenzio, senza nemmeno guardarsi in faccia, gli operai e le operaie incrociarono le braccia... Il comandante... ci gridò: "Ma questo è un vero e proprio sciopero! Guardate che faccio intervenire le brigate nere! Che cosa volete?"... una donna, un'operaia non più giovane, prese dalla sua borsa un pezzo di pane, quel pane della razione che quando era ancora fresco era già duro come il marmo, e lo buttò ai piedi del colonnello. "E' per questo che scioperiamo: per il pane e per la pace", disse. Molte altre la imitarono e ben presto ai piedi del colonnello c'erano diecine di razioni di pane.[xx]*

12. GIORGIO BOCCA
Scrittore e partigiano, descrive i giorni seguenti la distruzione del villaggio di Boves da parte dei nazisti: *La popolazione dei due paesi rimase non solo senza tetti e senza abiti, ma addirittura priva di mezzi di sussistenza. I magazzini di grano erano bruciati insieme alle case e mancava il pane. Le formazioni partigiane misero a disposizione della popolazione le loro riserve e divisero con esse tutto quanto possedevano.... La popolazione, pur fra il dolore*

causato dalla sventura che l'aveva colpita, che ne induriva il viso e che pesava in quegli occhi allora privi di luce, capì che quell'esercito mal vestito che, mentre ancora seppelliva i suoi morti e bendava i suoi feriti, già lottava e si sforzava per aiutarla, era il suo esercito; che quei ragazzi erano suoi fratelli anche e soprattutto nelle ore difficili.[xxi]

13. UN IGNOTO PARACADUTISTA TEDESCO

Morto nella primavera del 1944 nella battaglia di Monte Cassino (da un diario ritrovato): *15 marzo 1944. Oggi a Cassino si è scatenato l'inferno... Quasi mille aeroplani hanno bombardato le nostre posizioni a Cassino e sulle colline. Non si vede nulla, solo polvere e fumo denso. I ragazzi distesi là in alto devono impazzire... La terra trema come per un terremoto... 22 marzo 1944. Ciò che viviamo qui è indescrivibile. Non ho mai visto una cosa simile in Russia, mai un secondo di calma, solo il tuono ininterrotto delle batterie e dei mortai, e oltre a ciò gli aerei. ... 25 marzo. Nevica abbondantemente. La neve turbina intorno alle nostre posizioni. Ci si sente come in Russia. Non si fa in tempo a esser contenti che ci siano un paio d'ore di tranquillità e che si possa dormire, quando arrivano le pulci e i pidocchi che ti tormentano. Anche i ratti e i topi ti fanno compagnia.*[xxii]

14. MARK WAYNE CLARK

Generale della 5a Armata, descrive l'entrata degli alleati a Roma: *Le necessità della guerra ci avevano costretto a invadere l'Italia, a bombardare città e paesi; ma i romani ci accoglievano come liberatori e non come occupanti. Arrivai con la mia jeep sulla Via Appia e giunsi subito al Colosseo. Molti dei miei soldati si mettevano le mani nei capelli a vedere il Colosseo, e dicevano: "Mio Dio, che distruzione abbiamo fatto con i nostri bombardamenti! Come abbiamo ridotto questo bel monumento!". In Piazza del Campidoglio venni raggiunto da un sacerdote che pedalava furiosamente su una bicicletta sgangherata. Era un prete americano, Monsignor Carroll, che mi portava un messaggio di Pio XII. Il Pontefice mi voleva subito in Vaticano per incontrarmi ... Quando mi trovai di fronte le guardie svizzere, provai un attimo di grave imbarazzo. Perchè avevo la barba lunga ed ero molto, molto sporco...*[xxiii]

i Discorso all'Assemblea quinquennale del regime, 10 marzo 1929, in *Scritti e Discorsi dal 1929 al 1931*, Ulrico Hoepli Milano 1934, pp. 26-27.

ii *Scritti e discorsi dal 1932 al 1933*, Ulrico Hoepli Editore, Milano 1934, p. 71.

iii Discorso agli operai delle acciaierie lombarde, dicembre 1922, in *Discorsi del Duce*, Berlutti editore, Roma, commento di G. Bastianini, pp. 16-17.

iv Il discorso di Udine, 20 settembre 1922, in Mussolini, *I discorsi della rivoluzione*, Casa Editrice Alpes, Milano 1927, pp. 19-20.

v Roma maestra delle genti, 1 aprile 1923, *Mussolini, i discorsi agli italiani*, commento di Antonello Caprino, Giorgio Berlutti editore, Roma 1924, p. 16.

vi *Scritti e discorsi dal 1932 al 1933*, Ulrico Hoepli Editore, Milano 1934, p. 88.

vii Indietro non si torna, 22 luglio 1924, II 1924, *Scritti e discorsi di Benito Mussolini*, Ulrico Hoepli Editore Milano 1934, pp. 223-4.

viii A Cremona fedelissima, 19 giugno 1923, in Mussolini, *La nuova politica dell'Italia*, casa editrice Alpes, Milano 1928, pp. 286-7.

ix *Scritti e discorsi dal 1932 al 1933*, Ulrico Hoepli Editore, Milano 1934, pp. 77-78.

x Ibid, p. 79-80.

xl Achille Starace, Disposizioni del P.N.F., in Renzo De Felice, *Autobiografia del fascismo, antologia di testi fascisti 1919-1945*, Minerva Italica, Bergamo 1978, p. 441.

xii Atti del CLNAI, citato in G. Candeloro, *Storia dell'Italia moderna: la seconda guerra mondiale. Il crollo del fascismo. La resistenza 1939/1945*, Feltrinelli, Milano 2002, p. 340.

xiii Mino Milani, *Seduto nell'erba al buio, diario di un ragazzo italiano, estate 1944*, RCS Libri, Milano 2002, pp.112-113.

xiv Pietro Secchia, Filippo Frassati, *Storia della Resistenza. La guerra di liberazione in Italia 1943-1945*, Volume I, Editori Riuniti, Roma 1965, p. 941.

xv Ibid., p. 771.

xvi Luigi Meneghello, *I piccoli maestri*, Rizzoli 1990, p. 111

xvii *Lettere di antifascisti dal carcere e dal confino (II)*, Editori Riuniti, Roma 1975, p. 201.

xviii Nuto Revelli, *La guerra dei poveri*, Einaudi, Torino 1993, pp. 116, 118, 119.

xix Mirella Alloisio, Giuliana Beltrami Gadola, *Volontarie della libertà, 8 settembre 1943 - 25 aprile 1945*, Gabriele Mazzotta editore, Milano 1981, p. 36.

xx Ibid., p. 236.

xxi Giorgio Bocca, *Partigiani delle montagne*, Feltrinelli, Milano 2003, p. 77.

xxii *Il volto della guerra - Lettere e testimonianze sulla seconda guerra mondiale 1939-1945*, Sugar Editore, Milano 1966, p. 249.

xxiii Enzo Biagi, *La seconda guerra mondiale, una storia di uomini*, Vol. VI, Gruppo Editoriale Fabbri, Milano 1985, p. 1855.

BRUNO
di Umberto Eco, 1991

Umberto Eco, professore di semiotica e narratore italiano contemporaneo, ricorda un evento autobiografico particolarmente significativo dei suoi anni di scuola elementare durante il fascismo.

Durante le elementari, io e un ragazzo biondo eravamo i ricchi della classe, cioè appartenevamo allo stesso **ceto sociale** del maestro: io perchè mio padre era impiegato e girava con la cravatta, e mia madre con il cappellino (e quindi non era una "donna" ma una "signora"); il **biondino** perchè suo padre aveva un negozio. Tutti gli altri erano di ceto progressivamente inferiore (parlavano ancora dialetto con i genitori, e quindi scrivevano male) e il più povero di tutti era Bruno. Ne ricordo benissimo il cognome, perchè a quell'epoca ci si chiamava per cognome, ma è significativo che ne ricordi il nome.

Essendo povero, aveva il **grembiulino** nero strappato, non aveva colletto bianco, o quando l'aveva era sporco e **liso**, e naturalmente non aveva il **fiocco azzurro**. Bruno era **rapato a zero** (unico segno di attenzione da parte di una famiglia che evidentemente temeva i **pidocchi**) ma si deve sapere che i bambini ricchi, quando venivano rapati (talora accadeva d'estate, per rinforzare i capelli), avevano un **craniotto** grigio omogeneamente vellutato, mentre i bambini poveri esibivano delle **chiazze biancastre**, forse dovute a **croste** non curate.

Il maestro era **tutto sommato** un brav'uomo ma, siccome aveva fatto la Marcia su Roma, si sentiva obbligato a educare in modo virile, e agli scolari **menava** potenti **sganassoni**. Naturalmente mai a me e al biondo, ma a Bruno più che a tutti, specie perchè si presentava in classe con il grembiule **lardellato**. Bruno andava sempre dietro la lavagna. Io mai. Ovvero, una volta qualcuno mi stava tormentando dai banchi di dietro e io **debbo** avergli lanciato una pallina di carta in un momento delicato, il maestro si era infuriato e mi aveva mandato dietro la lavagna: **folgorato** da quell'**onta** inconsueta **mi ero messo a** piangere come un vitello, e dopo due minuti il maestro mi aveva rimandato al banco, accennando a una carezza di consolazione e di scusa.

Solidarietà di classe.

Un giorno, dopo un'assenza, Bruno venne a scuola senza la giustificazione, e il maestro lo assali minacciando **schiaffoni**: Bruno si mise a piangere e disse che era morto suo padre. Il maestro si commosse e chiese a tutti noi una **colletta**. Il giorno dopo ciascuno tornò con qualche moneta o un **vestito smesso** e Bruno ebbe il suo momento di solidarietà. Forse per reagire all'umiliazione, durante la marcia in cortile si mise a **camminare a quattro zampe**, e tutti pensammo che era veramente cattivo a far così dopo che gli era morto il papà. Il maestro fece osservare che mancava di ogni più elementare senso della riconoscenza. Apparteneva davvero a una razza inferiore. I lettori pensano che stia scrivendo una parodia di **Cuore**, ma giuro che riporto ricordi fedeli di vita vissuta.

Durante un'adunata del sabato, venuto il momento del giuramento, quando tutti dovevano gridare **Lo giuro!**, Bruno che era vicino a me, e lo udii benissimo, gridò **Arturo!** Si ribellava.

Fu il mio primo maestro di antifascismo.

Grazie, Bruno.

NOTE

1. *il ceto sociale:* classe sociale, persone che condividono la stessa condizione economica
2. *il biondino:* ragazzo dai capelli biondi
3. *il grembiulino:* piccolo grembiule, cioè la divisa portata dai bambini a scuola
4. *liso:* molto consumato
5. *il fiocco azzurro:* un nastro usato sui grembiuli dei bambini
6. *rapato a zero:* con la testa completamente rasata, senza capelli
7. *il pidocchio:* piccolo parassita che vive nei capelli e succhia il sangue
8. *il craniotto:* un grosso cranio, una grossa testa
9. *la chiazza biancastra:* una macchia di colore bianco, o vagamente bianco
10. *la crosta:* strato secco che chiude una ferita
11. *tutto sommato:* tutto considerato, nel complesso
12. *menare:* picchiare
13. *lo sganassone:* schiaffo, sberla
14. *lardellato:* molto sporco e pieno di macchie
15. *debbo:* devo
16. *folgorato (folgorare):* molto impressionato
17. *l'onta:* la vergogna, l'offesa
18. *mettersi a:* cominciare a
19. *lo schiaffone:* schiaffo, sberla (sinonimo di sganassone)
20. *la colletta:* raccolta di denaro
21. *il vestito smesso:* il vestito usato
22. *camminare a quattro zampe:* camminare usando le mani come fossero zampe
23. *Cuore:* romanzo dello scrittore Edmondo De Amicis (1846-1908), un ritratto un po' patetico della vita scolastico di un povero ragazzo all'inizio del '900
24. *l'adunata:* manifestazione fascista di stile paramilitare
25. *Lo giuro!:* prometto di essere fedele al fascismo
26. *udire:* sentire
27. *Arturo!:* un nome maschile qualsiasi che fa rima con 'Lo giuro!'

DOMANDE DI COMPRENSIONE E DISCUSSIONE

1. A che ceto sociale apparteneva da piccolo l'autore?
2. Come si potevano distinguere i ceti sociali allora?
3. Che tipo era il maestro?
4. Come si distingueva Bruno dagli altri bambini della classe?
5. Commenta le parole di Eco: 'Solidarietà di classe' alla riga 36.
6. Perchè un giorno Bruno fu assente?
7. Come reagì il maestro?
8. Come reagì invece Bruno alla colletta?
9. Chi 'apparteneva davvero a una razza inferiore', secondo il maestro e perchè?
10. Perchè l'autore definisce Bruno 'il mio primo maestro di antifascismo'?

OSSERVAZIONI GRAMMATICALI SUL TESTO

- Sottolinea tutti i verbi del primo paragrafo (fino alla riga 11). Che tempi verbali usa Eco? Giustifica la sua scelta.

- Ora vai alla riga 37 (il paragrafo che comincia con *Un giorno...*) e sottolinea tutti i verbi fino alla fine. L'autore usa anche un altro tempo verbale. Quale? Perchè?

- Esercizio: dall'imperfetto al passato remoto e viceversa.
  Esempio: venne → *veniva*
                   veniva → *venne*
  (Attenzione alle forme irregolari!)

1. eravamo   →   ....
2. assalì   →   ....
3. girava   →   ....
4. ebbe   →   ....
5. si sentiva   →   ....
6. tornò   →   ....
7. accadeva   →   ....
8. fece   →   ....

LA VISITA DEL FEDERALE
(da *Il cielo cade* di Lorenza Mazzetti, 1962)

Il romanzo autobiografico, da cui questo brano è tratto, ha come protagoniste due sorelle che vivono in Toscana, nella grande villa dello zio, durante gli ultimi anni della seconda guerra mondiale. Lo zio è ebreo ed è anche uno dei più grandi proprietari terrieri della zona. Le vicende sono narrate dal punto di vista di Penny, la più grande delle due sorelle. In questo brano, Penny descrive la visita di un 'Federale' fascista nella scuola elementare che lei e la sorella frequentano (vedi anche la scheda sul film omonimo alla pagina 60)

Il pennino scricchiolava sul quaderno a righe. Tema: «Amiamo Mussolini come nostro padre». Svolgimento:

«Io amo Benito Mussolini più di mio padre, perché il mio papà non c'è. Io sto sempre con lo zio perciò amo Mussolini come lo zio».

5 Poi ho chiesto alla signora maestra di andare al gabinetto. Nel gabinetto c'era un bel mazzo di fiori. Ognuno di noi aveva sul banco un **vasetto** per metterci dentro i fiorellini. Questo vasettino cadeva sempre sui 10 quaderni con tutta l'acqua, rovinandoli. Ma il desiderio della signora maestra era di **fare bella figura** con il **Federale** che non si sapeva bene quando doveva arrivare. Avrebbe potuto arrivare **da un momento all'altro**. Anzi forse era già giù per le scale e stava salendo insieme agli altri signori. 15 Quando arrivava, arrivava improvvisamente vestito in divisa fascista. Veniva con gli altri signori in macchina. La macchina nera era tutta infangata quando arrivava alla nostra scuola e una volta c'era una **pozzanghera** d'acqua proprio davanti alla macchina e il direttore si arrabbiò 20 perché si sporcò le scarpe. Quel giorno noi si era tutte vestite da **Piccole Italiane** e i maschi da **Figli della Lupa** e si cantava in coro «Fuoco di Vesta che fuor dal tempio irrompi». La signora maestra era tutta emozionata e ci diceva di cantare e di non **berciare**. Noi non si berciava, 25 ma il direttore si portò le mani alle orecchie come per dire che si faceva troppo chiasso e c'era anche una donna, la **Fiduciaria**, che ci passava in rivista. Era tutta vestita di nero e aveva **i gradi** d'oro sulle spalle.

– Tu, vieni avanti! – diceva il Federale, ma io non 30 sapevo a chi parlava, se a me o a Pasquetta, e poi avevo paura. E così non mi muovevo. Ma quello cominciò a urlare:

– Quella patata lì a destra! Venga avanti!

A sentir dire patata mi venne il dubbio che si trattasse 35 di me e **mi feci avanti** e quello mi disse che avevo le scarpe gialle. Io l'avevo detto a Marie e a Elsa che mi vestivano, di mettermi le scarpe nere, ma lo zio venne e disse:

– Vanno bene quelle gialle.

– Sì – dissi allo zio, – ma io sono una Piccola Italiana, 40 e voglio diventare «**caposquadra**». E voglio avere i gradi d'oro e marciare vicino alla squadra marcando il passo!

Ma lo zio disse che ero piccola e che ero italiana e questo bastava, e che non aveva nessun piacere che avessi i gradi d'oro e che preferiva che io non dicessi più bugie. 45 E disse a Cosimo di portarci a scuola.

Il Federale disse:

– Chi sei?

La maestra spiegò che ero la nipote del Padrone e allora lui cambiò faccia e disse:

50 – Fai i miei saluti allo zio.

Lo **chauffeur** venne a prenderci e la macchina sparì tra i saluti dei bambini nel viale lasciando polvere dietro di sé.

Io portai allo zio i saluti del Federale fascista.

NOTE

1. *il pennino:* piccola punta di metallo che viene inserita nella penna per scrivere
2. *scricchiolare:* fare un rumore sgradevole
3. *il vasetto, il vasettino:* piccolo vaso
4. *fare bella figura:* dare una buona impressione agli altri
5. *Il Federale:* il segretario della sezione locale del Partito fascista
6. *da un momento all'altro:* molto presto, in qualsiasi momento
7. *la pozzanghera:* pozza d'acqua prodotta dalla pioggia
8. *Piccole Italiane, Figli della Lupa:* organizzazioni giovanili fasciste
9. *berciare:* gridare in eccesso
10. *la Fiduciaria:* funzionario del partito fascista
11. *i gradi:* il marchio su una divisa che indica il rango di chi la indossa
12. *farsi avanti:* portarsi avanti, muoversi in avanti
13. *caposquadra:* capo di un gruppo (o squadra) di Piccole Italiane
14. *lo chauffeur (francese):* l'autista

DOMANDE DI COMPRENSIONE E DISCUSSIONE

1. A quale classe sociale appartiene la famiglia della protagonista? Motiva la tua risposta.
2. Secondo te, lo zio della protagonista era favorevole o contrario al fascismo? Da cosa lo deduci?
3. Perchè, secondo te, il Federale *cambiò faccia e disse: 'Fai i miei saluti allo zio.'* (riga 50)?
4. Puoi confrontare questo episodio con alcuni elementi del racconto **Bruno** di Umberto Eco?
5. Quali preparativi fecero alla scuola elementare per l'arrivo del Federale?
6. Quali sono gli elementi comici del racconto, secondo te?

OSSERVAZIONI GRAMMATICALI SUL TESTO

L'uso del **si impersonale e passivante** è molto diffuso in Toscana, cioè nella regione dove si svolgono le vicende di questo libro (vedi anche 'Note grammaticali' al film *La notte di San Lorenzo*). Considera la seguente frase (righe 20-27):

Quel giorno noi si era tutte vestite da Piccole Italiane e i maschi da Figli della Lupa e si cantava (...) Noi non si berciava (...) si faceva troppo chiasso.

Trasforma i seguenti verbi usando la costruzione con il **si impersonale e passivante**.

1. Andavamo a scuola accompagnati dallo chauffeur.

2. Tutte le bambine erano iscritte alle Piccole Italiane.

3. Avevamo fatto grandi preparativi per l'arrivo del Federale.

4. Tutti erano vestiti con la divisa e avevano paura del Federale.

COME SI CHIAMA QUEST'UOMO?

(da *Terza Liceo 1939* di Marcella Olschki, 1956)

Proponiamo alla lettura un altro racconto autobiografico di un'esperienza scolastica in epoca fascista, questa volta di una giovane donna ebrea che frequentava la terzo liceo classico nel 1939. In questo aneddoto, l'autrice descrive le fantasticherie di un suo giovane compagno che cercava di fuggire la noia della propaganda fascista a scuola. L'incontro o lo scontro fra i suoi sogni ad occhi aperti e l'eulogia del duce fatta dal preside ha un effetto alquanto comico.

Quel **27 ottobre** era un 27 ottobre come tutti gli altri dodici che lo precedettero. In classe le attività erano scarse. Presto sarebbe entrato il **Preside**. La nostra lunga esperienza ce lo diceva, e lo diceva anche al professore che [5] **traccheggiava** perdendo tempo. Ogni tanto, nel corridoio, sentivamo una porta aprirsi, lo **scalpiccio** dei ragazzi che si alzavano in piedi, poi la porta richiudersi. E aspettavamo il nostro turno. Il professore, che avrebbe avuto un argomento interessante da trattare, sembrava assorbito in [10] contemplazione di un registro aperto ma per oggi non usato, qua e là si sfogliavano i giornali, qualcuno si puliva le unghie, un altro incideva due iniziali e un cuore sul banco, la Lisetta e Mario si scrivevano un bigliettino.

L'unico che come al solito non faceva assolutamente [15] nulla era l'Aulisi. L'Aulisi era un sognatore. Stava vicino alla finestra e la finestra era il suo regno. Si nascondeva un po' dietro la testa del compagno davanti, poggiava i gomiti sul banco, si prendeva la testa tra le mani, guardava fuori e sognava. Dalla sua finestra si vedeva Piazza del Risorgimento. [20] Il giardino con i pini rachitici, le poche panchine, i bambini col **cerchio**, e poi, tutt'intorno, le case bianche, i balconi con le serve che battono i materassi, qualche gatto pigro, e giù in piazza, ogni tanto, un'automobile. L'Aulisi conosceva tutte le marche di automobili dal rumore del [25] motore. Era la lunga pratica delle scommesse con se stesso durante le lezioni noiose. Prima che la macchina voltasse l'angolo, lui sapeva già, e quando questo gioco diventò per lui uno **scherzetto da bambini**, inventò la scommessa su quante persone ci sarebbero state dentro, e secondo che [30] vincesse o perdesse, la prossima interrogazione sarebbe andata bene o male. Ma la sua fantasia **si sbrigliava** in mille altri modi: se la vestaglia della nostra signora di fronte, oggi, sarebbe stata quella a fioroni o quella di velluto bleu, se al balcone a destra sarebbe comparsa prima la serva [35] bionda o quella bruna, se il postino, anche oggi, avrebbe avuto posta per il numero 57. L'Aulisi **era al corrente di** tutto quello che si svolgeva in Piazza del Risorgimento, conosceva nomi e **fisionomie**, aveva simpatie e antipatie, sapeva perfino certi segreti che nessuno avrebbe voluto [40] fossero condivisi, e che aveva scoperto osservando giorno per giorno le abitudini di certe persone.

Ma la sua gioia più grande era di alzare gli occhi verso i tetti. **Posato lo sguardo** lassù, l'Aulisi si sentiva **allargare il cuore**, dimenticava completamente dove si trovava, chi gli [45] era accanto, e non sentiva più nemmeno le voce monotona del professore che spiegava, spiegava, spiegava. Lassù seguiva il volo dei **piccioni**, l'incrociarsi dei **passerotti**, sapeva dove avevano il nido le **rondini**; poi gli occhi **si levavano** ancora più in alto e si sperdeva con tutto se stesso [50] in contemplazione del cielo così azzurro e terso. E gli veniva da sorridere. Si vedeva lassù, sul tetto, e immaginava di essere tanto in alto, e guardava in giù, e vedeva le persone come formiche, avanti e indietro, avanti e indietro. E vicino a lui volavano gli uccelli che non [55] avevano paura. Gli volavano sulle spalle e sulle mani tese, nel sole tiepido, e lui si sentiva tanto libero e tanto felice.

L'Aulisi, quel 27 ottobre, era sul tetto. Sorrideva **beato**. Era ancora sul tetto quando entrò rumorosamente il Preside, urtando nella porta a vetri coi fianchi **opimi**, e vi [60] rimase anche quando si sentì in piedi nel banco e alzò il braccio destro nel saluto fascista.

Non era, per l'Aulisi, giornata da discorso commemorativo.

Fuori c'era il sole, il cielo era azzurro sui tetti, gli [65] uccelli **si davano un gran da fare**. E non perché il 27 ottobre fosse il giorno che precede il 28, ma perché quello era un autunno ricco e pieno, e perché l'Aulisi quel giorno non chiedeva altro se non che lo si lasciasse sognare. Fu felice quindi quando il Preside si sedette pesantemente [70] sulla poltrona dietro la cattedra, **giungendo le mani** alla fronte per concentrar meglio il pensiero. Il professore gli stava accanto, sull'attenti, perché sapeva che si sarebbe parlato del Duce.

E il Preside, ahimè! Incominciò a parlare. Abbracciando [75] con lo sguardo tutta la classe, ci annunciò che domani sarebbe stato il 28. E piano piano, **presa la rincorsa** iniziale, si lasciò andare a scintillanti acrobazie retoriche, a **voli pindarici** meravigliosi, dimenticandosi di cosa stesse

parlando nell'**ebbrezza** delle parole che **sgorgavano** facili
80 per la lunga abitudine, quasi si raggruppassero da sé senza
sforzo a far vibrare le corde vocali, mentre il cervello non vi
aveva la minima parte. Ma come erano belle le immagini che
la sua abilità oratoria creava in noi! Evocato dalle sue parole,
vedevamo il corteo in camicia nera sfilare davanti ai nostri
85 occhi, tutti questi begli uomini dall'aspetto virile e la faccia
coraggiosa, il braccio destro perennemente levato in alto,
il sinistro sul cuore. E a poco a poco le camicie nere
diventavano d'oro, e gli uomini rudi erano circondati da
un **alone** e si moltiplicavano, diventavano centinaia, migliaia,
90 milioni. E qui, improvvisamente, nei nostri cervelli si
formò il **vuoto pneumatico**. Come quando, la sera, si
cominciano a contare migliaia di pecore, e poi, tutt'a un
tratto, sopravviene il sonno.

Ma il Preside **se ne accorse**. Capì che si era troppo
95 ubriacato di parole e **aveva perso il filo**. Per noi, il filo si
era spezzato. Allora il Preside tacque un momento,
soppesando, il significato di quaranta facce assenti. E in
questo breve momento ritrovò il filo. Cambiò il tono di
voce che diventò tonante, colossale, e rimbombò nell'aula
100 silenziosa. Eravamo giunti al momento della domanda
retorica che, a quei tempi, segnava quasi sempre la fine del
discorso commemorativo. Tutta la classe fece qualche
movimento. Ripresero i contatti interrotti tra gli orecchi e
il cervello: eravamo tutti presenti a noi stessi. Ma l'Aulisi
105 no. L'Aulisi era ancora sul tetto, coi passerotti sulle mani e
le rondini sulle spalle. E non aveva la minima intenzione di
tornare in classe.

Il Preside rosso per lo sforzo, vibrò un terribile colpo
sulla cattedra col pugno chiuso. Il legno secco rispose come
110 un tuono. «E come si chiama quest'Uomo», urlò – e
pronunciò bene l'« u » di uomo perché si capisse che era
pensato con la maiuscola –, «quest'Uomo, che ha
riportato le aquile romane in Roma?». Pausa.
«Quest'Uomo», riprese, «che ha salvato la Patria dal baratro
115 della rivoluzione bolscevica?». Il compagno davanti
all'Aulisi si spostò un pochino e si mise una mano
sull'orecchio. Il Preside **sfondava i timpani**.

«Come si chiama quest'Uomo», gridò di nuovo il
Preside in un parossismo di fede, «che ha portato l'Italia al
120 primo posto tra le nazioni del mondo?». E a questo punto
vide l'Aulisi sereno, sorridente, che guardava verso i tetti.
Lo fissò. L'Aulisi continuò a bearsi di sole, lassù in alto. Il
Preside si alzò in piedi, senza perdere d'occhio l'Aulisi.
«Come si chiama quest'Uomo», disse con la voce sprezzante
125 che usava il Duce prima di **buttarsi a capofitto**, con un
crescendo potentissimo, nella frase finale, «quest'Uomo
che ha reso all'Italia il suo Impero?». Puntò il dito

fremente verso l'Aulisi. «Come si chiama?» urlò. Nessuna
risposta. «Come si chiama?», gridò ancora con la gola
130 strozzata.

L'Aulisi improvvisamente **ruzzolò** dal tetto.
Spaventatissimo si ricordò di essere in classe, vide il dito
minaccioso, sentì l'eco furibonda della domanda tonante.
Si alzò in piedi, rosso, confuso, sotto una nuova **gragnuola**
135 di «Come si chiama? Come si chiama?».

«Aulisi Gaetano», rispose.

NOTE

1. *Il 27 ottobre:* importante all'epoca perchè vigilia del 28, il giorno della marcia su Roma
2. *Il Preside:* il direttore di una scuola
3. *traccheggiare:* prendere tempo prima di una decisione
4. *lo scalpiccìo:* rumore di passi
5. *il 'cerchio':* gioco per bambini da fare all'aperto (spingere un cerchio con un bastoncino)
6. *uno scherzetto da bambini:* qualcosa di semplice e banale
7. *sbrigliarsi:* realizzarsi
8. *essere al corrente di:* conoscere fatti e particolari di un evento, essere aggiornato
9. *la fisionomia:* le caratteristiche del viso di una persona
10. *posare lo sguardo:* accorgersi, vedere
11. *allargare il cuore:* diventare felice e soddisfatto
12. *il piccione, il passerotto, la rondine:* vari tipi di uccelli
13. *levarsi:* alzarsi
14. *beato:* veramente felice
15. *opimo:* grasso
16. *darsi un gran da fare:* essere molto occupato, impegnarsi molto
17. *giungere le mani:* unire le mani come in preghiera
18. *prendere la rincorsa:* acquistare slancio e entusiasmo
19. *il volo pindarico:* cambiamento brusco da un argomento ad un altro
20. *l'ebbrezza:* euforia, esaltazione
21. *sgorgare:* uscire come acqua da una sorgente
22. *l'alone:* contorno sfumato, poco chiaro
23. *il vuoto pneumatico:* il vuoto assoluto
24. *accorgersene (passato remoto: accorsi):* capire, rendersene conto
25. *perdere il filo (di un discorso):* dimenticare cosa si voleva dire
26. *sfondare i timpani:* parlare così forte da far male alle orecchie
27. *buttarsi a capofitto:* parlare senza freni o interruzioni
28. *ruzzolare:* cadere
29. *gragnuola:* serie continua, come una grandine

DOMANDE DI COMPRENSIONE E DISCUSSIONE

1. Che cosa aspettavano gli alunni della terza liceo, quella mattina del 27 ottobre, e perchè?
2. Che cosa facevano professore e alunni in classe per ingannare l'attesa?
3. Che cosa faceva invece l'Aulisi?
4. Scegli la fantasticheria di Aulisi che preferisci. Hai anche tu qualche modo di sognare ad occhi aperti o di ingannare il tempo?
5. Che tipo di rapporto aveva l'Aulisi con Piazza del Risorgimento?
6. Qual era 'la gioia più grande' per l'Aulisi?
7. Spiega la seguente frase: "[L'Aulisi] vi rimase [sul tetto] anche quando si sentì in piedi nel banco e alzò il braccio destro nel saluto fascista".
8. Come si comportò il Preside quando entrò in aula?
9. Qual era lo stile oratorio del Preside?
10. Che immagini evocava nella mente dei ragazzi, e perchè a un certo punto si sono quasi addormentati?
11. A quale punto i ragazzi sembrarono risvegliarsi (eccetto l'Aulisi, naturalmente)?
12. Qual è la domanda retorica che il Preside fece alla classe? Che risposta si aspettava?
13. Che effetto ti ha fatto l'ultima frase del racconto ("Aulisi Gaetano" rispose.)?
14. L'autrice crea nel lettore una forte aspettativa, che si risolve poi con le tre parole finali. Come crea questa aspettativa? E' efficacie nel suo intento?
15. Discuti le metafore usate dalla Olschki in questo brano. Ad esempio: *L'Aulisi, quel 27 ottobre, era sul tetto, il filo si era spezzato, ritrovò il filo, quest'uomo che ha riportato le aquile romane in Roma, il baratro della rivoluzione bolscevica, l'Aulisi ruzzolo dal tetto, ecc.* Ne trovi delle altre? Potresti proporre altre metafore per descrivere l'Aulisi, il Preside e il suo discorso?

OSSERVAZIONI GRAMMATICALI SUL TESTO

Considera l'uso del condizionale passato nelle seguenti frasi dal brano della Olschki:

Presto **sarebbe entrato** il preside…(riga 3)

Il professore, che **avrebbe avuto** un argomento interessante da trattare…(righe 8-9)

Esistono molti altri verbi al **condizionale passato**; sottolineali e considera il loro uso: in quasi tutti i casi indicano un'azione al futuro dal punto di vista di un momento nel passato. Considera i seguenti esempi:

A. Presto entrerà (futuro) il preside. (mi riferisco ad un evento futuro).

B. Quella mattina del 27 ottobre 1939, presto sarebbe entrato (condizionale passato) il preside. (mi riferisco al passato, ma ad un evento nel futuro rispetto alla mattina del 27 ottobre 1939).

Trasforma ora le seguenti frasi passando dal futuro al condizionale passato:

1. Presto il preside comincerà uno dei suoi voli pindarici.
   Quella mattina del 27 ottobre 1939, presto il preside

2. L'Aulisi si domanda se la signora avrà la vestaglia a fiori o quella blu.
   L'Aulisi si domandava se la signora

3. Presto il Preside domanderà: "Come si chiama?"
   Quella mattina del 27 ottobre 1939, presto il preside

4. L'Aulisi si domanda se il postino porterà della posta alla casa di fronte.
   L'Aulisi si domandava se il postino

L'ENTRATA IN GUERRA
di Italo Calvino, 1954

In questo brano autobiografico, Italo Calvino, uno dei più grandi narratori e critici letterari italiani del dopoguerra, descrive l'atmosfera di un paese ligure al momento dell'entrata in guerra dell'Italia.

L'indomani ci fu il primo allarme aereo, in mattinata. Passò un **apparecchio** francese e tutti lo stavano a **guardare a naso all'aria**. La notte, di nuovo allarme; e una bomba cadde ed esplose vicino al casinò. Ci fu del **parapiglia**
5 attorno ai tavoli da gioco, donne che svenivano. Tutto era scuro perché la centrale elettrica aveva tolto la corrente all'intera città, e solo restavano accese sopra i tavoli verdi le luci dell'impianto interno, sotto i pesanti **paralumi** che ondeggiavano per lo spostamento d'aria.
10 Non ci furono vittime – si seppe l'indomani – tranne un bambino della città vecchia che nel buio s'era versato addosso una pentola d'acqua bollente ed era morto. Ma la bomba aveva d'un tratto svegliato ed eccitato la città, e, come capita, l'eccitazione si rivolse su un bersaglio fantastico:
15 le spie. Non si sentiva raccontare che di finestre viste illuminarsi e spegnersi a intervalli regolari durante l'allarme, o addirittura di persone misteriose che accendevano fuochi in riva al mare, e perfino d'ombre umane che in aperta campagna facevano segnali agli
20 aeroplani agitando una lampadina tascabile verso lo stellato.

Con **Ostero** andammo a vedere i danni della bomba: lo spigolo di un palazzo buttato giú, una bombetta, una cosa da niente. La gente era intorno e commentava: tutto era
25 ancora **nel raggio delle** cose possibili e prevedibili; una casa bombardata, ma non si era ancora dentro la guerra, non si sapeva ancora cosa fosse.

Io invece non potevo **togliermi di mente** la morte di quel bambino bruciato nell'acqua bollente. Era stata una
30 **disgrazia**, niente di piú, il bambino aveva urtato nel buio quella pentola, a pochi passi da sua madre. Ma la guerra dava una direzione, un senso generale all'**irrevocabilità** idiota della disgrazia **fortuita**, solo indirettamente **imputabile** alla mano che aveva abbassato la leva della
35 corrente alla centrale, al pilota che **ronzava** invisibile nel cielo, all'ufficiale che gli **aveva segnato la rotta**, a Mussolini che aveva deciso la guerra.

Soldati italiani sul fronte Jugoslavo.

NOTE

1. *l'apparecchio:* l'aereo
2. *guardare a naso all'aria:* guardare alzando la testa
3. *il parapiglia:* confusione di persone
4. *il paralume:* lampada
5. *l'indomani:* il giorno dopo
6. *rivolgersi (passato remoro: rivolsi):* trasformarsi
7. *Ostero:* un amico dell'autore
8. *nel raggio di:* entro i limiti di...
9. *togliersi di mente:* dimenticarsi
10. *la disgrazia:* grande sventura, evento doloroso
11. *l'irrevocabilità:* l'impossibilità di cambiare o modificare un evento
12. *fortuita:* del tutto casuale
13. *imputabile:* attribuibile, per la quale si può trovare un responsabile
14. *ronzare:* volare come fanno gli insetti, emettendo un sibilo
15. *segnare la rotta:* indicare quale via seguire

DOMANDE DI COMPRENSIONE E DISCUSSIONE

1. Come reagì la gente al 'primo allarme'?
2. Cosa successe dopo il 'secondo allarme'?
3. Come si manifestò l'eccitazione della gente?
4. Spiega le seguenti parole di Calvino: 'tutto era ancora nel raggio delle cose possibili e prevedibili'; righe 24-25.
5. Quale evento è rimasto particolarmente impresso nella mente dell'autore?
6. Spiega le parole dell'autore: 'Ma la guerra dava una direzione, un senso generale all'irrevocabilità idiota della disgrazia fortuita, (...)', righe 31-33.

OSSERVAZIONI GRAMMATICALI SUL TESTO

In questo brano, l'autore fa uso del **trapassato prossimo** 10 volte. Sottolinea nel testo questo tempo verbale e spiega il perchè del suo uso in ogni situazione.
Poi fai il seguente esercizio, modificando i verbi usati nel testo dal passato remoto, al passato prossimo, e al trapassato prossimo, seguendo l'esempio:

Esempio:

passò	→	**è passato**	**era passato**

1. cadde $\rightarrow$

2. ci fu $\rightarrow$

3. si seppe $\rightarrow$

4. si rivolse $\rightarrow$

5. andammo $\rightarrow$

L'INTELLETTUALE AD AUSCHWITZ
(da *I Sommersi e i salvati* di Primo Levi, 1986)

Primo Levi, scrittore ebreo italiano internato ad Auschwitz e sopravvissuto, riflette sul valore della fede politica o religiosa in circostanze estreme come quelle del campo di concentramento.

Come **Améry**, anch'io sono entrato in **Lager** come non **credente**, e come non credente sono stato liberato ed ho vissuto fino ad oggi; anzi, l'esperienza del Lager, la sua **iniquità** spaventosa, mi ha confermato nella mia **laicità**. Mi
5 ha impedito, e tuttora mi impedisce, di concepire una qualsiasi forma di **provvidenza** o di giustizia trascendente: perché **i moribondi** in **vagone bestiame**? perché i bambini in gas? Devo ammettere tuttavia di aver provato (e di nuovo una volta sola) la tentazione di cedere, di cercare
10 rifugio nella preghiera. Questo è avvenuto nell'ottobre del 1944, nell'unico momento in cui mi è accaduto di percepire lucidamente l'**imminenza** della morte: quando, nudo e compresso fra i compagni nudi, con la mia **scheda personale** in mano, aspettavo di **sfilare** davanti alla
15 «commissione» che con **un'occhiata** avrebbe deciso se avrei dovuto andare subito alla camera a gas, o se invece ero abbastanza forte per lavorare ancora. Per un istante ho provato il bisogno di chiedere aiuto ed **asilo**; poi, nonostante l'angoscia, **ha prevalso l'equanimità**: non si cambiano le
20 regole del gioco alla fine della partita, né quando stai perdendo. Una preghiera in quella condizione sarebbe stata non solo assurda (quali diritti potevo **rivendicare**? e da chi?) ma **blasfema**, oscena, carica della massima **empietà** di cui un non credente sia capace. Cancellai quella
25 tentazione: sapevo che altrimenti, se fossi sopravvissuto, me ne sarei dovuto vergognare.

Non solo nei momenti cruciali delle selezioni o dei bombardamenti aerei, ma anche nella **macina della vita quotidiana**, i credenti vivevano meglio: entrambi, Améry ed
30 io, lo abbiamo osservato. Non aveva alcuna importanza quale fosse il loro credo, religioso o politico. Sacerdoti cattolici o riformati, rabbini delle varie ortodossie, sionisti militanti, marxisti ingenui ed evoluti, Testimoni di Geova, **erano accomunati** dalla forza **salvifica** della loro fede. Il
35 loro universo era piú vasto del nostro, piú esteso nello spazio e nel tempo, soprattutto piú comprensibile: avevano una **chiave** ed un punto d'appoggio, un domani **millenario** per cui poteva avere un senso sacrificarsi, un luogo in cielo o in terra in cui la giustizia e la misericordia
40 avevano vinto, o avrebbero vinto in un avvenire forse lontano ma certo: Mosca, o la Gerusalemme celeste, o quella terrestre. La loro fame era diversa dalla nostra; era una punizione divina, o una espiazione, o un'**offerta votiva**,

o il frutto della **putredine** capitalista. Il dolore, in loro o
45 intorno a loro, era **decifrabile**, e perciò non **sconfinava** nella disperazione. Ci guardavano con **commiserazione**, a volte con disprezzo; alcuni di loro, negli intervalli della fatica, cercavano di **evangelizzarci**. Ma come puoi, tu laico, fabbricarti o accettare sul momento una fede «opportuna»
50 solo perché è opportuna?

Nei giorni **folgoranti** e densissimi che seguirono immediatamente alla liberazione, su un miserando scenario di moribondi, di morti, di vento infetto e di neve inquinata, i russi mi mandarono dal barbiere a farmi ra-
55 dere per la prima volta della mia nuova vita di uomo libero. Il barbiere era un ex politico, un operaio francese della «ceinture»; ci sentimmo subito fratelli, ed io feci qualche commento banale sulla nostra così improbabile salvezza: eravamo dei condannati a morte liberati sulla
60 pedana della **ghigliottina**, vero? Lui mi guardò a bocca aperta, e poi esclamò scandalizzato: «... **mais Joseph était là!**» Joseph? **Mi occorse** qualche istante per capire che **alludeva** a Stalin. Lui no, non aveva mai disperato; Stalin era la sua fortezza, la Rocca che si canta nei Salmi.

NOTE

1. *Amery:* un filosofo francese, compagno di Levi ad Auschwitz
2. *Lager:* campo di concentramento tedesco
3. *il credente:* colui che crede, specialmente in Dio
4. *l'iniquità:* l'ingiustizia
5. *la laicità:* il non essere credente o appartenente a una comunità religiosa
6. *la provvidenza:* il favore o benevolenza di Dio
7. *il moribondo:* quasi morto, vicino al decesso
8. *il vagone bestiame:* veicolo del treno che trasporta animali
9. *l'imminenza:* la vicinanza nel tempo
10. *la scheda personale:* un foglio su cui venivano annotati i dati personali
11. *sfilare:* passare davanti
12. *l'occhiata:* l'atto di guardare brevemente e senza molto interesse
13. *l'asilo:* la protezione
14. *prevalere (participio passato: prevalso):* vincere, sopraffare
15. *l'equanimità:* la giustizia, l'uguaglianza
16. *rivendicare:* reclamare, dichiarare un proprio diritto
17. *blasfemo:* che contiene una bestemmia, un insulto a Dio
18. *l'empietà:* la profanazione, un atto di disprezzo verso Dio
19. *la macina della vita quotidiana:* la routine di tutti i giorni
20. *essere accumunati:* condividere, avere in comune
21. *salvifico:* che dà, che porta salvezza
22. *la chiave:* un modo per dare un senso alla loro condizione (qui in senso figurativo)
23. *millenario:* della durata di mille anni
24. *l'espiazione:* la riparazione dei peccati con una penitenza
25. *l'offerta votiva:* offerta di ringraziamento dopo aver ricevuto una grazia da Dio
26. *la putredine:* il marciume, qualcosa di repellente
27. *decifrabile:* comprensibile
28. *sconfinare:* andare oltre i confini o qualsiasi limite
29. *la commiserazione:* la compassione, la pietà
30. *evangelizzare:* convertire alla religione
31. *folgorante:* brillante
32. *la "ceinture":* la periferia industriale di Parigi
33. *la ghigliottina:* strumento per la decapitazione nelle esecuzioni capitali
34. *"...mais Joseph était là!":* (francese) ma Giuseppe era là!
35. *mi occorse (passato remoto di occorrere):* capii, mi resi conto
36. *alludere:* riferirsi a qualcosa o a qualcuno

DOMANDE DI COMPRENSIONE E DISCUSSIONE

1. Scrivi in un paragrafo l'argomento principale di Primo Levi in questo brano.
2. Perchè Levi si definisce 'laico'?
3. Qual è la tentazione di cui parla Levi? In quale circostanza ha provato questa tentazione?
4. Spiega le parole di Primo Levi: Non si cambiano le regole del gioco alla fine della partita, nè quando stai perdendo. (righe19-21). Il dolore, in loro o intorno a loro, era decifrabile e perciò non sconfinava nella disperazione (righe 44-46).
5. Qual è il significato della conversazione di Levi con l'operaio francese?

Auschwitz: donne in una baracca al momento della liberazione da parte dell'Armata Rossa.

OSSERVAZIONI GRAMMATICALI SUL TESTO

Considera la seguente frase ipotetica. Quali tempi usa l'autore?

*Cancellai quella tentazione: sapevo che altrimenti, se **fossi sopravvissuto**, me ne **sarei dovuto vergognare*** (righe 24-26)

Scrivi altre frasi ipotetiche sullo stesso modello:

1. Se Levi _____ (*pregare*), _____ (*cambiare*) le regole del gioco alla fine della partita.

2. Secondo Levi, se la provvidenza _____ (*esistere*), non ci _____ (*essere*) vittime innocenti.

3. Levi dice che se lui _____ (*credere*), _____ (*sopportare*) meglio la vita al Lager.

4. Se Levi _____ (*essere*) un credente, _____ (*vedere*) una ragione per la sofferenza.

Ora considera l'uso del congiuntivo imperfetto nella seguente frase. Perchè bisogna usare il congiuntivo imperfetto invece dell'indicativo imperfetto? Scrivi frasi analoghe:

*Non aveva nessuna importanza quale **fosse** il loro credo, religioso o politico* (righe 30-31)

1. L'operaio francese credeva che Stalin _____ (*essere*) la sua fortezza, la Rocca che si canta nei Salmi.

2. Mi sorprese che l'operaio francese _____ (*esclamare*): '.... mais Joseph etait là!'

3. Mi sembrava che i credenti _____ (*avere*) un punto d'appoggio.

4. Pensavo che i credenti _____ (*capire*) il dolore intorno a loro.

SE QUESTO È UN UOMO
di Primo Levi, 1947

In questa poesia, Primo Levi ci costringe a meditare sull'olocausto, anzi ci intima di non dimenticarlo e di ricordarlo sempre ai nostri figli.

Voi che vivete sicuri
Nelle vostre tiepide case,
Voi che trovate tornando a sera
Il cibo caldo e visi amici:
    Considerate se questo è un uomo
    Che lavora nel fango
    Che non conosce pace
    Che lotta per mezzo pane
    Che muore per un sí o per un no.
    Considerate se questa è una donna,
    Senza capelli e senza nome
    Senza piú forza di ricordare

Vuoti gli occhi e freddo il **grembo**
    Come una rana d'inverno.
Meditate che questo è stato:
Vi comando queste parole.
Scolpitele nel vostro cuore
Stando in casa andando per via,
Coricandovi alzandovi;
Ripetetele ai vostri figli.
    O vi si **sfaccia** la casa,
    La malattia vi impedisca,
    I vostri nati **torcano il viso** da voi.

NOTE

1. *il grembo:* il ventre di una donna, il suo utero o parte più interna
2. *coricarsi:* andare a dormire, a letto
3. *sfare:* distruggere
4. *torcere il viso:* voltarsi bruscamente, rifiutarsi di guardare negli occhi

DOMANDE DI COMPRENSIONE E DISCUSSIONE

1. Quale immagine ti ha colpito di più di questa poesia?
2. Levi vuole porci dinanzi a un grande contrasto in questa poesia. Quale?
3. Commenta l'uso del tempo verbale imperativo in questa poesia: considerate, meditate, ecc.
4. Le tre strofe finali hanno quasi il carattere di una maledizione. Quale tempo verbale usa l'autore per renderle così potenti e choccanti?

OSSERVAZIONI GRAMMATICALI SUL TESTO

Cambia il soggetto dei verbi all'imperativo da **Voi** a **Noi**, seguendo l'esempio:

Considerate se questo è un uomo → Consideriamo se questo è un uomo

Come dovrebbero cambiare gli ultimi tre versi? Segui l'esempio:

O vi si sfaccia la casa → O ci si sfaccia la casa.

Qual è l'effetto ottenuto? In che modo cambia la poesia? Perchè, secondo te, Levi usa il pronome soggetto Voi e non Noi?

8 febbraio 1945: Quinta Armata, area di M. Grande. Un sergente maggiore e un caporale nel loro rifugio durante una giornata di pioggia (Museo Storico Italiano della Guerra Rovereto).

L'INCONTRO CON GLI INGLESI
(da *La Ciociara* di Alberto Moravia, 1957)

Protagonisti di questo brano sono: Cesira, la narratrice, e sua figlia Rosetta, entrambe scappate da Roma a causa dei bombardamenti. Le due vivono ora da sfollate con altre famiglie a Sant'Eufemia, un paese nelle montagne della Ciociaria; Michele, uno studente universitario, amico di entrambe, anch'egli sfollato; due soldati inglesi, persi fra le montagne della Ciociaria. È il giorno di Natale, e Rosetta implora la madre di invitare a pranzo i due soldati, sfidando la possibile rappresaglia dell'esercito tedesco che occupa la zona (vedi scheda sul film omonimo a pagina 57)

«Mamma hanno l'aria tanto **sperduta**, poveretti… e poi oggi è il giorno di Natale e loro non hanno niente da mangiare e, chissà, vorrebbero stare con le loro famiglie e non possono… Perché non li invitiamo a mangiare con
5 noi?» Dico che mi vergognai e pensai che Rosetta aveva ragione e che non valeva la pena di disprezzare gli sfollati, come facevo, **se poi mi comportavo come loro**. Cosí facemmo capire a quei due che venissero con noi e avremmo mangiato insieme il pranzo di Natale e loro
10 accettarono subito, felici.

Per quel giorno di Natale, io avevo fatto uno sforzo, soprattutto per Rosetta che, tutti gli anni, da quando era nata, aveva festeggiato quel giorno meglio della figlia di un signore. Avevo comprato da **Paride** una gallina e l'avevo
15 cotta al forno con le patate. Avevo fatto la pasta in casa, poca a dire la verità perché avevo pochissima farina e avevo fatto gli **agnolotti** con il ripieno. Avevo un paio di salamini e li avevo tagliati a fettine sottili e ci avevo messo accanto alcune **uova sode**. Avevo fatto anche il dolce: in mancanza
20 di meglio, avevo **grattugiato** fino fino tante **carrube**, avevo mescolato questa farina di carrube con della farina di fiore, dell'uva passita, dei pinoli e dello zucchero e avevo cotto al forno una pizzetta bassa e dura, ma buona. Ero anche riuscita a comprare una bottiglia di marsala da uno
25 sfollato; il vino, me lo aveva dato Paride. Di frutta poi ce n'era in abbondanza: a Fondi le arance riempivano gli alberi e costavano pochissimo, e giorni prima ne avevo acquistato cinquanta chili e non facevamo che mangiare arance tutto il giorno. Pensai bene di invitare anche Michele
30 e glielo dissi mentre si affrettava verso la casetta di suo padre. Lui accettò subito e **mi sa che** accettasse soprattutto per antipatia verso la propria famiglia. Aggiunse, però: «Cara Cesira, tu oggi hai fatto una cosa buona… se tu non avessi invitato quei due ti avrei tolta tutta la mia **stima**».
35 Lui ad ogni modo chiamò suo padre e questi si affacciò alla finestra e lui gli disse che noi l'avevamo invitato e lui aveva accettato. Filippo, a bassa voce, perché temeva di

essere **udito** dagli inglesi, cominciò a **scongiurarlo** di non farlo: «Non andarci, quei due sono **fuggitivi**, se i tedeschi
40 vengono a saperlo, **stiamo freschi**». Ma Michele alzò le spalle e, senza neppure aspettare che il padre avesse finito di parlare, si avviò verso la nostra casa.

Avevo **imbandito** la tavola di Natale con una tovaglia di lino pesante presa a prestito dai contadini. Rosetta aveva
45 messo intorno i piatti delle **fronde** strappate alla **macchia**, verdi con della bacche rosse che un po' rassomigliavano a quelle che si vedono per le feste a Roma. In un piatto c'era la gallina che per cinque persone era un po' piccola: negli altri il salame, le uova, il formaggio, le arance e il dolce. Il pane
50 l'avevo fatto apposta per quel giorno, ed era ancora caldo del forno e avevo tagliato tanti quarti di pagnotta, una per ciascuno. Mangiammo con la porta aperta, perché nella casetta non c'erano finestre e, se la porta era chiusa, restavamo al buio. Fuori della porta c'era il sole e il
55 panorama di Fondi, bellissimo e pieno di sole, giú giú fino alla **marina** che scintillava forte nel sole. Michele, dopo gli agnolotti, incominciò ad attaccare gli inglesi sul capitolo della guerra. Gliele **diceva chiare e tonde, parlando da pari a pari**; e loro sembravano un poco meravigliati, forse perché
60 non si erano aspettati discorsi come quelli, in un luogo simile, da uno **straccione** quale appariva Michele. Michele, dunque, disse loro che avevano commesso un errore a non **sbarcare** vicino a Roma invece che in Sicilia; in quel momento avrebbero potuto benissimo prendere **senza colpo**
65 **ferire** Roma e tutta l'Italia meridionale. Avanzando invece passo passo come facevano su per l'Italia, distruggevano l'Italia e, inoltre, facevano soffrire terribilmente le popolazioni che si trovavano, per così dire, **prese tra l'incudine** che erano loro **e il martello** che erano i tedeschi.
70 Gli inglesi rispondevano che loro non sapevano niente di tutte queste cose, erano soldati e ubbidivano. Michele allora li aggredí con un altro ragionamento: perché facevano la guerra, per che scopo? Gli inglesi risposero che loro la guerra la facevano per difendersi dai tedeschi

75 che volevano **mettere sotto tutti quanti**, compresi loro.
Michele rispose che questo non era sufficiente: la gente si
aspettava da loro che, dopo la guerra, creassero un mondo
nuovo, con piú giustizia, piú libertà e piú felicità che in
quello vecchio. Se loro non fossero riusciti a creare questo
80 mondo, anche loro allora avrebbero in fondo perduto la
guerra, anche se, di fatto, l'avessero vinta. L'ufficiale
biondo ascoltava Michele con diffidenza e **rispondeva corto
e raro**; ma il marinaio mi sembrò che avesse le stesse idee
di Michele, benché per rispetto all'ufficiale, che era il
85 suo superiore, non avesse il coraggio di esprimerle. Alla
fine l'ufficiale **tagliò corto alla discussione** dicendo che
l'essenziale, adesso, era vincere la guerra; e che, per il
resto, lui si rimetteva al suo governo che ce l'aveva
certamente un piano per creare quel mondo nuovo di cui
90 parlava Michele. Capimmo tutti quanti che lui non voleva
compromettersi in una discussione imbarazzante e anche
Michele, benché ci fosse rimasto male, lo capí e propose a
sua volta di bere alla salute del mondo nuovo che sarebbe
venuto fuori dalla guerra. Riempimmo dunque i bicchieri
95 con il marsala e bevemmo tutti alla salute del mondo di
domani. Michele era persino commosso e ci aveva le
lacrime agli occhi e, dopo questo primo brindisi, volle bere
alla salute di tutti gli alleati, compresi i russi che proprio
in quei giorni, a quanto pareva, avevano riportato una
100 grande vittoria sui tedeschi. E cosí eravamo tutti contenti,
proprio come lo si deve essere il giorno di Natale; e per un
momento, almeno, sembrò che non ci fossero piú
differenze di lingua o di educazione e che fossimo davvero
tutti fratelli e che quel giorno che aveva visto tanti secoli
105 prima la nascita di Gesú nella sua stalla, avesse visto anche
oggi nascere qualche cosa di simile a Gesú, qualche cosa di
buono e di nuovo che avrebbe reso gli uomini migliori.
Alla fine del pranzo facemmo un ultimo brindisi alla salute
dei due inglesi e poi ci abbracciammo tutti quanti e io
110 abbracciai Michele, Rosetta e i due inglesi e loro
abbracciarono noialtri e tutti ci dicemmo l'un l'altro:
«Buon Natale e buon anno» e io mi sentii per la prima
volta veramente contenta da quando ero salita a
Sant'Eufemia. Michele, però, osservò, dopo un poco, che
115 questo era bene ma che si doveva anche mettere un limite
al sacrificio e all'**altruismo**; e cosí spiegò ai due inglesi che
noi due avremmo potuto offrir loro ospitalità **tutt'al piú**
per quella notte ma poi, loro era meglio che partissero,
perché ero veramente pericoloso per loro e per noi che
120 essi **si trattenessero** lassú: i tedeschi potevano sempre
venire a saperlo e allora nessuno ci avrebbe salvato dalla
loro vendetta. Gli inglesi risposero che capivano queste

esigenze e ci assicurarono che sarebbero partiti il giorno
dopo.
125 Tutto quel giorno restarono insieme con noi.
Parlarono di un po' di tutto con Michele; e io **non potei
fare a meno** di notare che mentre Michele pareva
benissimo informato sui paesi loro, anzi quasi quasi meglio
di loro, loro, invece, sapevano poco o nulla dell'Italia in cui
130 **purtuttavia** si trovavano e facevano la guerra. L'ufficiale,
per esempio, ci disse che era stato all'università, dunque
era istruito. Ma Michele, **gratta gratta**, scoprí che non
sapeva neppure chi fosse Dante. Ora io non sono istruita
e quello che ha scritto Dante non l'ho mai letto, ma il
135 nome di Dante lo conoscevo e Rosetta mi disse che **dalle
suore**, dove era stata a scuola, non soltanto gliel'avevano
insegnato chi fosse Dante ma anche le avevano fatto
leggere qualche cosa. Michele ce lo disse piano questo
fatto di Dante; e, sempre sottovoce, in un momento che
140 quelli non ci sentivano, aggiunse che cosí si spiegavano
tante cose, come per esempio i bombardamenti che
avevano distrutto tante città italiane. Quegli aviatori che
gettavano le bombe non sapevano niente di **noialtri** e dei
nostri monumenti; l'ignoranza li rendeva tranquilli e senza
145 pietà; e l'ignoranza, soggiunse Michele, era forse la causa
di tutti i guai nostri e degli altri, perché la malvagità non è
che una forma dell'ignoranza e chi sa non può veramente
fare il male.

Partigiani e partigiane all'entrata di un villaggio.

NOTE

1. *sperduto:* perso, senza direzione
2. *se poi mi comportavo come loro:* gli altri sfollati si erano rifiutati di ospitare gli inglesi per paura delle rappresaglie tedesche
3. *Paride:* un amico di Cesira, anche lui sfollato
4. *gli agnolotti:* pasta con un ripieno, come i ravioli o i tortellini
5. *le uova sode:* uova bollite fino a che il tuorlo diventa duro
6. *grattuggiare:* tagliare finemente
7. *le carrube:* frutti di un albero, normalmente usati come mangime per i cavalli, ma in tempo di guerra usati come dolcificante
8. *mi sa che:* ho l'impressione che, penso che
9. *la stima:* la considerazione o l'opinione positiva verso una persona
10. *udito:* sentito
11. *scongiurare:* implorare, pregare qualcuno di fare o non fare qualcosa
12. *il fuggitivo:* colui che è fuggito o scappato
13. *stare freschi:* avere grossi problemi, mettersi in una situazione senza vie d'uscita
14. *imbandire:* apparecchiare per una festa
15. *la fronda:* un ramo con attaccate le foglie
16. *la macchia:* bosco o sottobosco
17. *la marina:* la costa, la spiaggia
18. *dirle chiare e tonde:* parlare con sincerità, apertamente
19. *parlare da pari a pari:* trattare la persona con cui si parla come un nostro uguale, parlare con confidenza e sincerità
20. *straccione:* uomo all'apparenza povero, vestito male
21. *sbarcare:* arrivare su una costa dal mare
22. *senza colpo ferire:* senza alcun problema
23. *preso fra l'incudine e il martello:* messo in una situazione difficilissima dalla quale è impossibile uscirne
24. *mettere sotto tutti quanti:* opprimere tutti
25. *rispondere corto e raro:* rispondere raramente e con poche parole
26. *tagliare corto alla discussione:* mettere fine a una discussione
27. *l'altruismo:* generosità e amore verso gli altri
28. *tutt'al più per quella notte:* solo per quella notte
29. *trattenersi:* restare
30. *non potere fare a meno di:* non potere evitare di fare qualcosa
31. *purtuttavia:* nonostante questo
32. *gratta gratta:* dopo aver fatto molte domande, dopo un'accurata ricerca
33. *dalle suore:* la scuola privata gestita da religiose che Rosetta aveva frequentato
34. *noialtri:* noi

DOMANDE DI COMPRENSIONE E DISCUSSIONE

1. Chi convinse Cesira ad invitare i due inglesi a casa sua?
2. Che cosa aveva preparato Cesira? Perchè aveva cucinato un pranzo speciale? Chi altro invitò Cesira?
3. Che errore hanno commesso gli alleati, secondo Michele?
4. Come risposero gli inglesi alle argomentazioni di Michele?
5. Quali erano le aspettative della gente, secondo Michele?
6. Qual era la cosa essenziale, secondo l'ufficiale inglese?
7. A che cosa brindarono alla fine della discussione i protagonisti di questo brano?
8. Commenta le riflessioni di Cesira sulla festa di Natale e sul significato dell'abbraccio finale fra gli inglesi, Michele e Rosetta.
9. Qual era la differenza fra Michele e gli inglesi, in termini di istruzione?
10. In che modo potevano spiegarsi, secondo Michele, i bombardamenti che distruggevano le città italiane?

RIFLESSIONI GRAMMATICALI SUL TESTO

Considera la seguente struttura:

[...] *non facevamo che mangiare arance tutto il giorno* (righe 28-29) = mangiavamo arance tutto il giorno, l'unica cosa che facevamo era mangiare arance tutto il giorno

Riscrivi le seguenti frasi usando la stessa costruzione:

1. Gli inglesi continuavano a rispondere che non sapevano niente di queste cose, erano soldati e basta.
2. L'unica cosa che dicevano era che la guerra era per difendersi dai tedeschi.
3. Michele ripeteva in continuazione che gli alleati avevano commesso un errore.
4. Il padre di Michele continuava a scongiurare Michele di non andare con gli inglesi perchè erano fuggitivi.

Un gruppo di partigiani e partigiane ancora in armi nella zona di Pistoia.

GISELLA, MINISTRO DELLA REPUBBLICA DELLA VAL D'OSSOLA

(da *Pane nero* di Miriam Mafai, 1987)

In questo brano leggiamo la testimonianza di Gisella, una giovane donna milanese, che diventa partigiana nelle montagne della Val d'Ossola e poi ministro nel territorio liberato della Repubblica della Val d'Ossola. La Repubblica dura solo 40 giorni - dal 10 settembre al 23 ottobre 1944 -prima dell'arrivo dei tedeschi, ma costituisce una importante esperienza di auto-governo in territorio occupato. All'inizio di questo brano, Gisella è in carcere in Svizzera, arrestata per aver passato illegalmente la frontiera; viene informata dalle suore del carcere che 'le frontiere sono piene di partigiani'.

Dopo che la suora mi aveva dato la bella notizia, **venni scarcerata**. Furono gli stessi ufficiali svizzeri che mi avevano fatto l'interrogatorio ad accompagnarmi fino al confine. Mi **congedarono** facendomi il saluto militare. Nel
5 Municipio di Domodossola si era insediato il governo della nuova repubblica. Quando arrivai, Tibaldi, che era il presidente, mi annunciò che, in mia assenza, mi avevano nominato ministro. La repubblica era presieduta da quattromila partigiani che si distinguevano per il colore
10 del fazzoletto annodato al collo. Rosso per i **garibaldini** di Moscatelli, azzurro per gli uomini delle formazioni dei **fratelli Di Dio**, verde per quelli di **Superti**. Io avevo il fazzoletto rosso ed ero comandante di distaccamento della Centonovantaduesima Brigata Garibaldi. Moscatelli mi regalò
15 una **rivoltella** e mi insegnò ad usarla.

Dovevo provvedere in fretta a un minimo di assistenza. I primi aiuti arrivarono dagli amici della Croce Rossa svizzera, che organizzò anche il trasferimento verso il **Canton Ticino** di un certo numero di bambini bisognosi
20 di maggiori cure e assistenza. Per la distribuzione dei soccorsi, vennero costituite commissioni nelle quali entrarono semplici cittadini dei diversi comuni della repubblica. Le donne entravano nelle commissioni di controllo dei prezzi, gli operai discutevano dei nuovi
25 contratti di lavoro. Ci fu un trionfo, una vera esplosione di politica nella valle liberata. Eravamo terribilmente poveri. **Eravamo privi di** cibo, di rifornimenti, di medicinali. Sentivamo il dramma della sopravvivenza.

Il problema era come trovare da mangiare. Io e tutto il
30 governo della repubblica **ci sfamavamo** con cinque patate al giorno. Il clima era disperato, ma noi ci comportavamo come se quella repubblica avesse dovuto vivere sempre. E invece visse solo quaranta giorni. Quando, a metà ottobre, la repubblica venne schiacciata dall'offensiva dei tedeschi e

35 dei fascisti, mi preoccupai ancora dei bambini. Raccogliemmo i più poveri e i più esposti. Avevamo paura delle eventuali rappresaglie. A ogni bambino misi al collo un cartello, con nome e cognome, e li affidai alla Croce Rossa. Si sarebbero salvati passando quell'ultimo inverno
40 presso famiglie svizzere. Quando i nazisti entrarono a Domodossola, l'ultimo **convoglio** di bambini stava passando il confine. Passarono il confine anche molti esponenti politici che sarebbero poi rientrati in Italia. Io volli rimanere. Moscatelli aveva dato l'ordine che le donne
45 e i bambini andassero via. Adesso può sembrare un po' enfatico, ma di fronte alle sue insistenze io gli risposi che io non ero una donna, ma il ministro della repubblica. Fu allora che Moscatelli mi regalò la rivoltella, e mi avvertì che **la ritirata** sarebbe stata dura.[…]

50 Camminammo per trenta giorni. Anzi, di giorno stavamo nascosti e di notte facevamo le valli passando sulle montagne. Attraverso cinque **contrafforti** sui quali in quell'inverno spaventoso era già caduta la neve, riuscimmo a raggiungere la Valsesia. Facevo parte di una Brigata
55 Garibaldi che dipendeva da Moscatelli e raggiungemmo il Comando. Fui l'unica donna a fare **la traversata**, ma non è merito solo mio. È merito di mio padre che ci aveva dato un'educazione molto anglosassone, molto sportiva. Se non avessi avuto quella educazione non sarei mai riuscita a fare
60 i contrafforti. Arrivata in Valsesia però crollai; **per via delle** scarpe troppo strette avevo i piedi che erano tutta una **piaga**. Così dovetti passare alcune settimane in ospedale. Ne uscii che eravamo alla vigilia del Natale del 1944. È stato l'inverno più freddo della mia vita.

NOTE

1. *venire scarcerata:* essere liberata, poter lasciare il carcere
2. *congedare:* lasciare qualcuno
3. *i 'garibaldini':* i partigiani che facevano riferimento al Partito comunista
4. *'i fratelli di Dio', 'quelli di Superti':* altre formazioni partigiane di vario orientamento politico, ma non comuniste
5. *la rivoltella:* la pistola, il revolver
6. *Canton Ticino:* regione della Svizzera di lingua italiana
7. *essere privi di:* mancare di qualcosa, non avere
8. *sfamarsi:* vincere, superare la fame

9. *il convoglio:* gruppo di persone che si trasferiscono da un luogo ad un altro
10. *la ritirata:* il ripiegamento o la fuga di un gruppo di soldati, in questo caso partigiani, quando il combattimento è impossibile
11. *il contrafforte:* una catena di montagne che blocca il passaggio
12. *la traversata:* l'attraversamento, il passaggio da una valle ad un'altra
13. *per via di:* a causa di
14. *la piaga:* una ferita aperta, una lesione nella pelle

DOMANDE DI COMPRENSIONE E DISCUSSIONE

a. Quale ruolo ufficiale copriva Gisella nella Repubblica della Val d'Ossola?

b. Commenta la seguente frase: 'Ci fu un trionfo, una vera esplosione di politica nella valle liberata.' (righe 25-26)

c. Quanti giorni durò e come finì la Repubblica?

d. Commenta le seguenti parole di Gisella: '...io non ero una donna, ma il ministro della repubblica.' (riga 47)

e. Quale fu il merito particolare del padre di Gisella?

f. Quale aspetto dell'esperienza di Gisella ti ha colpito di più?

OSSERVAZIONI GRAMMATICALI SUL TESTO

Considera l'uso della **voce passiva** nella seguente frase:

La repubblica era presidiata da quattromila partigiani (righe 8-9)

Trasforma la **voce passiva** in **attiva**, come segue:

Quattromila partigiani presidiavano la repubblica.

Fai lo stesso con le seguenti frasi, passando dalla **voce passiva** alla **attiva** e viceversa:

1. La repubblica venne schiacciata dall'offensiva tedesca.

2. Venni scarcerata dagli ufficiali svizzeri.

3. Ero stata nominata ministro da Moscatelli.

4. Vennero costituite commissioni per la distribuzione dei soccorsi (dai partigiani).

5. Io affidai ogni bambino alla Croce Rossa.

6. Moscatelli mi regalò una rivoltella e mi avvertì che la ritirata sarebbe stata dura.

LA CIOCIARA

(1960) regia di Vittorio De Sica, dall'omonimo romanzo di Alberto Moravia

INTRODUZIONE

La 'ciociara' è Cesira, una vedova fiera e indipendente, proprietaria di un piccolo negozio a Roma. E' l'estate del 1943, l'inizio dei primi bombardamenti sulla città. Cesira, determinata a portare in salvo se stessa, ma soprattutto la figlia tredicenne Rosetta, intraprende un lungo e pericoloso viaggio verso la sua terra d'origine, la 'Ciociaria'. Qui le due donne vivono giorni che sembrano idillici, lontano dalla guerra e in una natura incontaminata, in compagnia di Michele - un giovane intellettuale antifascista di origine contadina. Presto, però, l'opera distruttrice della guerra non risparmierà nemmeno quei luoghi, nemmeno la santità della chiesa, nemmeno l'innocenza della dolcissima Rosetta.

Il film ha ricevuto diversi premi e riconoscimenti anche internazionali, fra i quali un Oscar a Sofia Loren e il David di Donatello come miglior film.

PERSONAGGI PRINCIPALI E INTERPRETI:

Cesira, la madre: *Sofia Loren*
Rosetta, la figlia: *Eleonora Brown*
Michele, studente universitario, antifascista: *Jean Paul Belmondo*
Giovanni, amico di Cesira a Roma: *Raf Vallone*

DOMANDE GENERALI DI COMPRENSIONE:

1. Che cosa succede all'inizio del film? Chi bombarda Roma? Chi è Cesira?
2. Perchè Cesira vuole partire da Roma? Dove vuole andare?
3. Che cosa sappiamo del passato di Cesira dalla conversazione che ha con Giovanni? (Di dov'è? Perchè è venuta a Roma?) Che cosa pensa di Mussolini Cesira? E Giovanni?
4. Che cosa succede durante il viaggio in treno? Che decisione prendono le due donne?
5. Mentre sono in cammino per Sant'Eufemia, le due donne sono testimoni di un evento tragico. Quale? Come reagisce Cesira? E Rosetta?
6. Dove si fermano per la notte Cesira e Rosetta? Le due donne sono in pericolo? Perchè?
7. Chi sono gli altri che stanno a Sant'Eufemia? Che cosa pensano della guerra?
8. Chi è Michele? Descrivi la sua personalità. Che cosa pensa lui della guerra e di Mussolini? Quali sono le sue aspirazioni?
9. Chi incontrano Cesira, Rosetta e Michele mentre fanno una passeggiata in montagna? Che cosa vengono a sapere?
10. Com'è la vita degli sfollati durante l'inverno? Che cosa fanno?
11. Chi porta a casa una sera Michele? Perchè i suoi parenti si rifiutano di ospitarli?
12. Perchè si arrabbia tanto una sera Michele? Perchè dice: 'Siete tutti morti, peggio di Lazzaro.'?
13. Perchè Cesira va a Fondi? Sulla strada per Fondi Cesira è ancora testimone di un altro fatto tragico: la guerra colpisce ancora una volta civili innocenti. Spiega.
14. Chi porta via Michele e cosa succede a Michele?
15. Descrivi l'incontro fra gli alleati e la popolazione.
16. Cesira decide di tornare a Roma. Perchè Rosetta si oppone?
17. Gli alleati - i liberatori - sono finalmente arrivati! La guerra sembra finita per tutti, ma non per le due donne. Spiega l'evento tragico finale. Che cosa succede? Chi sono gli aggressori? Dove avviene l'aggressione? Il luogo dell'aggressione può essere rilevante per il messaggio del film?
18. In che modo, secondo te, l'esperienza della guerra ha cambiato i personaggi delle due donne? Che cosa capiscono? Che cosa perdono? Che cosa guadagnano?
19. Come reagisce Rosetta all'aggressione? Perchè, secondo te, reagisce in quel modo?
20. Quale evento fa riavvicinare madre e figlia?

22. Descrivi il rapporto fra madre e figlia. Come si trasforma nel corso del film?
23. Che messaggio ci vuole dare questo film sulla guerra?

LA NOTTE DI SAN LORENZO
(1982), regia dei Fratelli Taviani

INTRODUZIONE

La storia narrata si svolge in Toscana, a San Martino, durante la seconda guerra mondiale. La vicenda centrale del film è un evento storico realmente accaduto e del quale i due registi furono testimoni da piccoli: il massacro operato dai nazisti di gran parte della popolazione civile di San Martino, nell'estate del 1944.

All'inizio del film, i nazisti hanno minato alcune case di San Martino (segnate con la croce verde), e hanno ordinato agli abitanti di rifugiarsi nella cattedrale perchè le case verranno fatte saltare. Un contadino taciturno, Galvano, istintivamente non si fida dei tedeschi e convince un gruppo di abitanti di San Martino a disubbidire all'ordine dei tedeschi e ad intraprendere un pericoloso percorso a piedi, attraverso l'ondulata campagna toscana, alla ricerca dei liberatori: gli americani. Il loro viaggio, nel quale la morte di alcuni si alterna alla realizzazione di inappagati sogni per altri, è narrato attraverso gli occhi di una bambina.

Il film ha ricevuto diversi riconoscimenti, fra cui 5 David di Donatello e un Premio speciale della giuria al Festival di Cannes.

PERSONAGGI PRINCIPALI E INTERPRETI:
Galvano: *Omero Antonutti*
Corrado: *Claudio Bigagli*
Belindia: *Miriam Guidelli*
Concetta: *Margarita Lozano*
Ivana (la mamma di Cecilia): *Norma Martelli*
Nicola: *Massimo Bonetti*
Rosanna: *Sabina Vannucchi*
Bruno: *Mario Spallino*

NOTA GRAMMATICALE

I personaggi in questo film parlano con un accento toscano. Una particolarità di questa pronuncia è l'aspirazione della "c" all'inizio delle parole (es. **casa** = **hasa**).
In Toscana si usa anche molto frequentemente la costruzione con il "si" impersonale in senso collettivo (es. **Si fa** bene o **si fa** male ad andare in Duomo? = facciamo bene o facciamo male...?; **si ha** paura = **abbiamo** paura ; **ci si va** a mettere sotto la protezione del nostro vescovo = **andiamo** a metterci...; **noi s'avrebbe** del pane = **noi avremmo** del pane).[1]

---

[1] A questo proposito, vedi anche le osservazioni grammaticali alla lettura *La visita del Federale.* pag. 41.

DOMANDE GENERALI DI COMPRENSIONE

NOTA: nella prima scena del film, Corrado - il futuro marito di Bellindia che aspetta già un figlio - si deve nascondere perchè è considerato un disertore, in quanto ha rifiutato di combattere al fianco dell'esercito fascista. Nicola, il fratello di Rosanna, è appena saltato da un treno che lo avrebbe deportato in Germania. E' ferito, e viene aiutato da un amico, Bruno, un partigiano nella resistenza antifascista.

1. Chi è la narratrice?
2. Perchè il matrimonio è celebrato cosí di fretta?
3. Il prete che celebra il matrimonio dice le seguenti parole: *'Ciascuno di noi ha il dovere di sopravvivere'*. Spiega le sue parole alla luce delle vicende del film.
   Il prete usa anche queste espressioni: 'In casa..., a due passi..., alle porte...', per dire *molto vicino*. Chi è *in casa*, chi è *alle porte*?
4. Dove sono gli abitanti di San Martino? Che cos'è la **croce verde**?
5. **Uno scherzo di cattivo gusto**. In che cosa consiste? Chi lo fa?
6. Che cosa viene ad annunciare il Vescovo?
7. *Di questi tempi come fa uno a dire se si fa bene o si fa male?* Chi dice queste parole?
8. Che cosa propone Galvano? Quali sono le sue ragioni? Chi è *vendicativo*?
9. La città è divisa in due gruppi. Chi si veste di nero e perchè?
10. Quali sono alcuni dei pensieri degli abitanti di San Martino mentre aspettano presso il pozzo che la loro casa salti? Quale pensiero ti colpisce di più?
11. **La morte della Siciliana**. Qual è il suo sogno? Chi la ha uccisa in realtà?
12. Perchè Belindia si separa dal gruppo? Perchè Corrado non può andare con lei?
13. *'Oggi tutti noi abbiamo cercato la salvezza nella casa di Dio'* Chi lo dice? In che momento avviene l'esplosione?
14. **L'incontro con i tedeschi in ritirata**. Qual è l'aspetto tragico e grottesco di questa scena?
15. *'Ho lasciato Belindia e i miei fuori del paese, dopo non mi ricordo.'* Chi dice queste parole? Perché non ricorda?
16. Chi sono Dante e la sua banda? Che cosa stanno facendo?
17. Dante dice: *'Quelli di San Martino che hanno deciso di stare con noi devono cambiare nome.'* Che nome sceglie Corrado e perchè? Perchè, secondo te, devono cambiare nome?
18. Rosanna dice alla mamma di Cecilia: *'Prima della fine dell'estate non sarò più vergine'*. Spiega la tragica ironia di questa asserzione.
19. **L'incontro silenzioso con gli americani**. Come vengono rappresentati i due soldati alleati nel film?
20. **La battaglia nel campo di grano**. I fascisti dicono: *'Fatevi vedere! Tanto vi conosco tutti!!'* Un partigiano risponde: *'Anch'io vi conosco tutti!'*. Che cos'ha di peculiare la guerra in questa parte dell'Italia? Chi sono i nemici? (a questo proposito, ritorna alla domanda n. 7 e all'incontro fra Galvano e la 'camicia nera')
21. Chi salva Galvano da morte sicura? Qual è l'importanza di questo gesto nel contesto delle vicende del film?
22. Quale atto di vendetta spietata viene commesso alla fine della battaglia?
23. **L'arrivo a Sant'Angelo**. Che cosa *'sarebbe dovuto succedere 40 anni fa'*? Perchè succede proprio ora?
24. Che cosa annuncia la donna, la mattina quando viene ad aprire la finestra della camera dove hanno dormito Galvano e Concetta?
25. Perchè Galvano si rifiuta di partire con gli altri?
26. Il viaggio di Galvano e del suo gruppo assomiglia ad un evento biblico. Quale? Commenta.
27. **Gli americani esistono davvero?** Nel film vediamo tre pseudo-incontri con gli americani. Quali? In che senso questi incontri sono ironici, in che senso sono tragici?
28. Durante la visione del film, fa' attenzione a *tre scene* nelle quali vengono recitati brani dall'*Iliade* di Omero, e ad altre *tre scene* nelle quali viene spezzato il pane. Rifletti sulla rilevanza ed il possibile simbolismo di queste scene.
29. Discuti la trasformazione graduale della Signora Concetta, nel vestiario e nella personalità.

30. Perchè, secondo te, i registi hanno voluto presentarci le vicende attraverso gli occhi di una bambina,
Cecilia? Come sarebbe stato il film senza questo elemento narrativo?
A questo proposito, commenta la frase finale di Cecilia da adulta:
"Io non so se le cose andarono proprio in questo modo, ma la storia è vera [...]"

IL CIELO CADE
(2000), regia di Andrea e Antonio Frazzi, dall'omonimo romanzo di Lorenza Mazzetti

INTRODUZIONE
Negli ultimi anni della seconda guerra mondiale, Penny e Baby frequentano ancora le elementari quando rimangono orfane
e vanno a vivere con gli zii Wilhelm e Katchen - ebrei di origine svizzero-tedesca, proprietari di una bellissima villa nella
campagna toscana. Il primo impatto con il nuovo mondo è piuttosto brusco: lo zio è molto severo con le nuove nipotine,
e le bimbe, che sono state cresciute nella religione cattolica, sono convinte che andrà all'inferno. Presto, però, i problemi
si appianano, grazie anche alla mediazione affettuosa della zia Katchen (interpretata dalla bravissima Isabella Rossellini
in un nuovo ruolo materno). Penny e Baby passano mesi felici in compagnia dei figli dei contadini, mentre la tragedia della
guerra si svolge tutta ancora al di fuori della mura della villa. Ma anche questo piccolo paradiso verrà travolto:
il distacco intellettuale dello zio e la sua profonda fede nel potere della ragione non potranno proteggere la famiglia dalla
feroce irrazionalità della guerra.

PERSONAGGI E INTERPRETI PRINCIPALI:
Katchen: *Isabella Rossellini*
Wilhelm: *Jeroen Krabbè*
Penny: *Veronica Niccolai*
Baby: *Lara Campoli*
Mr. Pit: *Paul Brooke*

DOMANDE GENERALI DI COMPRENSIONE
1. Che impressione abbiamo del primo incontro fra zio e nipoti? Come sono vestite le bambine? Come reagisce lo zio?
Qual è la prima preoccupazione della zia?
2. A tavola, lo zio propone una regola che mette le nuove arrivate a loro agio. Spiega.
3. "La Madonna era pelata, come Mussolini". Perchè questa frase, scritta da Penny a scuola per descrivere un suo
sogno, suscita tanto clamore? Come reagiscono il prete e la maestra?
4. La zia Katchen ha una proposta per il tempo libero delle nipoti. Quale? Com'è l'impatto con il mondo contadino per
Penny e Baby?
5. "L'amore è una pianta che va innaffiata ogni giorno". Chi dice queste parole e in quale situazione?
6. Che cosa insegna il prete durante l'ora di religione?
7. "Prega per lo zio e fa tanti fioretti perchè così si salverà dalle pene dell'inferno". Spiega l'effetto di queste parole
del prete su Penny.
8. Quale punizione infligge sempre lo zio a Penny? Come reagisce la bambina? Commenta le seguenti parole di Penny
alla zia: "Perchè non mi riesce mai di essere buona come vuole lo zio?"

9. Penny a scuola scrive in un tema che ha come soggetto "Amiamo Mussolini come nostro padre": "Io amo Mussolini come lo zio, l'Italia come la zia e il re come il Signor Pit" Come reagisce la zia? Perchè non vuole che lo zio ne sappia niente?[1]

10. **Visita del Vescovo alla villa**. Commenta le seguenti citazioni:
    "Il padrone deve baciar l'anello se vuole salvarsi l'anima."
    "Col Mantello e con Gesù il vostro zio non muore più"
    Quali conseguenze hanno queste parole sul comportamento di Baby e Penny?

11. "Io agisco secondo quanto mi detta la mia coscienza." Chi dice queste parole e in quali circostanze?

12. Come reagisce Penny all'ultima punizione dello zio?

13. "Tu pensi che tutti siano fatti a tua immagine e somiglianza. Se penso a come le abbiamo accolte il primo giorno..." Secondo te, zia Katchen ha ragione a rimproverare così lo zio?

14. Quali importanti notizie arrivano nella villa tramite la radio?

15. **Pit e la moglie partono**. Perchè Pit non vuole essere guardato mentre parte?

16. Quali sono le prime conseguenze per i bambini dell'arrivo dei nazisti alla villa?

17. La famiglia cena mentre sono in corso bombardamenti nella zona. Che cosa vi colpisce di questa scena?

18. Come si comporta lo zio quando il generale lo invita a giocare a scacchi?

19. Che cosa è successo a Nello, fidanzato di Rosa, la cameriera della villa? Perchè Rosa si comporta in modo isterico?

20. Che cosa comunica con tanta urgenza il parroco allo zio, e come risponde lo zio?

21. Commenta queste parole del parroco a Penny: "Pregate per lui perchè è in grave pericolo. E non solo la sua anima."

22. Perchè le bambine invitano il generale a un 'tea party'?

23. Commenta le seguenti parole dello zio a Penny, anche alla luce del tragico evento finale: "Non scappo per rispetto di me stesso e della dignità umana."

[1] A questo proposito, confronta il film con il romanzo (vedi *La visita del Federale* a p. 40).

DIBATTITO FINALE

La classe si divide in **quattro gruppi**, ognuno rappresentante uno dei seguenti individui:
- un ex fascista della Repubblica di Salò;
- un ex partigiano che ha combattuto per la liberazione del nord d'Italia dai nazisti;
- un soldato delle truppe alleate che ha partecipato allo sbarco in Sicilia e ha risalito la penisola italiana;
- un pacifista contrario a qualsiasi tipo di violenza.

Questi quattro personaggi discutono l'art. 11 della Costituzione Italiana, riportato qui di seguito. Sono d'accordo con il contenuto di questo articolo? Lo modificherebbero? Come? Ognuno farà riferimento alle proprie esperienze nella seconda guerra mondiale per sostenere la propria tesi.

Nella tua argomentazione, cerca di usare quello che hai imparato finora nel corso, e soprattutto fa uso della sezione 'Parole dei protagonisti a confronto'. Puoi usare anche il contenuto di molte letture, ad esempio: se devi interpretare il soldato delle truppe alleate puoi rivedere la lettura *Incontro con gli inglesi* a pag. 52, oppure, se devi interpretare un ex-partigiano, puoi fare riferimento alla lettura *Gisella, Ministro della Repubblica della Val D'Ossola*, a pag.55.

Articolo 11
L'Italia ripudia la guerra come strumento di offesa alla libertà degli altri popoli e come mezzo di risoluzione delle controversie internazionali; consente, in condizioni di parità con gli altri Stati, alle limitazioni di sovranità necessarie ad un ordinamento che assicuri la pace e la giustizia fra le Nazioni; promuove e favorisce le organizzazioni internazionali rivolte a tale scopo.

SOGGETTI PER TEMI, DISCUSSIONI IN CLASSE E/O PRESENTAZIONI ORALI (CAPITOLO UNO)

1. Racconti *Bruno*, *La visita del Federale* e *Come si chiama quest'Uomo?*: tre adulti - Umberto Eco, Lorenza Mazzetti (Penny) e Marcella Olschki - si incontrano e confrontano le loro esperienze di scuola durante il fascismo. Scrivi il tuo tema sotto forma di dialogo.

2. Prendendo spunto dalla lettura *Bruno*, racconta un episodio dei tuoi anni di scuola elementare dal quale hai imparato una lezione importante.

3. Racconto *L'Intellettuale ad Auschwitz*: scrivi una conversazione fra Primo Levi ed un credente ad Auschwitz, oppure continua la conversazione fra Levi ed il barbiere francese comunista. Nella conversazione, i due interlocutori esprimono le loro opposte opinioni sul ruolo della fede religiosa o politica.

4. Lettura *L'entrata in guerra*: perchè, secondo te, l'episodio del bambino morto a causa dell'acqua bollente ha fatto tanta impressione all'autore? Puoi pensare ad un evento apparentemente poco importante che ha assunto per te un significato particolare?

5. Lettura *Gisella, Ministro della Repubblica della Val D'Ossola*: immagina una conversazione fra la protagonista e il comandante partigiano Moscatelli.

6. Lettura *L'incontro con gli inglesi*: scrivi un dialogo fra Michele e gli inglesi. Ricostruisci la loro discussione sugli sviluppi della seconda guerra mondiale in Italia.

7. Il giovane *Aulisi Gaetano* del racconto della Olschki e il piccolo *Bruno* del racconto di Eco: confronta questi due modi diversi di essere 'antifascisti'.

8. Prendendo ispirazione dalla poesia *Se questo é un uomo*, scegli un evento o una condizione umana che vuoi portare all'attenzione di tutti e scrivi una poesia al riguardo.

9. Film *La notte di San Lorenzo*: immagina di essere uno dei personaggi principali del film e scrivi una pagina del suo diario; oppure, immagina di essere un soldato americano in Italia durante la Seconda Guerra Mondiale. Scrivi una pagina del suo diario. Per il diario usa una data storicamente credibile (successiva all'8 settembre 1943, data dell'annuncio dell'armistizio con le forze alleate).

10. Film *La ciociara*:
  I. Riscrivi la fine del film: invece di una fine tragica, scrivi una fine 'felice' o 'hollywoodiana' del film. Paragona la tua fine con la fine di De Sica.
  II. Scrivi una pagina del diario di uno degli inglesi che Rosetta e Cesira hanno ospitato.
  III. Rosetta é adulta e racconta a sua figlia alcune storie della sua vita durante la Seconda Guerra Mondiale, come fa Cecilia nel film *La notte di San Lorenzo*. Che cosa le dice?
  IV. Confronta l'episodio dell'incontro con gli inglesi nel film e nella lettura tratta dal romanzo.

11. Confronta i film *La ciociara* e *La notte di San Lorenzo*. Quali sono alcuni elementi comuni ai due film? Pensa a: il viaggio verso la salvezza (é possibile trovare salvezza in tempo di guerra?); la popolazione civile a confronto con la guerra; l'effetto della guerra sulle vicende personali dei protagonisti (Galvano e Concetta / Cesira e Rosetta).

12. Film *Il cielo cade*. Quali influenze hanno la cultura fascista e la religione cattolica sulle due piccole protagoniste?

13. Esamina brevemente le *Parole dei protagonisti a confronto* e scegli due brani. Immagina una conversazione fra gli autori di questi due brani, su un argomento di tua scelta.

CAPITOLO
DUE

DALLA FINE DELLA GUERRA AL '68:
RICOSTRUZIONE E "BOOM ECONOMICO"

A GUERRA FINITA, QUALE FUTURO PER LA NAZIONE?

13 maggio 1945, Vercelli. Un gruppo di partigiani riconsegna le armi dopo la smobilitazione. (Museo Storico Italiano della Guerra, Rovereto).

L'Italia dell'immediato dopoguerra doveva affrontare tre questioni fondamentali:

- il problema della ricostruzioni economica;
- il problema della ricostruzione di una società civile basata sulla partecipazione dei cittadini alla vita democratica, dopo piú di 20 anni di dittatura;
- il problema dell'assetto politico (l'Italia sarebbe rimasta una monarchia o sarebbe diventata una repubblica con una nuova costituzione?)

La guerra aveva avuto effetti devastanti su tutta la penisola. I bombardamenti avevano distrutto abitazioni, industrie e infrastrutture, specialmente nel centro-nord; la lentissima avanzata degli alleati e la conseguente ritirata dei tedeschi (durate quasi due anni) avevano provocato danni irreparabili su tutto il territorio nazionale. Gli effetti della guerra sulla popolazione civile furono altrettanto gravi. Tutti, senza eccezione, furono toccati dalla guerra[1]: la maggior parte delle famiglie erano state divise (gli uomini al fronte o deportati in Germania o prigionieri o dispersi o in montagna con i partigiani), il cibo e altri beni di immediata necessità scarseggiavano ovunque, con un conseguente fiorire del mercato nero. Alla fine della guerra, con il ritorno dei prigionieri e reduci di guerra, il numero dei disoccupati raggiunse

---

[1]   Vedi letture *Smania di raccontare e neorealisimo*, p. 87 *Non guariremo più*, p. 94 e *Le scarpe rotte*, p. 91.

quasi i due milioni. Nonostante possa sembrare secondario in questo contesto di miseria e disperazione, non bisogna dimenticare il danno subito dal patrimonio artistico nazionale. In conclusione, gli obiettivi concreti e immediati del dopoguerra erano il ricongiungimento delle famiglie, la ricostruzione di abitazioni, strade, ponti, ferrovie, la ripresa produttiva nelle fabbriche e nell'agricoltura, il ripristino del commercio e delle comunicazioni, e infine la creazione di posti di lavoro.[2]

Esisteva però anche il problema della costruzione di una coscienza civile, base insostituibile di una società democratica: molti erano cresciuti ed erano stati educati sotto una dittatura che scoraggiava la partecipazione ed esaltava l'obbedienza cieca ad un capo. Altri avevano la responsabilità morale di aver appoggiato quello stesso regime che li aveva portati allo sfacelo della guerra. Il movimento di resistenza partigiana nel centro e nel nord, come movimento di liberazione nazionale e ideologicamente antifascista, aveva indubbiamente contribuito a riscattare l'Italia dalla 'vergogna' del suo recente passato, creando nei territori liberati, ancor prima dell'arrivo degli alleati, dei modelli di governi democratici a partecipazione diretta. Ma molto restava da fare. Gli italiani dovevano dimostrare a se stessi e al mondo di saper ricostruire una società su basi totalmente nuove.

Nuovi e vecchi caseggiati si confrontano alle Rampe Brancaccio, Napoli, anni '50.

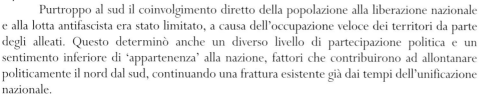

Purtroppo al sud il coinvolgimento diretto della popolazione alla liberazione nazionale e alla lotta antifascista era stato limitato, a causa dell'occupazione veloce dei territori da parte degli alleati. Questo determinò anche un diverso livello di partecipazione politica e un sentimento inferiore di 'appartenenza' alla nazione, fattori che contribuirono ad allontanare politicamente il nord dal sud, continuando una frattura esistente già dai tempi dell'unificazione nazionale.

La fine del regime fascista significò anche il risorgere di un vivacissimo dibattito politico e ideologico, accompagnato da un vero 'rinascimento' in campo letterario e artistico. C'era una nuova nazione da costruire sulle rovine della guerra, e tutti si sentivano protagonisti di uno straordinario momento storico.[3] L'Italia del dopoguerra sarebbe stata del tutto rinnovata, costruita dopo un'operazione di taglio netto con il passato, oppure si sarebbe semplicemente tornati a uno stato pre-fascista e conservatore, senza nessun reale processo innovatore? Più concretamente: l'Italia sarebbe rimasta una **Monarchia**, sotto la **Casa Reale dei Savoia** come dai tempi dell'unificazione, oppure sarebbe diventata una **Repubblica** con una nuova **Costituzione**?

---

[2] Vedi film *Ladri di biciclette*, p. 101.

[3] Vedi lettura *Smania di raccontare e neorealismo*. p. 87 e *La vendemmia di parole*. p. 89.

Manifestazione del Primo Maggio
1949 a Firenze.

PARTITI POLITICI AL MOMENTO DELLA LIBERAZIONE

La **Democrazia Cristiana (DC)** e il **Partito Comunista Italiano (PCI)** si presentarono da subito come i più importanti partiti politici; la loro contrapposizione rifletteva in parte la divisione fra i due grandi blocchi (la NATO e il Patto di Varsavia) che cominciava a delinearsi a livello internazionale con l'inizio della '**guerra fredda**'.

La DC era l'erede del vecchio Partito Popolare di ispirazione cattolica, ed aveva avuto un ruolo marginale durante la lotta antifascista, ma la direzione politica di **Alcide De Gasperi**[4] seppe trasformarla in un vero partito centrista e di massa appoggiato dal grande capitale e dalla piccola-media borghesia, oltre che dalla maggioranza del mondo contadino.[i] La DC comprese le profonde esigenze di sicurezza e stabilità sentite dalla maggioranza della popolazione che non voleva una rivoluzione sociale; si presentó come ultimo baluardo contro il pericolo del

---

4   Vedi 'Le parole dei protagonisti a confronto' (1.), (2.), p. 83.

Lettera alle donne italiane

L'E.R.P. (European Resconstruction Program) spedì una "Lettera alle Donne Italiane", per illustrare gli aiuti finanziari degli USA per la ricostruzione europea.

comunismo, opponendosi a qualsiasi cambiamento nei rapporti di produzione, ed in questo ottenne il pieno appoggio del grande capitale. La DC, però, si presentò all'elettorato anche come garante di quei valori cristiani nei quali la maggior parte degli italiani si riconosceva; questi comprendevano un certo livello di uguaglianza sociale accompagnata da un forte intervento dello stato nei campi della sanità, dei trasporti, della pubblica istruzione, dei servizi alle famiglie, delle pensioni, ecc.. Sapendo quindi combinare, senza forti contraddizioni, una politica a sostegno del sistema capitalistico con una politica di rafforzamento dello stato sociale ispirata a concetti cristiani di solidarietà e uguaglianza, la DC si assicurò l'appoggio degli Stati Uniti, del grande capitale e anche della Chiesa cattolica con tutte le sue organizzazioni di base. La Dc diventò così un vero partito di massa che seppe mantenere la maggioranza relativa alle elezioni e il controllo sul governo durante tutti i primi 45 anni del dopoguerra, fino alla grande crisi dei partiti politici agli inizi degli anni '90 (vedi cap.4).

L'altra grande forza politica presente in Italia era il Partito Comunista Italiano (Pci) che, sotto la direzione di **Palmiro Togliatti**[5], godeva dell'appoggio attivo delle classi operaie, specialmente nelle grandi città del nord. Il PCI era anche il partito con la più forte organizzazione, grazie alla quale era riuscito a sopravvivere durante gli anni più bui della repressione fascista, ed a ricostituirsi negli ultimi anni di guerra, in parte all'estero, in parte sul territorio nazionale. Essendo stato il principale artefice della resistenza armata contro i nazisti, il PCI godeva di un grande prestigio. L'aspetto più problematico della politica del PCI derivava dai forti legami con l'Unione Sovietica, che molti suoi militanti idealizzavano allora come la 'patria del socialismo', la roccaforte della resistenza contro l'avanzata del nazismo in Europa[6]. Questa posizione di dipendenza verso l'URSS durò a fasi alterne fino alla caduta del muro di Berlino e determinò, in parte, il ruolo sostanzialmente marginale che il PCI ebbe nei primi decenni del dopoguerra; nonostante fosse il secondo partito in Italia dopo la DC, il PCI rimase sempre all'opposizione (fino al 1996: vedi cap.4).

Il **Partito Socialista di Unità Proletaria (PSIUP)**, successivamente ricostituito come **Partito Socialista Italiano (PSI)**[ii] aveva un ruolo subalterno rispetto al PCI; il **Partito**

---

[5] Vedi 'Le parole dei protagonisti a confronto' (3.) p. 84.

[6] Vedi lettura *Un intellettuale a Auschwitz* (conversazione con l'operaio francese) p. 48.

d'**Azione**, un altro partito progressista, ma non comunista, che aveva avuto un ruolo di primo piano durante la Resistenza, si sciolse nel 1946.

Altri partiti presenti, ma con ruoli secondari, sulla scena politica italiana erano il **Partito Monarchico**, che voleva semplicemente un ritorno alla situazione precedente l'avvento del fascismo, senza alcun cambiamento sociale o istituzionale, e il **Partito Liberale Italiano (PLI)**, che si presentava come garante degli interessi del grande capitale, ma che non riuscì mai ad avere quel ruolo di grande partito di centro, che fu invece occupato dalla DC. Il fattore più preoccupante dell'immediato dopoguerra fu l'emergenza sulla scena politica di un partito neofascista, il **Movimento Sociale Italiano (MSI)** che ottenne il 5,8% dei voti alle elezioni del giugno 1946. Ciò costituì per molti la conferma tangibile che la fine della guerra non aveva significato la morte definitiva del vecchio regime.

LA POSIZIONE DELL'ITALIA NEL QUADRO INTERNAZIONALE: ERA POSSIBILE UNA RIVOLUZIONE SOCIALE?

Nel periodo dell'immediato dopoguerra larghi settori delle classi lavoratrici, specialmente nelle grandi città industriali del nord e nel centro dove il movimento partigiano era stato più forte, volevano una rivoluzione di tipo socialista, come continuazione della lotta antifascista di liberazione nazionale. Molti dei giovani partigiani che avevano messo a repentaglio la propria vita sopportando sofferenze e privazioni, volevano costruire una nazione profondamente rinnovata, politicamente e socialmente; non accettavano un ritorno inalterato dei vecchi rapporti di classe. Dopotutto era stato il grande capitale che aveva voluto il fascismo e lo aveva mantenuto al potere: la fine del regime doveva significare anche la fine dei privilegi di questa classe sociale.[7] Non ci fu però nessuna rivoluzione, grazie anche al ruolo di freno della dirigenza del PCI, ed in particolare del suo leader, Palmiro Togliatti. Egli capì che un proseguimento della lotta armata avrebbe provocato una reazione immediata da parte degli Stati Uniti, le cui forze militari erano presenti su tutto il territorio nazionale. Togliatti, inoltre, aveva ricevuto direttive precise da parte dell'URSS: l'Italia doveva rimanere nella sfera di influenza occidentale.

Questo avrebbe permesso all'Unione Societica di rafforzare il proprio controllo sui paesi dell'Europa dell'Est che era riuscita a conquistare durante l'ultima fase della guerra.[iii] Seguendo questa politica, il PCI e il PSI accettarono di far parte con la DC dei primi quattro **governi di unità nazionale** del dopoguerra (dal giugno 1946 al maggio 1947), anche se ciò significò spesso scendere a grossi compromessi con la DC.

La situazione italiana dell'immediato dopoguerra era quindi, da una parte, estremamente fluida - c'era la sensazione di vivere un'occasione unica per operare un vero cambiamento della società -

ROSSETTI
CREMONESI
BOTTOLI

GLI AIUTI D'AMERICA
GRANO-CARBONE-VIVERI-MEDICINALI
CI AIUTANO AD AIUTARCI DA NOI

---

[7] Vedi 'Le parole dei protagonisti a confronto' (3. i., ii.) p. 84.

mentre, dall'altra, il 'destino' della nazione era già segnato dalla divisione di influenze in campo internazionale con l'inizio della **guerra fredda**. Ma non furono solo pressioni politiche interne ed internazionali a frenare una possibile rivoluzione sociale. L'Italia era semplicemente un paese stanco che accolse a braccia aperte gli aiuti economici dagli Stati Uniti, anche se questi erano accompagnati da un certo livello di influenza politica. Questo estremo bisogno di ritorno alla normalità è espresso liricamente dai versi del poeta Salvatore Quasimodo:

> [...]
> E ora
> che avete nascosto i cannoni fra le magnolie,
> lasciateci un giorno senz'armi sopra l'erba
> al rumore dell'acqua in movimento,
> delle foglie di canna fresche fra i capelli,
> mentre abbracciamo la donna che ci ama.[iv]
> [...]

RIFORME MANCATE

Nonostante questi freni interni ed internazionali ad un cambiamento totale, la situazione poteva essere sfruttata per operare riforme sostanziali, ad esempio in campo agrario: i contadini, specialmente al sud, premevano per una assegnazione delle terre dei grandi latifondi e organizzarono occupazioni simboliche delle terre un po' ovunque, represse spesso anche in modo brutale dalle forze dell'ordine. La **riforma agraria,** approvata in seguito a queste proteste venne applicata poco e male, con assegnazioni di terre poco redditizie, causando un nuovo sentimento di speranze deluse nei contadini poveri meridionali.

C'era un forte bisogno anche di una vera riforma istituzionale che avrebbe eliminato le istituzioni fasciste e sostituito quei funzionari di grado superiore che avevano fatto carriera durante il fascismo, specialmente nella polizia e nella magistratura. Ma nessun partito si fece promotore di grandi riforme di struttura. Persino il codice penale rimase lo stesso dei tempi del fascismo, e solo nel 1956 la Corte Costituzionale di recente istituzione ne abolì alcune norme[v].

Temendo l'avvento di una guerra civile, il primo governo di unità nazionale - comprendente tutti i partiti antifascisti - decise che l'obiettivo prioritario doveva essere l'unità politica e l'organizzazione del **referendum** che avrebbe deciso l'assetto costituzionale (monarchia o repubblica), e delle **elezioni** per la formazione dell'**Assemblea Costituente** il cui compito sarebbe stato la stesura di una nuova costituzione. "O la Costituente o il caos" disse Pietro Nenni, leader dei socialisti, interpretando così un sentimento condiviso da tutti i partiti politici.[vi]

I risultati del referendum *Monarchia - Repubblica* sulla prima pagina del "Corriere della Sera", 6 giugno 1946.

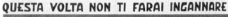

Sopra: Manifesto del Fronte Democratico Popolare rivolto alle donne contadine, elezioni del 18 aprile 1948.

Destra: Ragazze dell'ARI, l'Associazione Ragazze Italiane, impegnate nella campagna elettorale per il Fronte Democratico Popolare, marzo 1948.

Tessera della CGIL, 1956-1957, sindacato di ispirazione comunista.

ADDIO ALLA MONARCHIA E UNA NUOVA COSTITUZIONE

Le prime elezioni libere dopo il ventennio di dittatura fascista avvennero il 6 giugno 1946[8]. Con l'istituzione del suffragio universale, le donne poterono votare per la prima volta. La Repubblica vinse con il 54% dei voti (e il **Re Umberto II** partì da Roma pochi giorni dopo per l'esilio in Portogallo). Fu deludente vedere i contrasti fra nord e sud nei risultati elettorali: a Napoli, ad esempio, i voti a favore della monarchia furono l'80%, mentre in alcune zone del centro-nord le percentuali erano esattamente invertite.[vii] Le differenze nel voto fra il nord e il sud furono l'amara conferma dell'esistenza di 'due Italie' separate da un grande divario economico, culturale e di orientamento politico, quest'ultimo in parte determinato dal fatto che il Sud aveva avuto un ruolo più passivo durante l'ultima fase delle guerra, come discusso più sopra.

I risultati delle elezioni della Costituente confermarono la tendenza alla polarizzazione fra centro e sinistra: la DC ottenne il 35% dei voti, mentre le sinistre (PCI e PSIUP, cioè il Partito socialista italiano di unità proletaria) ottennero il 39% dei voti; il resto dei voti si disperse fra partiti minori.

L'Assemblea Costituente così formata aveva quindi una componente progressista (PCI e socialisti) e una moderata, ma comunque ispirata da un sentimento cattolico di responsabilità verso i deboli (DC). La **Costituzione** che risultò dai lavori dell'Assemblea Costituente riflette questa ambivalenza. Molti articoli sono veramente innovativi: il 'lavoro' ad esempio è definito come un diritto, così come l'assistenza medica gratuita e l'istruzione fino ai gradi più alti per i meritevoli. Nel campo dei diritti civili, invece, molti articoli riflettono l'influenza della cultura cattolica: il **Concordato** fra Stato e Chiesa (detto anche '**Patti Lateranensi**') è confermato, garantendo quindi alla religione cattolica particolari privilegi; inoltre, la famiglia e il matrimonio sono presentati come fondamenti della società civile. Molti articoli della Costituzione, specialmente i più progressisti, rimasero purtroppo lettera morta per molti anni; uno dei più importanti - quello che istituisce l'autonomia regionale - fu attuato solo nel 1970.

---

[8] Vedi film *Una vita difficile* p. 104 e 'Le parole dei protagonisti a confronto' (2. i) p. 83.

Comizio del sindacalista Di Vittorio in
Piazza Signoria, Firenze, anni '50.

GUERRA FREDDA ANCHE IN ITALIA

La guerra fredda continuò a far sentire i suoi effetti sull'assetto politico italiano: gli Stati Uniti non vedevano di buon occhio la presenza di un forte partito comunista al governo perchè pensavano potesse minacciare l'adesione dell'Italia al blocco occidentale. Fecero quindi pressione sulla DC, il partito che vedevano come il loro più fidato alleato, perchè escludesse i partiti di sinistra dal governo. Gli aiuti economici per la ricostruzione furono in parte legati al successo di questa operazione. Fu così che la DC, il **31 maggio 1947**, mise in crisi la coalizione governativa che comprendeva anche comunisti e socialisti. Questa operazione segnò anche la fine dello spirito di unità nazionale formatosi durante la resistenza e l'inizio della contrapposizione fra la DC (che rimase al governo per i successivi 45 anni) e il PCI che restò sempre all'opposizione.

La campagna elettorale in occasione delle elezioni politiche del **18 aprile 1948**[9] rimase memorabile nella storia italiana del dopoguerra per i suoi toni aggressivi. La DC strumentalizzò la fede cattolica di molti italiani nella sua bellicosa campagna contro il **Fronte Democratico Popolare**, la coalizione dei comunisti e socialisti che si era presentata alle elezioni usando l'effige di Garibaldi. In questo ebbe al suo fianco la Chiesa che dipingeva i comunisti come sanguinari senza-Dio, una specie quasi sub-umana[10]. Alcuni slogan sono rappresentativi di questa campagna. 'Nel segreto della cabina elettorale Dio ti vede, Stalin no!' ammonisce un manifesto; in un altro, uno scheletro vestito da soldato italiano addita il simbolo delle sinistre e incita: 'Mamma, votagli contro anche per me!', Il messaggio è reso più esplicito dalla scritta:'100.000 prigionieri italiani non sono tornati dalla Russia'.

Manifesto politico di Giovannino
Guareschi (elezioni del 18 aprile 1948).

Il Fronte Democratico Popolare subì una pesante sconfitta durante queste elezioni: l'opportunità di un vero rinnovamento sociale era sfuggita, si entrava ora in una fase di riflusso, dopo l'eccezionale partecipazione al dibattito politico che aveva caratterizzato queste elezioni e le precedenti. Nel luglio 1949, il Vaticano dichiarò scomunicati tutti coloro che si dichiarassero comunisti.

Se il dibattito politico si raffreddava, lo stesso non poteva dirsi per la spinta produttiva: la stagione che seguì fu marcata da una eccezionale crescita dell'economia, senza precedenti nella storia italiana.

---

[9] Vedi film *Una vita difficile*, p. 104.   [10] Vedi 'Le parole dei protagonisti a confronto' (4.), (5.), (6.), pp. 84-85.

Sopra sinistra: negozio di abbigliamento, Reggio Emilia 1955.

Sopra destra: cartello di una manifestazione operaia, anni '50.

BOOM ECONOMICO, MIGRAZIONE, SQUILIBRI NORD-SUD

La forte domanda di prodotti d'esportazione, i bassi costi della mano d'opera italiana e gli aiuti provenienti dagli Stati Uniti, furono alcuni dei fattori che contribuirono all'eccezionale incremento nella produzione industriale che caratterizzò la fine degli anni '50 e l'inizio degli anni '60.

Il '**boom economico**' avvenne principalmente al nord dove portò con sè nuova occupazione, ed un miglioramento generale degli standard di vita, anche se i salari non crebbero proporzionalmente all'incremento dei profitti e della produzione. Nel sud, invece, la riforma agraria era fallita e con essa qualsiasi speranza di sviluppare una redditizia economia agricola; i giovani che volevano un lavoro o anche solo migliorare le proprie condizioni di vita dovevano **migrare al nord**, dove c'era una forte domanda di operai non qualificati nelle grandi industrie del **triangolo industriale**.[11] Qui gli **immigrati meridionali** trovavano, oltre a occupazioni spesso massacranti alla catena di montaggio e mal pagate, anche una società diversa, nella lingua, nei costumi, nel clima, nella cucina, molto spesso poco disposta ad accoglierli. 'Non si affitta ai meridionali' era una scritta piuttosto comune nella riservatissima Torino, ma non mancavano reazioni analoghe nelle altre grandi città industriali del nord.[12]

Si migrava non solo **dal sud al nord**, ma anche **dalle campagne alle città**; questi spostamenti di popolazione assunsero quasi i caratteri di un esodo. Il boom economico cambiò anche la struttura sociale della società italiana, mettendo in crisi i legami tradizionali su cui si basava il mondo contadino: man mano che l'agricoltura diventava secondaria rispetto all'industria e le campagne si spopolavano, decadeva anche il modello di famiglia patriarcale contadina con diverse generazioni che vivevano sotto lo stesso tetto e diventava sempre più diffusa la famiglia nucleare urbana (formata da sole due generazioni), che viveva in appartamenti alla periferia della città, in condizioni di relativo isolamento. Si crearono così nuove forme di aggregazione e solidarietà, non più radicate unicamente nella famiglia tradizionale e nella chiesa cattolica, ma anche nelle organizzazioni sindacali in fabbrica: nelle lotte politiche e durante gli scioperi per migliorare salari e condizioni di lavoro, i nuovi operai trovarono un riparo dall'anonimato delle grandi città in cui vivevano. Il boom economico però portò con sè anche valori opposti, quali materialismo, consumismo e individualismo[13], i tre 'ismi' del periodo 'post-modermo' dai quali l'Italia era ancora immune e che non poterono non scontrarsi con la cultura cattolica tradizionale e i suoi valori di solidarietà e promozione della vita semplice.

Anche la condizione della donna cambiò radicalmente in questo periodo: la giovane sposa contadina lavorava duramente nei campi ed in casa, soggetta alla volontà del marito e dei suoceri, ma anche protetta dalla fitta rete dei rapporti della famiglia allargata. La giovane moglie dell'operaio milanese, torinese o genovese, invece, cominciò a lavorare in fabbrica fianco a fianco con gli uomini, e diventò presto parte di una complessa realtà economica e

La Fiat 600, simbolo del nuovo boom economico.

---

[11] Triangolo immaginario formato dalle città di Milano, Torino e Genova.

[12] Vedi Lettura *Stranieri in patria: "terroni" o "polentoni"* p. 99 e 'Le parole dei protagonisti a confronto' (7.), (8.), (9.), (10.), (11.), p. 85.

[13] Vedi film *Il sorpasso*, p. 102.

Sinistra: vita contadina, Toscana, anni '50: una bambina riempie un secchio a una fontana pubblica.

Centro: "Lambretta 125F: il piacere di viaggiare", 1954.

Destra: Le prime annunciatrici della televisione di stato RAI, 1954.

sociale. Non c'è da stupirsi se presto rivendicherà la parità di diritti e di trattamento con il compagno di lavoro maschio. La moglie dell'impiegato, invece, più spesso diventò 'casalinga', una categoria sociale già presente ma in forte crescita nel dopoguerra. A metà degli anni '60 le casalinghe erano 14 milioni, il triplo delle donne che lavoravano fuori casa [viii]. Per la casalinga, la cui cura principale era la casa e i bambini, si prospettava una vita povera socialmente, ma ricca di nuovi desideri che il mercato non esitava a promuovere e soddisfare.

La '**vespa**' e la '**lambretta**'[14] diventarono, agli inizi degli anni '50, il simbolo dell'indipendenza e del nuovo benessere raggiunti, seguiti immediatamente dalla **FIAT 600**, la prima vera auto disegnata per le famiglie, il cui possesso apriva l'accesso agli svaghi della classe media: la gita domenicale e la villeggiatura estiva[15]. I primi elettrodomestici cominciarono a popolare gli appartamenti anche degli operai del nord: la cucina a gas o 'all'americana', poi il frigorifero, il telefono e più tardi addirittura la lavatrice. Ma l'emblema del nuovo stile di vita, che nelle parole dell'attuale Presidente della Repubblica Azelio Ciampi 'prese il posto del focolare domestico,' fu il televisore che entrò alla grande ad occupare un posto centrale e privilegiato nelle cucine e nei soggiorni delle case italiane; nel gennaio 1954 iniziarono i primi programmi della **RAI di Stato**[16]. In occasione del cinquantesimo anniversario della RAI, Guido Vergani in un articolo sul Corriere della Sera, così descrisse la trasformazione operata dallo 'scatolone' nelle case italiane:

"In quel primo embrionale benessere, la televisione determinò un radicale cambiamento del costume, delle abitudini. Cominciarono a restarsene a casa davanti allo schermo i maschi italiani che avevano sempre passato la sera all'osteria [...] Si disse che il 21 pollici restituiva alle famiglie l'unione attorno a un virtuale caminetto. Non ci volle molto a scoprire che era un'unione silenziosa, senza colloquio, immusonita e inebetita." [ix]

Il nuovo benessere portò con sè una dolorosa contropartita: un danno all'ambiente che divenne irreparabile[17]. La costruzione di case per accogliere i nuovi lavoratori dell'industria fu spesso 'selvaggia', stimolata da desideri di facili guadagni. Le periferie delle città si popolarono di nuove costruzioni, 'mostri' che sorsero qua e là, senza ordine e senza un Piano Regolatore che prevedesse servizi pubblici essenziali[18]. Il facile accesso a beni di consumo individuali, quali elettrodomestici e automobili, perse qualsiasi attrattiva quando mancavano trasporti, scuole, ospedali, biblioteche, uffici postali. La crescita incontrollata delle grandi città negli anni del boom è all'origine del traffico che opprime oggi tutte le città italiane, e del profondo disagio di chi vive in quartieri periferici grandi come città, ma privi di qualsiasi identità collettiva.

---

[14] Tipi di scooter, o motocicletta per due persone.
[15] Vedi film *Il sorpasso*, p. 102 e 'Quadretto culturale': *"Io sto qui e aspetto Bartali...": ciclismo e dopoguerra*, p. 81.

[16] Vedi Quadretto culturale: *Carosello: consumismo e televisione*, p. 79.
[17] Vedi lettura *Il bosco sull'autostrada*, p. 96
[18] Vedi 'Le parole dei protagonisti a confronto' (12.) p. 86.

Grandi Magazzini Vampa, Reggio Emilia, 1953 - Agli albori del boom-economico nasce una nuova categoria di consumatori: l'infanzia.

CONCLUSIONE DEL BOOM ECONOMICO: CENTRO SINISTRA E 'RIFORME'

L'Italia a vent'anni dalla fine della guerra era un paese profondamente trasformato, non solo dal punto di vista fisico (esplosione delle città, presenza diffusa di autostrade e auto, abbandono delle campagne), ma anche dal punto di vista culturale: la nuova era cominciava all'insegna della devozione alla modernità e alla industrializzazione, a qualsiasi costo. Era come se gli italiani volessero dimostrare a se stessi e al mondo che il passato di guerra, di vergogna e di povertà era del tutto sepolto.

La cultura contadina cattolica lasciava spazio ad una cultura laica e più dinamica, che aveva le sue basi nella classe operaia delle grandi città e in nuove categorie - casalinghe e ceto impiegatizio[x]. La Dc si rese conto che doveva adeguarsi ai tempi: non poteva più rappresentare solo gli agricoltori e il mondo rurale, doveva anche farsi portavoce dei problemi delle nuove classi sociali. La formazione dei **governi di centro-sinistra** - negli anni '60 - va vista in questa luce. Questi governi furono fondati sull'alleanza fra Dc, Psi e altri piccoli partiti di centro-sinistra; anche se la presidenza del consiglio rimase sempre in mano democristiana, i socialisti ebbero ministeri importanti. Furono fatte grandi promesse di riforme di struttura: riforme istituzionali, quali il decentramento amministrativo e la formazione delle regioni, come previsto dalla Costituzione, leggi per regolare il disordinato sviluppo edilizio urbano, leggi di programmazione economica per promuovere lo sviluppo delle regioni meridionali. Dal '63 al '68 - anno di inizio di una nuova fase nella nostra storia, vedi cap. 3 - si può dire che le uniche vere riforme attuate furono la **nazionalizzazione dell'energia elettrica** e la **riforma della scuola media** che estese l'obbligo scolastico (dagli 11 anni fino ai 14) e istituì la cosiddetta **scuola media unificata**: prima della riforma, i bambini alla fine delle elementari dovevano decidere se frequentare una scuola media di indirizzo accademico (che li avrebbe poi preparati per il liceo e l'università), oppure una scuola definita 'di avviamento al lavoro' che li avrebbe preparati ad una professione, chiudendo però qualsiasi possibilità di accesso all'università; la riforma eliminò questa distinzione e creò un unico programma di scuola media. Il sistema di accesso all'istruzione superiore diventò quindi più democratico ed egualitario. I risultati di questa 'scolarizzazione di massa' si fecero ben presto sentire: nel 1951 la percentuale di

analfabeti al sud era del 24,8%, ma nel 1981 era scesa al 6.4%, anche se rimaneva più di sei volte superiore a quella delle regioni nord occidentali (0,8%).[xi]

Se la riforma facilitò a tutti l'accesso ai livelli più alti di istruzione, i programmi di studio superiore però non furono rinnovati e le strutture universitarie rimasero totalmente inadeguate per ricevere nuove masse di iscritti. Questa contraddizione fu una delle cause del grande movimento di protesta studentesca che esamineremo nel prossimo capitolo.

Sopra sinistra: I primi programmi televisivi per tutta la famiglia al bar del paese, anni '50.

Sopra destra: Roma anni '50, La "valle dell'inferno".

Fiat 500c Topolino in uscita da Mirafiori trasportate sulle bisarche, fine anni '50.

i Paul Ginsborg, *Storia d'Italia dal dopoguerra a oggi*, Einaudi, Torino 1989, p. 206.
ii Il PSI subì, nei primi decenni della storia della Repubblica, un'alternanza di scissioni da destra e da sinistra: nel 1947 si costituì il PSDI (Partito socialista democratico italiano), di tendenze socialdemocratiche moderate, e nel 1964 l'ala più radicale del partito ricostituì il PSIUP (Partito socialista italiano di unità proletaria). Nel frattempo il Psi, specialmente durante gli anni '60 quando partecipò a coalizioni governative con la Dc (il cosiddetto 'centro-sinistra') divenne sempre più apertamente un partito di governo che aveva abbandonato ogni programma di riforma radicale del sistema capitalistico.
iii Vedi, a questo proposito, la Conferenza di Jalta e la spartizione del mondo in zone di influenza.
iv Poesia *Anno Domini MCMXLVII* dalla collezione *La vita non è sogno*, Mondadori, Milano 1949, p. 18.
v Paul Ginsborg, cit., p. 198.
vi Citato in Giuseppe Mammarella, *L'Italia contemporanea 1943-1998*, Il Mulino, Bologna 1974, p. 59.
vii Paul Ginsborg, cit. p. 129.
viii M. Boneschi, *Santa pazienza. La storia delle donne italiane dal dopoguerra a oggi*, Mondadori, Milano 1998, p. 180.
ix Guido Vergani, "Noi, pionieri dello 'scatolone' rapiti da Mike e Padre Mariano", *Corriere della Sera*, 4.1.2004.
x In Emilia-Romagna, ad esempio, nel '51 i lavoratori agricoli erano il 51,7% del totale, mentre nel 1971 erano scesi al 20%, con un corrispondente aumento della classe operaia e dei ceti impiegatizi urbani (P. Ginsborg, *Storia dell'Italia dal dopoguerrra a oggi*, cit., p. 399).
xi Dati da P. Ginsborg, op. cit., p. 593.

VOCABOLI ESSENZIALI PER PARLARE E SCRIVERE DI QUESTO PERIODO

Il dopoguerra, la ricostruzione, la monarchia, la repubblica, la disoccupazione, l'occupazione, la guerra fredda, i contadini, la borghesia, gli operai, l'uguaglianza sociale, i servizi sociali, lo stato sociale, la Chiesa Cattolica, le riforme, la riforma agraria, il referendum, le elezioni politiche, la Costituzione, gli aiuti economici, la campagna elettorale, il boom economico, il triangolo industriale, gli immigrati meridionali, l'agricoltura, l'industria, le campagne, le fabbriche, la famiglia patriarcale contadina, la famiglia nucleare, le organizzazioni sindacali, il materialismo, il consumismo, le casalinghe, gli elettrodomestici (cucina a gas, frigorifero, lavatrice, televisore). i salari, il profitto, la produzione, il benessere, la periferia, i servizi pubblici, i beni di consumo, l'industrializzazione.

DOMANDE DI COMPRENSIONE

1. Quali erano i problemi che l'Italia doveva affrontare nell'immediato dopoguerra?
2. Perchè molti parlarono della necessità di una 'ricostruzione morale' oltre che 'materiale'?
3. Quali erano i maggiori danni prodotti dalla guerra in Italia?
4. Perchè il sud fu meno coinvolto nel dibattito politico del dopoguerra?
5. Che riflessi ebbe la 'guerra fredda' in Italia?
6. Che classi sociali rappresentava la Dc?
7. Come riuscì a diventare un 'partito di massa'?
8. Perchè il Pci godeva di un grande prestigio specialmente nelle città industriali del nord?
9. Quale aspetto della politica estera del Pci lasciò sempre molto perplessi larghi strati dell'opinione pubblica italiana?
10. Perchè la formazione del Msi destava tante preoccupazioni?
11. Che cosa volevano gli ex-partigiani e larghi settori della classe operaia alla fine della guerra?
12. Perchè Palmiro Togliatti, leader del Pci, si oppose a qualsiasi tentativo di rivoluzione sociale?
13. Di quali riforme di struttura aveva bisogno l'Italia alla fine della guerra?
14. Quali furono gli obiettivi immediati dei primi governi di unità nazionale?
15. Che cosa decisero le prime elezioni politiche del giugno 1946?
16. Perchè le sinistre vennero estromesse dal governo di unità nazionale nel maggio 1947?
17. Che cosa rese memorabili le elezioni politiche del 18 aprile 1948, e chi vinse?
18. Quali fattori determinarono il boom economico della fine anni '50 - inizio anni '60?
19. Quali furono alcune conseguenze del boom economico al nord e al sud?
20. Come cambiò la struttura delle classi sociali in Italia a seguito del boom economico?
21. Come vennero accolti gli immigrati meridionali nel nord d'Italia?
22. Come cambiò la condizione della donna?
23. Quali furono alcuni simboli tangibili del raggiunto benessere?
24. Quali furono alcuni degli squilibri provocati da questo benessere?
25. Quale fu una delle conseguenze a livello politico della nuova industrializzazione?
26. Quale riforma adottata dal centro-sinistra fu particolarmente importante per gli eventi del periodo successivo?

QUADRETTI CULTURALI

CAROSELLO: CONSUMISMO E TELEVISIONE

Si chiamava "**Carosello**" la prima serie di sport pubblicitari che andò in onda alla televisione di stato (RAI 1) dal 1957 ininterrottamente fino al 1976. Il programma si apriva con l'immagine di un teatrino, le cui tendine si aprivano e si chiudevano al ritmo di una musica ispirata a una tarantella napoletana.

Carosello acquisì una popolarità tale che un'intera generazione di quarantenni e cinquantenni condivide tutt'ora un entusiasmo un po' infantile per gli slogan e i personaggi dei cartoni animati resi celebri da questo programma: non esiste italiano nato negli anni del 'baby boom' che non ricordi Calimero, il pulcino tutto nero, o il Gigante Buono, o Caballero e Carmencita, o l'Omino coi baffi. Parlando della generazione cresciuta con Carosello, Giusti commenta: "Tutti [abbiamo] uno o più caroselli nel cuore da rivedere segretamente"[i]. Alcuni slogan pubblicitari di questa trasmissione sono entrati anche nel linguaggio comune e hanno prodotto modi di dire e espressioni che hanno resistito negli anni: "Ma è un'ingiustizia!" era il grido lanciato da Calimero il pulcino nero prima di essere lavato col detersivo pubblicizzato, 'il logorio della vita moderna' quello che un noto attore cercava di contrastare bevendo l'amaro Cynar, "Bambina, sei già mia, chiudi il gas a vieni via" era l'ingiunzione di Caballero a Carmencita, prima di rivelare che era lui Paulista, il caffè con il 'baffo che conquista'.

"Ma è un'ingiustizia!". Calimero, uno dei personaggi più noti di "Carosello".

© PAGOT

Al contrario degli spot pubblicitari odierni che, nonostante la loro brevità, vengono a malapena tollerati in attesa della ripresa delle trasmissioni, Carosello era un programma a se stante che divertiva perchè presentava scenette e cartoni animati solo vagamente collegati con il prodotto da pubblicizzare. Piaceva anche agli adulti, in quanto la sua qualità è sempre stata altissima: i migliori registi e sceneggiatori del cinema italiano contribuirono a Carosello, e gli attori più conosciuti vi parteciparono in diverse fasi della loro carriera.

Ogni spot pubblicitario doveva durare 2 minuti e 15 secondi. Solo durante gli ultimi 30 secondi (il cosiddetto 'codino') era permesso menzionare, e non più di sei volte, il prodotto reclamizzato. Il risultato di questa normativa era che la centralità del programma non era il prodotto, ma la scenetta umoristica, o il cartone animato. Gli spot, inoltre, non potevano essere ritrasmessi: ciò produsse un'enorme varietà di scenette basate sugli stessi personaggi, apprezzate soprattutto dai bambini che aspettavano con ansia le nuove avventura del Gigante Buono o di Calimero che Carosello proponeva ogni settimana[ii]. Andando in onda alle 9 di sera, Carosello scandiva anche i rituali delle famiglie medie italiane: si cenava prima di Carosello e i bambini andavano a letto dopo Carosello.

Intorno a Carosello si raccolse quindi la famiglia e, figurativamente, anche la nazione. Nell'Italia del dopoguerra il divario fra nord e sud era ancora enorme, ma l'avanzare del consumismo creò l'illusione che questa spaccatura potesse essere ricucita. La produzione industriale dei beni di consumo aveva infatti reso possibile l'acquisto dello stesso prodotto allo stesso prezzo su tutto il territorio nazionale: la famiglia siciliana e quella veneta potevano scegliere di mangiare lo stesso tipo di pasta e di usare lo stesso tipo di olio d'oliva, come

QUADRETTI CULTURALI

Da Sinistra a Destra: pubblicità del Parmigiano Reggiano 1960, della lavabiancheria Candy, anni '60, dei frigoriferi Zoppas, 1955, e della Lambretta, anni '60.

Carosello assicurava ogni sera. I cibi prodotti e distribuiti regionalmente non potevano godere del marchio di qualità implicitamente dato a quelli pubblicizzati in televisione, e il loro acquisto subì un declino. I prodotti 'di marca' delle grandi industrie pubblicizzati su Carosello presero il loro posto.[iii]

Carosello stimolò anche nuove forme di aggregazione. Il programma cominciò ad andare in onda quando la Tv si stava diffondendo su tutto il territorio nazionale; l'apparecchio televisivo era arrivato anche nelle zone povere e depresse del sud, forse non ancora nelle case - negli anni '50 il televisore aveva ancora il costo di tre stipendi mensili di un impiegato - ma sicuramente nel bar del paese e nel circolo del partito. La gente cominciò a uscire la sera per andare a vedere la televisione al bar come andava la cinema la domenica pomeriggio. Carosello ebbe un ruolo di primo piano nel promuovere questa nuova forma di aggregazione in quanto era l'unico programma serale adatto per tutta la famiglia, e sicuramente il più popolare.

I prodotti commercializzati in Carosello erano ingredienti essenziali di uno stile di vita urbano e piccolo-borghese: i primi elettrodomestici - frigoriferi, cucine a gas, lavatrici e, per ultime, lavastoviglie -, prodotti alimentari - pasta, biscotti, bibite, caffè -, prodotti per la pulizia della casa. Carosello diventò anche uno specchio dello sviluppo della società italiana, ed in particolare della posizione sociale delle donne. Man mano che le donne si distaccavano dal ruolo tradizionale di casalinghe e cominciavano a lavorare negli uffici e nelle fabbriche, comparivano su Carosello spot pubblicitari per cibi pronti: sughi per pasta, carne in scatola e surgelati.

La RAI terminò la produzione di Carosello nel 1977: i prodotti di consumo in quegli anni erano diventati così numerosi e vari da rendere totalmente anacronistiche le regole del programma; inoltre, Carosello non potè più sostenere la concorrenza delle nuove reti private che dovevano usare la pubblicità per finanziarsi. Dopo la 'morte' di Carosello, gli spot pubblicitari diventarono brevissimi, solo alcuni secondi, e non più incentrati sulla scenetta o cartone animato, ma sul prodotto; il messaggio passò da esplicito a implicito: il vecchio slogan 'Più bianco che più bianco non si può' di un Carosello invitava a comprare quel particolare detersivo per le sue proprietà detergenti; ora, invece, gli spot pubblicitari invitano all'acquisto di un prodotto in quanto assicura il raggiungimento di un certo stile di vita o la soluzione a un problema personale. Le qualità intrinseche del prodotto diventano secondarie.[iv]

Molti spettatori piansero la scomparsa di Carosello, in parte perchè i suoi personaggi erano entrati a far parte di un mito collettivo, in parte perchè la trasmissione era espressione dell'ottimismo e semplicità tipiche del periodo del boom economico, quando sembrava che un certo livello di benessere fosse accessibile a chiunque, forse proprio perchè si trattava ancora di un benessere minimo, rappresentato dal possesso del frigorifero, della cucina a gas o della "Lambretta".

i   Marco Giusti, *Il grande libro di Carosello*, Sperling & Kupfer, Milano 1995, citato in Piero Dorfles, *Carosello*, Il Mulino, Bologna 1998, p. 56.
ii   P. Dorfles, cit., pp. 16-17.
iii P. Dorfles, cit., p. 39.
iv   P. Dorfles, cit., p. 115.

QUADRETTI CULTURALI

"… IO STO QUI E ASPETTO BARTALI…":
CICLISMO E DOPOGUERRA

Lo sport più popolare dell'immediato dopoguerra non era il calcio, bensì il ciclismo. Non occorreva acquistare biglietti o fare prenotazioni, bastava un po' di paziente attesa al ciglio di una strada per cogliere, anche se solo per pochi secondi, uno dei momenti più emozionanti di una gara ciclistica e per vedere da vicino il proprio ciclista preferito. L'Italia aveva e ha la fortuna di ospitare alcune fra le gare più prestigiose di ciclismo a livello mondiale, quali il Giro d'Italia e la Milano-Sanremo.

La bicicletta è sempre stata, a partire dagli anni '30 e fino agli anni '50, il mezzo di trasporto più usato dagli italiani, sia per recarsi al lavoro, che per trascorrere il tempo libero. La domenica, le strade che ora portano ai laghi o al mare e che sono intasate di autoveicoli erano, negli anni del dopoguerra, coperte da fiumi di allegre comitive di ciclisti; durante la settimana, era con la biciletta che migliaia di operai, uomini e donne, si recavano al lavoro.

La bicicletta fu anche strumento insistituibile di lotta durante la Resistenza, specialmente all'interno delle città. Era con la bicicletta che le staffette portavano i loro messaggi;[1] gli occupanti nazisti ne erano ben consci, tanto che a Roma ne proibirono l'uso per un certo periodo.

Nell'immediato dopoguerra, gli italiani che avevano sofferto limitazioni di movimento a causa della guerra e dell'occupazione tedesca, ricominciarono a ricongiungersi e a riprendere le ordinarie attività, e lo fecero principalmente usando la bicicletta, dato che le ferrovie non avevano ancora ripreso a funzionare pienamente. Spesso solo con la bicicletta era possibile procurarsi cibo e recarsi al lavoro. Nel film di Vittorio De Sica "Ladri di bicilette" del 1948 (vedi p.101), la biciletta rappresenta per il protagonista l'unico, insostituibile strumento di avanzata sociale. Il possederla gli permette di trovare e mantenere il proprio lavoro e, con questo, il rispetto necessario all'interno della società e della famiglia. La sua perdita comporta esattamente il contrario: disoccupazione, miseria, incapacità di essere a pieno titolo marito e padre.

L'entusiasmo nazionale per il ciclismo aveva quindi come base l'estrema familiarità che ogni italiano aveva con questo mezzo di trasporto. Lo sport raggiunse la massima popolarità nel dopoguerra anche per la presenza a tutte le gare di due "campionissimi", due ciclisti destinati a diventare leggendari:

Gino Bartali, toscano inconfondibile, di carattere litigioso e polemico, ma anche aperto, schietto, comunicativo, detto 'Ginettaccio' e "intramontabile" perchè ebbe una delle carriere più lunghe nella storia del ciclismo (dal 1935 al 1954).

Fausto Coppi, semplice e gentile, taciturno, un po' enigmanitico, magrissimo, alto, elegantissimo in bicicletta, detto "l'uomo solo", dalla famosa frase dei telecronisti che ne annunciavano l'arrivo alle corse: "un uomo solo al comando!"

L'Italia si divise in due: tifosi di Bartali da una parte e tifosi di Coppi dall'altra. La storia personale dei due campioni somigliava a quella di tanti italiani: nati da famiglie umili, dovettero interrompere una carriera ciclistica già promettente a causa della guerra, proprio nel pieno della giovinezza e all'apice delle potenzialità atletiche. Ma entrambi seppero riprendersi nel dopoguerra, come i loro connazionali, riuscendo a conseguire vittorie leggendarie proprio mentre l'Italia si stava risollevando dalle devastazioni belliche.

Nell'applaudire i suoi eroi su due ruote, la generazione del dopoguerra guardava e ammirava se stessa come in uno specchio; negli sforzi dei campioni in salita, nella loro rivalità e solidarietà al tempo stesso, essa vide i propri sforzi, quelli di un popolo su due ruote che arrancava e soffriva verso un futuro migliore.

La celebre fotografia dal Tour de France del 1952 nella quale Coppi e Bartali sono ritratti su una salita, uno dietro all'altro, nell'atto di passarsi la borraccia d'acqua, è diventata l'icona di un'Italia divisa, ma solidale, nella sua scalata verso il benessere.

Sinistra: Il "campionissimo" Fausto coppi ritratto sulla copertina di *La Domenica del Corriere*, 20 luglio 1952.

Destra: Gli eroi del Giro d'Italia: i grandi rivali Coppi e Bartali, *La Domenica del Corriere*, 4 giugno 1950.

Il declino di Bartali e Coppi alla fine degli anni '50 segnò anche la fine della passione nazionale per il ciclismo e la conseguente riscoperta del calcio. Contemporaneamente, la bici dovette cedere il passo alla 'Lambretta' e più tardi alla FIAT 600, al cui possesso anche le famiglie operaie potevano ora aspirare.

Agli inizi del terzo millennio, il ciclismo è senz'altro in declino come sport e come attività creativa; i due campioni però non sono ancora usciti dal mito: decine di libri sono stati scritti su di loro e un museo a Novi Ligure ne ricorda le imprese; infine, una famosa canzone del cantautore Paolo Conte dal titolo 'Bartali' evoca ancor oggi l'entusiasmo degli anni '50, quando molte gare ciclistiche erano destinate ad entrare nella storia:

> [...]
> Oh, quanta strada nei miei sandali
> quanta ne avrà fatta Bartali
> quel naso triste come una salita
> [...]
> mi piace restar qui sullo stradone
> impolverato, se tu vuoi andare, vai...
> e vai! che io sto qui e aspetto Bartali
> scalpitando sui miei sandali
> da quella curva spunterà
> quel naso triste da italiano allegro
> tra i francesi che si incazzano
> e i giornali che svolazzano [2]
> [...]

---

[1] Vedi 'Le parole dei protagonisti a confronto', (10.), cap. 1 p. 36 e 'Quadretto culturale', capitolo 1: *Da "madre prolifica" a "staffetta" partigiana*, cap.1 p. 30.

[2] © Warner Music Italy.

LE PAROLE DEI PROTAGONISTI A CONFRONTO

1) ALGIDE DE GASPERI, SEGRETARIO DELLA DC, IN UN DISCORSO DEL 29 DICEMBRE 1953:

i) *"Vi è una parola che abbiamo usato e che è bene ripetere spesso: solidarismo. Solidarismo vuol dire essere solidali; collaborazione di classi. Ed anche la proprietà privata, secondo il solidarismo, deve servire all'unità e al consolidamento della famiglia e dello stato; ma non può minacciare lo Stato e famiglia con lo sviluppo del proprio istituto.*[i]

ii) *Bisogna prima che si provveda ai più poveri e disagiati, anche se questi sono piccoli contadini e proprietari di misere terre, proprietari di nome o di fatto, e bisogna intervenire con provvedimenti che non peggiorino le condizioni dei ceti medi, i quali rappresentano la parte più proficua dell'iniziativa privata... Ecco che la nostra analisi... ci riporta ai nostri principi di solidarismo sociale, di protezione delle libertà personali e delle autonomie locali, alla concezione pluralistica della società.*[ii]

iii) *... il sentimento religioso costituisce ancora in Italia l'elemento più forte e più fecondo della solidarietà, tanto è vero che, anche nella polemica, ogni parte tenta di richiamarsi alla comune legge del Cristanesimo, al concetto della fraternità degli uomini, alla fraternità di Dio, concetti che operano nelle coscienze e nelle menti nel senso della solidarietà umana e della giustizia sociale. Questo sentimento è come un ponte gettato sui gruppi di interessi, un ponte spirituale, umano e nazionale, su cui il popolo, ancora in maggioranza, passa sperando in un mondo più giusto.*[iii]

2) ALCIDE DE GASPERI, DISCORSO "LE VIE DELLA RINASCITA" (24 MARZO 1946)

i) *Il cittadino italiano, per 20 anni era diventato una figura, un semplice numero della grande massa. Era completamente inutile che esso avesse un'opinione. Noi, rovesciato il fascismo, abbiamo ridato ad ogni singolo cittadino una personalità umana. Era fatale del nostro movimento antifascista che passassimo, direi, al di là della linea media... e dicessimo: tu dì con tue parole, poichè si tratta... del tuo destino... oggi devi imparare ad avere un'opinione tua, a dirla indipendentemente dai partiti, indipendentemente dalle liste elettorali... I partiti senza dubbio, hanno il compito di informare, di sottoporre ai cittadini tutti gli elementi di orientamento, però hanno anche il dovere di non imporre intimazioni d'imperio, altrimento il referendum sarebbe nullo e sarebbe una farsa...*[iv]

ii) *"Che cosa importerebbe avere riconquistato tutte le libertà, avere rinnovato lo Stato, avere rinnovato gli organismi, quando nel commercio, nell'amministrazione, nella burocrazia non ci fosse la morale?... In questo senso siamo confessionali, ma lo siamo in un senso molto largo, perchè non domandiamo altro che riconoscimento dell'esperienza storica fatta in Italia dai nostri padri... Il mondo nuovo non può nascere che sulla civiltà cristiana e per questo abbiamo aggiunto "cristiana" alla parola democrazia, non per arrogarci da soli la qualità di cristiani e negarla ad altri, ma perchè volevamo dir chiaro che la democrazia se vuol essere veramente interprete e costruttiva di nuova vita deve suggere il suo alimento all'albero secolare che si chiama Italia e popolo italiano".*[v]

3) PALMIRO TOGLIATTI, SEGRETARIO DEL PCI, IN UN DISCORSO DEL 2 GIUGNO 1945:

i) *"Quale è la situazione che sta davanti a noi oggi? Oggi è in corso in Italia un profondo processo di rinnovamento, è in corso quella che non esito a chiamare una rivoluzione democratica. L'Italia si sta rinnovando attraverso la dura prova del crollo del fascismo, della disfatta e della distruzione di tanti beni materiali e morali. Essa si sta trasformando profondamente, e questo processo di trasformazione non è cosa che possa essere limitata a una determinata attività legislativa, o a determinate singole misure economiche o politiche. No: il rinnovamento che in questo momento si inizia per noi è qualcosa di molto ampio, di molto radicale, di molto profondo. Quegli uomini politici i quali pensano o mostrano di pensare che tutto si possa ridurre a far compiere una rotazione al governo ad uomini che già vi passarono e dettero pessima prova più di vent'anni fa, oppure che per accontentare il popolo basti fare qualche leggina nuova o ritoccare qualche articolo di una Costituzione, si sbagliano di grosso... Democrazia è un governo del popolo, nell'interesse del popolo, sotto il controllo del popolo; e una rivoluzione democratica si ha quando un governo siffatto viene conquistato attraverso un profondo sommovimento popolare, che travolge davanti a sè tutte le resistenze, come l'insurrezione nazionale del Nord ha travolto gli ultimi residui fascisti e gli invasori tedeschi...*

ii) *Il fascismo, crollando, ha lasciato intorno a sè un mucchio di rovine, ma soprattutto esso ha lasciato nel paese una profonda aspirazione di giustizia. La maggioranza degli italiani comprende e sente che se il paese vuole essere salvo, i responsabili della sua catastrofe devono essere rigorosamente puniti. Questo fatto dà un'impronta particolare alla nostra rivoluzione democratica perchè esclude dalla direzione economica e politica della nazione prima di tutto i fascisti, cioè la parte più reazionaria della società italiana.*[vi]

4. PALMIRO TOGLIATTI, IN UN DISCORSO DEL 13 MAGGIO 1953:

Ma gli avversari [i candidati della Dc], poi, hanno altre forme di organizzazione e altri modi di avvicinare le donne che noi non abbiamo. Per esempio, la Messa. Alla Messa, contrariamente al comizio, vi sono sempre più donne che uomini, e la Messa, oggi, da quando sono stati indetti i comizi elettorali, è in parte un comizio, perchè credo non esista nessun predicatore, nessun commentatore del Vangelo che non ci metta, anche se non in modo sfacciato, la punta politica, elettorale. Vi è quindi qui un contatto dell'avversario con la massa elettorale femminile che noi non abbiamo.[vii]

5. CARDINAL SCHUSTER, PRIMA DELLE ELEZIONI DEL 18.4.1948:

" [non si può dare l'assoluzione agli] aderenti al comunismo o ad altri movimenti contrari alla religione cattolica: 1. quando aderiscano formalmente agli errori contenuti nelle loro dottrine; 2. o quando prestino cooperazione, anche solo materiale, specie mediante il voto, e, ammoniti, rifiutino di desistere".[viii]

6. CARDINAL SIRI, PRIMA DELLE ELEZIONI DEL 18.4.1948:

"... commette peccato mortale [chi vota] per le liste e i candidati che non danno sufficiente affidamento di rispettare sufficientemente i diritti di Dio, della Chiesa e degli uomini... le dottrine materialistiche e conseguentemente atee nonchè i metodi sui quali poggia e vive il comunismo non sono conciliabili con la fede e con la pratica cristiana in alcun modo ..."[ix]

7. CLIZIA, UNA RAGAZZA PROVENIENTE DA UN PAESE NELLA PROVINCIA DI NAPOLI, OPERAIA ALLA PIRELLI DI BRUGHERIO, MILANO:

"Erano tutti settentrionali, cioè erano tutti dello stesso paese, tutti si conoscevano fra loro, e io ero la prima meridionale che andava a lavorare lì.... I primi giorni per me sono stati terribili. Quando mi insegnavano a lavorare, mi trattavano quasi come se avessi qualche malattia addosso, non lo so, avevano persino paura di avvicinarsi... fra di loro si capivano e ti lasciavano da parte, proprio come un muro".[x]

8. UN LAVORATORE SALTUARIO IMMIGRATO:

"La fabbrica è una galera, senza aria...Il sole, l'aria fina, l'aria pulita sono belle cose... Quando sono morto chi mi renderà i giorni che mi rubano dentro le fabbriche?".[xi]

9. UN GIOVANE IMMIGRATO CHE GIÀ VIVE A MILANO DESCRIVE L'ARRIVO DELLA SUA FAMIGLIA - GENITORI E FRATELLI - DAL SUD:

"Avevano viaggiato tutta la notte in quattro dentro la cabina del camion. C'era la neve molto alta e faceva freddo maledettamente, erano intirizziti, perchè poco coperti. Sul camion c'erano tutti i loro beni: 6 sedie, un letto grande, uno a una piazza e mezza, un armadio molto vecchio...".[xii]

10. UN CAPOREPARTO DELLA FIAT (INIZI ANNI '60):

"Gli operai bisogna saperli prendere, ma i più difficili sono i meridionali, si arrabbiano di più, protestano di più; i piemontesi... sono operai più coscienti e più tranquilli".[xiii]

11. UN IMMIGRATO DAL SUD PARLA, IN TERZA PERSONA, DEL SUO PRIMO VIAGGIO IN TRENO A TORINO E DELL'ARRIVO IN STAZIONE:

"Si comincia a intravvedere fra la strana nebbia della monotona pianura le Alpi ancora bianche di neve... è un paesaggio nuovo per lui, e osserva che qui latifondi ne sono rimasti pochi...le casette sono abbastanza linde, non come quelle delle sue parti abbandonate come la sua gente all'erosione del tempo e della miseria...si vedono già le prime fabbriche e un movimento più intenso sulle strade... Si prepara a scendere e sente le gambe tremare come se volessero cedere al peso del corpo per lo sgomento, l'aspetto diverso delle cose nuove che vede lo fa sentire a disagio, si sente senza pensieri, senza carattere e personalità, come una persona nata un momento fa, ma già grande, non può modellare le sue idee del passato sulle cose presenti perchè molto diverse le une dalle altre, il presente non lo conosce perciò si sente senza passato nè presente, è un momento terribile questo, per il giovane, non lo dimenticherà mai...".[xiv]

Arrivo di un immigrato alla stazione di Porta Nuova a Torino. 1960 circa.

12. FEDERICO FELLINI, REGISTA, DESCRIVE LA TRASFORMAZIONE DI RIMINI, LA SUA CITTÀ, DURANTE I PRIMI ANNI DEL "BOOM":

"Sono partito da Rimini nel '37. Ci sono tornato nel '46. Sono arrivato in un mare di mozziconi di case. non c'era più niente...C'era ancora la piazzetta medievale della "pugna", intatta: in quel mare di macerie, pareva una costruzione di Cinecittà... Mi colpì l'operosità della gente, annidata nelle baracche di legno: e che parlassero già di pensioni da costruire, di alberghi, alberghi, alberghi: questa voglia di tirar su le case.... Sono tornato a Rimini per via di questo libro [qualche anno dopo]... Questa che vedo è una Rimini che non finisce più. Prima, intorno alla città, c'erano molti chilomestri di buio... Apparivano soltanto, come fantasmi, edifici di stampo fascista, le colonie marine.... Ora il buio non c'è più. Ci sono invece quindici chilometri di locali, di insegne luminose: e questo corteo interminabile di macchine scintillanti, una specie di via lattea disegnata coi fari delle automobili".[xv]

[i]   Alcide De Gasperi, *Discorsi Politici*, a cura di Tommaso Bozza, Edizioni Cinque Lune, Roma 1956, p. 233.

[ii]   A. De Gasperi, cit., p. 277.

[iii] A. De Gasperi, cit., p. 278.

[iv] A. De Gasperi, cit., pp. 55-56.

[v]   A. De Gasperi, cit., pp. 69-70.

[vi] P. Togliatti, *Discorsi alle donne*, CDS, a cura della Sezione femminile del PCI, pp. 17,18, 19.

[vii] P. Togliatti, cit., pp. 80-81.

[viii] A. Gambino, *Storia del dopoguerra. Dalla Liberazione al potere Dc*, Laterza, Bari 1975, p. 442.

[ix] Id.

[x]   F. Alasia e D. Motaldi, *Milano, Corea*, Feltrinelli, Milano 1975, pp. 364-65, citato in P. Ginsborg, *Storia d'Italia dal dopoguerra a oggi*, Einaudi, Torino 1989, p. 303.

[xi] C. Cantieri, *Immigrati a Torino*, Edizioni Avanti, Milano 1964, p. 64, citato in P. Ginsborg, *Storia d'Italia dal dopoguerra a oggi*, Einaudi, Torino 1989, p. 304.

[xii] A. Antonuzzo, *Boschi, miniera, catena di montaggio*, Roma 1976, citato in P. Ginsborg, *Storia d'Italia dal dopoguerra a oggi*, Einaudi, Torino 1989, p. 294.

[xiii] Goffredo Fofi, *L'immigrazione meridionale a Torino*, Feltrinelli Editore, Milano 1964, p. 157.

[xiv] Ibid., p. 101.

[xv] F. Fellini, *Fare un film*, Einaudi, Torino 1974, pp. 34 e 36.

SMANIA DI RACCONTARE E NEOREALISMO

(da *Il sentiero dei nidi di ragno*, Introduzione, di Italo Calvino, 1947)

In questo brano, tratto dall'introduzione al suo romanzo sulla Resistenza in Liguria, Calvino discute le origini e i contenuti del neorealismo, un movimento culturale che travolse l'Italia del dopoguerra e si espresse in forme particolarmente innovative in letteratura e nel cinema.

L'esplosione letteraria di quegli anni in Italia fu, prima che un fatto d'arte, un **fatto fisiologico**, esistenziale, collettivo.

5 Avevamo vissuto la guerra, e noi piú giovani – che avevamo fatto appena in tempo a fare il partigiano – non ce ne sentivamo **schiacciati**, vinti, «bruciati», ma vincitori, spinti dalla **carica propulsiva** della battaglia appena conclusa, **depositari** esclusivi d'una sua eredità. Non era facile ottimismo, però, o gratuita euforia; tutt'altro: quello

10 di cui ci sentivamo depositari era un senso della vita come qualcosa che può ricominciare da zero, un **rovello** problematico generale, anche una nostra capacità di vivere lo **strazio** e lo sbaraglio; ma l'accento che vi mettevamo era quello d'una **spavalda** allegria. Molte cose nacquero da

15 quel clima, e anche il **piglio** dei miei primi racconti e del primo romanzo.

Questo ci tocca oggi, soprattutto: la voce anonima dell'epoca, piú forte delle inflessioni individuali ancora incerte. L'essere usciti da un'esperienza – guerra, guerra

20 civile – che non aveva risparmiato nessuno, stabiliva un'immediatezza di comunicazione tra lo scrittore e il suo pubblico: si era **faccia a faccia**, alla pari, carichi di storie da raccontare, ognuno aveva avuto la sua, ognuno aveva vissuto vite irregolari drammatiche avventurose, ci si

25 **strappava la parola di bocca**. La rinata libertà di parlare fu per la gente al principio **smania** di raccontare: nei treni che riprendevano a funzionare, **gremiti** di persone e pacchi di farina e bidoni d'olio, ogni passeggero raccontava agli sconosciuti **le vicissitudini** che gli erano

30 occorse, e cosí ogni **avventore** ai tavoli delle «mense del popolo», ogni donna nelle code ai negozi; il grigiore delle vite quotidiane sembrava cosa d'altre epoche; ci muovevamo in un multicolore universo di storie.

Chi cominciò a scrivere allora si trovò cosí a trattare la

35 medesima materia dell'anonimo narratore orale: alle storie che avevamo vissuto di persona o di cui eravamo stati spettatori s'aggiungevano quelle che ci erano arrivate già come racconti, con una voce, una cadenza, un'espressione mimica. Durante la guerra partigiana le

40 storie appena vissute si trasformavano e **trasfiguravano** in storie raccontate la notte attorno al fuoco, acquistavano già uno stile, un linguaggio, un umore come di bravata, una ricerca d'effetti angosciosi o **truculenti**. Alcuni miei

racconti, alcune pagine di questo romanzo hanno
45 all'origine questa tradizione orale appena nata, nei fatti, nel linguaggio.

Il «neorealismo» non fu una scuola. (Cerchiamo di dire le cose con esattezza). Fu un insieme di voci, in gran parte periferiche, una molteplice scoperta delle diverse
50 Italie, anche – o specialmente – delle Italie fino allora piú **inedite** per la letteratura. Senza la varietà di Italie sconosciute l'una all'altra – o che si supponevano sconosciute –, senza la varietà dei dialetti e dei gerghi da far **lievitare** e impastare nella lingua letteraria, non ci
55 sarebbe stato «neorealismo».

Attorno al focolare: vita contadina in Toscana, anni '50.

NOTE

1. *un fatto fisiologico*: un fatto fisico e naturale
2. *schiacciato*: oppresso (qui in senso figurativo)
3. *la carica propulsiva*: il grande entusiasmo iniziale
4. *il depositario*: il custode, colui che protegge e salvaguardia certi valori
5. *il rovello*: la collera, la rabbia interiore
6. *lo strazio*: il sacrificio, la pena
7. *lo sbaraglio*: il pericolo
8. *spavaldo*: audace, sicuro di sè
9. *il piglio*: il tono, l'espressione
10. *faccia a faccia*: uno di fronte all'altro
11. *strappare la parole di bocca*: non lasciar parlare l'altra persona, interrompere
12. *la smania*: la passione, la furia
13. *gremito*: pieno, affollato
14. *la vicissitudine*: la difficoltà
15. *l'avventore*: il cliente di un bar o di un'osteria
16. *trasfigurarsi*: alterarsi, cambiare d'aspetto
17. *truculento*: crudele, sinistro
18. *inedito*: non ancora pubblicato
19. *lievitare*: aumentare di volume, come la pasta per fare il pane

DOMANDE DI COMPRENSIONE E DISCUSSIONE

1. Come spiega Calvino l'esplosione letteraria degli anni del dopoguerra? In che modo questa 'esplosione' è collegata all'esperienza della lotta partigiana?
2. Perchè, secondo te, la generazione di Calvino provava una 'spavalda allegria'? (riga 14)
3. Descrivi il nuovo rapporto fra scrittore e pubblico nel dopoguerra.
4. Quali furono le conseguenze della 'rinata libertà' dopo la seconda guerra mondiale, secondo Italo Calvino?
5. Spiega la metafora di Calvino: '*ci muovevamo in un multicolore universo di storie.*' (righe 32-33)
6. Quale era la 'materia prima' delle storie che gli scrittori del dopoguerra si trovarono a narrare?
7. Perchè Italo Calvino parla di 'diverse Italie', al plurale?
8. Alla fine di questo brano, Italo Calvino usa una metafora per definire la 'lingua letteraria'. Quale?

OSSERVAZIONI GRAMMATICALI SUL TESTO [1]

La maggioranza dei verbi in questo brano sono all'imperfetto, con le seguenti eccezioni:

fu (riga 1), nacquero (riga 14), fu (riga 25), cominciò (riga 34), si trovò (riga 34), fu (riga 47), fu (riga 48). Prova a cambiare questi verbi all'imperfetto e considera il risultato ottenuto. Come cambia il pensiero di Calvino?
Esempio: L'esplosione letteraria di quegli anni in Italia **fu**.....
→ L'esplosione letteraria di quegli anni in Italia **era**.....

Considera l'uso dell'**infinito passato** come sostantivo alla riga 19:

L'essere usciti da un'esperienza... = Il fatto di essere usciti da un'esperienza...

Trasforma le seguenti frasi usando infiniti (passato e presente), invece di sostantivi:

1. Il fatto che molti avevano combattuto come partigiani ha rafforzato la spavalderia della nazione.

2. Il fatto che quasi tutti avevano sofferto durante la guerra creava un comunanza di sentimenti.

3. Il fatto che molti scrittori avevano mischiato dialetti e gerghi produsse l'evento letterario del neorealismo.

4. Il fatto che tutti si ritrovavano sui treni di nuovo in circolazione e in vari altri luoghi moltiplicò le storie sulla guerra che la gente si raccontava.

[1] Cfr. Osservazioni grammaticali sul testo *Bruno*, cap. I, p. 39.

LA VENDEMMIA DI PAROLE
(da *Lessico Familiare* di Natalia Ginzburg, 1963)

In questo brano tratto dalle sue memorie, l'autrice discute l'esplosione letteraria che seguì la caduta del fascismo e la fine della guerra. E' evidente che la Ginzburg, come Italo Calvino nella sua introduzione a <u>Il sentiero dei nidi di ragno</u>, si riferisce al fenomeno del neorealismo anche se, al contrario di Calvino, non menziona mai questo termine.

Alla Cía venne male a un piede,
Pus *ne sgorgava a volte la sera,*
*La **Mutua** la mandò a Vercelli.*

Giovani poeti scrivevano, e portavano in lettura alla
5 casa editrice, versi di questa specie. In particolare la
terzina sulla Cía faceva parte d'un lungo poema sulle
mondine. Era, il dopoguerra, un tempo in cui tutti
pensavano d'essere dei poeti, e tutti pensavano d'essere dei
politici; tutti s'immaginavano che si potesse e si dovesse
10 anzi far poesia di tutto, dopo tanti anni in cui era sembrato
che il mondo fosse **ammutolito** e **pietrificato** e la realtà era
stata guardata come di là da un vetro, in una vitrea,
cristallina e muta immobilità. **Romanzieri** e poeti
avevano, negli anni del fascismo, **digiunato**, non essendovi
15 intorno molte parole che fosse consentito usare; e i pochi
che ancora avevano usato parole le avevano scelte con ogni
cura nel magro patrimonio di **briciole** che ancora restava.
Nel tempo del fascismo, i poeti s'erano trovati ad
esprimere solo il mondo arido, chiuso e **sibillino** dei sogni.
20 Ora c'erano di nuovo molte parole in circolazione, e la
realtà di nuovo appariva **a portata di mano**; perciò quegli
antichi digiunatori si diedero a **vendemmiarvi** con delizia.
E la vendemmia fu generale, perché tutti ebbero l'idea
di prendervi parte; e si determinò una confusione di
25 linguaggio fra poesia e politica, le quali erano apparse
mescolate insieme. Ma poi avvenne che la realtà si rivelò
complessa e segreta, **indecifrabile** e oscura non meno che
il mondo dei sogni; e si rivelò ancora situata di là dal vetro,
e l'illusione di aver spezzato quel vetro si rivelò **effimera**.
30 Cosí molti **si ritrassero** presto sconfortati e **scorati**; e
ripiombarono in un amaro digiuno e in un profondo
silenzio. Cosí il dopoguerra fu triste, pieno di sconforto
dopo le allegre vendemmie dei primi tempi.
Quanto ai versi della Cía che aveva male al piede, essi
35 non ci sembrarono allora belli, anzi ci sembrarono, come
sono, bruttissimi, ma oggi ci appaiono tuttavia
commoventi, parlando alle nostre orecchie il linguaggio di
quell'epoca.

Mondine al lavoro nella pianura padana, anni '50.

NOTE

1. *il pus*: liquido giallo che si forma nelle ferite infette
2. *la Mutua*: l'assicurazione sanitaria nazionale all'epoca
3. *la terzina*: strofa di tre versi
4. *le mondine*: donne che lavoravano stagionalmente nelle risaie della Lombardia e del Piemonte, protagoniste, nell'immediato dopoguerra, di scioperi e agitazioni sindacali.
5. *ammutolito*: diventato muto, senza parole
6. *pietrificato*: diventato di pietra
7. *romanziere*: uno scrittore di romanzi
8. *digiunare*: non mangiare
9. *le briciole*: piccolissimi pezzi di pane
10. *sibillino*: difficile da capire, oscuro
11. *a portata di mano*: molto vicino
12. *vendemmiare*: raccogliere l'uva (qui in senso figurativo)
13. *indecifrabile*: difficile da comprendere o decifrare
14. *effimero*: di breve durata
15. *ritrarsi*: ritirarsi, andare indietro
16. *scorato*: che ha perso fiducia, avvilito
17. *ripiombare*: ricadere bruscamente

DOMANDE DI COMPRENSIONE E DISCUSSIONE

1. Quali sono i punti in comune fra l'interpretazione di Italo Calvino del dopoguerra e l'interpretazione di Natalia Ginzburg?
2. Anche la Ginzburg, come Calvino, fa uso di diverse metafore per parlare del dopoguerra e dell'esplosione letteraria che lo caratterizzò. Spiega alcune di queste metafore. Quale ti sembra più efficace?
3. Quale fu la limitazione sofferta dagli scrittori durante il fascismo?
4. Quale fu la reazione degli scrittori alla fine del fascismo?
5. Quale ambivalenza caratterizzò il dopoguerra, secondo la Ginzburg? Perchè molti scrittori si sentirono 'scorati'?
6. Perchè la Ginzburg usa la terzina sulle mondine come esempio di quel tempo? Che cosa pensa ora di questa poesia e che cosa pensava allora?

OSSERVAZIONI GRAMMATICALI SUL TESTO (LESSICO FAMILIARE DI N. GINZBURG)

Considera l'uso del **congiuntivo** (in questo caso **congiuntivo trapassato**) nella seguente frase negativa (righe 13-15)

Romanzieri e poeti avevano, negli anni del fascismo, digiunato, non essendovi intorno molte parole che fosse consentito usare.

La Ginzburg usa il **congiuntivo** perchè la frase è **negativa**. Proviamo a trasformare la frase in una affermazione, e dovremo usare l'**indicativo**, invece del congiuntivo (naturalmente abbiamo dovuto sostituire molti altri vocaboli perchè la frase sia veritiera):

Romanzieri e poeti avevano, negli anni del dopoguerra, vendemmiato, essendovi intorno molte parole che era consentito usare.

Ora trasforma le seguenti frasi **negative** in **positive**, e cambia anche il modo del verbo da **indicativo** a **congiuntivo**. Naturalmente, perchè abbiano senso, abbiamo anche cambiato molti vocaboli. Confronta, a questo proposito, la prima osservazione grammaticale del testo Le scarpe rotte della stessa autrice, a pag. 93

1. Durante il fascismo, molti scrittori avevano 'digiunato', **non essendovi** molti argomenti su cui **fosse permesso** scrivere.

   Durante il dopoguerra, invece, molti scrittoti avevano 'vendemmiato', essendovi ----------------------------

2. Durante il dopoguerra, Natalia Ginzburg si accorse che **non c'erano** molte poesie che **si potessero pubblicare**.

   Durante il dopoguerra, Natalia Ginzburg si accorse che **c'erano** molte poesie che si ---------------------------- considerare pessime.

3. Il dopoguerra fu un periodo difficile, in quanto **non c'era nessuno** che **non fosse stato colpito** dalla guerra.

   Il dopoguerra fu un periodo difficile, in quanto tutti --

4. Il neorealismo fu un movimento non solo letterario, ma culturale, **non essendovi** scrittore che **non fosse** in contatto diretto con il popolo.

   Il neorealismo fu un movimento non solo letterario, ma culturale, **essendovi** molti scrittori che ---------------------- --

LE SCARPE ROTTE

di Natalia Ginzburg (da *Le piccole virtù*, 1962)

In questo racconto, le 'scarpe rotte' diventano una metafora per la vita del dopoguerra, piena di ristrettezze, ma libera dal desiderio di "tutto quel che è piacevole ma non necessario".

Io ho le scarpe rotte e l'amica con la quale vivo in questo momento ha le scarpe rotte anche lei. Stando insieme parliamo spesso di scarpe. Se le parlo del tempo in cui sarò una vecchia scrittrice famosa, lei subito mi
5 chiede: «Che scarpe avrai?» Allora le dico che avrò delle scarpe di **camoscio** verde, con una gran **fibbia** d'oro da un lato.

Io appartengo a una famiglia dove tutti hanno scarpe solide e sane. Mia madre anzi ha dovuto far fare un
10 armadietto apposta per tenerci le scarpe, tante **paia** ne aveva. Quando torno fra loro, levano alte grida di **sdegno** e di dolore alla vista delle mie scarpe. Ma io so che anche con le scarpe rotte si può vivere. Nel **periodo tedesco** ero sola qui a Roma, e non avevo che un solo paio di scarpe.
15 Se le avessi date al **calzolaio** avrei dovuto stare due o tre giorni a letto, e questo non mi era possibile. Cosí continuai a portarle, e **per giunta** pioveva, le sentivo **sfasciarsi** lentamente, farsi molli ed informi, e sentivo il freddo del selciato sotto le piante dei piedi. È per questo
20 che anche ora ho sempre le scarpe rotte, perché mi ricordo di quelle e non mi sembrano poi tanto rotte al confronto, e se ho del denaro preferisco spenderlo altrimenti, perché le scarpe non mi appaiono piú come qualcosa di molto essenziale. Ero stata **viziata** dalla vita
25 prima, sempre circondata da un affetto tenero e vigile, ma quell'anno qui a Roma fui sola per la prima volta, e per questo Roma mi è cara, sebbene carica di storia per me, carica di ricordi angosciosi, poche ore dolci. Anche la mia amica ha le scarpe rotte, e per questo stiamo bene
30 insieme. La mia amica non ha nessuno che la rimproveri per le scarpe che porta, ha soltanto un fratello che vive in campagna e gira con degli stivali da cacciatore. Lei e io sappiamo quello che succede quando piove, e le gambe sono nude e bagnate e nelle scarpe entra l'acqua, e allora
35 c'è quel piccolo rumore a ogni passo, quella specie di **sciacquettio**.

La mia amica ha un viso pallido e maschio, e fuma in un **bocchino** nero. Quando la vidi per la prima volta, seduta a un tavolo, con gli occhiali cerchiati di tartaruga e
40 il suo viso misterioso e sdegnoso, col bocchino nero fra i denti, pensai che pareva un generale cinese. Allora non lo sapevo che aveva le scarpe rotte. Lo seppi piú tardi.

Noi ci conosciamo soltanto da pochi mesi, ma è come se fossero tanti anni. La mia amica non ha figli, io invece
45 ho dei figli e per lei questo è strano. Non li ha mai veduti se non in fotografia, perché stanno in provincia con mia madre, e anche questo fra noi è stranissimo, che lei non abbia mai veduto i miei figli. In un certo senso lei non ha problemi, può cedere alla tentazione di **buttar la vita ai**
50 **cani**, io invece non posso. I miei figli dunque vivono con mia madre, e non hanno le scarpe rotte finora. Ma come saranno da uomini? Voglio dire: che scarpe avranno da uomini? Quale via sceglieranno per i loro passi? Decideranno di escludere dai loro desideri tutto quel che
55 è piacevole ma non necessario, o affermeranno che ogni cosa è necessaria e che l'uomo ha il diritto di avere ai piedi delle scarpe solide e sane?

Con la mia amica discorriamo a lungo di questo, e di come sarà il mondo allora, quando io sarò una vecchia
60 scrittrice famosa, e lei girerà per il mondo con uno zaino in spalla, come un vecchio generale cinese, e i miei figli andranno per la loro strada, con le scarpe sane e solide ai piedi e il passo fermo di chi non rinunzia, o con le scarpe rotte e il passo largo e **indolente** di chi sa quello che non
65 è necessario.

Qualche volta noi combiniamo dei matrimoni fra i miei figli e i figli di suo fratello, quello che gira per la campagna con gli stivali da cacciatore. **Discorriamo** cosí fino a notte alta, e beviamo del tè nero e amaro. Abbiamo
70 un materasso e un letto, e ogni sera facciamo **a pari e dispari** chi di noi due deve dormire nel letto. Al mattino quando ci alziamo, le nostre scarpe rotte ci aspettano sul tappeto.

La mia amica qualche volta dice che **è stufa** di lavorare,
75 e vorrebbe buttar la vita ai cani. Vorrebbe chiudersi in una **bettola** a bere tutti i suoi risparmi, oppure mettersi a letto e non pensare piú a niente, e lasciare che vengano a levarle il gas e la luce, lasciare che tutto **vada alla deriva** pian piano. Dice che lo farà quando io sarò partita. Perché la
80 nostra vita comune durerà poco, presto io partirò e tornerò da mia madre e dai miei figli, in una casa dove non mi sarà permesso di portare le scarpe rotte. Mia madre si prenderà cura di me, m'impedirà di usare degli **spilli** invece che dei bottoni, e di scrivere fino a notte alta. E io
85 a mia volta mi prenderò cura dei miei figli, vincendo la tentazione di buttar la vita ai cani. Tornerò ad essere grave

e materna, come sempre mi avviene quando sono con loro, una persona diversa da ora, una persona che la mia amica non conosce affatto.

90   Guarderò l'orologio e terrò conto del tempo, vigile ed attenta ad ogni cosa, e baderò che i miei figli abbiano i piedi sempre asciutti e caldi, perché so che cosí dev'essere se appena è possibile, almeno nell'infanzia.

Forse anzi per imparare poi a camminare con le scarpe
95 rotte, è bene avere i piedi asciutti e caldi quando si è bambini.

NOTE

1. *il camoscio*: un tipo di pelle particolarmente morbida
2. *la fibbia*: un fermaglio di metallo
3. *il paio / le paia*: due (plur. irregolare)
4. *lo sdegno*: sentimento di disapprovazione
5. *il periodo tedesco*: i novi mesi di occupazione tedesca di Roma
6. *il calzolaio*: chi ripara le scarpe
7. *per giunta*: inoltre
8. *sfasciarsi*: andare in pezzi, disfarsi
9. *viziato*: chi ha ricevuto un'educazione troppo permissiva
10. *lo sciacquettio*: rumore che fa l'acqua quando è mossa all'interno di un recipiente
11. *il bocchino*: sostegno, generalmente di legno, per sigaretta
12. *buttare la vita ai cani*: non occuparsi più di niente, come quando si è depressi
13. *indolente*: senza energia, pigro
14. *discorrere*: parlare, discutere
15. *fare pari e dispari*: gioco che permette di decidere fra due persone
16. *essero stufi*: essere stanchi e infastiditi
17. *la bettola*: bar o osteria di pessima qualità
18. *andare alla deriva*: abbandonarsi completamente
19. *lo spillo*: filo di metallo che sostituisce il bottone e serve per unire due pezzi di stoffa

DOMANDE DI COMPRENSIONE E DISCUSSIONE

1. Che cosa unisce Natalia e l'amica con cui abita ora? Che cosa separa Natalia dalla sua famiglia?
2. Perchè durante "il periodo tedesco" non poteva portare le scarpe dal calzolaio?
3. Perchè anche ora porta le scarpe rotte?
4. Com'era la sua vita prima di venire a Roma? Com'era la sua vita durante il primo anno a Roma? Perchè Roma le è cosí cara?
5. In quali cose le due amiche sono simili e in quali cose sono diverse?
6. Che cosa si domanda Natalia riguardo al futuro dei suoi figli?
7. Le due amiche come immaginano il loro futuro?
8. L'amica di Natalia dice che '*vorrebbe buttar la vita ai cani*' (righe 75-76). Che cosa vuol dire? Spiega con parole tue. Perchè Natalia non può *buttare la vita ai cani?*
9. In che modo cambierà la vita di Natalia quando tornerà dai suoi figli e da sua madre?
10. *Le scarpe rotte* e *le scarpe solide e sane* come metafore di due scelte di vita opposte. Spiega.

OSSERVAZIONI GRAMMATICALI SUL TESTO [1]

A. Confronta la seguente frase (riga 30-31) con le frasi discusse nelle osservazioni grammaticali del testo La Vendemmia di parole della stessa autrice a pag.90. Che cosa hanno in comune?

La mia amica non ha nessuno che la rimproveri per le scarpe che porta....

B. Considera la seguente frase (riga 14), e l'espressione sottolineata (il cui significato è: avevo solo)

Nel periodo tedesco ero sola qui a Roma, e non avevo che un solo paio di scarpe.

Confronta ora questa struttura con quelle discusse nelle Osservazioni grammaticali sul testo L'incontro con gli inglesi (capitolo 1) pp.52-53.

C. Considera la seguente frase ipotetica (righe 15-16) e indica i tempi dei verbi sottolineati: *Se le avessi date al calzolaio, avrei dovuto stare due o tre giorni a letto, e questo non mi era possibile.*

Vedi, a questo proposito, anche le *Osservazioni grammaticali* sul testo L'intellettuale a Auschwitz (pag.50)

Completa le seguenti frasi ipotetiche secondo la tua fantasia e usando i tempi giusti:

1. L'amica di Natalia non aveva figli, ma se avesse avuto figli, ...

2. Natalia e l'amica non avrebbero dovuto giocare a pari e dispari tutte le sere se ....

3. Natalia si sarebbe comprata un paio di scarpe nuove se ....

4. Se Natalia non avesse vissuto sola a Roma durante l'occupazione tedesca, ...

---

[1] Cfr. Osservazioni grammaticali sui testi *La vendemmia di parole*, cap.2, p. 90 (per il congiuntivo presente), *L'incontro con gli inglesi*, cap.1, p. 54 (per la costruzione "non_che") e *L'intellettuale a Auschwitz*, cap.1 p. 50 (per il periodo ipotetico).

NON GUARIREMO PIÙ
(da *Il figlio dell'Uomo*, in *Le piccole virtù*, di Natalia Ginzburg, 1962)

In questo brano la scrittrice riflette sugli effetti che il fascismo e la guerra hanno avuto sulla gente comune: vent'anni di paura e di oppressione non saranno presto dimenticati. La 'pace interiore' non sarà mai raggiunta per chi è stato colpito da una tragedia così profonda. Qualcosa di bello però è uscito dalle macerie della guerra: la capacità di guardare in faccia la realtà, di descriverla così com'è, senza veli o abbellimenti.

C'è stata la guerra e la gente ha visto crollare tante case e adesso non si sente più sicura nella sua casa com'era quieta e sicura una volta. C'è qualcosa di cui non si guarisce e passeranno gli anni ma non guariremo mai.

5 **Magari** abbiamo di nuovo una lampada sul tavolo e un vasetto di fiori e i ritratti dei nostri cari, ma non crediamo più a nessuna di queste cose perché una volta le abbiamo dovute abbandonare all'improvviso o le abbiamo cercate inutilmente fra le **macerie**.

10 È inutile credere che possiamo guarire di vent'anni come quelli che abbiamo passato. Chi di noi è stato un perseguitato non ritroverà mai più la pace. Una **scampanellata** notturna non può significare altro per noi che la parola «**questura**». Ed è inutile dire e ripetere a noi

15 stessi che dietro la parola «questura» ci sono adesso forse volti amici ai quali possiamo chiedere protezione e assistenza. In noi quella parola genera sempre diffidenza e spavento. Se guardo i miei bambini che dormono penso con sollievo che non dovrò svegliarli nella notte e

20 scappare. Ma non è un sollievo pieno e profondo. Mi pare sempre che un giorno o l'altro dovremmo di nuovo alzarci di notte e scappare, e lasciare tutto dietro a noi, stanze quiete e lettere e ricordi e indumenti.

Una volta sofferta, l'esperienza del male non si

25 dimentica più. Chi ha visto le case crollare sa troppo chiaramente che **labili** beni siano i vasetti di fiori, i quadri, le pareti bianche. Sa troppo bene di cosa è fatta una casa. Una casa è fatta di mattoni e di calce, e può crollare. Una casa non è molto solida. Può crollare da un momento

30 all'altro. Dietro i sereni vasetti di fiori, dietro le teiere, i tappeti, i pavimenti lucidati a cera, c'è l'altro volto vero della casa, il volto atroce della casa crollata.

Non guariremo più di questa guerra. È inutile. Non saremo mai più gente serena, gente che pensa e studia e

35 compone la sua vita in pace. Vedete cosa è stato fatto delle nostre case. Vedete cosa è stato fatto di noi. Non saremo mai più gente tranquilla.

Abbiamo conosciuto la realtà nel suo volto più **tetro**. Non ne proviamo più disgusto ormai. C'è ancora

40 qualcuno che **si lagna** del fatto che gli scrittori si servano d'un linguaggio amaro e violento, che raccontino cose dure e tristi, che presentino nei suoi termini più desolati la realtà.

Noi non possiamo mentire nei libri e non possiamo

45 mentire in nessuna delle cose che facciamo. E forse questo è l'unico bene che ci è venuto dalla guerra. Non mentire e non tollerare che ci mentano gli altri. Così siamo adesso noi giovani, così è la nostra generazione. Gli altri più vecchi di noi sono ancora molto innamorati della

50 menzogna, dei veli e delle maschere di cui si circonda la realtà. Il nostro linguaggio li rattrista e li offende. Non capiscono il nostro atteggiamento di fronte alla realtà. Noi siamo vicini alle cose nella loro sostanza. È il solo bene che ci ha dato la guerra, ma l'ha dato soltanto a noi giovani.

55 Agli altri più vecchi di noi non ha dato che **malsicurezza** e paura. [...]

Il paese di Villa Minozzo (Reggio Emilia) danneggiato dai bombardamenti del 1944.

NOTE

1. *magari*: forse, è possibile che...
2. *le macerie*: quello che rimane di un'edificio dopo un crollo o un bombardamento
3. *la scampanellata*: il suonare ripetutamente il campanello
4. *la questura*: la sede della polizia
5. *labile*: che ha vita breve, che dura poco

6. *tetro*: scuro, pauroso
7. *lagnarsi*: lamentarsi
8. *la menzogna*: la bugia, l'atto di dire il falso
9. *la malsicurezza*: l'insicurezza, il sentirsi minacciati

DOMANDE DI COMPRENSIONE E DISCUSSIONE

1. Da che cosa 'non si guarisce', secondo l'autrice?
2. Quali elementi della vita domestica usa l'autrice per descrivere un'esistenza serena, senza guerra?
3. Che cosa può significare una scampanellata notturna per chi ha vissuto la guerra?
4. Perchè chi ha vissuto la guerra sa che le cose che ci sono care sono solo 'beni labili'?
5. La visione dell'autrice ti sembra eccessivamente pessimista? Motiva la tua risposta.
6. Qual è, secondo l'autrice, il 'solo bene che ci ha dato la guerra'?
7. Perchè gli anziani si lagnano del linguaggio 'amaro e violento' dei giovani scrittori del dopoguerra?
8. Secondo te, l'autrice fa dei riferimenti indiretti al neorealismo, in questo brano? Quali?
9. Considera le seguenti frasi della Ginzburg (righe 35-36):

Vedete cosa è stato fatto delle nostre case. Vedete cosa è stato fatto di noi.

Trovi qualche elemento simile fra queste frasi, ed in generale questo brano, e la poesia di Primo Levi *Se questo è un uomo* (capitolo 1, pag. 51)?

OSSERVAZIONI GRAMMATICALI SUL TESTO [1]

Considera l'uso del 'si' impersonale nella seguente frase (riga 3-4).

C'è qualcosa di cui non si guarisce e passeranno gli anni ma non guariremo mai.

Il soggetto di 'si guarisce' è un noi indefinito, riferito a 'tutti noi' che abbiamo sofferto la guerra, espresso più chiaramente dal terzo verbo della frase, 'guariremo', il cui soggetto è appunto 'noi'.
Sostituisci ora il 'noi' nelle seguenti frasi della Ginzburg con il 'si impersonale', facendo attenzione a mantenere inalterati i tempi dei verbi.

1. Magari abbiamo di nuovo una lampada sul tavolo...

2. ... non crediamo più in queste cose perchè una volta le abbiamo dovute abbandonare all'improvviso....

3. E' inutile credere che possiamo guarire di vent'anni come quelli che abbiamo passato.

4. ... ci sono adesso forse volti amici ai quali possiamo chiedere protezione e assistenza.

5. Non guariremo più di questa guerra.

[1] Cfr. Osservazioni grammaticali sul testo *La visita del Federale*, cap. I p. 41 e note al film *La notte di San Lorenzo*, cap. I, p. 58.

95

IL BOSCO SULL'AUTOSTRADA
di Italo Calvino (da *Marcovaldo, ovvero le stagioni in città,*
1962)

*Marcovaldo, il protagonista di questa storia e di
molte altre raccolte nell'omonimo libro, è una specie
di Alice nel paese del 'boom economico'. Povero, ma
dotato di determinazione, iniziativa e curiosità, egli
scopre che 'le meraviglie' della città moderna non
sempre sono alla sua portata; si ostina così nella
ricerca di una natura che ormai è scomparsa; anche quando crede di averla trovata, si rende presto conto che si tratta di una
natura 'deviata' e irriconoscibile.*

Il freddo ha mille forme e mille modi di muoversi
nel mondo: sul mare corre come una **mandria** di cavalli,
sulle campagne si getta come uno **sciame** di locuste, nelle
città come lama di coltello taglia le vie e **infila** le fessure
5 delle case non riscaldate. A casa di Marcovaldo quella sera
erano finiti gli ultimi **stecchi**, e la famiglia, tutta
incappottata, guardava nella stufa impallidire le braci, e
dalle loro bocche le nuvolette salire a ogni respiro. Non
dicevano più niente; le nuvolette parlavano per loro: la
10 moglie le cacciava lunghe lunghe come sospiri, i figlioli le
soffiavano assorti come bolle di sapone, e Marcovaldo le
sbuffava verso l'alto a scatti come lampi di genio che
subito svaniscono.

Alla fine Marcovaldo si decise: – Vado per legna; chissà
15 che non ne trovi –. **Si cacciò** quattro o cinque giornali tra
la giacca e la camicia a fare da corazza contro i colpi d'aria,
si nascose sotto il cappotto una lunga **sega** dentata, e così
uscì nella notte, seguito dai lunghi sguardi speranzosi dei
familiari, mandando fruscii cartacei ad ogni passo e con la
20 sega che ogni tanto gli spuntava dal bavero.

Andare per legna in città: **una parola**! Marcovaldo si
diresse subito verso un pezzetto di giardino pubblico che
c'era tra due vie. Tutto era deserto. Marcovaldo studiava le
nude piante a una a una pensando alla famiglia che lo
25 aspettava battendo i denti…

Il piccolo Michelino, battendo i denti, leggeva un libro
di fiabe, preso in prestito alla bibliotechina della scuola. Il
libro parlava d'un bambino figlio di un taglialegna, che
usciva con l'accetta, per far legna nel bosco. – Ecco dove
30 bisogna andare, – disse Michelino, – nel bosco! Lì sì che
c'è la legna! – Nato e cresciuto in città, non aveva mai visto
un bosco neanche di lontano.

Detto fatto, combinò coi fratelli: uno prese un'**accetta**,
uno un gancio, uno una corda, salutarono la mamma e
35 andarono in cerca di un bosco.

Camminavano per la città illuminata dai lampioni, e
non vedevano che case: di boschi, neanche l'ombra.
Incontravano qualche raro passante, ma non osavano
chiedergli dov'era un bosco. Così giunsero dove finivano le
40 case della città e la strada diventava un'autostrada.

Ai lati dell'autostrada, i bambini videro il bosco: una
folta vegetazione di strani alberi copriva la vista della
pianura. Avevano i tronchi fini fini, diritti o obliqui; e
chiome piatte e estese, dalle più strane forme e dai più
45 strani colori, quando un'auto passando le illuminava coi
fanali. Rami a forma di dentifricio, di faccia, di formaggio,
di mano, di rasoio, di bottiglia, di mucca, di pneumatico,
costellate da un **fogliame** di lettere dell'alfabeto.
– Evviva! – disse Michelino, – questo è il bosco!

50 E i fratelli guardavano incantati la luna spuntare tra
quelle strane ombre: – Com'è bello…

Michelino li richiamò subito allo scopo per cui erano
venuti lì: la legna. Così abbatterono un alberello a forma di
fiore di primula gialla, lo fecero in pezzi e lo portarono a
55 casa.

Marcovaldo tornava col suo magro carico di rami
umidi, e trovò la stufa accesa.

– Dove l'avete preso? – esclamò indicando i resti del
cartello pubblicitario che, essendo di legno compensato,
60 era bruciato molto in fretta.

– Nel bosco! – fecero i bambini.

– E che bosco?

– Quello dell'autostrada. Ce n'è pieno!

Visto che era così semplice, e che c'era di nuovo
65 bisogno di legna, **tanto valeva** seguire l'esempio dei
bambini. Marcovaldo tornò a uscire con la sua sega, e andò
sull'autostrada.

L'agente Astolfo della polizia stradale era un po' **corto
di vista**, e la notte, correndo in moto per il suo servizio,
70 avrebbe avuto bisogno degli occhiali; ma non lo diceva, per
paura d'averne danno nella sua carriera.

Quella sera, viene denunciato il fatto che

sull'autostrada un branco di **monelli** stava buttando giù i
cartelloni pubblicitari. L'agente Astolfo parte d'ispezione.

75 Ai lati della strada la selva di strane figure **ammonitrici**
e **gesticolanti** accompagna Astolfo, che le scruta a una a
una, **strabuzzando** gli occhi miopi. Ecco che, al lume del
fanale della moto, sorprende un monellaccio arrampicato
su un cartello. Astolfo frena: – Ehi! Che fai lì, tu? Salta giù
80 subito! – Quello non si muove e gli **fa la lingua**. Astolfo
si avvicina e vede che è la réclame d'un formaggino, con
un **bamboccione** che si lecca le labbra. – Già, già, – fa
Astolfo, e riparte a gran carriera.

Dopo un po', nell'ombra di un gran cartellone,
85 illumina una triste faccia spaventata. – Alto là! Non cercate
di scappare! – Ma nessuno scappa: è un viso umano
dolorante dipinto in mezzo a un piede tutto calli: la
réclame di un **callifugo**. – Oh, scusi, – dice Astolfo, e
corre via.

90 Il cartellone di una compressa contro l'**emicrania** era
una gigantesca testa d'uomo, con le mani sugli occhi dal
dolore. Astolfo passa, e il fanale illumina Marcovaldo
arrampicato in cima, che con la sua sega cerca di
tagliarsene una fetta. Abbagliato dalla luce, Marcovaldo si
95 fa piccolo piccolo e resta lì immobile, aggrappato a un
orecchio del **testone**, con la sega che è già arrivata a mezza
fronte.

Astolfo studia bene, dice: – Ah, sì: compresse Stappa!
Un cartellone efficace! Ben trovato! Quell'omino lassù con
100 quella sega significa l'emicrania che taglia in due la testa!
L'ho subito capito! – E se ne riparte soddisfatto.

Tutto è silenzio e gelo. Marcovaldo dà un sospiro di
sollievo, si riassesta sullo scomodo **trespolo** e riprende il
suo lavoro. Nel cielo illuminato dalla luna si propaga lo
105 smorzato gracchiare della sega contro il legno.

NOTE

1. *la mandria*: gruppo di animali
2. *lo sciame*: insieme di insetti
3. *infilare*: penetrare
4. *lo stecco*: piccolo ramo, pezzetto di legno
5. *incappottato*: coperto con un cappotto
6. *sbuffare*: soffiare
7. *cacciarsi*: mettersi addosso
8. *la sega*: uno strumento per tagliare la legna a mano
9. *una parola!*: facile a dirsi, ma non a farsi, quasi impossibile
10. *detto fatto*: immediatamente
11. *l'accetta*: uno strumento con una grossa lama di metallo
12. *la chioma*: la parte verde di un albero, l'insieme delle foglie
13. *il fogliame*: tutte le foglie
14. *tanto valeva*: era la soluzione migliore
15. *corto di vista*: un po' miope, qualcuno che non vede bene da lontano
16. *il monello*: ragazzo vivace, un po' maleducato
17. *ammonitrice* (fem. di *ammonitore*): che dà un avvertimento
18. *gesticolante*: che fa gesti o che agita mani e braccia
19. *strabuzzare*: sforzare gli occhi per vedere meglio
20. *fare la lingua*: tirare fuori la lingua come fanno i bambini
21. *il bamboccione*: un bambino grasso
22. *il callifugo*: medicina per eliminare i calli dai piedi
23. *l'emicrania*: forte mal di testa
24. *il testone*: la grande testa
25. *il trespolo*: qualcosa che è retto da tre piedi (in questo caso, il cartellone pubblicitario)

DOMANDE DI COMPRENSIONE E DISCUSSIONE

1. Quali similitudini usa l'autore nel primo paragrafo? Ti sembrano efficaci? Puoi inventarne delle altre?
2. Qual è il problema più immediato di Marcovaldo e della sua famiglia?
3. Come decide di risolvere questo problema Marcovaldo?
4. A Michelino come viene l'idea di andare a cercare legna nel bosco?
5. Dove vedono il 'bosco' per la prima volta?
6. Che cosa aveva di peculiare il 'bosco' scoperto dai figli di Marcovaldo?
7. Che cosa portò a casa Marcovaldo e che cosa portarono a casa i suoi figli?
8. Perchè quella sera l'agente Astolfo era sull'autostrada in ispezione?
9. Qual era il suo problema personale e perchè lo teneva segreto?
10. Chi sono in realtà il 'monellaccio arrrampicato su un cartello' e il 'viso umano dolorante'?
11. Che cosa sta facendo Marcovaldo quando Astolfo lo illumina con il fanale della sua moto?
12. Perchè Astolfo pensa che il cartellone pubblicitario sia 'efficace'?
13. Puoi pensare ad altri cartelloni pubblicitari che sarebbero più efficaci con l'aggiunta di Marcovaldo e dei suoi figli?
14. Il titolo accosta due elementi contraddittori. Quali? L'autore come sviluppa questa contraddizione nel racconto?

OSSERVAZIONI GRAMMATICALI SUL TESTO [1]

Lavoriamo ancora al contrasto fra imperfetto e passato remoto. Le seguenti frasi sono tratte dal testo. Alcune sono corrette, ma in altre i tempi verbali sono sbagliati. Correggi i tempi dei verbi dove necessario, motiva la tua scelta, e poi confronta con il testo.

1. Marcovaldo si dirigeva subito verso un pezzetto di giardino pubblico che c'era fra due vie. Tutto era deserto.

2. Ai lati dell'autostrada, i bambini videro il bosco: una folta vegetazione di strani alberi coprì la vista della pianura.

3. Così abbattevano un alberello a forma di fiore di primula gialla, lo facevano a pezzi e lo portavano a casa.

4. Visto che era così semplice, e che c'era di nuovo bisogno di legna, tanto valeva seguire l'esempio dei bambini. Marcovaldo tornò a uscire con la sua sega, e andò sull'autostrada.

5. L'agente Astolfo della polizia stradale era un po' corto di vista,... ma non lo disse, per paura d'averne un danno nella sua carriera.

[1] Cfr. Osservazioni grammaticali sul testo *Bruno*, cap.1 p. 39 e *Smania di raccontare e neorealismo*, cap.2, p. 88.

98

STRANIERI IN PATRIA: "TERRONI" O "POLENTONI"
di Marta Boneschi (da *Poveri ma belli*, 1995)

In questo breve saggio, l'autrice mette in risalto le contraddizioni e gli squilibri dell'immediato dopoguerra, quando la rapida crescita dell'edilizia nel nord alimentò un primo flusso migratorio dal sud. L'incontro delle due culture - quella dei 'polentoni' e quella dei 'terroni' - 'non fu festoso', commenta l'autrice, ma ancora più triste fu il confronto fra le due Italie degli anni '50: quella che era ormai risorta dalle distruzioni della guerra, e quell'altra Italia dimenticata, dalla quale chi appena poteva fuggiva.

Pasquale Sinisi parte dal **foggiano** a sedici anni, nel '52. La sua meta è Milano, dove c'è lavoro per tutti. «Avevo fame» racconta «ma fame di lavoro. Ero disposto a fare qualsiasi cosa, ma basta, **non ne potevo piú** né
5 dell'arretratezza né dell'essere povero.» Pasquale trova un posto di **garzone** presso un **ortolano** a 15 mila lire al mese. Guadagna come una cameriera. Alle sei del mattino, prima di attaccare a portare pacchi e cassette, compera il «Corriere della Sera» perché tutti i milanesi lo leggono e
10 lui, ormai, è un milanese. Di ragazzi come Pasquale sono popolati tutti gli anni Cinquanta. La crescita **edilizia** delle città industriali del Nord, soprattutto Milano e Torino, è alimentata dall'arrivo di ondate successive di nuovi cittadini.
15 Due popoli s'incontrano in questa circostanza e non sempre l'incontro è festoso. La lingua che parlano non è la stessa, il modo di vivere degli uni è sconosciuto agli altri. I nuovi arrivati paiono selvatici e **retrogradi** agli indigeni, che li chiamano «**terroni**». Gli «intrusi» si vendicano,
20 **mettendo alla berlina** lo **scipito** menu dei settentrionali «**polentoni**». Come ogni fenomeno del progresso, anche questo nuovo passo avanti dell'unità nazionale è accompagnato da rancori e intolleranza. Sui «terroni» fioriscono racconti di leggendaria sporcizia, di insopportabile invadenza, di monumentale pigrizia. Alle
25 famiglie del Nord va bene avere una cameriera, ma è meglio che sia settentrionale. Ai proprietari di case è gradito un inquilino, purché non sia un «terrone».
A Torino – mai a Milano – la discriminazione è ben
30 evidente sui cartelli che offrono appartamenti. A Milano, la differenza tra i due popoli stranieri in patria assume un carattere più **bonario** che razzista. Abituata agli «stranieri», ne ha visti di ogni nazionalità nella sua storia di **crocevia** commerciale. «Milano è una grande madre che accoglie
35 tutti nel suo abbraccio» dice Gaetano Afeltra con enfasi. A Torino non è affatto volgare esibire un signorile **ribrezzo** per gli immigrati, mentre a Milano l'epiteto di «terrone» si usa solo confidenzialmente e si guarda con paterna comprensione a quelle famiglie ammucchiate in pochi
40 metri quadrati, a quell'attaccamento **tribale** tra parenti, a quella espansività primitiva. La biografia di un sindaco di Milano, Marco Formentini, registra questo aneddoto. In casa Gariboldi, a Cusano Milanino, la graziosa Augusta annuncia a papà che sposerà il giovane Marco, laureato in
45 legge. Il padre s'informa: «**L'è un terùn?**».
Il Sud è un mondo a parte, per chi non ci è nato. Alla storica povertà si sono aggiunti i disastri della guerra e chi può, chi è giovane, chi ha fiducia nell'avvenire, scappa. Così il **Meridione** continua a restare un mondo a parte, dal
50 quale affiorano fenomeni di straordinaria inciviltà e qualche volta di insospettabile virtù. Agli occhi del Nord appare vergognoso che, per esempio, in Calabria 9 Comuni su 10 non possiedano una scuola e che metà degli adulti maschi siano illetterati. Le differenze tra Nord e Sud
55 resistono, anche se con il passare degli anni cambiano i termini di paragone: nel '58, quando l'auto è piuttosto diffusa, solo una su mille porta una targa **calabrese**. Il peggio del Sud, che il fascismo **teneva in sordina**, desta grande impressione al Nord: a Matera, **capoluogo** di
60 provincia, si fa scuola in una stalla dove mancano anche i banchi. A Jotta, in Calabria, il maestro Paolo Carobella insegna ai ragazzini di seconda e quarta elementare, tutti insieme, da una **cattedra** che è costituita da un'asse appoggiata su due pile di mattoni. La lavagna è un lusso e
65 le carte geografiche – quando ci sono – risalgono a prima della guerra, quando la Dalmazia era italiana e su Tripoli sventolava il **tricolore**.

NOTE

1. *il foggiano*: zona intorno a Foggia, una città delle Puglie
2. *non poterne più*: non sopportare più
3. *il garzone*: ragazzo che lavora in un negozio, addetto a semplici mansioni
4. *l'ortolano*: chi vende frutta a verdura
5. *l'edilizia*: l'industria che si occupa della costruzione di case e edifici di ogni tipo
6. *retrograde*: molto arretrato, che non conosce il progresso
7. *'terroni'*: termine denigratorio usato per definire gli abitanti del sud d'Italia, quelli che lavorano 'la terra', i 'meridionali'
8. *mettere alla berlina*: prendere in giro, schernire
9. *scipito*: che non ha sapore, senza sale
10. *'polentoni'*: termine denigratorio usato per definire gli abitanti del nord d'Italia, quelli che mangiano 'la

polenta', un piatto a base di mais, i 'settentrionali'
11. *bonario*: gentile, di carattere allegro
12. *il crocevia*: incrocio, punto di incontro di più vie (anche figurativo)
13. *il ribrezzo*: il disgusto, la ripugnanza
14. *tribale*: di una tribù, o clan
15. *'l'è un terun?'*: è un meridionale? (in dialetto milanese)
16. *il Meridione*: il sud dell'Italia (cfr. il Settentrione, il nord dell'Italia)
17. *il/la calabrese*: della Calabria, una regione del Sud
18. *tenere in sordina*: nascondere, non rendere pubblico o parlarne
19. *il capoluogo*: la città più importante di una provincia o regione
20. *la cattedra*: tavolo usato da professori o maestri per insegnare
21. *il tricolore*: la bandiera italiana

DOMANDE DI COMPRENSIONE E DISCUSSIONE

1. Perchè ragazzi come Pasquale Sinisi emigrano al nord?
2. Che lavoro fa Pasquale? Sembra ben integrato nella sua nuova città?
3. Spiega perchè l'incontro fra i due popoli (quello proveniente dal sud e quello del nord) non è festoso.
4. Qual è la differenza fra Milano e Torino nel loro atteggiamento verso gli immigrati?
5. Quale aspetto dell'arretratezza del Sud ti ha colpito di più?

OSSERVAZIONI GRAMMATICALI SUL TESTO ¹

Considera l'uso del **congiuntivo** nella seguente frase (riga 27):

Ai proprietari di case è gradito un inquilino, purchè non sia un terrone (cioè: Ai proprietari di case..., a condizione che non sia un terrone).

Il **congiuntivo** va usato dopo congiunzioni di questo tipo: *purchè, a condizione che, a patto che, a meno che non, affinchè, sebbene, nonostante, ecc.*

Unisci le seguenti frasi usando la <u>congiunzione</u> giusta e il <u>congiuntivo</u>:

1. I padroni di casa affittano una casa anche a famiglie povere .... non .... (venire) dal sud.

2. La famiglia di Augusta acconsente al suo fidanzamento con Marco .... lui .... (essere) un meridionale.

3. Il giovane Pasquale legge il 'Corriere' .... i milanesi .... (vedere) che anche lui è uno di loro.

4. A Pasquale piace abitare a Milano, ... (lui) .... (fare) un lavoro duro e mal pagato.

5. .... la guerra .... (finire, al passato) da dieci anni, il Sud è ancora in uno stato di arretratezza rispetto al nord.

6. Non ti sposerò, ... tu non .... (smettere) di mangiare polenta!

¹ Cfr. Osservazioni grammaticali sul testo *Le scarpe rotte*, cap. 2 p. 93.

LADRI DI BICICLETTE
(1948), regia di Vittorio De Sica

INTRODUZIONE
Nella Roma dell'immediato dopoguerra, Antonio, da tempo disoccupato, è stato chiamato dal Comune per un lavoro come attacchino. Ad una condizione, però: che possa disporre di una bicicletta. Il futuro di Antonio e della sua famiglia (moglie e due figli) diventa da quel momento legato al possesso di questo mezzo di trasporto. Bruno, il figlio di Antonio interpretato dal bravissimo Enzo Staiano, accompagna il padre in un'angosciosa ricerca della bicicletta rubata, attraverso una Roma domenicale e popolana, dove la miseria sembra troppo vicina e il benessere altrettanto a portata di mano.

Il film ha ricevuto l'Oscar nel 1949 come miglior film straniero. Ha ricevuto innumerevoli altri riconoscimenti nazionali ed internazionali.

PROTAGONISTI E INTERPRETI PRINCIPALI:
Antonio (il padre): *Lamberto Maggiorani*
Maria (la madre): *Lianella Carell*
Bruno (il figlio): *Enzo Staiano*
Alfredo (il ladro): *Vittorio Antonucci*
La Santona: *Ida Bracci Dorati*

DOMANDE GENERALI DI COMPRENSIONE:
1. Dove vivono Antonio e la sua famiglia? Descrivi il quartiere e la casa.
2. Perchè Antonio dice all'impiegato dell'Ufficio di Collocamento: "La bicicletta ce l'ho e non ce l'ho..."?
3. Com'è il 'Monte di Pietà' dove Maria e Antonio si recano per lasciare in pegno le lenzuola?
4. Perchè Maria va dalla 'Santona'?
5. Descrivi la prima mattina di lavoro per la famiglia. Com'è l'atmosfera in casa? Come si comporta il figlio Bruno?
6. Mentre Antonio sta denunciando il furto della sua bicicletta al commissariato, un giornalista si avvicina e domanda al commissario di che cosa si tratta; il commissario risponde: *'Niente, solo un furto di bicicletta'*. Commenta la sua risposta alla luce della tragedia personale di Antonio.
7. La ricerca della bicicletta attraverso una Roma domenicale si trasforma in un'odissea. Quali sono le tappe di questa odissea? Com'è la Roma e come sono i romani di questo film?
8. Com'è il rapporto fra padre e figlio nel corso della loro ricerca? Il furto della bicicletta cambia moralmente Antonio? In che modo? Dai degli esempi.
9. Perchè il titolo al plurale: *Ladri di biciclette?* C'è una grande differenza fra Antonio, il protagonista, e Alfredo, il ladro?
10. Ecco alcune scene significative nel film: l'affissione del poster dell'attrice americana Rita Hayworth, le prove per lo spettacolino teatrale, la 'mensa dei poveri', l'uscita dallo stadio dei tifosi di calcio la domenica pomeriggio, il salvataggio di un uomo dalle acque del Tevere, il pedofilo che avvicina Bruno al mercato delle biciclette usate, la famiglia ricca che pranza al ristorante, ecc. Quale di queste scene ti ha colpito di più? Ci sono altre scene altrettanto significative, secondo te?
11. **La bicicletta**. Che cosa rappresenta veramente per Antonio e per la sua famiglia?
12. Qual è il ruolo di Bruno in tutta la vicenda?
13. Potremmo paragonare Antonio al tipico eroe "hollywoodiano" che ha subito un torto e cerca giustizia da solo e contro tutti? Motiva la tua risposta.
14. "Il film è pessimista". Sei d'accordo con questa affermazione? Si intravede una speranza alla fine?

IL SORPASSO
(1962), regia di Dino Risi

INTRODUZIONE

Bruno è un appassionato di auto sportive, uno spirito libero e spregiudicato, dalla battuta sempre pronta, ma anche narcisista e un po' volgare. Nella Roma deserta di un torrido Ferragosto, Bruno incontra casualmente Roberto, uno studente universitario, timido, solo e complessato. I due iniziano un viaggio senza meta, una spericolata gita in macchina che li porta, fra un sorpasso e l'altro, fino alle spiagge della Versilia. La diversità fra i due giovani è fonte di intensa comicità: Roberto considera Bruno un pazzo maniaco della velocità, privo di ogni moralità. Bruno considera Roberto un complessato che non sa trarre alcun piacere dalla vita. Eppure sono entrambi affascinati l'uno dell'altro. Il viaggio lungo la costa tirrenica diventa anche un viaggio nelle illusioni e negli eccessi del primo consumismo.

Il film ha ottenuto il Nastro d'Argento (1963) e il Premio David di Donatello a Vittorio Gassman come miglior attore.

PERSONAGGI E INTERPRETI PRINCIPALI

Bruno: *Vittorio Gassman*
Roberto: *Jean Louis Trintignant*
Lilly (figlia di Bruno): *Catherine Spaak*
Bibi (fidanzato di Lilly): *Claudio Gora*
Gianna (ex-moglie di Bruno): *Luciana Angiolillo*

DOMANDE GENERALI DI COMPRENSIONE:

1. Come appare Roma in questa giornata di Ferragosto?
2. Come si incontrano Bruno e Roberto?
3. Che impressione abbiamo dei due protagonisti dalle prime scene del film e dal loro primo incontro?
4. Bruno collega la popolare canzone di Modugno (*L'uomo in frak*) con il film *L'eclisse* di Antonioni. In che modo? Questo collegamento è importante per il film?
5. Come passano il Ferragosto le famiglie italiane che Bruno e Roberto vedono dalla macchina?
6. Bruno come pensa di trarre vantaggio dall'incidente di macchina successo qualche minuto prima del loro arrivo?
7. Quale episodio umoristico ci dimostra che Roberto è eccessivamente timido?
8. Bruno come risolve il problema della multa?
9. Bruno e Roberto hanno idee diverse sui legami sentimentali. Spiega.
10. Che cosa confessa Roberto a Bruno mentre stanno arrivando nella casa di campagna dei parenti di Roberto, nei pressi di Grosseto?
11. Quali 'segreti' dei parenti di Roberto scopre Bruno durante la loro breve visita?[1]
12. Che effetto fa l'arrivo di Bruno ai parenti di Roberto?
13. Che cosa pensa Roberto mentre guarda lo zio Alfredo? Gli sembra attraente quel futuro di avvocato?
14. Che cosa pensa Bruno della vita in campagna?
15. Che consiglio dà Bruno a Roberto riguardo a Valeria, la ragazza di cui Roberto è innamorato?
16. Perchè Bruno lascia Roberto da solo quando arrivano a Castiglioncello?
17. Roberto va alla stazione e incontra una ragazza. Che cosa le dice? Perchè è importante il loro incontro?
18. Che cosa succede al night club?
19. Che cosa pensa Gianna, la moglie di Bruno, riguardo l'ex marito?
20. Come reagisce Bruno quando la figlia Lilly gli presenta Bibi, il fidanzato?
21. Che tipo è Bibi?
22. Dove si risvegliano i due amici?

23. Quali sono gli eventi più significativi della giornata?
24. Com'è il rapporto fra padre e figlia?
25. Bruno come riesce a recuperare 50.000 lire?
26. Come cambia Roberto nel corso del film?
27. Potresti pensare a un finale diverso per questo film?
28. Perchè sentiamo solo i pensieri di Roberto e mai quelli di Bruno?
29. Commenta le ultime parole di Bruno: 'Si chiamava Roberto. Il cognome non lo so. L'ho conosciuto ieri mattina."
30. Quali sono le tue reazioni alle diverse Italie che vedi in questo film (non solo i paesaggi e le città, ma anche le persone)?
31. I dialoghi sono molto importanti in questo film. Commenta le seguenti citazioni (si tratta di spezzoni di dialoghi fra i due protagonisti). Scegli i dialoghi che meglio illustrano, secondo te, la personalità dei due protagonisti e alcuni valori del boom economico:

Roberto (pensa) "Sono nelle mani di un pazzo"
Bruno: "Hai paura?"
Roberto: "No, guida bene, Lei..."
[...]
Roberto: "Tu conosci il tedesco?"
Bruno: "No, ma me lo immagino!"
[...]
Roberto: "Perchè hai detto che sto sbagliando tutto?"
Bruno: Io capirei studiare diritto spaziale: due astronavi si scontrano. Chi paga? Oppure: i terreni sulla luna si possono lottizzare? Va be' che quando arriva Krushov ci trova le palazzine della immobiliare..."
Roberto (pensa): "E se fosse vero che sto sbagliando tutto?"
[...]
Bruno: Qual è l'età più bella, secondo te? Quella che uno ha, giorno per giorno.
Roberto: E' più facile diventare amico di un estraneo piuttosto che di una persona che conosci da molto tempo."
[...]
Bruno: "Lei m'ha lasciato perchè diceva che ero più innamorato della macchina che di lei.
Roberto: Era vero?
Bruno: Sì, c'aveva una ripresa... Adesso sono sei anni che non mi faccio vivo....
Una volta mi ha dato 600.000 da dare a un Monsignore per l'annullamento, ma io non glieli ho dati....
Roberto: Ti sei tenuto 600.000 lire? Bene, ben fatto!
[...]
Bruno: Sei un tipo strano: non bevi, non fumi... non sai nemmeno guidare la macchina. Ma come campi?
Roberto: Prima di buttarmi, mi chiedo sempre dove andrò a cadere. Così non mi butto. Sono un cretino.
[...]

I   Attenzione al termine "occhiofino" (cioé occhio acuto, bello), inversione di "finocchio" (termine derisorio per "omosessuale").

UNA VITA DIFFICILE
(1961), regia di Dino Risi

INTRODUZIONE

Silvio è stato partigiano e giornalista di una pubblicazione clandestina durante l'occupazione tedesca, ma non è certo un modello di coraggio ed eroismo. Alla fine della guerra, però, mantiene una incrollabile coerenza con le sue idee e rifiuta di scendere a qualsiasi compromesso con il nuovo sistema politico ed economico. Viene così arrestato più volte per aver preso parte a manifestazioni di sinistra, e per gli articoli che scrive per il giornale 'Il Lavoratore', nei quali attacca senza mezzi termini la nuova classe imprenditoriale. Il suo sogno sarebbe riuscire a pubblicare il suo romanzo autobiografico 'Una vita difficile', la storia della sua esperienza come partigiano dopo l'8 settembre. Elena, la donna che ama, non sempre capisce le scelte di Silvio, specialmente quando queste comportano anni di incertezze e di privazioni. Decide quindi di lasciarlo. Per riconquistarla, Silvio accetta di rinunciare ai suoi principi e diventa il segretario-giornalista-tuttofare di un grande imprenditore. Sarà però la stessa Elena a rimpiangere la loro 'vita difficile' quando si accorge che il nuovo "lavoro" di Silvio ha significato la perdita di qualsiasi dignità per entrambi.

L'interpretazione di Alberto Sordi, nei panni di Silvio, è magistrale: la scena comica e straziante di un Silvio ubriaco che si allontana dal 'night club dei ricchi' è entrata e far parte dei classici della cinematografia.

Il film ha ricevuto il Premio David di Donatello 1962 (a Dino De Laurentis come miglior produttore), e un David speciale all'attrice Lea Massari per la sua interpretazione di Elena.

PROTAGONISTI E INTERPRETI PRINCIPALI
Silvio: *Alberto Sordi*
Elena: *Lea Massari*
Franco: *Franco Fabrizi*
Commendatore: *Claudio Gora*

DOMANDE GENERALI DI COMPRENSIONE:
1. Che cosa capiamo dalle prime scene del film: dove si svolge la vicenda? In quale periodo storico? Chi è Silvio?
2. Che cosa chiede Silvio alla proprietaria dell'Albergo?
3. Come viene salvato Silvio da fucilazione sicura?
4. Quando Silvio e Elena arrivano al mulino, che cosa sappiamo di Silvio? Perchè è così contento di vedere un letto?
5. Chi è Elena?
6. Perchè la seguente frase detta da Silvio diventa comica alla luce di quello che succede dopo: "Faccio un pisolino e domani alle prime luci dell'alba me ne vado."?
7. Commenta questa frase di Silvio: "Hanno fatto saltare la centrale e io sono a letto con te, mascalzona!"
8. Come giustifica ai compagni la sua assenza?
9. Che lavoro fa Silvio dopo la liberazione?
10. Perchè non vuole vedere Elena quando si trova a Dongo, sul lago, con l'amico e collega Franco?
11. Qual è l'aspetto umoristico dell'incontro fra Silvio e Elena?
12. Che cosa scopre Elena quando arriva a Roma con Silvio?
13. Com'è la vita di Silvio, Elena e Franco a Roma nell'immediato dopoguerra?
14. Elena e Silvio, dove riescono finalmente a mangiare dopo tre giorni di digiuno?
15. Perchè rimangono soli nella grande casa?
16. Prima delle elezioni del 18 aprile 1948, Silvio scrive per il suo giornale 'Il Lavoratore' un articolo dal titolo: "In vista delle elezioni, miliardi trafugati all'estero." Che cosa gli propone il Commendatore, quando lo invita nella sua villa, a proposito di questo articolo?

17. A casa, durante la discussione a letto con Elena, Silvio dice queste parole: "Ah! Con 'sto bambino! Me lo avete fatto diventare antipatico prima di nascere!" A quale proposito?

18. Che cosa decide di fare Silvio dopo una notte insonne?

19. Un'altra frase di Silvio è tragicamente ironica: "Gli do una botta a quelli che se la ricordano per tutta la vita." Spiega.

20. Che cosa succede dopo il matrimonio?

21. Perchè Silvio è arrestato di nuovo?

22. Che cosa succede mentre Silvio è in carcere? Cosa fa Elena?

23. Perchè il direttore de "Il Lavoratore" non vuole riassumere Silvio dopo il periodo passato in carcere?

24. Com'è la vita di Silvio dopo il carcere?

25. Quali sono i piani della suocera per Silvio?

26. Commenta questa frase di Silvio alla suocera: "Dove mi volete portare a vivere? Come?! Io vivo a Roma e voi mi volete portare a Cantù Cermenate?"

27. Com'è l'ambiente dell'università in cui si svolge l'esame?

28. Perchè Silvio punta la mano, come fosse una pistola, sui professori?

29. Dove va Silvio dopo l'esame?

30. Che cosa rimprovera a Elena, nella sua ubriachezza?

31. Secondo Silvio, che cosa li ha tenuti uniti per tanti anni?

32. Come reagisce Elena alle accuse di Silvio?

33. Perchè il romanzo 'Una vita difficile' scritto da Silvio non è accettato da nessun editore?

34. Perchè Silvio va a Cinecittà? Quali sono i risultati dei suoi tentativi?

35. Chi incontra e che cosa scopre di Elena a Cinecittà?

36. Quali consigli gli dà il 'Marchese'?

37. Com'è la vita di Elena a Viareggio?

38. Commenta la seguente frase di Silvio al figlio: "Non sono sfortunato, ma non ho mai cercato la fortuna."

39. Commenta la seguente frase di Elena a Silvio quando si incontrano al night club: "L'amore non ha più importanza. Si tratta solo di una sistemazione."

40. Come finisce l'incontro fra Elena e Silvio a Viareggio?

41. Come si presenta Silvio al funerale della mamma di Elena?

42. Commenta le seguenti parole di Silvio a Elena dopo il funerale: "Ho modificato le mie idee. Ho messo la testa a posto, come volevi tu."

43. La scena a questo punto cambia. Che cosa capiamo della scelta fatta da Silvio?

44. Come si comportano il commendatore e sua moglie con Elena?

45. Come si comporta Silvio con il commendatore?

46. Perchè il commendatore dice a Silvio: "Dimentichi di essere un giornalista!"

47. Perchè Elena domanda a Silvio: "E' questo il lavoro che fai?"

48. Come immagini la vita di Elena e Silvio dopo quel giorno?

DIBATTITO FINALE

La Costituzione Italiana è nata come compromesso fra varie forze politiche antifasciste, in particolare fra il Partito comunista, il Partito socialista e la Democrazia cristiana. Ricreate il dibattito fra queste forze politiche dividendo la classe in due gruppi: un gruppo di 'sinistra' (Pci e Psi) e un gruppo 'moderato' (Dc). Decidete prima quali articoli discutere (preferibilmente un misto di articoli progressisti e meno progressisti). Ogni schieramento vuole una versione più progressista o più moderata dello stesso articolo, a seconda della propria ideologia politica. Il risultato è sempre un compromesso. Ogni gruppo può anche proporre nuovi articoli, seguendo la propria visione dell'Italia. Troverete il testo della Costituzione sul sito del Quirinale:
http://www.quirinale.it/costituzione/costituzione.htm

SOGGETTI PER TEMI, DISCUSSIONI IN CLASSE E/O PRESENTAZIONI ORALI

1. Lettura: *Stranieri in patria: "terroni" o "polentoni"*: esistono nel tuo paese d'origine differenze fra una regione e un'altra, o fra uno stato ed un altro, simili alle differenze fra il Settentrione e il Meridione d'Italia descritte in questo brano? Porta degli esempi concreti.

2. Il film *Ladri di biciclette* è considerato il capolavoro cinematografico della stagione del neo-realismo italiano. Quali aspetti del film (sceneggiatura, tecniche di ripresa, recitazione, musiche, ecc.) trovi che possano essere spiegati e compresi usando la chiave di lettura del neorealismo offerta da Calvino in *Smania di raccontare e neorealismo* e da Natalia Ginzburg in *La vendemmia di parole* e *Non guariremo più*?

3. Scrivi alcuni episodi del film *Ladri di biciclette* dal punto di vista del piccolo Bruno.

4. Lettura *Le scarpe rotte*: come erano le tue **scarpe** da piccolo/a? Come sono le tue **scarpe** ora? Come le immagini nel futuro?

5. Lettura *Il bosco sull'autostrada*:
   a. Immagina la conversazione fra Marcovaldo e la sua famiglia quella sera a casa, dopo l'avventura in autostrada.
   b. Scrivi una breve biografia di Marcovaldo: dove è nato, quando è arrivato in città, che lavoro fa, che lavoro faceva prima, ecc. ?

6. Immagina la continuazione del film *Il sorpasso*. Bruno cambia dopo l'incidente e la morte di Roberto? Che cosa fa nei giorni successivi? Come interagisce con sua figlia, con la sua ex-moglie, con le persone che incontra?

7. Immagina che Bruno (film *Il sorpasso*) incontri Silvio (film *Una vita difficile*), oppure Antonio (film *Ladri di biciclette*) al posto di Roberto. Immagina la loro interazione e scrivi la bozza di una possibile sceneggiatura. Quale sarebbe il titolo del tuo film?

8. Film *Una vita difficile*:
   a) - scrivi la storia di Silvio e Elena dal punto di vista del loro figlio Paolo.
   b) - quali importanti eventi storici del dopoguerra sono rappresentati nel film?
   c) - quale scena sceglieresti come la più rappresentativa delle tematiche del film?
   d) - come sarebbe stata la vita di Silvio e Elena se Silvio avesse accettato da subito l'offerta del Commendatore?
   e) - come immagini la vita di Elena e Silvio dopo l'ultima scena del film?

Uscita dal lavoro, anni '50.

Un bambino lavora ad un distributore, Roma anni '50.

9. La *Costituzione Italiana*. Esamina i sequenti articoli della Costituzione Italiana: 1,2,3,4,8,11,29,30,32,34,37,42,46,48. Troverai il testo completo della Costituzione sul sito web del Quirinale: http://www.quirinale.it/costituzione/costituzione.htm

a) Scegli un articolo che ti sembra di particolare importanza e spiega i motivi della tua scelta. Secondo te, questo articolo è di natura progressista o conservatrice? In altre parole: vuole rinnovare la società italiana dopo il fascismo o vuole mantenerla inalterata? Come sarebbe la società italiana (o qualsiasi società) se questo articolo fosse applicato alla lettera?

b) Immagina di poter aggiungere o modificare uno o più articoli alla Costituzione del tuo paese. Spiega e motiva la tua proposta.

CAPITOLO
TRE

**DAL '68 ALL'INIZIO DEGLI ANNI '80:
MOVIMENTI DI PROTESTA
E "ANNI DI PIOMBO"**

D'ORA IN POI DECIDO IO

IL MOVIMENTO STUDENTESCO ALLA FINE DEGLI ANNI '60

Alla fine degli anni '60 una forte ondata di protesta scosse le grandi università italiane, specialmente nel nord. Gli studenti cominciarono a sfidare apertamente l'autoritarismo dei professori e i contenuti antiquati dei programmi di studio; presto, però, il 'potere' dei professori apparve loro come l'ultimo anello di una catena di oppressione che iniziava dallo Stato, passava per i luoghi di lavoro e penetrava anche nelle famiglie[1]. I giovani cominciarono allora a mettere in discussione tutte le istituzioni della società italiana: scuole, università, esercito, fabbriche, uffici, secondo la nuova visione, non dovevano più essere gestite in modo autoritario, ma 'collettivamente e democraticamente', cioè 'dal basso'. Anche i rapporti all'interno della famiglia dovevano essere ribaltati: da qui il rifiuto della condizione di subordinazione della donna e di autorità del padre sui figli. La cultura dominante venne attaccata anche nelle sue espressioni più esteriori[2]; si rifiutò un certo modo di vestire definito 'borghese' che prevedeva una rigida diversità fra i due sessi: vestiti e gonne per le donne, giacca e cravatta per gli uomini vennero considerati imposizioni arbitrarie della morale borghese e furono sostituiti da una nuova moda unisex che comprendeva jeans, comodi maglioni, e scarpe basse. Anche il matrimonio cadde sotto i colpi di questa "rivoluzione culturale": confinare i rapporti sessuali a questa istituzione fu considerato una imposizione della morale cattolica. Liberare la propria sessualità ed esercitarla senza limitazioni sembrò un *sine qua non* della liberazione dell'individuo e della società.

Le forme di protesta, generalmente pacifiche, furono l'occupazione delle università e l'organizzazione di 'gruppi di studio' o 'collettivi' su temi quali la "natura dello stato borghese", "l'imperialismo" o "la guerra nel Vietnam"; lo scopo di queste riunioni era formulare un'alternativa ai valori impartiti durante le lezioni 'ufficiali'; gli obiettivi immediati degli studenti erano l'ottenimento del diritto all'assemblea e una maggiore democrazia interna.[i]

In alto: Studenti pendolari in sciopero per i trasporti, 1969.

In basso: manifestazione di donne a favore della legalizzazione dell'aborto, 18 gennaio 1975.

QUALI FURONO LE CAUSE DI QUESTO MOVIMENTO DI PROTESTA?

Alla fine degli anni '60 apparve chiaro alla generazione nata nell'immediato dopoguerra che il 'miracolo economico' aveva portato un benessere illusorio solo a pochi, ed aveva provocato nuove diseguaglianze e contraddizioni nel paese: il divario fra nord e sud si era inasprito, l'edilizia 'selvaggia' aveva distrutto l'ambiente e creato 'quartieri incubo', mentre l'agricoltura era in stato di abbandono. Anche i valori che avevano accompagnato il 'boom', e che erano relativamente nuovi per l'Italia, cioè consumismo, individualismo, speranza di carriera, non alimentavano più i sogni dci giovani, anzi erano rifiutati e derisi.[3-ii]

---

[1] Vedi lettura *La famiglia è una camera a gas*, p. 138.
[2] Vedi 'Quadretto culturale' *Uova marce contro il nemico di classe: la prima della Scala del 1968*, p. 123.

[3] Vedi testimonianze di Ognibene e Semeria nella lettura *Noi terroristi...*, p. 152, lettura *Otto ore al giorno*, p. 135 e lettura *Lettera a una professoressa*, p. 148.

Sciopero di studenti per la "Libertá di cultura", Reggio Emilia 1970.

Manifesto del movimento studentesco di Bologna 1968.

Allo stesso tempo, nuove schiere di studenti di famiglia operaia e piccolo borghese videro ora aperta la possibilità di accedere ai più alti livelli di istruzione, grazie alla **riforma della scuola** promossa dai governi di centro sinistra. La scuola media era diventata obbligatoria ed erano state eliminate le medie di 'avviamento al lavoro', alle quali si iscrivevano per lo più i figli delle famiglie più povere; le scuole medie superiori rimasero ad indirizzo specialistico, ma le facoltà universitarie divennero accessibili anche agli studenti provenienti dagli istituti tecnici.[4] Il problema però era che la riforma, come successe in tanti altri casi nella storia italiana, aveva cambiato la realtá solo sulla carta. Il governo aveva creduto che una semplice legge avrebbe potuto transformare il sistema scolastico, rendendolo più egualitario e democratico. La realtà era ben diversa. Le strutture universitarie erano fisicamente incapaci di ospitare i nuovi iscritti: mancavano alloggi per gli studenti non residenti, aule, docenti e biblioteche erano del tutto insufficienti per rispondere alle esigenze dei nuovi iscritti. Ma il fattore scatenante della protesta era meno palpabile, anche se più profondo: le università erano rimaste istituzioni d'élite, i programmi erano antiquati, i professori non insegnavano, ma impartivano verità assolute dalle loro cattedre,[5] e mantenevano il potere arbitrario di promuovere o bocciare durante esami che erano per lo più orali e quindi difficilmente contestabili.[6] Secondo questi nuovi studenti provenienti dalle classi sociali più svantaggiate, l'università era strumento di trasmissione dell'ideologia dominante e serviva solo a preparare i dirigenti del futuro che a loro volta avrebbero sfruttato le classi più povere. Da questa analisi nacque il rifiuto di continuare a far parte passivamente di questo sistema di 'selezione di classe'[7]. Sentiamo a questo proposito Guido Viale, uno dei leader del '68:

> *"[...] per alcuni [studenti] inserirsi nella struttura di potere dell'Università non è che un primo passo del loro inserimento nelle strutture di potere della società, mentre per la maggioranza degli studenti la subordinazione al potere accademico non è che l'anticipazione della loro condizione socialmente subordinata all'interno delle organizzazioni produttive in cui sono destinati a entrare".* [iii]

4 Vedi lettura *L'esame orale*, p. 134.
5 Vedi letture *La prof di Latino*, p. 141 e *Le pietre verbali*, p. 130.
6 Vedi 'Parole dei Protagonisti' (3.II) p. 126.
7 Vedi lettura *Lettera a una professoressa*, p. 148 e 'Parole dei protagonisti' (3.I), p. 126.

Manifestazione operai - studenti contro la repressione, Reggio Emilia 1969.

La nuova generazione constatò che non solo la scuola non era stata veramente riformata, ma che tutta la sfera del pubblico - ospedali, trasporti, ecc. - non era migliorata di pari passo con la crescita economica, anzi veniva gestita ancora da burocrazie opprimenti che poco erano cambiate dai tempi del fascismo.[iv] In conclusione, parve, ai giovani che erano nati subito dopo la guerra, che fosse giunto il momento di completare il lavoro lasciato incompiuto dai loro padri, quelli che, durante la Resistenza, avevano combattuto per una società più giusta e egualitaria, ma che avevano fallito.[8]

Il movimento studentesco italiano ricevette anche un forte stimolo dai movimenti di liberazione dei popoli oppressi in varie parti del mondo: la **guerra del Vietnam**, le **rivolte dei neri negli USA**, i movimenti di **guerriglia nel centro e sud America** erano tutti caratterizzati dalla opposizione fra popoli poveri e repressi, con i quali gli studenti si identificavano, e grandi potenze militari[9]. Venne la **rivoluzione culturale cinese** e i 'sessantottini'[10] la interpretarono come lo specchio della loro lotta contro i valori individualistici della cultura borghese.

Per gli studenti del '68, quindi, il movimento di protesta a cui avevano dato vita, altro non era che l'espressione locale di una rivoluzione inarrestabile che stava prendendo forma a livello mondiale.

IDEOLOGIA DEL MOVIMENTO STUDENTESCO

Il **movimento del '68** non fu riformista, nel senso che non voleva semplicemente migliorare la società, ma si proclamò subito rivoluzionario, anche se episodi di violenza furono rari, almeno nella fase iniziale: "lo stato borghese si abbatte e non si cambia" era uno degli slogan più diffusi; l'ideologia politica prevalente era un marxismo populista e anti-autoritario: si prospettava una società in cui i mezzi di produzione sarebbero appartenuti al 'popolo' il quale li avrebbe gestiti collettivamente; la democrazia doveva venire 'dal basso' ed essere il più possibile senza deleghe.

---

[8] Vedi film *C'eravamo tanto amati*, p. 154.
[9] Vedi testimonianza di Curcio nella lettura *Noi terroristi*, p. 152.
[10] I giovani della generazione del '68.

Sinistra: 'Intensifichiamo la lotta', manifesto dei comitati unitari di base operai-studenti, primi anni '70.

Destra: La Dc e il Msi (partito dell'estrema destra) votarono insieme 'si' al referendum di abrogazione della legge sul divorzio, mentre tutti gli altri partiti votarono 'no'. 1975.

Il movimento, dapprima spontaneo, generò presto gruppi politici e partitini, cosiddetti 'extra-parlamentari' perchè si collocavano alla sinistra del PCI, considerato un partito riformista, burocratico e troppo disposto a scendere a compromessi con il 'sistema'. Queste nuove formazioni politiche, alle quali si unirono presto anche intellettuali e operai, non si riconoscevano nemmeno nell'Unione Sovietiva, vista come uno stato autoritario e centralizzato.

Un valore che i gruppi 'extra-parlamentari' ereditarono invece dal PCI fu la centralità della lotta politica. Il singolo era visto nel contesto di un movimento rivoluzionario inarrestabile, e i suoi bisogni dovevano essere subordinati ai bisogni collettivi. Il linguaggio del movimento era punteggiato di termini che esaltavano questa dimensione: le 'masse', la 'base', il 'popolo', il 'proletariato', ecc.[11] Questa visione si scontrava frontalmente con i valori del periodo del boom economico, quando si era assistito alla chiusura ed isolamento della sfera del privato e della famiglia.[v-12] Saranno i movimenti femministi, alla metà degli anni '70, a ricordare ai "compagni maschi" che non bastava abbattere lo stato borghese per liberare l'individuo, ma che era necessario soprattutto ribaltare i rapporti di potere all'interno della famiglia[13].

IL MOVIMENTO OPERAIO

Non solo gli studenti nelle università, ma anche gli operai nelle fabbriche cominciarono a muoversi con vari scioperi e rivendicazioni in occasione del rinnovo del contratto di lavoro dei metalmeccanici nell'autunno del 1969. Quella stagione fu chiamata '**autunno caldo**' in quanto segnò l'inizio delle agitazioni operaie che proseguirono negli anni successivi, coinvolgendo tutti i settori dell'industria e del terziario[14]. L'unione e la contemporaneità fra il movimento operaio e quello studentesco, e la loro estrema politicizzazione, furono elementi che contraddistinsero il fenomeno italiano se confrontato con quello statunitense o europeo dello stesso periodo.

Così come la rivolta studentesca fu causata dall'ingresso nelle università di un alto numero di studenti provenienti dalle classi sociali più basse, le rivendicazioni operaie e gli

[11] Per una discussione sui neologismi introdotti dal movimento studentesco, vedi 'Quadretti culturali', *Parole nuove per gli anni della rivolta: i neologismo degli anni '70*, p. 124.
[12] Vedi lettura *Lettera a una professoressa*, p. 148.

[13] Vedi 'Parole dei protagonisti' (4.), p. 127.
[14] Vedi 'Parole dei protagonisti' (1.), p. 126.

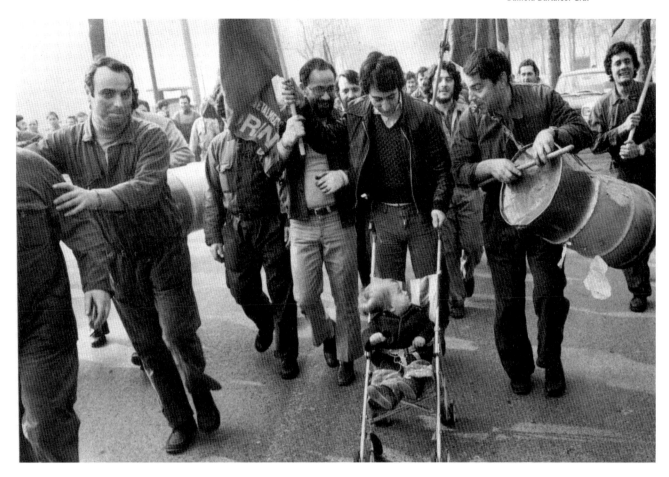

scioperi alla fine degli anni '60 furono in parte causati dalle condizioni di profondo disagio provate dalle migliaia di immigrati dal sud che lavoravano nelle grandi fabbriche del nord[15]. Gli alloggi ed i servizi (scuole, trasporti, ecc.) che questi immigrati trovarono al nord erano del tutto inadeguati e i ritmi di lavoro nelle fabbriche erano massacranti. Questi nuovi lavoratori delle industrie si resero presto conto che il benessere derivato dal boom economico - di cui loro non avevano goduto - era reso possibile dai bassi salari che ricevevano e dalle condizioni di sfruttamento che dovevano sopportare nelle fabbriche. Il loro sentimento di alienazione nei confronti del lavoro e della società si trasformò ben presto in rabbia. Non a caso, il centro delle lotte operaie fu proprio il triangolo industriale, ed in particolare la Fiat di Torino, dove si riscontrava il più alto tasso di immigrazione dal sud.

In alto: Giovani operai a una manifestazione, 1974.

In basso: Corteo di operai a Torino, 1974.

Al contrario delle università dove il PCI aveva poca presa a causa del carattere libertario e anti-autoritario del movimento studentesco, nelle fabbriche la presenza del PCI era radicata, anche per ragioni storiche; la **Cgil**, il sindacato legato al PCI, si presentava come relativamente indipendente dal partito e riuscì ad attirare nelle sue fila anche molti lavoratori non comunisti. Gli altri sindacati, la **Cisl**, di ispirazione cattolica, e la **Uil** di ispirazione socialista, erano anch'essi relativamente indipendenti da influenze di qualsiasi partito politico, e ottennero così la fiducia di vasti settori della classe lavoratrice.

Ben presto però, come successe per il movimento studentesco, le rivendicazioni degli operai non si fermarono al miglioramento delle condizioni materiali di vita, ma divennero sempre più politiche nel contenuto: gli operai chiedevano il controllo dal basso sul processo lavorativo, garanzie di sicurezza del posto del lavoro, parità di salario fra uomo e donna, riduzione della settimana lavorativa, degli straordinari e eliminazione del 'cottimo' - un sistema, secondo gli operai, che li costringeva a lavorare a ritmi eccessivi, in quanto il salario ricevuto dipendeva dalla quantità di prodotto finito, piuttosto che dal tempo impiegato per finirlo; infine si lottò anche per ottenere la libertà di assemblea e di riunione all'interno delle fabbriche.[16]

---

[15] Vedi film *Tre fratelli*, p. 155.

Manifesto di un gruppo della sinistra extra-parlamentare a favore del divorzio, anni '70.

Propaganda per il Referendum sul divorzio.12 maggio 1974.

CONQUISTE DEL MOVIMENTO STUDENTESCO E OPERAIO: RIFORME

Il governo reagì in modi diversi e spesso contraddittori alle rivolte operaie e studentesche. Specialmente all'inizio, invece di aprire un dialogo con gli studenti, si cercò di soffocare e reprimere la rivolta con gli apparati di polizia. Questa scelta da parte del governo non fu altro che la conferma, per studenti e operai, che lo stato era ancora 'fascista' e che esercitava un potere arbitrario. 'Lotta antifascista' e 'antifascismo militante' cominciarono a significare non solo opposizione ai gruppi di neofascisti, ma anche e soprattutto opposizione allo stato e a qualsiasi governo, sia esso un monocolore democristiano o una coalizione di centro-sinistra.[17]

Quando si capì che la rivolta non poteva essere ignorata o repressa in quanto troppo generalizzata, la DC e soprattutto il PSI si resero conto che, se volevano sopravvivere come partiti di governo, dovevano mostrare qualche segno di vitalità e di apertura. L'immobilismo in questa fase avrebbe significato il suicidio politico.

Fu così che il governo attuò diverse riforme nel corso degli anni '70. Nel 1970 venne approvato **lo Statuto dei lavoratori**, una legge che permette il licenziamento di un lavoratore, una volta passato il periodo di prova, solo per 'giusta causa'; venivano vietati pertanto i licenziamenti arbitrari e punitivi a seguito di scioperi o agitazioni sindacali. Un'altra importante conquista contrattuale furono le cosiddette '**150 ore**', corrispondenti a quasi quattro settimane lavorative. Questo periodo di congedo pagato poteva essere usato dai lavoratori per seguire corsi di cultura generale offerti dal sindacato e venne utilizzato da molti operai come preparazione per l'ottenimento della licenza media.

Due altre importantissime conquiste in campo istituzionale e civile del 1970 furono **l'istituzione delle regioni e la legge sul divorzio**. L'istituzione delle regioni avvenne a 22 anni dalla approvazione della carta costituzionale che ne prevedeva l'esistenza; la Dc e la destra in generale si erano sempre opposte a questo decentramento amministrativo perchè temevano che la sinistra sarebbe emersa come vincitrice in elezioni locali.[vi] E così avvenne. Con l'istituzione delle regioni, la Toscana, l'Emilia-Romagna e l'Umbria ebbero governi controllati da coalizioni di sinistra. I servizi sociali per le famiglie e i lavoratori (asili, case popolari, trasporti, ecc.) organizzati da queste amministrazioni locali di sinistra diventarono presto modelli imitati anche a livello internazionale. La legge sul divorzio, anche se estremamente moderata in quanto prevedeva il divorzio solo dopo 5 anni di separazione e dopo una lunga procedura, trovò nella Dc e nella Chiesa due strenui oppositori, ma finì per passare e fu anche riconfermata nel 1974 da un referendum popolare. Altre importanti conquiste in campo civile furono l'approvazione del nuovo **diritto di famiglia** (1975) che prevedeva l'assoluta parità fra uomo e donna all'interno della famiglia e fra figli legittimi ed illegittimi, sancendo così la

[16] Vedi 'Parole dei protagonisti' (2.), p. 126.
[17] Monocolore democristiano: governo formato solo da ministri della DC; coalizione di centro sinistra: governo formato in seguito ad un accordo fra DC, PSI e altri partiti minori di centro.

116

La Banca dell'Agricoltura di Piazza Fontana a Milano, dopo l'attentato del 12/12/1969.

scomparsa, almeno sul piano giuridico, della famiglia patriarcale. Sempre nel 1975 venne abbassata **la maggiore età a 18 anni**, con la conseguenza di portare nuovi voti ai partiti delle sinistre; nel 1978 passò la legge che regola **l'interruzione volontaria della gravidanza**. Infine, è dello stesso anno la cosiddetta **legge 180 sulla chiusura dei manicomi**.

Anche se il movimento studentesco e operaio non aveva lottato esplicitamente per queste riforme, si può dire che esse furono la risposta delle istituzioni al clima di 'rivoluzione culturale' che pervadeva il paese.

REAZIONI DALLA DESTRA EVERSIVA: LA 'STRATEGIA DELLA TENSIONE'

Le reazioni della destra - istituzionale e non - ai movimenti operai e studenteschi fu così violenta che rischiò di sovvertire le istituzioni democratiche e di portare il paese indietro di quarant'anni. La paura di un avanzamento delle sinistre era fortissima presso alcuni settori dell'esercito e dei servizi segreti, i quali si allearono con organizzazioni neofasciste allo scopo di instaurare nel paese un clima di paura e di disordine. Ciò avrebbe giustificato l'avvento di un governo autoritario, nel quale le libertà civili sarebbero state limitate e l'esercito avrebbe avuto ampi poteri di repressione; i modelli ai quali questi gruppi si ispiravano erano il colpo di stato militare in Grecia nel 1967 e quello in Cile nel 1973.

La **Strage di Piazza Fontana** fu il primo anello di una lunga catena di attentati messi in atto a questo scopo e segnò l'inizio della fase che prese il nome di '**strategia della tensione**'; "Piazza Fontana" fu anche l'evento di quegli anni che impressionò maggiormente l'opinione pubblica, forse perchè fu il primo attentato terroristico in Italia di questa portata. Il **12 dicembre 1969**[18] una bomba esplose alla **Banca dell'Agricoltura di Piazza Fontana** a Milano, uccidendo sedici persone, per lo più agricoltori. Subito si pensò ad incolpare le sinistre, ed in

18 Vedi lettura *Dopo la strage di Piazza Fontana*, p. 143.

Sinistra: Manifesto di protesta contro la lentezza degli organi dello stato nel trovare e punire i responsabili della strage alla Stazione di Bologna (2 agosto 1980) e delle altre "Stragi di Stato".

Destra: Uso di un'arma da fuoco durante una manifestazione dell'estrema sinistra, 1977.

particolare gli anarchici. Uno di questi, **Giuseppe Pinelli**, a tre giorni dall'arresto, morì cadendo durante un interrogatorio da una delle finestre della questura di Milano. La polizia dichiarò subito che si trattava di suicidio, ma le circostanze della sua morte non furono mai chiarite. Più tardi la magistratura appurò che gli anarchici erano innocenti. Furono successivamente arrestati alcuni appartenenti a gruppi neofascisti. Nel corso delle indagini, vennero anche alla luce collegamenti fra questi gruppi neofascisti ed alcuni elementi dei servizi segreti italiani (SID) e anche della CIA. I vari processi andarono molto per le lunghe, furono trasferiti e sospesi più volte; la lentezza nel condurre le indagini e il rifiuto da parte del governo di rendere disponibili alcuni documenti dei servizi segreti portò settori della sinistra ad accusare il governo di 'insabbiatura' del processo. La Strage di Piazza Fontana venne presto definita '**Strage di Stato**'. I neofascisti arrestati, condannati inizialmente, sono stati recentemente (marzo 2004) assolti per insufficienza di prove. La Strage di Piazza Fontana rimane quindi a tutt'oggi senza responsabili ufficiali.

"Piazza Fontana" fu il primo di una serie di attentati terroristici di marca neofascista che colpirono l'Italia durante gli anni '70 ed inizio degli anni '80: nel 1974, otto persone morirono a Brescia per una bomba durante una manifestazione sindacale. Altri attentati provocarono decine di vittime sui treni; il più grave fu l'attentato alla stazione di Bologna nell'agosto del 1980, durante il grande esodo estivo, nel quale più di ottanta persone persero la vita. Per molti di questi attentati, come per quello di Piazza Fontana, si è ancora in attesa di una condanna definitiva di esecutori e mandanti.

LE RISPOSTE DELLA SINISTRA ALLA 'STRATEGIA DELLA TENSIONE'

Le reazioni della sinistra alla 'strategia della tensione' furono diverse: il PCI, consapevole della tragica fine delle sinistre in Grecia (1967) e in Cile (1973), rispose con una proposta moderata: il cosiddetto '**compromesso storico**', cioè un'alleanza governativa ad ampio spettro, che comprendesse la DC, il PSI e il PCI, con lo scopo di allontanare la Dc da alleanze di tipo reazionario e di rafforzare così la democrazia in quel momento di crisi delle istituzioni. Secondo l'analisi del PCI, la DC era un partito che si poteva recuperare, forse corrotto ai vertici, ma sano alla base; rappresentava le grandi masse cattoliche e i ceti medi che in Italia

Il giudice Sossi sequestrato
dalle Br, 1974.

non si potevano ignorare. I sindacati di ispirazione comunista, socialista e cattolica si erano uniti in confederazione (**CGIL-CISL-UIL**) e lo stesso sarebbe potuto accadere con una coalizione governativa. Questo compromesso storico non fu mai attuato, in parte perchè il PCI aveva sottovalutato le obiettive e profonde differenze ideologiche che lo separavano dalla DC: sul fronte dei diritti civili (ed in particolare divorzio e aborto) DC e PCI avevano posizioni diametralmente opposte; inoltre, la base del PCI, essendo anche influenzata dalla cultura radicale del '68, era istintivamente contraria a un compromesso con un partito che vedeva come conservatore e corrotto.

La reazione alla 'strategia della tensione' da parte di alcune frange dell'estrema sinistra fu ben diversa e portò a tragiche conseguenze per la nazione. Questi individui non si riconoscevano più nella sinistra extra-parlamentare che consideravano troppo moderata, nè tantomeno nel PCI giudicato 'nemico di classe' al pari della DC. Secondo questi gruppi, lo stato era violento e fascista nella sua essenza, e le stragi di stato lo dimostravano. Conseguentemente, come i partigiani che durante la guerra di liberazione avevano resistito con le armi alla violenza fascista, e ne erano usciti vincitori, la sinistra doveva ora organizzarsi militarmente e costituirsi come avanguardia armata del popolo per rispondere con la violenza alla violenza ufficiale delle istituzioni, anche colpendo singoli individui (magistrati, giornalisti, uomini politici). Si costituirono così le **Brigate Rosse** (**Br**) i cui mezzi di lotta, per il loro carattere sovversivo e violento, portarono presto i propri membri nella clandestinità. Nel corso di tutti gli anni '70, le Br compirono azioni di vario tipo: rapine di autofinanziamento, uccisioni e 'gambizzazioni', cioè ferimenti alle gambe di giornalisti, giudici, dirigenti d'azienda, politici, sequestri di persona, varie altre azioni dimostrative[19]. Le Br contavano solo su poche migliaia di militanti attivi, ma avevano anche molti simpatizzanti fra operai, studenti ed intellettuali; altri, anche se non simpatizzavano apertamente, non si sentivano di denunciare i brigatisti, che definivano semplicemente come 'compagni che sbagliano'.

L'azione più eclatante delle Br, ma anche quella che segnò l'inizio della loro fine, fu il sequestro, il **16 marzo 1978**, di **Aldo Moro**,[20] e l'uccisione di cinque uomini della sua scorta, nel centro di Roma. Aldo Moro era un uomo politico di primo piano, segretario della DC, primo ministro di vari governi, profondamente religioso, rispettato e conosciuto anche all'estero per la sua integrità e le sue abilità di mediazione. I brigatisti chiedevano, in cambio della vita di Moro, la liberazione di alcuni loro compagni arrestati ed una sorta di "riconoscimento politico". Il governo fu inflessibile e rifiutò qualsiasi trattativa. Moro fu

---

[19] Vedi film *Tre fratelli*, p. 155.

Francobollo commemorativo in occasione del 25° anniversario dell'uccisione di Aldo Moro.

ritrovato morto, dopo 55 giorni, nel bagagliaio di un'auto proprio nel centro di Roma. La relativa facilità del rapimento, le lettere che Moro scrisse durante la prigionia a uomini politici e alla famiglia[21] chiedendo che si impegnassero in una mediazione con i suoi rapitori, infine la sua uccisione brutale, colpirono profondamente la nazione e l'opinione pubblica. Nei tre anni successivi alla tragica fine di Moro, quando la violenza si acuì e molte altre decine di innocenti vennero uccisi dalle Br, risultò chiaro anche ai simpatizzanti che uccisioni e sequestri non avevano nè favorito la causa rivoluzionaria, nè migliorato le condizioni di lavoro nelle fabbriche; al contrario, i movimenti di sinistra furono emarginati perchè l'opinione pubblica cominciò a interpretare ogni protesta o manifestazione come una minaccia alle istituzioni democratiche, equiparabile agli attacchi violenti delle Br.

Lo Stato alla fine sconfisse il terrorismo rosso: le Br si indebolirono con il passare degli anni e, paradossalmente, con l'aumento dei militanti: la clandestinità di centinaia di persone, protratta per diversi anni, diventò insostenibile. Polizia e magistratura fecero largo uso di una nuova legge che accordava pene lievi a chi accettava di collaborare. Si riuscì così a convincere molti brigatisti arrestati a rivelare nomi e rifugi dei loro compagni ancora in clandestinità. In questo modo si effettuarono centinaia di arresti e si prevennero altri attentati. Molti però giudicarono discutibile dal punto di vista etico una legge che concedeva pene minime a brigatisti '**pentiti**' o '**dissociati**'[22] colpevoli di omicidio, mentre altri 'irriducibili'[23] languirono in carcere per molti anni, anche quando erano semplicemente accusati di '**partecipazione a bande armate**', senza alcuna prova che avessero mai usato armi da fuoco[24].

CONCLUSIONI

Verso la fine degli anni '70, la grande stagione delle lotte operaie e studentesche arrivò alla sua naturale conclusione. Si erano indubbiamente ottenuti grandi risultati ed avanzamenti sociali: alcune furono vere conquiste, come lo Statuto dei lavoratori. A livello culturale, il '68 portò una vera rivoluzione dei costumi: intaccò irreversibilmente i valori gerarchici e autoritari all'interno della famiglia e della società[25], mise in discussione i ruoli tradizionali della donna, portò all'attenzione di tutti i problemi di categorie fino allora ignorate: disoccupati, immigrati, studenti-lavoratori. Ma le istituzioni rimasero sostanzialmente immutate[26], e la grande rivoluzione sognata da milioni di giovani semplicemente non avvenne; anzi, corruzione, sprechi, clientele procedevano impuniti, mentre la DC manteneva sempre il suo fermo controllo sul governo. Allo stesso tempo, forze reazionarie e neofasciste si preparavano a creare un clima che avrebbe posto le premesse per una svolta autoritaria. Mentre il PCI rincorreva il sogno del compromesso storico con la DC, alcuni membri della sinistra più radicale scelsero la via della lotta armata, con conseguenze disastrose per la società in generale, ma soprattutto per le classi subalterne. Se il '68 e i primi anni '70 furono gli anni della 'spontaneità' degli studenti e della 'politicizzazione' delle lotte operaie, la fine degli anni '70 furono giustamente chiamati gli '**anni di piombo**' in quanto le istituzioni democratiche sembrarono vacillare sotto il peso, da una parte, degli attentati terroristici dei neofascisti, e dall'altra, degli attacchi delle Br a uomini politici, magistrati, industriali, giornalisti. Lo stato alla fine vinse sul terrorismo, e una calma, forse solo apparente, tornò nel paese.

Chi aveva creduto in un vero cambiamento, ma aveva sempre rifiutato violenza e terrorismo, provò una delusione simile a quella provata dalla generazione che aveva combattuto con la Resistenza[27].

20 Vedi 'Parole dei protagonisti' (11.), p. 129.
21 Vedi 'Parole dei protagonisti' (9., 10.), p. 128.
22 Vedi 'Parole dei protagonisti' (7., 8.), pp. 127-128.
23 Vedi 'Parole dei protagonisti' (6.), p. 127.
24 Vedi film *La mia generazione*, p. 157.
25 Vedi 'Parole dei protagonisti' (5.), p. 127.
26 Vedi lettura *Concorso pubblico*, p. 135.
27 Vedi lettura *La campagna come unica salvezza*, p. 145 e film *C'eravamo tanto amati*, p. 154.

Ci fu un ritorno nel privato con una conseguente rivalutazione dei valori del consumismo, dell'individualismo, e del carrierismo. Ma un'altra grande rivolta si preparava all'orizzonte, di carattere 'vellutato', questa volta, e promossa più dall'alto che dal basso, forse più distruttiva per lo 'status quo' di quanto non lo fosse stato il movimento del '68. Questa è la storia degli anni '80 e '90.

Manifestazione per i funerali delle vittime dell'attentato alla Stazione Ferroviaria di Bologna (3 agosto 1980).

E' interessante esaminare, a questo proposito, la 'carta rivendicativa' votata in assemblea dagli studenti dell'Università di Pavia nella primavera del '67:
a) per ogni singolo insegnamento l'assemblea composta dagli studenti iscritti a quell'insegnamento e dal professore decide argomento, modalità didattiche e di esami.
b) il settore deve avere come organo decisionale l'assemblea di settore costituita da tutti i docenti e gli studenti del settore.
c) la facoltà deve avere come organo decisionale un organismo paritetico tra studenti e docenti sotto il diretto controllo dell'assemblea di facoltà composta dagli studenti e dai docenti. (citato in M. Corti, *Le pietre verbali*, Einaudi, Milano 2001, p. 101).

ii P. Ginsborg, *Storia d'Italia dal dopoguerra a oggi*, Einaudi, Torino 1989, p. 407.

iii Guido Viale, *Contro l'Università*, 'Quaderni Piacentini' n. 33, 1968, p. 447.

iv P. Ginsborg, cit., p. 292.

v P. Ginsborg, cit., p. 462.

vi P. Ginsborg, cit., p. 443.

VOCABOLI ESSENZIALI PER PARLARE E SCRIVERE DI QUESTO PERIODO

Il movimento studentesco, la protesta, il '68, i "sessantottini", l'occupazione, l'assemblea, l'oppressione, la cultura dominante, l'ideologia dominante, gli studenti-lavoratori, riformista, rivoluzionario, gli "extra-parlamentari", il movimento femminista, i contratti di lavoro, gli scioperi, le rivendicazioni operaie, la "lotta antifascista", le riforme istituzionali, la "strategia della tensione", gli attentati terroristici, le Brigate rosse, il "compromesso storico", i rapimenti, le uccisioni, le "gambizzazioni", i "pentiti", gli "irriducibili", gli "anni di piombo"

DOMANDE DI COMPRENSIONE (CAPITOLO TRE)

1. Discuti alcuni aspetti della cultura dominante attaccati dai movimenti di protesta del '68.
2. Che cosa pensavano i "sessantottini" del boom economico?
3. Quali furono alcuni aspetti positivi della riforma della scuola?
4. Che cosa non era migliorato nelle università, nonostante la riforma della scuola?
5. Che cosa volevano cambiare gli studenti nelle scuole?
6. Quale era il collegamento fra la lotta di Resistenza partigiana e il movimento del '68?
7. Quali furono gli eventi a livello internazionale che influenzarono il '68?
8. Il Movimento studentesco si sentiva rappresentato nel Pci?
9. Che cosa avvenne nell' "autunno caldo"?
10. Che cosa contraddistinse l'Italia rispetto ad altri paesi europei o agli Stati Uniti?
11. Le cause del Movimento studentesco e dell' "autunno caldo" furono simili. Spiega.
12. Gli operai lottavano solo per migliorare i loro salari?
13. Quali erano i principali sindacati e quale era il loro orientamento politico?
14. Quale era il ruolo del Pci nelle fabbriche?
15. Qual era il significato di "lotta antifascista" per il movimento studentesco?
16. Quale delle riforme discusse nel capitolo "Conquiste del movimento studentesco e operaio: riforme" ti sembra il risultato più diretto delle lotte del '68?
17. Che cosa fu la "strategia della tensione" e chi la volle?
18. Quale fu il primo evento della "strategia della tensione"?
19. Perchè la Strage di Piazza Fontana fu presto chiamata "Strage di stato"?
20. Perchè il Pci voleva un "compromesso storico" con la Dc?
21. Perchè le Br pensavano che fosse giunto il momento di usare la violenza?
22. Quali tipi di attentati misero in atto le Br?
23. Vedi una differenza fra le azioni delle Br e le azioni dei neofascisti che volevano attuare la "strategia della tensione"?
24. Quale fu l'atto più brutale delle Br?
25. Come furono sconfitte le Br?
26. Credi che sia stato giusto dare pene minori a quei brigatisti che accettavano di collaborare (i cosiddetti "pentiti")?
27. Quali sono stati i risultati positivi e negativi del '68, secondo te?
28. Perchè gli anni '70 furono anche chiamati "anni di piombo"?

QUADRETTI CULTURALI

Uova marce contro il nemico di classe:
la prima della Scala del 1968

Milano, 7 dicembre 1968: festa di Sant'Ambrogio, patrono della città. Serata di apertura della stagione lirica al Teatro La Scala di Milano: va in scena il *Don Carlos* di Giuseppe Verdi. Tradizionalmente questa è una serata di gala, ritrovo di tutte le famiglie più in vista della città, che amano mostrarsi ai fotografi nei loro abiti eleganti; i giornali del giorno dopo di solito riportano fotografie delle signore impellicciate fuori dal teatro, e delle stesse signore con i loro folgoranti abiti da sera nell'atrio in attesa dello spettacolo. La mattina dell'8 dicembre '68, però, il *Corriere della Sera* dovrà riportare notizie ben diverse, fra il serio, il comico e il grottesco. Quei signori eleganti erano stati investiti, al loro arrivo a teatro, da una gragnola di …uova e pomodori. I tiratori? Studenti in protesta. La polizia non ha reagito questa volta; dopotutto non è successo niente di grave: qualche signora dovrà pagare un conto elevato in lavanderia quel mese. Questo curioso evento ha finito per simboleggiare l'inizio del movimento studentesco del '68 in Italia.

La situazione a Milano era già tesa: pochi giorni prima gli studenti del Movimento Studentesco avevano organizzato una manifestazione che si era conclusa con scontri protratti fra polizia e dimostranti in tutto il centro cittadino. Gli studenti protestavano l'uccisione da parte della polizia di due braccianti ad Avola, in Sicilia, durante una protesta per il miglioramento dei salari e delle condizioni di lavoro. Il collegamento fra gli eventi sanguinosi di Avola e l'iniziativa del 7 dicembre era evidente nei cartelli di tono sarcastico portati da alcuni studenti, insieme alle uova marce, davanti al teatro milanese: "I braccianti di Avola vi augurano buon divertimento".[i]

Mario Capanna, organizzatore della manifestazione, descrive così l'inizio dell'attacco a base di proiettili 'organici' contro la borghesia milanese: "Una coppia, impeccabilmente addobbata, fende sinuosamente i cordoni della polizia, a tre metri dagli studenti. Parte un uovo. Centro perfetto sulla spalla dell'uomo. Schizzi giallastri massacrano di rimbalzo lo stupendo abito della sua compagna. Per brevi minuti è tutto un via vai, in aria, di uova e cachi.…I tiri sono per lo più esatti. I bersagli colpiti, numerosissimi. Elevata la percentuale di smoking, toupè e pellicce messi fuori uso.'[ii]

Secondo il *Corriere della Sera* dell'8 dicembre1968, la manifestazione è stata semplicemente una "Gazzarra davanti alla Scala", e i manifestanti erano 'maoisti' che hanno messo in atto "un'azione sediziosa". Il lancio di uova, frutta e vernice rossa, secondo il quotidiano è stato accompagnato anche dalle minacciose urla di "Ricchi, godete, sarà l'ultima volta", "La NATO sarà il nostro Vietnam", "Falce e martello, borghesi al macello".

Il tiro di uova agli 'scaligeri' ha acquisito notorietà col tempo: non solo perchè ha osato disturbare l'evento più 'sacro' della mondanità milanese, ma perchè, in retrospettiva, commuove ancora per la sua ingenuità e benevolenza. Dieci anni dopo i fatti della Scala, si proverà nostalgia per quei tempi quando, al massimo, gli studenti lanciavano uova marce contro la 'borghesia', chiaramente senza intenzione di far male a nessuno. L'egalitarismo portato all'estremo, l'idea che ci si dovesse vergognare della ricchezza quando nel sud i contadini vivevano ancora in miseria, era un concetto profondamente cattolico, ripreso anche da Don Milani nella sua "Lettera a una professoressa"[1]; faceva quindi parte della cultura nella quale quei ragazzi erano cresciuti. Più tardi, quando le uova si trasformarono in proiettili veri contro uomini politici e magistrati, e l'Italia sembrò ripiombata in un'altra guerra civile, si guardò con rimpianto a quelle idee di ispirazione un po' francescana che avevano animato gli studenti quella lontana sera del 7 dicembre 1968.

[1] Vedi p. 148.

PAROLE NUOVE PER GLI ANNI DELLA RIVOLTA: I NEOLOGISMO DEGLI ANNI '70

La contestazione del '68, continuata poi negli anni '70, portò con sè una rivoluzione dei costumi che ebbe il suo riflesso nella lingua. Nuovi modi di vita e di aggregazione richiedevano nuove parole; così anche il linguaggio dei giovani cambiò e si arricchì di neologismi che, analizzati ora, ci offrono una chiave di lettura di quel periodo.

Un '**cattocomunista**' era un comunista che aveva avuto un'educazione profondamente cattolica, rinnegata poi in età adulta, ma dalla quale aveva ereditato la tendenza alla dedizione totale e al credo indiscusso, tipica di alcuni settori del cristianesimo. Secondo Giorgio Bocca, scrittore e giornalista, il 'cattocomunista' per la sua formazione ideologica divenne un ottimo candidato per il terrorismo rosso:

> *"Si è trovato persino un nome per il padre del terrorismo rosso: cattocomunismo. Non solo perchè alcuni dei terroristi più noti come Renato Curcio [e altri] sono stati dei cattolici praticanti così come Alberto Franceschini [e altri] sono stati iscritti al partito comunista; ma per il modo totalizzante proprio dei cattolici e dei comunisti di porsi di fronte alla vita e alla società, perchè è cattolico e comunista il bisogno di risposte totali e definitive, il rifiuto del dubbio, la sostituzione del dovere ragionato con la fede, il bisogno di Chiesa, di autorità, di dogma giustificato dal solidarismo sociale e l'attesa dell'immancabile paradiso, in cielo o in terra".* [i]

Un '**autonomo**' era un 'compagno' che non si voleva allineare con nessun gruppo politico parlamentare o extra parlamentare. Gli autonomi, paradossalmente, finirono per costituire il loro gruppo, che si chiamò appunto gli 'autonomi', anche se la loro organizzazione fu sempre molto informale. Alla fine degli anni '70, riuscirono ad organizzare manifestazioni che finirono in scontri violenti con la polizia; anche se gli autonomi non entrarono mai in clandestinità, come fecero le Br, e non organizzarono mai attentati o rapimenti, la loro posizione all'interno del movimento è sempre stato ai limiti della legalità.

Indiani metropolitani si autodefinivano alcuni gruppi di giovani che vivevano nelle periferie più povere delle città, generalmente emarginati e disoccupati, portatori di una contro-cultura giovanile che rifiutava qualsiasi associazione con gruppi della sinistra, parlamentare e non. Gli indiani metrolopolitani rivendicavano il diritto di esprimere liberamente la loro sessualità, di entrare ai concerti gratuitamente, di occupare spazi abitativi nella città e di viverci in comunità, di consumare liberamente droghe leggere. Nel nome che si sono dati è racchiuso il senso di estraneità che questi giovani sentivano verso la "cultura borghese dominante"; proprio come gli indiani americani sono confinati in riserve al di fuori della società civile, così questi giovani si sentivano confinati nelle periferie delle grandi città, le loro 'riserve' appunto. Gli indiani metropolitani si presentavano alle manifestazioni della sinistra in modo un po' teatrale e desisamente rumoroso, portando la loro musica, le loro danze, i loro coloratissimi abbigliamenti e trucchi, e il loro slogan, che si richiamava appunto alla tradizione dei nativi americani: "Abbiamo disotterrato l'ascia di guerra!".

Ciellini erano gli aderenti all'associazione Comunione e Liberazione (CL), che raccoglieva molti consensi fra i giovani cattolici. I Ciellini erano integralisti, cioè volevano una società nella quale la Chiesa cattolica ed in particolare il Papa avrebbero avuto un ruolo di guida spirituale riconosciuta e universale. Per questi motivi erano disprezzati e derisi da molte organizzazioni della sinistra extra-parlamentare.

Sanbabilini erano giovani neofascisti dell'area milanese che usavano ritrovarsi negli anni

'70 nei bar attorno a Piazza San Babila, nel centro di Milano. I sanbabilini furono protagonisti di diversi attacchi a giovani della sinistra, soprattutto se questi osavano passare per Piazza San Babila (che i neofascisti consideravano loro 'territorio') vestiti con un **eschimo**, cioè un giaccone con cappuccio, costituito da una tela grigio-verde, foderata di una finta pelliccia di lana bianca. **Eschimo**, jeans e **clarks** - basse scarpe stringate, di pelle sfoderata - erano elementi insostituibili della 'divisa' dei membri della sinistra extra-parlamentare. Giaccone di pelle e occhiali da sole 'Rayban' caratterizzavano invece il guardaroba dei 'sanbabilini'.

I sanbabilini furono rimpiazzati, agli inizi degli anni '80, dai **paninari**, cioè quei ragazzi che cominciarono ad aggregarsi intorno ai primi 'fast food' (i paninari erano appunto i mangiatori di 'panini'); estremamente coscienti dei 'trend' della moda, i paninari avevano una loro 'divisa' molto più dettagliata dei 'compagni' e dei 'sanbabilini': scarpe, giacca, occhiali, orologio, perfino le calze, dovevano essere di una certa 'marca'. Il paninaro si distingueva dal sanbabilino perchè era **'qualunquista'** dichiarato e fiero di esserlo, cioè totalmente disinteressato alla politica per la quale provava disprezzo.

Anche il movimento operaio produsse i suoi neologismi, soprattutto nell'area delle lotte all'interno delle fabbriche. All'inizio degli anni '70, gli operai idearono nuovi tipi di sciopero: nacque così lo **sciopero a gatto selvaggio**, attuato senza preavviso e solo da ristretti gruppi, al fine di ostacolare il lavoro anche per chi non scioperava; **sciopero a scacchiera**, nel quale si programmava lo sciopero in momenti diversi in vari reparti della produzione; **sciopero a singhiozzo**, nel quale si alternavano periodi di sciopero e periodi di ripresa del lavoro.

Infine, anche il terrorismo di sinistra fu molto produttivo dal punto di vista linguistico.

Gambizzare era la tecnica di ferire alle gambe, senza lo scopo di uccidere, personaggi che, secondo le Brigate Rosse, rappresentavano il potere oppressivo dello stato: giornalisti, capi-reparto, uomini politici, professori universitari, ecc. **Pentitismo** era il fenomeno per cui brigatisti arrestati decidevano di collaborare con i rappresentanti della giustizia, ricevendo in cambio pene minori e protezione speciale.

E' interessante notare che molti di questi neologismi definivano la posizione politica di un individuo o una 'forma di lotta'. Non a caso quelli furono gli anni della politicizzazione di massa. Era impossibile vivere in quegli anni e rimanere estranei o indifferenti a quello che stava succedendo nel paese. Solo i "paninari" ci riuscirono, ma essi anticipano già la cultura della metà degli anni '80, definiti da Sebastiano Vassalli 'gli anni banali'[ii], nei quali, come vedremo nel prossimo capitolo, trionferà l'ideale della ricerca del piacere individuale.

---

i   Mario Capanna, *Formidabili quegli anni*, R.C.S. Libri e grandi Opere, Milano 1994, p. 38.
ii   Ibid., pp. 38-39.

iii Giorgio Bocca, *Il terrorismo italiano 1970-1978*, Garzanti Editore, Milano 1978, pp. 7-8.
iv Sebastiano Vassalli, *Il Neoitaliano, le parole degli anni '80*, Zanichelli, Bologna 1989 (prefazione).

LE PAROLE DEI PROTAGONISTI A CONFRONTO

1. MARIO MOSCA, UN OPERAIO DELLA PIRELLI BICOCCA DI MILANO:

"Il '68 è stato l'anno più bello della mia vita. L'anno in cui mi sono sentito come lavoratore protagonista e padrone del mio destino. E questa sensazione ce l'avevo dentro anche nei due anni successivi. Era bello vivere".[i]

2. MARIO MORETTI, OPERAIO TECNICO ALLA SIEMENS, DIVENTATO IN SEGUITO BRIGATISTA, DESCRIVE IL '68 IN FABBRICA:

"I giovani operai respirarono l'aria che veniva dalle università anche se non le avevano mai viste. C'era bisogno di partecipare, di decidere ognuno con gli altri quali lotte, per che cosa, come, quando. Gli operai fecero propria l'assemblea, la moltiplicarono nelle assemblee di reparto, ne fecero lo strumento maggiore di autodeterminazione. Se ne impadronirono e le imposero al sindacato...Ai funzionari l'assemblea appare un caos, è incontrollabile, ed effettivamente è il momento di massima creatività, dove si inventano anche nuove forme di lotta, gli scioperi articolati per reparto, i cortei interni, le occupazioni pacifiche. Al sindacato siamo iscritti tutti, qualcuno di noi è anche un dirigente a livello regionale...".[ii]

LE PAROLE DEI PROTAGONISTI A CONFRONTO

3. GUIDO VIALE, UN LEADER DEL MOVIMENTO STUDENTESCO DEL '68 PARLA DELLA SUA ESPERIENZA DI STUDENTE ALL'UNIVERSITÀ DI TORINO:

I. *"All'università entrano in molti e escono in pochi. Escono innanzitutto coloro per i quali la collocazione professionale in una posizione dirigenziale è già garantita dalla situazione sociale della famiglia di provenienza. I figli dei medici faranno i medici, e i figli dei farmacisti faranno tutti i farmacisti. Se il padre ha un'impresa, i figli si laureano ed ereditano l'impresa, coloro che provengono da un ambiente colto hanno dei grandi vantaggi sugli altri, che si traducono nella facilità con cui studiano e apprendono. Costituiscono la schiera eletta degli studenti che i professori seguono con particolare attenzione, a cui dedicano la maggior parte del loro tempo, nei seminari...e durante la preparazione della tesi...".*[iii]

II. *"[tramite gli esami orali] l'università si presenta allo studente lavoratore: un poliziotto denominato per l'occasione docente, che in 15-10 minuti liquida l'imputato con una serie di domande. Per gli studenti che frequentano l'esame è una prova di abilità: bisogna conoscere la psicologia e i pallini del docente, compiere una serie di gesti che faranno credere al docente che chi gli sta davanti è una persona intelligente e sicura ...Per gli studenti lavoratori, che non conoscono il professore, l'esame è un gioco d'azzardo...si traduce in una conferma per gli studenti che fanno parte dell'Università, e in un massacro per quelli che ne sono esclusi. Fanno parte dell'Università gli studenti che frequentano; per chi lavora, l'essere iscritto all'università è una beffa e una truffa. L'Università li* accoglie quando si iscrivono per far loro pagare le tasse e per far loro credere che hanno le stesse possibilità di promozione sociale e di acquisizione culturale degli altri. Li seleziona agli esami, perchè non possono esibire le stesse credenziali culturali degli altri.[iv]

4. GIAMPIERO MUGHINI, GIORNALISTA E SCRITTORE, DESCRIVE L'IMPATTO DEL MOVIMENTO DI LIBERAZIONE FEMMINILE DEGLI ANNI '70 SULLA SUA VITA PERSONALE:

"Prima, negli anni '60, ...era del tutto naturale che fossero le donne a spentolare in cucina. D'un tratto, verso la metà degli anni Settanta, questa usanza cambiò fino a capovolgersi. Le streghe in cucina non ci volevano passare più un minuto, nemmeno morte, nemmeno per tutto l'oro del mondo... e perciò per almeno dieci anni, noi maschi dei settanta, abbiamo scongelato, sbucciato, affettato, tritato... e portato in tavola... Finchè una delle femministe degli esordi, Grazia Francescato, non diede sulla 'Repubblica' del 15 marzo 1982, una di quelle notizie che segnano un'epoca. Era tornata in cucina e aveva fatto una torta. Per un maschio".[v]

5. GIUSEPPE SEVERGNINI, SCRITTORE E GIORNALISTA, RICORDA I PRIMI ANNI '70 QUANDO FREQUENTAVA IL LICEO:

"...il liceo mi appare come una lunga festa, e ho il sospetto che lo fosse davvero. La nostra generazione subiva infatti le conseguenze cinetiche del '68: continuavamo a muoverci, senza sapere esattamente il perchè. La politica era un potente rumore di fondo. Indipendentemente dalle convinzioni... avere un'idea e osteggiarne un'altra ci costringeva a ragionare, a parlare dentro un microfono e a diffidare dell'autorità".[vi]

6. RENATO CURCIO, UNO DEI FONDATORI DELLE BRIGATE ROSSE, CONDANNATO A 57 ANNI DI CARCERE PER PARTECIPAZIONE A BANDE ARMATE E CONCORSO MORALE IN OMICIDIO, UNO DEI COSIDDETTI "IRRIDUCIBILI":

"Io, per quel che ho fatto, non ritengo di dover subire alcun tipo di punizione. Non mi sento responsabile di alcun reato. Le mie iniziative di militante rivoluzionario sono state tutte interne a un progetto e a una vicenda organizzativa di tipo politico. Ed è politicamente che il nostro problema va affrontato. Se l'Italia è cambiata e si è modernizzata in modo così radicale, ciò è dovuto anche allo scontro sociale degli anni '70 di cui le Brigate rosse sono state una componente. Un giorno questa storia andrà raccontata sul serio. E io sarò disposto a collaborare, ma parlando da libero, non da accusato".[vii]

7. PATRIZIO PECI, "PENTITO" DELLE BRIGATE ROSSE:

"Le br volevano essere nient'altro che un gruppo di avanguardia del proletariato, un gruppo che voleva sensibilizzare, coinvolgere le masse e portarle a prendere il potere con la violenza, visto che in altri modi non viene concesso. Il fatto che poche decine di persone, noi brigatisti, volessimo decidere per tutti e guidare queste masse non mi sembrava affatto un controsenso, perchè la storia insegna che tutte le rivoluzioni sono iniziate da un manipolo di uomini".[viii] *"Noi eravamo per la rivoluzione. Ora so che non si può pretendere che tutti facciano la rivoluzione. Noi questo, allora, non lo sapevamo. I padroni, il sindacato, il Pci, lo stato sì. La Fiat per noi rappresentava il cuore dello stato, atterrarla avrebbe significato l'inizio della vittoria. Ma l'operaio di tutto questo capiva solo quel che gli serviva al momento. Capiva che se azzoppavamo un capetto il giorno dopo gli altri capetti erano tutti buoni, non facevano*

storie se uno stava mezz'ora al gabinetto. Dicevano: "Gli sta bene." Questo lo sanno tutti. Ma da qui a rischiare di perdere il posto di lavoro ce ne corre".[ix]

8. UN BRIGATISTA PENTITO DAL CARCERE:

"Quando vedi il vicolo cieco della tua vita, la rovina di ciò a cui ti sei dedicato, hai bisogno immediato di respirare, vuoi immediatamente nuove prospettive. Non accetti di restare in carcere tutta la vita per qualcosa a cui non credi più. Questo viene probabilmente prima del riconoscimento delle proprie colpe. Dopo viene il desiderio di cambiare, di scrollarsi di dosso tutto... Mi sono posto l'interrogativo se la vita umana che avevo distrutto valesse la collaborazione, e nella risposta affermativa mi convincevo della necessità di un atto riparatorio. Quindi un problema di coscienza: dovevo alla società qualcosa per ripagarla del male fatto. Sapevo peraltro che la mia scelta avrebbe comportato per me una condanna a morte - fuori, io avrei fatto lo stesso - ma la necessità di distruggere l'organizzazione veniva soprattutto dalla voglia di porre fine a un disastro umano, ad una tragedia generazionale. So anche che in un certo senso la collaborazione è un atto di violenza, ma speravo che l'annientamento di me stesso lasciasse un segnale anche per gli altri: è possibile dare un taglio al passato... Ho scelto la diserzione attiva per il peso morale che mi sentivo addosso, il dovere di fare qualche cosa di altrettanto significativo che, mi illudevo, potesse essere un atto riparatorio verso la società".[x]

9. ALDO MORO, IN UNA LETTERA A FRANCESCO COSSIGA SCRITTA DURANTE I GIORNI DEL SUO SEQUESTRO DA PARTE DELLE BR:

"Io mi trovo sotto un dominio pieno e incontrollato, sottoposto a un processo popolare che può essere opportunamente graduato; che sono in questo stato avendo tutta la conoscenza e sensibilità che derivano dalla lunga esperienza, con il rischio di essere chiamato o indotto a parlare in maniera che potrebbe essere sgradevole e pericolosa in determinate situazioni".[xi]

10. ALDO MORO, NELL'ULTIMA LETTERA ALLA MOGLIE, PRIMA DELL'ESECUZIONE:

Mia dolcissima Loretta, siamo ormai, credo, al momento conclusivo...Non mi pare il caso di discutere della cosa in se, e dell'incredibilità di una sanzione che cade sulla mia mitezza e la mia moderazione. Vorrei restasse ben chiara la piena responsabilità della DC, con il suo assurdo e incredibile comportamento, non si è trovato nessuno che si dissociasse!... Ma non è di questo che vi voglio parlare... ma di voi... che amo ed amerò sempre... della gratitudine che vi devo... della gioia indicibile che mi avete dato nella vita... del piccolo che amavo guardare e cercherò di guardare fino all'ultimo. C'è, in questo momento, la tenerezza infinita per voi, il ricordo di tutti e di ciascuno... un amore grande grande, carico di ricordi apparentemente insignificanti... in realtà preziosi... Ora, improvvisamente, quando si profilava qualche esile speranza, giunge incomprensibilmente l'ordine di esecuzione. Loretta dolcissima... Sono nelle mani di Dio... e tue. Che Dio vi aiuti tutti. Un bacio di Amore a tutti. Aldo

11. VALERIO MORUCCI, UNO DEI BRIGATISTI CHE PARTECIPÒ AL SEQUESTRO DI ALDO MORO, DISCUTE LE MOTIVAZIONI DELLE BR NEL RAPIMENTO E UCCISIONE DI MORO:

"L'idea di colpire la Dc in Moro risale al '75... Un chiodo fisso delle Br. La diretta conseguenza della linea strategica: colpire il cuore dello stato. Con quella linea in testa nel '76... due brigatisti operaisti del nord scesero a Roma come su Marte. ...L'apparato ideologico delle Br che cala su Roma - chi in Italia non fa la sua marcia su Roma? ...Il Sim, o Stato imperialista delle multinazionali, è il supergoverno capitalistico mondiale di cui Moro è il rappresentante in Italia come leader della Dc. Egli, per conto del Sim, sta rinnovando il potere democristiano e, quando sarà presidente della Repubblica, compirà la riforma autoritaria della Costituzione". [xii]

LE PAROLE DEI PROTAGONISTI A CONFRONTO

i   Citato in Paul Ginsborg, *Storia d'Italia dal dopoguerra a oggi*, cit., p. 434.

ii   Mario Moretti, intervista di Carla Mosca e Rossana Rossanda, *Brigate rosse, una storia italiana*, Baldini & Castoldi, Milano 2000, p. 10.

iii   Guido Viale, *Contro l'Università*, 'Quaderni Piacentini', Antologia 1962-1968, Gulliver Edizioni, Milano 1977, p. 430.

iv   Ibid., p. 432.

v   Giampiero Mughini, *Il grande disordine, i nostri indimenticabili anni Settanta*, Mondadori, Milano 1998, pp. 141-142.

vi   Beppe Severgnini, *Italiani si diventa*, RCS Libri, Milano 1998, p. 127.

vii   Mario Scialja, 'Non mi pento, non rinnego', *L'Espresso*, 18 gennaio 1987, p. 28.

viii   Patrizio Peci, *Io l'infame*, a cura di Giordano Bruno Guerri, Mondadori, Milano 1983, p. 45.

ix   Ibid., p. 49.

x   Adolfo Bachelet, *Tornate a essere uomini*, Rusconi Libri, Milano 1989, p. 83.

xi   citato in Giorgio Bocca, 'Io, Moro e le Br', *L'Espresso*, 2 dicembre 1984, p. 8.

xii   Giorgio Bocca, 'Perchè le Br uccisero Moro', *L'Espresso*, 30 settembre 1984, p. 7.

LE PIETRE VERBALI

(Epifania del linguaggio) di Maria Corti, 2001

Popi Baraldi e Pallavicini sono due amici che frequentano il liceo alla fine degli anni sessanta. Non è ancora rivolta aperta nelle scuole, ma c'è già nell'aria una chiara insofferenza per i programmi antiquati, che impongono lo studio dei poeti pomposi (Monti e Berchet) ma ignorano i contemporanei come Montale, che considerano essenziale la memorizzazione di coniugazioni in latino, ma negano la vista di un gufo al naturale 'quando arruffa le penne... come un poeta quando scrive una parola'. Soprattutto, per i due amici, la rivolta si esprime nel linguaggio: uno slang in cui ogni parola sembra una 'pietra verbale' scagliata contro il sistema.

Popi Baraldi fa visita all'amico Pallavicini che sta leggendo, seduto alla scrivania.

— Ma **tu sei suonato**; cosa leggi per fare **quella roba lí**?

— Beh... per trovare un orientamento.

5 — Quale orientamento?

— Se non provi, come fai a sapere per cosa sei fatto.

— Non vorrai mica da grande occuparti di **queste balle**. Cos'è che stai leggendo?

— Francesco De Sanctis, un critico.

10 — Ecco, per esempio **me ne frega a me** di Francesco De Sanctis. Hai già fatto il ripasso per domani?

— L'Inferno? Sí.

— Anch'io, perché sono sicuro che sarò interrogato. Però anche i Grandi, **che roba! Metti** quel Dante con

15 la sua mania astronomica. Mi dici perché tante chiacchiere su Scorpioni, Gemelli, Capricorni? E quelle donne celesti, tutte cosí **giú di giro**, che mandano messaggi, Lucia, Beatrice. Bah!

Accostatosi alla finestra, guarda giú: — Lo sai che

20 Coletti ha chiesto al professore chiarimenti sulle **donne angelicate**?

— E il professore?

— Che a San Siro non s'incontrano certo, essendo una **trasposizione fantastica** —. Preso per un braccio Pallavicini,

25 lo tira davanti alla finestra: — Guarda, ho giú la moto nuova. Vuoi fare un giro?

— Un'idea. Dove si va?

— Una bella corsa per Milano.

— Andiamo al parco Lambro.

30 — Lo spettacolo della natura..., — ride Popi.

— Non piace anche a te?

— Certo che piace anche a me.

— E allora?

— Niente. Su, piantala lí, si va.

35 — Lo vado a dire alla mamma.

— **Orpo**, sarebbe anche ora che ti svezzassi.

Corsa verso il tramonto invernale. Scomparivano le case e all'orizzonte spuntavano le ombre dei grandi alberi

del parco Lambro, a destra di via Palmanova; poi dietro la

40 moto ha cominciato ad alzarsi per le stradette non asfaltate del parco una polvere chiara e fitta che imbiancava l'aria. Correvano pazzamente, come dovessero andare molto lontano, a scoprire la sorgente di qualcosa. Tappa dalle parti della Cascina Malghera, seduti in un prato che

45 bordeggia la strada.

— Mi passi una **carreta**? — dice Popi, e subito Pallavicini prende di tasca il pacchetto.

— Eh, **la martina!** Svizzere! **La grana** non ti manca.

— Non posso lamentarmi.

50 — Io invece **sono sempre a picco**.

Pallavicini fissa l'orizzonte, gonfio di luci gialle e rosate.

— Tu sei tipo che preferisci un tramonto a una partita al **bigliardino**, vero? — dice Popi.

55 — **Stammi a sentire** un momento:

*... segui sui tigli, tra gl'irti
pinnacoli le accensioni
del vespro...*

— Che roba è?

60 — **Montale**.

— **Etrusco!**

— È uno dei nostri piú grandi poeti.

— Perché allora non ce lo leggono a scuola al posto di **Berchet**?

65 — Nelle antologie c'è, ma non si fa mai in tempo ad arrivare ai contemporanei.

— Potrebbero fare qualche taglio, no? Per esempio quel **bidone** del **Monti** e le sue «amate sponde», che fanno pensare alle **cavolate** dei libretti d'opera.

70 Tutti e due a estasiarsi con citazioni di endecasillabi, decasillabi e affini della loro antologia.

— **Madosca!** E quell'altro?

*Era bello, era biondo, era beato,
Sotto l'arco d'un tempio era sepolto.*

75 Si guardano e scoppiano a ridere.

— Anche noi — dice Popi Baraldi — siamo belli, siamo

biondi, siamo beati, ma saremo sepolti a Musocco. Civiltà di massa, cimiteri di massa: tante tombine, una a fianco all'altra, col numerino sopra e *requiescat in pace*.

80 Poi dice: – Eh, già, perché anche noi moriremo. C'è tempo, ma moriremo.

– Ci pensi?

– Io no. Però se penso come **i nostri avi** ci combinerebbero la giornata a lasciarli fare, **resto lí di sale**.

85 Ohè, vogliamo avere un'idea anche piccola, vaga e lontana dei loro ideali? Bisognerebbe tutte le mattine andare a scuola e tutti i pomeriggi che Dio ha fatto **infognarsi** dalle quattro alle cinque ore sui libri. «Ma caro, se non studi, non ti prepari alla vita». E poi: «Beati voi che siete giovani,

90 l'età piú bella. Non sapete quanto sia bella!»

Pallavicini tace.

– Su, **togliti il tappo** – dice Popi.

– A me non dà cosí fastidio studiare.

– Deve essere che non siamo tutti della stessa qualità e ci

95 fanno fare a tutti le stesse cose.

– Con Casati però non ci si può lamentare.

– Già, ma quanti ce n'è come lui? – Presa la mira lancia un sasso contro un ramo: – Mi ha sempre dato da pensare la **fesseria** dei professori. Evidente, è evidente, ma non è

100 mica facile dire che cos'è. Metti, uno entra in classe, fa lezione, tu lo ascolti, dici: «È **fesso**»; ne entra un altro, idem. Poi entra Casati, dici: «No, non è fesso». Basta una volta solo per capirlo, eppure non è **mica** facile definire questa fesseria che dico io.

105 – Però se facessi qualche giro sui libri.

– Ma sai com'è. Metti, per esempio, il latino. Centinaia di frasi sul periodo ipotetico: indipendente, dipendente, dipendente all'infinito, dipendente al congiuntivo; primo tipo, secondo tipo, terzo tipo, realtà, possibilità, irrealtà,

110 rispettivamente indipendente, dipendente. **Cribbio**, sembra **la marcia delle reclute**. C'è già della gente che mangia, dorme, fa fotografie nel vuoto spaziale e noi continuiamo: congiuntivo, se…indicativo, se…ma **daccapo** congiuntivo, se…Allora, come la mettiamo?

115 Tutti e due seduti sul bordo della strada, gomiti sopra le ginocchia, Pallavicini socchiude gli occhi, li riapre, delicata aria da intellettuale in erba:

– Certo, la scuola è un istituto molto **incline al manierismo**.

120 – Guarda un po' i nostri compagni. Quando parlano fuori di scuola, **sono mica** fessi, neanche asini. Poi guardali interrogati, non li riconosci quasi.

Baraldi dice: – Hai mai visto un **gufo**? Dico, al naturale, non nello zoo.

125 – No.

– Quando arruffa le penne: si produce in lui l'ispirazione,

come quando un poeta scrive una parola. E una martora?

– No.

– In montagna le foglie di un cespuglio tremolano e in

130 mezzo appare lei. Mi dici che senso ha non averli mai visti? Morire, per esempio, sapendo a memoria il Berchet e non avendo visto un gufo.

Passa una coppia semiabbracciata. I ragazzi a fissarla.

– Quand'è cosí, vogliamo riprendere **il ferro**? Facciamo

135 una fuga?

– Facciamola.

Mentre avvia il motore fragoroso, Balardi grida:

– Scommetto che una bella poesia sulla moto mica l'ha ancora buttata giú nessuno. E perché poi?

140 Dopo qualche ondeggiamento di ruota, via a gran velocità, felici non solo per la velocità: di qualunque cosa parlassero, o stessero zitti, al di là del parlare e del tacere c'era una sostanza misteriosa che si versava da dentro l'uno a dentro l'altro; tale travaso dava veramente «**soddisfa**».

NOTE (l'asterisco {*} indica vocaboli o espressioni nello slang giovanile della fine anni '60)

1. *tu sei suonato**: sei pazzo
2. *quella roba lì*: dispregiativo per 'quel libro'
3. *queste balle*: queste stupidaggini, questo 'nonsense'
4. *me ne frega a me*: cosa me ne importa?, non mi interessa per niente
5. *che roba!*: esclamazione
6. *metti ...*: ad esempio, considera...
7. *giù di giro*: deprimente
8. *donne angelicate*: donne idealizzate, come Beatrice nella Divina Commedia di Dante
9. *San Siro*: grande stadio calcistico di Milano
10. *la trasposizione fantastica*: una proiezione della fantasia
11. *piantala lì*: finisci quello che stai facendo
12. *Orpo*: esclamazione
13. *sarebbe ora che ti svezzassi*: dovresti essere più indipendente e autonomo dai genitori
14. *una carreta**: una sigaretta
15. *la martina!*: esclamazione
16. *la grana*: i soldi (dialetto milanese)
17. *sono sempre a picco**: non ho mai un soldo
18. *il biliardino*: gioco elettrico con bilie, "flipper"
19. *stammi a sentire*: ascoltami
20. *..segui sui tigli, tra gl'irti...*= il tramonto nei versi della poesia Dora Markus di E. Montale (dalla collezione Le occasioni)
21. *Montale*: Eugenio Montale, poeta italiano (1826-1981), premio Nobel per la letteratura, 1975
22. *Etrusco!**: qualcosa di vecchissimo
23. *Berchet*: Giovanni Berchet (1783-1851), poeta e letterato romantico
24. *il bidone**: qualcosa di molto pesante e poco interessante
25. *Vincenzo Monti*: letterato e poeta italiano (1754-1828), scrisse la celebre poesia "Bella Italia amate sponde"
26. *le cavolate**: le stupidaggini, le cose senza senso
27. *Madosca!*: esclamazione
28. *Era bello, era biondo,...*: versi del poeta sentimentale Aleardo Aleardi (1812-1878)
29. *Musocco*: cimitero di Milano, città dove abitano i protagonisti
30. *i nostri avi**: i nostri genitori
31. *resto lì di sale**: rimango sconvolto, incredulo
32. *infognarsi*: seppellirsi (fig.)
33. *togliti il tappo**: di' quello che pensi
34. *la fesseria*: la stupidità
35. *fesso*: stupido, scemo
36. *mica*: usato per enfatizzare le negazioni
37. *Cribbio*: esclamazione
38. *la marcia delle reclute*: una serie di elementi tutti uguali
39. *daccapo*: ritornando all'inizio, di nuovo dal principio
40. *incline al manierismo*: artificioso, convenzionale
41. *il gufo*: uccello notturno
42. *la martora*: piccolo mammifero che vive nelle Alpi
43. *sono mica*: non sono
44. *il ferro**: la moto
45. *soddisfa**: soddisfazione

DOMANDE DI COMPRENSIONE E DISCUSSIONE

1. Dalla prima conversazione fra i due amici, che idea ti sei fatto di ognuno di loro? Che cosa pensano dello studio in generale? E dello studio dei classici?
2. Chi sono le 'donne angelicate', secondo il professore?
3. Come è arrivato Popi alla casa dell'amico?
4. Perchè, secondo Popi, Baraldi dovrebbe 'svezzarsi'?
5. Dove decidono di andare i due amici?
6. Che cosa pensano di come è insegnata la poesia nella loro scuola?
7. Che associazione di pensieri fanno i due amici quando parlano della loro morte?
8. Cosa vorrebbero i genitori, secondo Popi?
9. Cosa pensa dello studio in generale Pallavicini?
10. Che cosa pensano dei professori?
11. Perchè Popi pensa che sia inutile studiare il latino?
12. Che cosa c'entrano il gufo e la martora con i loro discorsi?
13. Qual é, secondo te, quella "sostanza misteriosa che si versava da dentro l'uno a dentro l'altro"?
14. Secondo te, i due amici condividono le stesse idee sulla scuola e sulla vita in generale?

OSSERVAZIONI GRAMMATICALI [1]

Considera i seguenti usi dell' imperativo con pronomi:

Piantala lì (riga 34)
Stammi a sentire (riga 55)
Facciamola (riga 136)

Riscrivi le seguenti frasi usando un pronome al posto delle parole sottolineate:

1. Fa' il ripasso per domani!

2. Andiamo al parco in moto!

3. Di' alla mamma che andiamo via in moto!

4. Leggi Montale, ti piacerà!

5. Non studiamo tutti i periodi ipotetici in latino!

---

[1] Cfr. Osservazioni grammaticali al testo *Se questo é un uomo*, cap.1 p. 51.

133

TUTTI GIÙ PER TERRA
di Giuseppe Culicchia, 1994

Walter, il ventenne protagonista di questo romanzo, impersona il disagio giovanile della generazione degli anni '70: ha finito l'istituto tecnico per geometri, ma non ha alcuna intenzione di farsi 'ingabbiare' in una carriera, frequenta svogliatamente l'università, sceglie il servizio civile come alternativa al servizio militare obbligatorio, esce con gli amici in una città che ormai gli è estranea, litiga molto con i genitori...

Nel primo brano che proponiamo - L'esame orale - Walter si scontra con lo snobismo di due "baroni" universitari , scettici sulle capacità di comprendere la filosofia da parte di uno studente proveniente da un istituto tecnico, invece che da un liceo.

Nel secondo brano - Otto ore al giorno - Walter ha appena ricevuto dal Ministero l'accettazione alla sua domanda di fare servizio civile. La prospettiva di un vero lavoro lo deprime. Walter si immagina un futuro monotono, già ipotecato, fatto di sicurezze, ma anche di noia - un futuro che non solo lui, ma tutta la sua generazione non può che rifiutare.

Nel terzo brano - Concorso pubblico - dopo il fallimento dell'esperienza universitaria e la fine del servizio civile, Walter si rassegna a partecipare a un concorso per un posto pubblico come dattilografo. Ma scopre immediatamente che anche un 'posto fisso' per un lavoro idiota è fuori dalla sua portata senza una raccomandazione.

L'ESAME ORALE (Primo brano)

Per risparmiare avevo fotocopiato i libri per l'esame di Storia della filosofia prendendoli in prestito alla Biblioteca Nazionale. Erano vecchie edizioni consumate dall'uso. Studiando mi chiedevo quali occhi avessero letto quelle
5 stesse pagine ingiallite dal tempo. **Mi ero messo in testa** che dei volumi così vecchi mi avrebbero portato fortuna.

La mattina dell'esame, mi presentai all'università totalmente **stravolto**. Nell'ultima settimana per studiare non avevo praticamente dormito. Mi ero preparato in più
10 di tre mesi. Una volta davanti alla **commissione** constatai di essere l'unico esaminando con i jeans e le scarpe da tennis. Gli altri poeti filosofi avevano pensato bene di ripulirsi. Erano tutti in giacca e cravatta, mentre le ragazze **sfoggiavano** per l'occasione minigonne cortissime. Io una
15 giacca e una cravatta non le possedevo del tutto. Quanto alle gambe sarebbero risultate comunque troppo pelose.

Ripassai fino all'ultimo, poi venne il mio turno. Mi sedetti e posai il mio **libretto** sul tavolo. L'assistente del professore gli **diede un'occhiata**.
20 «Lei proviene da un istituto tecnico per geometri?», mi chiese, guardandomi negli occhi.

«Sì».

Ebbe uno strano sorriso.

«Vediamo come si studia la storia della filosofia nei
25 **cantieri edili**», disse.

Sorrise anche il professore. Io no.

«Mi parli del paragrafo cinque della seconda edizione dell'*Estetica trascendentale* di Kant, riguardo all'esposizione trascendentale del concetto di tempo».
30 **Rimasi di pietra.** Di che cosa stava parlando? Qual era il paragrafo cinque? Non c'era nessun paragrafo cinque riguardante l'esposizione trascendetale del concetto di tempo sul libro che avevo studiato.

«Allora? Che cosa mi dice?»
35 «Be', per la verità non ho studiato nulla del genere».

«Che cosa?»

I **poeti filosofi** trattenevano il fiato.

«Non c'era nessun paragrafo cinque sull'esposizione trascendentale del concetto di tempo nel testo indicato dal
40 programma d'esame», dissi.

Il professore prese la *Critica della ragion pura* che avevo appoggiato sul tavolo. La esaminò.

«Dove ha preso questo volume?».

«Alla Biblioteca Nazionale».
45 «In questa edizione manca il paragrafo cinque.

Kant lo ha aggiunto nella **ristampa** successiva. Non pensavo avessero tradotto anche la prima versione. Lei dovrà ridare l'esame».

Io non dissi nienti.
50 «Avanti il prossimo», disse l'assistente.

OTTO ORE AL GIORNO (Secondo brano)

Il **servizio civile** non rappresentava altro che il buco attraverso cui sarei finito **dritto sparato** in quel **cesso** chiamato mondo del lavoro. Prima o dopo avrei venduto me stesso per uno stipendio mensile appena sufficiente a
5 sopravvivere e pagare **le rate** della macchina, della lavastoviglie, del videoregistratore. [...] Sarei stato stritolato da un meccanismo omicida. Tre settimane di ferie all'anno. Otto ore di lavoro al giorno. Fine settimana libero, certo, giusto per guardare la televisione o andare alla partita.

10 Non avrei più potuto disporre del mio tempo ma renderne conto a qualcun altro, spendendo quel poco che guadagnavo per comprare cose inutili prodotte da schiavi come me. **Il cerchio sarebbe quadrato**. Avrei lavorato sino alla vecchiaia e il giorno della pensione mi sarei accorto di
15 essere malato di cancro. Ero proprio depresso.

Misi su *Problems* dei Sex Pistols e andai in cucina a caccia della **nutella**.

CONCORSO PUBBLICO (Terzo brano)

I posti da **dattilografo in palio** erano trecento. I partecipanti al **concorso** trentamila.

Il giorno della gara ci ritrovammo tutti al Palasport per la prova scritta di cultura generale. Qualcuno aveva diviso
5 i settori delle gradinate per ordine alfabetico. Attorno a me incontrai gente di ogni tipo. Casalinghe, bancari, disoccupati, uomini sui trent'anni con i polsini della camicia consumati e un paio di ipoteche sulla casa, puttane di provincia stanche di darla via praticamente
10 gratis, **monchi**, **ciechi**, **sub-normali**, ciascuno con il medesimo miraggio: IL POSTO FISSO, quello a cui rimanere inchiodati tutta un'esistenza.

Quando anche i restanti ventinovemilanovecentonovantanove si furono sistemati e ormai mi aspettavo soltanto l'ingresso
15 in campo delle squadre, un funzionario del comune **attaccò** con la solita messa in scena della trasparenza e della legalità. Una ragazza scelta a caso tra quelle con le cosce di fuori in prima fila venne bendata. Poi le fecero scegliere una busta su tre per stabilire a quali quiz
20 dovessimo rispondere, proprio come a TeleMike. I milioni in palio ce li avrebbero dati in caso di vittoria uno per volta alla fine di ogni mese, in modo da permetterci di sopravvivere e battere a macchina sino alla fine del mese successivo, mese dopo mese, anno dopo anno, **serbando** la
25 pensione come unica speranza, sempre che la morte non fosse venuta a prelevarci sotto forma di **ictus cerebrale** tra una lettera per la richiesta di carta igienica e l'altra. Aperta la busta,

proiettarono **i quesiti** su uno schermo gigante.
30 CHE COSA SONO I MITILI?
a) SOLDATI DELL'ANTICA ROMA
b) ARMI NUCLEARI A REAZIONE
c) MOLLUSCHI MARINI...
Segnai la lettera c sul prestampato che mi avevano dato
35 entrando.
QUAL È L'ALTEZZA ESATTA DEL MONTE BIANCO?
a) 80.000 METRI
b) 4.810 METRI
40 c) 197 METRI...
La chiamavano «prova di cultura generale».

Terminata la prova confrontai le mie risposte con quelle di Pasquale. Erano assolutamente identiche. Poi
40 venne pubblicata la graduatoria. Il mio nome corrispondeva al numero 1434. Pasquale **svettava** al 278. Io ero escluso dalla partecipazione all'orale. Lui ammesso.

NOTE - L'ESAME ORALE

1. *mettersi in testa*: essere convinti che
2. *stravolto*: stanchissimo, sconvolto
3. *la commissione*: i professori che devono esaminare gli studenti
4. *l'esaminando*: lo studente che dà l'esame
5. *sfoggiare*: esibire, mostrare con orgoglio
6. *il libretto*: documento dello studente universitario che indica gli esami dati e i voti ricevuti
7. *dare un'occhiata*: guardare brevemente senza molta attenzione
8. *il cantiere edile*: il luogo dove si costruisce un edificio
9. *rimanere di pietra*: restare così sorpreso da non riuscire a muoversi o a reagire
10. *"i poeti filosofi"*: gli altri studenti delle facoltà umanistiche che dovevano sostenere l'esame
11. *la ristampa*: la seconda edizione di un libro

NOTE - OTTO ORE AL GIORNO

1. *il servizio civile*: un'alternativa al servizio militare obbligatorio (chi sceglie questa opzione deve lavorare per due anni in un servizio pubblico che gli viene assegnato dallo Stato).
2. *dritto sparato*: direttamente e immediatamente (slang)
3. *il cesso*: il gabinetto (volgare, qui in senso figurativo)
4. *la rata*: il pagamento mensile
5. *quadrare il cerchio*: risolvere un problema difficile
6. *la nutella*: un tipo di cioccolata cremosa

NOTE - CONCORSO PUBBLICO

1. *il dattilografo*: l'impiegato che scrive a macchina
2. *in palio*: disponibili
3. *il concorso*: esame scritto e orale per ottenere un posto di lavoro pubblico
4. *monchi, ciechi, subnormali*: dispregiativi per persone portatrici di vari handicap fisici e mentali
5. *attaccare*: cominciare (slang)
6. *serbare*: tenere, conservare
7. *ictus celebrale*: malattia spesso mortale al cervello
8. *il posto fisso*: il lavoro regolare, sicuro e a tempo pieno
9. *il quesito*: la domanda
10. *svettare*: emergere, come la vetta di un monte

DOMANDE DI COMPRENSIONE E DISCUSSIONE (TUTTI I BRANI)

1. Che tipo di libri usò Walter per prepararsi all'esame di Storia della filosofia?
2. Come si presentò davanti alla commissione la mattina dell'esame?
3. Come erano vestiti gli altri studenti?
4. Perchè Walter non sorrise al commento dei professori?
5. Perchè Walter non poté rispondere alla domanda dei professori?
6. Qual è la conclusione di questo episodio?
7. Come si immagina Walter il mondo del lavoro? Perchè lo spaventa tanto? Vedi delle similitudini fra le sue paure e le testimonianze di alcuni ex terroristi intervistati da Giorgio Bocca nella lettura *Noi terroristi, dodici anni di lotta armata ricostruiti e discussi con i protagonisti* ?
8. Qual è l'aspetto più grottesco dell'esperienza di Walter al concorso?
9. Di che tipo di prova scritta si trattava?
10. Perchè, secondo te, Pasquale fu ammesso alle prove orali e Walter no?

OSSERVAZIONI GRAMMATICALI (TUTTI I BRANI) [I]

Considera l'uso del **condizionale passato** nelle seguenti frasi di *Otto ore al giorno*

1. *Il servizio civile non <u>rappresentava</u> altro che il buco attraverso cui <u>sarei finito</u> dritto sparato in quel cesso chiamato mondo del lavoro (righe 1-3).*

   ----

2. *Prima o poi <u>avrei venduto</u> me stesso... (righe 3-4)*

Sottolinea tutti i verbi al **condizionale passato** in *Otto ore al giorno* (una frase anche in *Concorso Pubblico*). Considera, a questo proposito anche le 'Osservazioni grammbatical'i sulla lettura *Come si chiama quest'Uomo* (capitolo 1, pag. 45). Il **condizionale passato** descrive quelle azioni che si svolgono nel futuro, ma solo dal punto di vista del passato. Difatti, usando il **presente** del verbo <u>rappresentare</u> nella prima frase (invece dell'**imperfetto**) devo anche usare il **futuro** del verbo <u>finire</u> (invece del **condizionale passato**):

Il servizio civile non <u>rappresenta</u> altro che il buco attraverso cui <u>finirò</u> dritto sparato...

Riscrivi il resto del secondo brano cambiando tutti i verbi dal **passato** al **presente** e dal **condizionale passato** al **futuro**.

[I] Cfr. Osservazioni grammaticali al testo *Come si chiama quest'Uomo?*, cap.I p. 45.

LA FAMIGLIA É UNA CAMERA A GAS

(da *Va' dove ti porta il cuore* di Susanna Tamaro, 1994)

Questo romanzo è una lunga lettera scritta da una nonna a sua nipote. Nel brano qui proposto, la nonna parla del difficile rapporto con sua figlia Ilaria (la mamma di sua nipote, alla quale scrive) durante gli anni della contestazione studentesca. <u>Va' dove ti porta il cuore</u> **ha avuto un eccezionale successo di pubblico ed è stato tradotto in decine di lingue.**

Ilaria frequentò l'università a Padova. Avrebbe potuto benissimo farla a Trieste, ma era troppo **insofferente** per continuare a vivermi accanto. Ogni volta che le proponevo di andarla a trovare mi rispondeva con un silenzio carico
5 di ostilità. I suoi studi andavano molto **a rilento**, non sapevo con chi divideva la casa, non aveva mai voluto dirmelo. Conoscendo la sua fragilità ero preoccupata. C'era stato il maggio francese, le università occupate, il movimento studentesco. Ascoltando i suoi rari **resoconti** al
10 telefono, mi rendevo conto che non riuscivo più a seguirla, era sempre **infervorata** per qualcosa e questo qualcosa cambiava di continuo. Ubbidiente al mio ruolo di madre cercavo di capirla, ma era molto difficile: tutto era **convulso**, sfuggente, c'erano troppe idee nuove, troppi concetti
15 assoluti. Invece di parlare con frasi proprie Ilaria infilava uno slogan dietro l'altro. Avevo paura per il suo equilibrio psichico: il sentirsi partecipe di un gruppo con il quale divideva le stesse certezze, gli stessi dogmi assoluti, rafforzava in modo preoccupante la sua naturale tendenza
20 all'arroganza.

Al suo sesto anno di università, preoccupata da un silenzio più lungo degli altri, presi il treno e andai a trovarla. Da quando stava a Padova non l'avevo mai fatto. Appena aprì la porta restò **esterrefatta**. Invece di salutarmi
25 mi aggredì: «Chi ti ha invitata?» e senza neanche darmi il tempo di rispondere aggiunse: «Avresti dovuto avvertirmi, stavo proprio uscendo. Stamattina ho un esame importante». Indossava ancora la camicia da notte, era evidente che si trattava di una bugia. **Finsi** di non
30 accorgermene, dissi: «Pazienza, vuol dire che ti aspetterò e poi festeggeremo il risultato assieme». **Di lì a poco** uscì davvero, con una tale fretta che lasciò i libri sul tavolo.

Rimasta sola a casa feci quello che avrebbe fatto qualsiasi altra madre, mi misi a curiosare tra i cassetti,
35 cercavo un segno, qualcosa che mi aiutasse a capire che direzione aveva preso la sua vita. Non avevo intenzione di spiarla, di **compiere opere di censura** o inquisizione, queste cose non hanno mai fatto parte del mio carattere. C'era solo una grande ansia in me e per placarla avevo
40 bisogno di qualche punto di contatto. A parte **volantini** e opuscoli di propaganda rivoluzionaria, per le mani non mi capitò altro, non una lettera, non un diario. Su una parete della sua stanza da letto c'era un manifesto con sopra

scritto «La famiglia è ariosa e stimolante come una
45 camera a gas». A suo modo quello era un indizio.

Ilaria rientrò nel primo pomeriggio, aveva la stessa aria **trafelata** con la quale era uscita. «Come è andato l'esame?» le domandai con il tono più affettuoso possibile. Sollevò le spalle. «Come tutti gli altri», e dopo una pausa aggiunse,
50 «sei venuta per questo, per controllarmi?» Volevo evitare lo scontro, così con tono quieto e disponibile le risposi che avevo un solo desiderio ed era quello di parlare un po' assieme.

«Parlare?» ripeté incredula. «E di cosa? Delle tue
55 passioni mistiche?»

«Di te, Ilaria», dissi allora piano, cercando di incontrare i suoi occhi. Si avvicinò alla finestra, teneva lo sguardo fisso su un salice un po' spento: «Non ho niente da raccontare, non a te almeno. Non voglio perdere tempo
60 in chiacchiere intimiste e piccolo borghesi». Poi spostò gli occhi dal **salice** all'orologio da polso e disse: «È tardi, ho una riunione importante. Te ne devi andare»[…]

Quando lei mi ha detto «devi proprio andartene» sarei dovuta rimanere. Avrei dovuto prendere una camera in un
65 albergo lì vicino e tornare ogni giorno a bussare alla sua porta; insistere fino a trasformare quello **spiraglio** in un **varco**. Mancava pochissimo, lo sentivo.

Invece non l'ho fatto: per **vigliaccheria**, pigrizia e falso senso del **pudore** ho obbedito al suo ordine. Avevo
70 detestato l'**invadenza** di mia madre, volevo essere una madre diversa, rispettare la libertà della sua vita. Dietro la maschera della libertà spesso si nasconde la **noncuranza**, il desiderio di non essere coinvolti. C'è un confine sottilissimo, passarlo o non passarlo è questione di un
75 attimo, di una decisione che si prende o non si prende; della sua importanza ti rendi conto soltanto quando l'attimo è trascorso. Solo allora ti penti, solo allora comprendi che in quel momento non ci doveva essere libertà ma intrusione: eri presente, avevi coscienza, da
80 questa coscienza doveva nascere l'obbligo ad agire. L'amore non **si addice** ai pigri, per esistere nella sua pienezza alle volte richiede gesti precisi e forti. Capisci? Avevo mascherato la mia vigliaccheria e la mia **indolenza** con l'**abito nobile** della libertà.

NOTE

1. *insofferente*: impaziente, intollerante
2. *a rilento*: molto lentamente
3. *il resoconto*: il racconto, la storia
4. *infervorato*: eccitato
5. *convulso*: contorto, complicato
6. *esterrefatto*: molto sorpreso
7. *finsi*: pass. remoto di fingere
8. *di lì a poco*: subito dopo
9. *compiere opera di censura*: censurare
10. *il volantino*: foglio da distribuire ai passanti, contenente propaganda politica
11. *trafelato*: molto di fretta
12. *il salice*: tipo di albero, con le fronde che pendono verso il basso

13. *lo spiraglio*: piccola apertura (qui in senso figurativo)
14. *il varco*: una apertura più grande di uno spiraglio (qui in senso figurativo)
15. *la vigliaccheria*: la mancanza di coraggio, la viltà
16. *l'invadenza*: il mancato rispetto della privacy, l'indiscrezione
17. *il pudore*: la riservatezza
18. *la noncuranza*: l'indifferenza
19. *addirsi*: essere adatto a
20. *l'indolenza*: la pigrizia
21. *l'abito nobile*: la maschera (qui in senso figurativo)

DOMANDE DI COMPRENSIONE E DISCUSSIONE

1. Dove viveva la narratrice? Dove viveva la figlia Ilaria e che cosa faceva?
2. Perchè la madre un giorno decise di andarla a trovare?
3. Come andavano gli studi di Ilaria?
4. Ilaria come reagì all'arrivo della madre?
5. Che scusa inventò per uscire?
6. Che cosa fece la madre quando si trovò in casa da sola? Che cosa trovò?
7. Spiega il significato della scritta "La famiglia è ariosa e stimolante come una camera a gas" (righe 44-45) nel contesto della storia.
8. Secondo te, Ilaria aveva veramente un esame importante all'università? Motiva la tua risposta.
9. Come si conclude la visita fra madre e figlia?
10. Che cosa fece la madre e che cosa pensa ora che avrebbe dovuto fare?
11. *Invadenza, vigliaccheria, libertà, amore*: l'autrice usa questi sostantivi nell'ultimo paragrafo per parlare del suo rapporto con la figlia e dei suoi rimpianti (quello che avrebbe dovuto fare e non ha fatto). Per ogni vocabolo scrivi una frase che spieghi il rapporto fra Ilaria e la madre.

invadenza ....

vigliaccheria ....

libertà ....

amore ....

12. Che cosa pensi in generale del rapporto fra Ilaria e sua madre?
13. Perchè Ilaria si comporta in questo modo, secondo te?
14. Sei d'accordo con l'affermazione della mamma di Ilaria che 'l'amore non si addice ai pigri'?

OSSERVAZIONI GRAMMATICALI SUL TESTO

Considera l'uso del **condizionale passato** di potere e dovere nelle seguenti frasi tratte dal testo:

Avrebbe potuto benissimo farla a Trieste (righe 1-2)
Quando lei mi ha detto "devi proprio andartene" sarei dovuta rimanere. Avrei dovuto prendere una camera in un albergo lì vicino...(righe 63-65)

Nota che il **condizionale passato** di potere e dovere è sempre seguito da un infinito e che l'ausiliare è essere o avere, a seconda del tipo di infinito (transitivo o intransitivo). Confronta, a questo proposito, le due frasi: sarei dovuta rimanere, avrei dovuto prendere l'autobus.

Completa ora le seguenti frasi, usando la tua fantasia, con il **condizionale passato** di potere o dovere, secondo i casi:

Esempio: La mamma di Ilaria ha curiosato nei cassetti della figlia, ma non avrebbe dovuto curiosare.

1. Ilaria ha frequentato l'università a Padova, ma

   ----

2. Ilaria non seguiva più le lezioni all'università, ma

   ----

3. La mamma di Ilaria ha obbedito all'ordine della figlia di andarsene, ma

   ----

4. La mamma di Ilaria voleva essere una madre diversa, non invadente, ma

   ----

I Cfr. Osservazioni grammaticali sui testi *Tutti giù per terra*, cap. 3 p. 137 e *Come si chiama quest'Uomo?*, cap. 3 p. 45.

DUE DI DUE
di Andrea De Carlo, 1989

In questo romanzo di Andrea De Carlo - autore amatissimo dai giovani - due amici, il narratore e Guido, partecipano alle prime contestazioni studentesche del '68, all'epoca del liceo, e seguono successivamente, su due strade parallele ma spesso vicinissime, il percorso travagliato della delusione e della ricerca di alternative dopo la mancata rivoluzione sociale. La loro è la storia della generazione del '68.

LA PROF DI LATINO (PRIMA PARTE):

In questo brano, i due amici riescono a coinvolgere tutta la classe in una dimostrazione provocatoria contro la professoressa di latino che si rifiutava di aggiornare i programmi e di cambiare i suoi metodi autoritari di insegnamento.

A scuola anche i più passivi tra i nostri compagni hanno cominciato a lamentarsi apertamente di quello che dovevamo studiare e di come ci veniva insegnato. I professori hanno cercato di alzare la voce, accentuare
5 l'incomprensibilità dei loro **codici** per intimorirci. Le nostre richieste erano del tutto ragionevoli all'inizio, ma non sembravano in grado di prenderle in considerazione.

Una volta per esempio Guido ha proposto alla professoressa di latino di farci leggere libri interi invece
10 dei soliti **spezzoni infarciti** di campionature grammaticali, in modo da ricavare qualche piacere dalla fatica di tradurre. Lei non l'ha neanche lasciato finire; ha gridato «Voi leggete quello che vi dico io, non dovete certo insegnarmi il mio lavoro, **manica di** ignoranti e **lazzaroni!**».
15 È andata avanti cinque minuti a insultare la classe in generale: rossa in faccia e con i capelli tinti che le ondeggiavano sulla testa.

Quando se n'è andata i nostri compagni erano offesi, ancora più insofferenti dei suoi metodi. Ci siamo messi a
20 discutere di come reagire: Ablondi ha suggerito di scrivere alla professoressa una lettera di protesta **circostanziata**, Farvo di querelarla attraverso suo padre, che faceva l'avvocato. Quasi tutti adesso avanzavano proposte, ma i loro occhi diventavano incerti alla minima obiezione;
25 nessuno pensava davvero di mettere in pratica quello che diceva. Guido si è fatto venire un'idea, e sull'onda emotiva è riuscito a coinvolgere tutti, **vincolarci** a seguirlo.

Il giorno dopo subito prima della lezione di latino abbiamo girato tutti i banchi verso la parete di fondo, ci
30 siamo seduti con la schiena alla cattedra. Solo Paola Amarigo e un ragazzo monarchico che si chiamava Tirmoli non hanno voluto farlo, sono usciti con facce fredde nel corridoio pur di non partecipare. Quando la professoressa di latino è entrata eravamo tutti voltati di spalle, zitti e
35 perfettamente composti secondo le istruzioni di Guido, come se fossimo assorti in una lezione al lato opposto

dell'aula.

La professoressa **è rimasta allibita**: anche se non la vedevamo l'abbiamo capito dal suo silenzio, il suo **fruscìo**
40 alla cattedra. Guido mi ha dato uno sguardo laterale per dire di non muovermi; si sentiva una pressione tremenda salire dietro di noi.

Poi la professoressa si è messa a urlare come una pazza di voltarci. Nessuno l'ha fatto; vedevo le facce angosciate
45 dei nostri compagni nei banchi paralleli. Credo che fossero in buona parte pentiti di questa storia, forse odiavano Guido per averceli tirati dentro.

La professoressa è venuta tra i banchi, gridava e batteva i piedi come se si trattasse di far dissolvere un brutto
50 sogno. Ha cercato di isolare qualcuno, urlargli da pochi centimetri «Considero te responsabile!». Non eravamo grandi attori; dovevamo fare uno sforzo per continuare a fissare la parete di fronte.

Il tono della professoressa è salito ancora: si è messa a
55 gridare «**Smettetela** immediatamente! Immedia-ta-mente!» in un crescendo **parossistico** che doveva danneggiarle le corde vocali. La situazione era così estrema adesso che mi sembrava di vedere i nostri compagni tremare seduti ai banchi, i loro lineamenti contrarsi a ogni
60 nuovo grido. Ma siamo riusciti a restare immobili come aveva detto Guido, far finta di seguire una lezione fantasma.

Alla fine la professoressa è tornata alla sua cattedra, e abbiamo sentito la sua voce rompersi. Siamo rimasti
65 ancora fermi di spalle mentre lei **sniffava** e singhiozzava; poi Guido si è girato e le ha chiesto a bassa voce «Perché dobbiamo essere così in guerra? Non sarebbe più semplice parlare?».

E non c'era ironia nella sua voce: era davvero
70 addolorato, come di fronte a un'impiegata che si è vista bruciare sotto gli occhi il posto di lavoro, o a una donna abbandonata dal marito. La professoressa è rimasta scossa

da questo tono: quando ci siamo girati tutti guardava Guido con una vera espressione in **sfacelo**. Poi è corsa
75 verso la porta, ha gridato «Vi faccio **sospendere** a vita!»

Abbiamo ascoltato il suo **tacchettìo** pesante allontanarsi nel corridoio e poi fermarsi e tornare indietro, **tergiversare** e allontanarsi di nuovo, ed è stato chiaro che avevamo vinto. Siamo passati dall'esitazione
80 all'incredulità all'**euforia** più frenetica; ci siamo messi a ridere e gridare, fare salti in giro. Il panorama di **monoliti** e fossili in cui avevamo vissuto fino a quel momento sembrava dissolto adesso, era diventato uno spazio libero dove avremmo potuto fare quello che volevamo. Solo
85 Guido aveva un'aria triste nella confusione generale; mi ha detto che gli dispiaceva per la povera professoressa.

Anche gli altri professori si sono visti franare sotto gli occhi i loro paesaggi familiari. L'esasperazione compressa troppo a lungo ha travolto le prime richieste di aggiornare
90 i programmi di studio, è andata avanti a fare a pezzi il significato della scuola intera. Era una vera esasperazione fisica; diventava violenta con facilità. Io e Guido abbiamo visto all'università un professore di diritto inseguito da centinaia di studenti giù per una scala, coperto di sputi e
95 monetine e insulti di ogni genere, grigio in faccia come un cadavere mentre due bidelli cercavano di sottrarlo al **linciaggio**. Eravamo disgustati dalla vigliaccheria della massa infuriata, ma ci rendevamo conto benissimo che avremmo potuto diventare anche noi dei linciatori, solo a
100 trovare il momento e il pretesto adatto.

NOTE A **LA PROF DI LATINO**

1. *i loro codici*: il loro modo di parlare un po' incomprensibile
2. *gli spezzoni*: brani di lettura
3. *infarcito*: pieno
4. *manica di...*: branco di, gruppo di...(in senso dispregiativo)
5. *il lazzarone*: qualcuno che non ha voglia di fare niente, uno svogliato
6. *circostanziato*: dettagliato
7. *vincolare qualcuno*: convincere qualcuno a prendere un impegno
8. *rimanere allibiti*: restare esterefatti, estremamente sorpresi
9. *il fruscìo*: rumore molto leggero, come di stoffa
10. *smettetela*: interrompete immediatamente quello che state facendo, fermatevi

11. *parossistico*: estremo, violento
12. *sniffare*: aspirare con il naso
13. *lo sfacelo*: la distruzione totale
14. *sospendere (dalla scuola)*: una punizione che esclude uno studente dalla scuola
15. *il tacchettìo*: rumore delle scarpe (o tacchi) sul pavimento
16. *tergiversare*: perdere tempo, cercare scuse per rimandare
17. *l'euforia*: entusiasmo
18. *il monolito*: un unico blocco di pietra (qui in senso fig.)
19. *il linciaggio*: l'uccisione di qualcuno da parte di una folla

DOMANDE DI COMPRENSIONE E DISCUSSIONE

1. Qual era la richiesta di Guido e dei suoi compagni alla professoressa di latino?
2. Perchè la risposta della professoressa di latino li ha lasciati 'offesi, ancora più insofferenti ai suoi metodi'?
3. Quale proposta ha fatto Guido per protestare contro l'autoritarismo della professoressa di latino?
4. Come ha reagito la professoressa?

5. Perchè Guido ha chiesto: "Perchè dobbiamo essere così in guerra? Non sarebbe più semplice parlare?"
6. Chi ha vinto alla fine, la professoressa o gli studenti?
7. Perchè Guido era l'unico che sembrava triste?
8. Che conseguenze ha portato l' "esasperazione compressa troppo a lungo"?

DOPO LA STRAGE DI PIAZZA FONTANA (SECONDA PARTE):

In questo brano, l'autore ricostruisce i giorni intensissimi e tragici di un fatto realmente accaduto: la Strage di Piazza Fontana nella quale persero la vita 17 persone, uccise da una bomba scoppiata alla Banca dell'Agricoltura di Milano. La polizia accusò da subito gli anarchici, ma risultò in seguito che i responsabili erano gruppi dell'estrema destra (vedi introduzione al capitolo 3) Questo evento causò un profondo sbandamento fra i gruppi della sinistra che si riflette nel romanzo di De Carlo nella decisione di Guido di abbandonare la politica e, in seguito, anche gli studi.

Un pomeriggio freddissimo di dicembre io e Guido stavamo andando a una riunione, e abbiamo sentito un botto cupo che ha fatto vibrare la strada sotto i nostri piedi, i muri delle case tutto intorno. Non capivamo cosa
5 potesse essere; qualcuno tra i passanti sosteneva che era scoppiata una caldaia.

Alla televisione la sera hanno detto che una bomba era esplosa in una banca del centro e aveva ammazzato decine di persone; la polizia stava facendo indagini ma non
10 c'erano dubbi sul fatto che si trattava di un attentato politico. Lo speaker usava il più drammatico dei toni nel suo repertorio: nero di **esecrazione** come se conoscesse bene i colpevoli anche se non poteva farne i nomi.

Il giorno dopo a scuola abbiamo visto i giornali: le
15 grandi fotografie spaventose di resti umani e sangue e legni frammentati e **calcinacci** nell'interno devastato della banca; le piccole fototessere incolonnate dei morti, gli elenchi dei feriti. E al fondo di tutti gli articoli, come nella voce dello speaker televisivo la sera prima, c'era un'accusa
20 sorda verso chi negli ultimi anni **si era azzardato** a mettere in duscussione l'ordine delle cose.

Subito la polizia ha arrestato un anarchico che non c'entrava niente, tirato fuori testimoni **prefabbricati** che giuravano di averlo visto portare la bomba in banca. Di
25 colpo è sembrato che chiunque aveva opinioni sovversive fosse **corresponsabile** di questa storia orribile, almeno sul piano morale. L'accusa sorda si è trasformata in una vera ondata di ritorno, che la televisione e i giornali hanno propagato con furia liberatoria, contagiando tutti quelli
30 che avevano a lungo **covato risentimento** senza il coraggio di mostrarlo.

Di mattina siamo andati tutti in corteo fino a piazza del Duomo, io e Guido tra gli anarchici arginati in fondo come **appestati**. L'enorme piazza agghiacciante era già
35 occupata da migliaia e migliaia di persone normali addossate una all'altra, grigie e silenziose nella nebbia cittadina carica di veleni. Era la prima volta che vedevo così tanta gente radunata senza alcun suono, senza alcun movimento; l'atmosfera **gravava** sullo spazio in modo quasi
40 intollerabile, congelava sul nascere ogni espressione.

Guido era desolato, guardava la folla muta intorno alla grande cattedrale annerita; ha detto «*Che cavolo*».

L'atmofera del funerale ha schiacciato le persone più libere e inventive, fatto prosperare le organizzazioni
45 pratiche e mentali, i sostegni per idee e **le codificazioni** di rapporti. I piccoli gruppi anarchici si sono dispersi, i loro membri mandati in prigione con accuse false o scappati o anche solo troppo demoralizzati per fare più niente. Gli **stalinisti** del "Movimento degli Studenti" si sono presi
50 tutto lo spazio che c'era, **rintanati** in modo ancor più stabile dentro l'università: i loro ideologi lavoravano alle opinioni da diffondere.

L'interesse di Guido per la politica si è dissolto poco alla volta. Mi sono preso io l'iniziativa di combinare i
55 nostri incontri a scuola, correre da una classe all'altra a lasciare messaggi e scrivere cartelli. Cercavo di convincerlo che era importante continuare a intervenire alle assemblee, non lasciar passare senza opposizione la linea degli **stalinisti**. Ma lui aveva smesso di crederci; diceva che
60 l'idea di farsi coinvolgere lo imbarazzava. Ripeteva adesso il suo gioco di prendere distanza da quello che lo aveva deluso, far finta di non aver mai provato il minimo interesse.

Non aveva un atteggiamento del tutto uniforme
65 neanche in questo: ogni tanto inventava modi di **smuovere le acque** plumbee del nuovo conformismo, provocare idee. Lo faceva sempre più di rado; la maggior parte del tempo era altrove.

La storia con Nina doveva influire sul suo stato d'animo,
70 dargli l'impressione di aver davanti un muro difficile da intaccare con puri discorsi e gesti dimostrativi. Me ne parlava pochissimo nel suo modo elusivo, ma a volte non riusciva a nascondere un vero sguardo disperato. Come sempre non gli faceva piacere che io mi offrissi di aiutarlo;
75 cambiava argomento appena gli sembrava di essersi scoperto troppo.

Ha cominciato a trovare sempre più assurda l'idea di venire a scuola. Non riusciva a capire il senso di continuare a fare una cosa che odiavamo, come se fosse
80 l'unica possibile. Diceva «Chi ci obbliga a farlo? Chi ci

costringe a venire qui per *lamentarci* di venire? Ci sono infinite possibilità che corrono parallele a questa, sparse per tutto il mondo, se solo ne abbiamo voglia».

85 Ero d'accordo con lui, ma queste considerazioni mi sembravano lontane dalla realtà: non riuscivo a immaginarmi di abbandonare davvero la protezione del mio ruolo di studente scontento e andarmene **allo sbaraglio**. Sapevo di non avere qualità artistiche su cui contare, né conoscenze tecniche, e non mi sentivo affatto 90 a mio agio nel mondo esterno. La scuola era l'unico ambiente dove ero relativamente sicuro, a parte la mia famiglia; il pensiero concreto di lasciarla mi provocava lo stesso sgomento che un pollo di allevamento può provare di fronte a un campo aperto.

95 Invece Guido da un giorno all'altro ha smesso di venire. Quando non l'ho visto una mattina ho pensato che non stesse bene, o fosse andato a uno dei suoi appuntamenti segreti con Nina. Invece alla fine delle lezioni era fuori sul marciapiede, appoggiato alla **transenna** 100 come un viaggiatore in visita a un luogo familiare. Mi ha indicato la brutta facciata grigia del liceo, ha detto «Ho *chiuso* con questa storia», e dal suo sguardo ho capito che era vero e definitivo, senza possibilità di ritorno.

105 Di nuovo mi sono sentito in colpa verso di lui: **velleitario** come un bravo figlio di famiglia borghese, incapace di sostenere nei fatti le sue idee.

L'ho accompagnato a casa, e abbiamo parlato fitto per tutta la strada: cercavo di mostrargli che ero partecipe della sua decisione, che avrei fatto lo stesso se ne avessi avuto la 110 forza. Lui era pensieroso, ma non aveva l'aria di essersi aspettato altro da me. Mi ha detto che voleva trovare un lavoro di qualche genere e guadagnare abbastanza per andare in America o almeno in Inghilterra o in Olanda. Sperava di riuscire a portarsi dietro Nina, sottrarla alla 115 scuola di suore e alla sua famiglia. Sapeva benissimo quanto era difficile trovare lavori temporanei nel nostro paese, e quanto Nina era in fondo **ligia alle regole**: ne parlava in un'altalena di convinzione e perplessità, sguardi a me e sguardi **distolti**.

120 Ci siamo salutati davanti al suo portone, ho guidato via pensando che forse non sarebbe cambiato molto tra noi; che avremmo continuato a vederci di pomeriggio e sentirci al telefono, la nostra amicizia sarebbe rimasta solida e viva come prima.

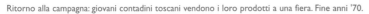

Ritorno alla campagna: giovani contadini toscani vendono i loro prodotti a una fiera. Fine anni '70.

NOTE A DOPO LA STRAGE DI PIAZZA FONTANA

1. *l'esacrazione*: il disprezzo
2. *i calcinacci*: pezzi di muro o intonaco che si staccano
3. *la fototessera*: piccola foto usata per documenti
4. *azzardarsi*: osare
5. *prefabbricato*: fabbricato in anticipo
6. *corresponsabile*: responsabile insieme ad altri
7. *covare risentimento*: nascondere rancore per un'offesa
8. *appestato*: qualcuno da evitare come se avesse la peste
9. *gravare*: pesare
10. *"che cavolo"*: un'esclamazione di sorpresa e incredulità
11. *la codificazione*: l'organizzazione in un codice, o un sistema di leggi
12. *lo stalinista*: il seguace o sostenitore di Stalin, in genere chi voleva un'organizzazione gerarchica e autoritaria dei movimenti spontanei di protesta degli studenti
13. *rintanato*: rinchiuso, come in una tana
14. *smuovere le acque*: creare discussioni, sfidare lo status quo
15. *allo sbaraglio*: affrontando i rischi senza alcuna protezione
16. *la transenna*: barriera o sbarramento usato per regolare il traffico
17. *velleitario*: irrealizzabile come un'utopia
18. *ligio alle regole*: chi rispetta le regole
19. *distolto*: deviato, allontanato

DOMANDE DI COMPRENSIONE E DISCUSSIONE

1. A quale evento storico si fa riferimento all'inizio di questo brano?
2. Secondo il narratore, quale era l'atteggiamento degli speaker televisivi?
3. Chi ha arrestato la polizia all'inizio?
4. Che cosa hanno fatto il giorno dopo Guido e il narratore?
5. Come descrive il narratore la grande manifestazione di piazza dopo l'attentato?
6. Quali conseguenze ha avuto l'attentato sul movimento anarchico e sul movimento studentesco?
7. Come è cambiato Guido qualche tempo dopo l'attentato?
8. Che decisione ha preso Guido e perchè?
9. Perchè, invece, il narratore ha deciso di continuare a frequentare la scuola?
10. Quali sono i progetti di Guido, per sè e per Nina, la sua ragazza?
11. Che cosa pensi delle decisioni di Guido e del protagonista?

LA CAMPAGNA COME UNICA SALVEZZA (TERZA PARTE):

Alla fine del romanzo, sono passati alcuni anni dal periodo della rivolta studentesca. Il narratore, deluso dall'impossibilità di cambiare il sistema e dal fallimento delle lotte del '68, ha deciso di effettuare la sua 'rivoluzione personale': è "emigrato" dalla città (Milano) alla campagna. Con Martina, la sua compagna, ha comprato una vecchia fattoria abbandonata in Umbria, nel centro dell'Italia, ed è diventato contadino. A questo punto della storia, Martina – che aspetta un figlio – e il protagonista stanno raccogliendo i primi frutti delle loro fatiche. Guido li va a trovare dopo anni di vagabondaggio. Per Guido, eternamente insoddisfatto, costantemente alla ricerca di qualcosa, né la rivoluzione, né la fuga in campagna possono rappresentare soluzioni valide.

Guido è rimasto con noi cinque giorni. Gli abbiamo fatto vedere la seconda casa, la vigna in crescita e l'ex campo di grano saraceno che adesso volevamo coltivare a frumento; abbiamo cercato di spiegargli le nostre tecniche
5 di coltura, i progetti più immediati. Lui stava a sentire, stupito di quanto eravamo riusciti a fare da soli in così poco tempo.

Gli ho detto che il merito in fondo era suo, era stato il primo a parlare della campagna come unica salvezza
10 possibile. Lui ha detto «Non era un'idea così *originale*». Non amava riconoscere responsabilità nei confronti di altri, e non gli faceva piacere scoprire di aver avuto ragione in passato. Si guardava intorno nel nostro campo pronto per la semina; già trascinato altrove dai suoi pensieri.

15   Un mattino mentre eravamo seduti io e lui al tavolo della colazione mi ha detto che non aveva nessuna intenzione di restare in Italia. Quando era via ogni volta che gli capitava di leggere un giornale italiano gli sembrava di affondare nella stessa palude di pettegolezzi politici
20 drammatizzati e finti principii e moralismo fasullo e cinismo nero, parole usate solo per il loro suono. Ha detto «E ci sono sempre le stesse facce di bastardi *mafiosi* nelle fotografie, sicuri di continuare a usare l'Italia come **terreno di pastura** finché **campano**. Mi verrebbe solo
25 voglia di *sparargli*, se non fosse che quelli che lo fanno hanno in mente un mondo ancora peggiore di questo. Può darsi che qualunque paese sia meschino e vile e immobile e vecchio quanto il nostro se lo vedi davvero dal di dentro, ma il fatto è che qui non riesco a fare a meno di
30 *accorgermene*».

Gli ho risposto che qui in campagna non **ce ne accorgevamo** quasi; che in qualche anno avremmo potuto diventare del tutto autosufficienti e smettere di pensare all'Italia, occuparci solo della nostra vita. Ho detto che se
35 voleva restare con noi poteva avere la seconda casa per sé, anche Martina ne sarebbe stata felice. Avremmo potuto sistemarla insieme e poco alla volta mettere a frutto tutti i dodici ettari, studiare le coltivazioni che ci interessavano e curare il bosco e prendere altri animali domestici e
40 selvatici e far crescere i nostri bambini in un'unica famiglia felice.

Lui guardava la seconda casa, colpito dall'idea; ma ha detto «Non sono abbastanza distaccato dal mondo, o abbastanza contento. E non ho una famiglia, non ho
45 nessun tipo di equilibrio fisso, non so ancora cosa *voglio*».

Più tardi nella giornata ci ha spiegato che aveva già deciso di andare in Australia, voleva stare a Milano solo il tempo di mettere insieme i soldi per il viaggio. Martina gli ha chiesto perché l'Australia; lui ha detto «Perché è il
50 posto più lontano e *aperto* che mi venga in mente». C'era un tono quasi di sfida nella sua voce: come se si aspettasse di essere trattenuto a forza, sentirsi dire che il suo era un programma assurdo.

Gli ho chiesto invece se lo potevo aiutare, anche se
55 sapevo dall'inizio che avrebbe detto di no.

Il giorno dopo l'abbiamo accompagnato alla stazione. Prima di salire sul treno ci ha chiesto se l'offerta della seconda casa restava valida. Martina gli ha detto che era valida a vita; lui l'ha abbracciata e ha abbracciato anche me,
60 è partito senza dire più niente.

Ogni tanto andavo a telefonargli di mattino presto o di sera: lui stava ancora cercando di raccogliere i soldi per l'Australia, diceva che non era facile. A volte non era in casa e rispondeva sua madre; cercava di sapere da me quali
65 erano i veri programmi di Guido: perché non voleva trovarsi un lavoro e vivere nella sua città come tutti.

NOTE A **LA CAMPAGNA COME UNICA SALVEZZA**

1. *terreno di pastura*: dove vanno a pascolare gli animali (mucche, pecore, ecc), qui fig.
2. *finchè campano*: finché vivono
3. *accorgersene*: rendersene conto, notare qualcosa

DOMANDE DI COMPRENSIONE E DISCUSSIONE

1. Quali erano i progetti immediati del protagonista e di Martina?
2. Quale era il merito di Guido, secondo il protagonista?
3. Che cosa pensava Guido dei politici italiani, e che cosa pensava di quelli che sparano ai politici italiani (un probabile riferimento alle Br)?
4. Quale soluzione ha offerto il protagonista a Guido?
5. Perchè Guido non pensava che la soluzione offerta dall'amico fosse valida per lui?
6. Quali erano invece i progetti di Guido?
7. Dov'era Guido alla fine della storia e cosa stava cercando di fare?

OSSERVAZIONI GRAMMATICALI SU TUTTI I BRANI DA **DUE DI DUE**

Infinito o congiuntivo? Considera le seguenti frasi tratte dai brani di De Carlo:

1. Credo che fossero in buona parte pentiti ...(*La prof di Latino*, righe 45-46.)

2. ...mi sembrava di vedere i nostri compagni (*La prof di Latino,* riga 58)

3. Non capivamo cosa potesse essere ...(*Dopo la strage di Piazza Fontana*, righe 4-5)

4. ...non gli faceva piacere che io mi offrissi di aiutarlo (*Dopo la strage di Piazza Fontana*, riga 74)

5. ...perchè non voleva trovarsi un lavoro e vivere nella sua città ...(*La campagna come unica salvezza*, righe 65-66)

Perchè nelle frasi 2. e 5. il verbo è seguito da un infinito, mentre nelle altre frasi è necessario usare il congiuntivo? Nota che l'infinito è richiesto quando il soggetto del verbo principale e il soggetto del verbo dipendente sono uguali, mentre è richiesto il congiuntivo quando i soggetti dei due verbi sono diversi.

Inserisci nelle seguenti frasi la forma corretta del congiuntivo o dell'infinito, seguendo gli esempi:

Martina ha detto a Guido che era felice .... [lui era lì con loro].
Martina ha detto a Guido che era felice che lui fosse lì con loro.

Guido sembrava .... [lui ascoltava] con interesse i nostri progetti nella fattoria.
Guido sembrava ascoltare con interesse i nostri progetti nella fattoria.

1. Guido pensava .... [Guido non ha avuto idee originali]

2. La professoressa pensava .... [gli studenti erano ignoranti e lazzaroni]

3. La polizia credeva .... [i responsabili degli attentati erano anarchici]

4. Io pensavo .... [non ero in grado di lasciare la scuola]

5. Guido pensava .... [la soluzione migliore era partire per l'Australia].

Osservazione generale: hai notato che questo autore non fa uso del **passato remoto**, ma solo del **passato prossimo**. Perchè, secondo te? Che risultato stilistico ottiene?

I ragazzi della scuola di Barbiana.

LETTERA A UNA PROFESSORESSA
di La Scuola di Barbiana, 1968.

Il libro da cui sono tratti i seguenti brani fu scritto a metà degli anni '60 dagli studenti della Scuola di Barbiana, una scuola media fondata da Don Milani, un prete cattolico, per ragazzi poveri della zona montagnosa del Mugello, in Toscana. Questi ragazzi erano stati bocciati nella scuola media statale, ma ritrovarono una passione nuova per lo studio nella scuola non tradizionale e non autoritaria di Don Milani. Il libro fu estremamente influente sulla prima generazione del '68 per la sua critica al carattere individualista e classista della scuola italiana, e della società in generale. Quando gli autori usano il 'voi' si rivolgono a immaginari interlocutori della classe privilegiata, chiamati nel testo anche 'pierini'; quando usano il 'lei' si rivolgono ad un'immaginaria 'professoressa', anch'essa rappresentante della classe borghese, quella 'professoressa' che li aveva bocciati nella scuola pubblica.

1° Brano: LA LINGUA COME POTERE

[...] bisognerebbe intendersi su cosa sia lingua corretta. Le lingue le creano i poveri e poi seguitano a rinnovarle all'infinito. I ricchi le cristallizzano per poter **sfottere** chi non parla come loro. O per **bocciarlo**.

5 Voi dite che **Pierino** del dottore scrive bene.

Per forza, parla come voi. Appartiene alla ditta.

Invece la lingua che parla e scrive **Gianni** è quella del suo babbo. Quando Gianni era piccino chiamava la radio **lalla**. E il babbo serio: «Non si dice lalla, si dice **aradio**».

10 Ora, se è possibile, è bene che Gianni impari a dire anche radio. La vostra lingua potrebbe **fargli comodo**. Ma intanto non potete cacciarlo dalla scuola.

«Tutti i cittadini sono eguali senza distinzione di lingua». L'ha detto la Costituzione pensando a lui.

2° Brano: LE DUE "SCUOLE"

[...] si potrebbe fare due scuole.

Una chiamarla «Scuola di Servizio Sociale» dai 14 ai 18 anni. Ci vanno quelli che hanno deciso di spendere la vita solo per gli altri. Con gli stessi studi si farebbe il prete,

5 il maestro (per gli otto anni dell'obbligo), il sindacalista, l'uomo politico. Magari con un anno di specializzazione.

Le altre le chiameremo «Scuole di Servizio dell'Io» e si potrebbe lasciare quelle che c'è ora senza **ritocchi**.

La Scuola di Servizio Sociale potrebbe **levarsi il gusto**

10 **di mirare alto**. Senza voti, senza registro, senza gioco, senza vacanze, senza debolezze verso il matrimonio o la carriera. Tutti i ragazzi indirizzati alla dedizione totale.

3° Brano: CRITICA ALL'INDIVIDUALISMO

Anche sugli uomini ne sapete meno di noi. L'ascensore è una macchina per ignorare i **coinquilini**. L'automobile per ignorare la gente che va in tram. Il telefono per non vedere in faccia e non entrare in casa.

5 Forse lei no, ma i suoi ragazzi che sanno Cicerone di quanti vivi conoscono la famiglia da vicino? Di quanti sono entrati in cucina? A quanti **hanno fatto nottata**? Di quanti **hanno portato in spalla i morti**? Su quanti possono far conto in caso di bisogno?

10 Se non ci fosse stata l'alluvione non saprebbero ancora quanti sono nella famiglia al piano terreno.

Io con quei compagni sono stato a scuola un anno e della loro casa non so nulla. Eppure non **si chetano** mai. Spesso sovrappongono le voci e seguitano a parlare come

15 se niente fosse. Tanto ognuno ascolta solo se stesso.

4° Brano: CRITICA AI LIBRI DI TESTO DI STORIA

In genere non è storia. È un raccontino provinciale e interessato fatto dal vincitore al contadino. L'Italia centro del mondo. I vinti tutti cattivi, i vincitori tutti buoni. Si parla solo di re, di generali, di stupide guerre tra nazioni.

5 Le sofferenze e le lotte dei lavoratori o ignorate o **messe in un cantuccio**.

Guai a chi non piace ai generali o ai fabbricanti d'armi. Nel libro che è considerato più moderno Gandhi è sbrigato in 9 righe. Senza un accenno al suo pensiero e

10 tanto meno ai metodi.

NOTE

(PRIMO BRANO)

1. *sfottere*: prendere in giro, deridere
2. *bocciare*: non passare uno studente a un esame o da un anno all'altro
3. *Pierino*: un immaginario figlio di ricchi
4. *Gianni*: un immaginario figlio di poveri
5. '*lalla*': storpiatura infantile di 'radio'
6. *l''aradio*': la radio, errore piuttosto comune di chi crede che si tratti di sostantivo maschile e perciò separa in modo errato l'articolo dal sostantivo.
7. *fare comodo a qualcuno*: essere utile a qualcuno

(SECONDO BRANO)

1. *il ritocco*: la modifica, il miglioramento
2. *levarsi il gusto di*: permettersi di

3. *mirare alto*: avere grandi aspirazioni, essere visionario

(TERZO BRANO)

1. *il coinquilino*: il vicino di casa in un condominio
2. *fare nottata*: passare la notte insieme
3. *portare in spalla i morti*: trasportare i feretri, le casse da morto, al funerale
4. *chetarsi*: stare quieti, tranquilli, senza parlare

(QUARTO BRANO)

1. *messo in un cantuccio*: ignorato
2. *guai a chi*...: una esclamazione di minaccia, attenzione a chi osasse....!

DOMANDE DI COMPRENSIONE E DISCUSSIONE

1. Che lingua parla 'Pierino' e che lingua parla 'Gianni'?
2. Secondo gli autori, perchè la scuola non può bocciare 'Gianni' se non sa la lingua di 'Pierino'?
3. Sei d'accordo con la definizione di 'lingua' data dagli autori?
4. Qual è la differenza, secondo gli autori , fra l'ipotetica 'scuola di servizio sociale' e la 'scuola di servizio dell'Io'?
5. Fra le due scuole, quale sceglieresti di frequentare e perchè?
6. Condividi la critica che fanno gli autori ai simboli della società urbana e industrializzata, quali l'ascensore, l'automobile e il telefono?
7. Che tipo di rapporti hanno con i vicini la 'professoressa' e i 'suoi ragazzi ricchi'? E gli autori (i ragazzi della Scuola di Barbiana) che tipo di rapporto hanno con i loro vicini?
8. Che tipo di critica fanno i ragazzi della Scuola di Barbiana ai libri di testo di storia? Sei d'accordo con la loro critica?

OSSERVAZIONI GRAMMATICALI

Considera la sintassi della seguente frase (primo brano, riga 2) Le lingue le creano i poveri e poi seguitano a rinnovarle all'infinito.

Il soggetto del verbo creano è i poveri, quindi l'ordine convenzionale della frase dovrebbe essere il seguente: I poveri creano le lingue...

Un altro esempio analogo è la frase del secondo brano (riga 7): Le altre le chiameremo "Scuole di Servizio dell'Io"

Nella costruzione usata dagli autori nel primo esempio, la frase comincia con l'oggetto diretto le lingue, segue poi il pronome oggetto diretto le (le lingue), quindi il verbo creano, infine il soggetto i poveri.
Questa costruzione è molto comune nella lingua colloquiale, specialmente quando si vuole enfatizzare l'oggetto diretto (in questo caso le lingue) a scapito del soggetto (i poveri).

Ora passa da una costruzione all'altra, cioè da: soggetto, verbo, oggetto diretto, a: oggetto diretto, pronome oggetto diretto, verbo, soggetto, e viceversa.

1. La parola 'radio' la pronunciava male il padre di Gianni.
2. L'ascensore lo usano i ricchi per ignorare i coinquilini.
3. Le altre le chiameremo "Scuole di Servizio dell'Io".
4. I ricchi usano l'automobile per ignorare la gente che va in tram.
5. La professoressa boccia i ragazzi poveri perchè non sanno bene l'italiano.

LE REGOLE DEL GIOCO DELLA DEMOCRAZIA
(da *Storia del partito armato* di Giorgio Galli, 1986)

In questo saggio, lo storico Giorgio Galli, discute le origini del terrorismo rosso, da lui individuate in una peculiarità del sistema politico italiano: al contrario delle altre democrazie occidentali, l'Italia non ha mai avuto dal dopoguerra ad oggi (al momento in cui scrive) una alternanza di partiti politici al governo, in altre parole, la Democrazia Cristiana ha sempre detenuto le redini del potere, presocchè indisturbata.

Per valutare l'influenza della lotta armata sul sistema democratico rappresentativo in Italia, è necessario partire da una riflessione che attiene alla filosofia politica. Lo Stato moderno – del quale la democrazia rappresentativa
5 è il naturale sviluppo – nasce dall'esigenza di evitare la guerra civile (...).

Per valutare l'importanza dello Stato moderno, dello Stato di diritto **retto** a democrazia rappresentativa, come forma specifica di definizione delle regole del gioco che
10 impediscono la guerra civile, **occorre** tenere presente il fatto che la assenza di regole del gioco fece del Medio Evo un periodo di guerra civile permanente. La legittimità era continuamente contestata nel senso che ogni successione al vertice del sistema politico (**l'ereditarietà** ratificata da
15 una **oligarchia**) era oggetto di contestazione armata. Il Medio Evo può essere visto, sotto il profilo politico, come una serie **ininterrotta** di guerre civili di successione.

Tra le regole del gioco della democrazia rappresentativa, è fondamentale quella che garantisce **le**
20 **élites** temporaneamente vittoriose come quelle temporaneamente sconfitte. Chi perde oggi può vincere domani. Chi non rischia continuamente i propri beni e la propria vita se non è al potere, può anche cederlo senza combattere, con la prospettiva di riconquistarlo.
25 La modalità specifica con la quale questa regola si attua è **l'alternanza** periodica al governo (o il passaggio all'opposizione) di élites politiche organizzate in partiti.

Si può dire: le grandi lotte di fazione che prima della democrazia rappresentativa non erano **normate**
30 (comportando quindi l'eliminazione delle élites sconfitte), nei moderni sistemi politici vengono regolate attraverso l'alternarsi di partiti (o coalizioni di partiti) che sono espressione della **polarizzazione**, nei ruoli di governo e di opposizione.
35 In Italia non vi è stata una guerra civile, ma se ne è parlato e si è pensato vi potesse essere. E le tensioni sociali si sono accentuate dalla fine degli anni Sessanta per tutti gli anni Settanta. Non è possibile non vedere un rapporto tra questo fatto, **l'insorgere** di una lotta armata unica per
40 dimensioni in tutti i Paesi industriali d'Occidente, e il fatto

che non **operi** nel nostro sistema politico una delle fondamentali regole del gioco di questi Paesi, l'alternarsi dei partiti al governo. L'Italia è la sola nazione d'Occidente nella quale lo stesso partito che era al governo alla fine
45 della seconda guerra mondiale vi è rimasto ininterrottamente sino a oggi.[1]

(...) la lotta armata è stato il prezzo che un sistema politico ha pagato per non essere potuto funzionare secondo le regole che vi dovrebbero **presiedere**. Federico
50 Mancini sintetizza così questa interpretazione: «Alcuni politologi, [...] hanno sostenuto che un sistema come il nostro, cioè **pietrificato** al punto da precludere qualsiasi innovazione e qualsiasi ricambio di classe dirigente, non può non indurre tentazioni e, **a lungo andare, insorgenze**
55 **eversive**».

[1]   L'autore si riferisce al periodo dal 1946 al 1985, anno in cui scrive.

NOTE

1. *retto*: sostenuto, governato
2. *occorre*: è necessario
3. *l'ereditarietà*: la trasmissione del potere e dei beni dal padre al figlio
4. *l'oligarchia*: governo concentrato nelle mani di pochi
5. *ininterrotta*: senza interruzione, continua
6. *le èlites*: (dal francese) gruppo ristretto di persone
7. *l'alternanza*: la rotazione, la scelta fra due partiti
8. *normate*: regolate, sottoposte a leggi
9. *la polarizzazione*: l'accentramento, la convergenza verso un estremo o un altro
10. *l'insorgere*: il nascere
11. *operare*: essere attivo, esistere
12. *presiedere*: governare
13. *pietrificato*: incapace di cambiamento, immutabile coma la pietra
14. *a lungo andare*: dopo un po' di tempo
15. *l'insorgenza eversiva*: la rivolta, il tentativo rivoluzionario

DOMANDE DI COMPRENSIONE E DISCUSSIONE

1. Quali sono le origini della stato moderno, secondo Galli?
2. Che cosa caratterizzò il Medio Evo?
3. Qual è la *regola del gioco* più importante per la democrazia rappresentativa?
4. Le antiche *lotte di fazione*, che cosa diventano nella democrazia rappresentativa?
5. Che cosa caratterizza l'Italia, in senso negativo, rispetto alle altre nazioni dell'Occidente?
6. Quali sono state le conseguenze tragiche della peculiarità del sistema politico italiano?
7. Che cosa differenzia il sistema politico americano, ad esempio, da quello italiano?
8. Ti sembra valido l'argomento di Galli?
9. Quali domande avresti per Galli, se potessi intervistarlo?

OSSERVAZIONI GRAMMATICALI

Considera l'uso dei pronomi relativi nelle seguenti frasi (righe 21-22, 3, 25, 43-44)

1. Chi perde oggi può vincere domani. Chi non rischia continuamente i propri beni e....
2. ...è necessario partire da una riflessione che attiene alla filosofia politica.
3. La modalità specifica con la quale questa regola si attua...
4. L'Italia è la sola nazione d'Occidente nella quale lo stesso partito che era al governo...

Nella frase 1. si deve usare il pronome relativo chi in quanto non c'è un antecedente (chi sta per il partito che perde ...il partito che non rischia...). Al contrario, nelle frasi 2. e 4. (secondo pronome), si deve usare che perchè esiste un antecedente (una riflessione che, lo stesso partito che). Nelle frasi 3. e 4 (primo pronome), infine, si usa quale preceduto dall'articolo in quanto è necessario l'uso di una preposizione (la modalità specifica con la quale, ...la sola nazione d'Occidente nella quale) subito dopo l'antecedente.

Inserisci il pronome relativo (che, chi, il/la quale-i/le quali) nelle seguenti frasi:

1. L'alternanza è lo strumento con .... le democrazie possono difendersi dal terrorismo.

2. Il governo .... non sa dare un ruolo importante anche alle opposizioni è simile ad un'oligarchia.

3. .... non vede la possibilità di alternanza, può favorire la lotta armata come unica alternativa.

4. Il Medio Evo era il periodo nel .... le lotte di fazione erano più sanguinose.

NOI TERRORISTI, DODICI ANNI DI LOTTA ARMATA RICOSTRUITI E DISCUSSI CON I PROTAGONISTI

di Giorgio Bocca, 1985.

In questo brano il giornalista Giorgio Bocca intervista in carcere noti membri delle Brigate rosse e discute con loro le cause degli 'anni di piombo' e le loro motivazioni personali ad unirsi alla lotta armata.

Enrico Fenzi, professore di letteratura italiana, è uno dei rari intellettuali arrivati alle Brigate rosse:

"Ma per la lotta armata mi viene un'immagine attuale, fisica, da **scissione nucleare**: **la doppiezza** del Partito
5 comunista che si spezza negli anni Settanta sotto il peso della grande trasformazione e libera energie radicali, estremiste. Negli anni Settanta il PCI non può più coprire con la sua doppiezza le due anime del partito, la riformista e la rivoluzionaria, deve **farsi stato**, diventare difensore
10 delle istituzioni, stare dalla parte dei **carabinieri**, dare via libera all'estremismo. A questo punto la domanda «perché hai scelto la lotta armata?» può avere questa semplice risposta: «perché io ero quella scelta» o anche «perché in quella scelta ho riconosciuto chi ero, da sempre». C'è
15 qualcuno che sappia davvero spiegare quel che si è e perché lo si è? Le BR sono lotta armata, non hanno cercato altra formula, altra ragion d'essere. La lotta armata per le BR non era una forma della politica, ma la politica. Anzi il solo modo per uscire dalla non politica del PCI e
20 della sinistra ufficiale, il solo modo per spezzare **la paralisi partitocratica**. Vedi, l'esamino di ingresso delle BR si basava su questo: ti avvicinavano, ti conoscevano e ti mettevano alla prova della lotta armata».

«Quegli anni», dice ancora Franceschini, «furono
25 oggettivamente violenti, furono gli anni della criminalità di massa. (...) quel periodo era caratterizzato dalla cultura della violenza. Non eravamo solo noi a pensare a una conquista violenta dello stato, ci pensava anche una parte della borghesia, della classe dirigente». Il più attento, fra i
30 brigatisti «storici» o fondatori, alle ragioni ragionevoli è certamente Renato Curcio. «Tu mi chiedi», dice «perché la lotta armata negli anni Settanta e non prima. Io partirei un po' da lontano, dalle molte correnti che confluirono nella nostra scelta. Erano gli anni del Vietnam, del «vince
35 chi spara», delle **megamanifestazioni** in cui si incontravano compagni rivoluzionari di tutti i continenti; del **Che** e della sua paradossale sconfitta militare, da cui il ripensamento strategico che **sfocia** nella guerriglia urbana, brasiliana prima, **tupamara** poi. Il tempo della rivoluzione
40 culturale delle guardie rosse. Chi, giovane, restò

insensibile a tutto ciò, non può **far testo** per quegli anni. Veniamo all'Italia. La classe operaia lottava per uscire da una «ricostruzione» **impastata** di fatiche, discriminazioni politiche, bassi salari. L'operaio massa andava allo scontro.

45 (...) Ho chiesto a Roberto Ognibene: «Ma cos'era il bisogno di liberazione che trovo di continuo nelle vostre lettere, nei vostri documenti?». «È difficile spiegare. Direi liberazione da tutto ciò che gli altri, famiglia, partito, sistema produttivo avevano già deciso per te. Io ne ero
50 ampiamente deluso: mi aveva deluso il PCI burocratizzato e la mia stessa famiglia di cui vedevo i difetti, un padre padrone, una madre soffocante. Ero un ingenuo? Sì, ma in quella ingenuità mi riconosco ancora».

«Non abbiamo voluto sederci nei posti che ci avevano
55 prenotato», dice Aurora Betti. «La lotta armata per me è stata la massima liberazione di una **soggettività** che rifiutava di essere **addomesticata**». Ho chiesto a Giorgio Semeria: «Tu ed io abbiamo vissuto quegli anni nella stessa città. Siamo di età diverse, d'accordo, di idee politiche
60 diverse, ma frequentavamo gli stessi luoghi di cultura, leggevamo gli stessi giornali, assistevamo agli stessi conflitti sociali. Come è possibile che vedessimo il mondo in modo così opposto?» «Non so dirtelo, so solo che avevo nausea dello stato delle cose, terrore di una esistenza già decisa,
65 **ipotecata, ingabbiata**».

NOTE

1. *la scissione nucleare*: divisione del nucleo di un atomo
2. *la doppiezza*: la doppia natura
3. *'farsi stato'*: diventare parte del sistema, abbandonare ogni ideologia rivoluzionaria
4. *i carabinieri*: la polizia
5. *la paralisi partitocratica*: l'immobilità dei partiti al potere, l'incapacità di cambiare
6. *le megamanifestazioni*: le grandi manifestazioni di massa
7. *Il Che*: Che Guevara (1928-1967), leader della Rivoluzione Cubana e di movimenti di guerriglia

in Sudamerica e in Africa
8. *sfociare*: andare a finire, risultare in
9. *la guerriglia tupamare*: i 'Tupamaros', movimento di guerriglia in Uruguai
10. *far testo*: essere rappresentativo, essere un valido osservatore
11. *impastato*: mischiato con (qui figurativo)
12. *la soggettività*: la personalità
13. *addomesticato*: reso mite e mansueto, calmato
14. *ipotecato*: già determinato, deciso in anticipo
15. *ingabbiato*: imprigionato, oppresso

DOMANDE DI COMPRENSIONE E DISCUSSIONE

1. In che cosa consiste 'la doppiezza' del PCI?
2. Come definisce le BR Enrico Fenzi?
3. In che cosa consisteva l'esamino di entrata nelle BR?
4. Secondo Franceschini, quale fu la caratteristica principale degli anni del terrorismo in Italia?
5. Secondo Curcio, quali elementi contribuirono a rafforzare il terrorismo di sinistra negli anni '70?
6. Quali furono gli aspetti negativi della 'ricostruzione' per la classe operaia, secondo Curcio?
7. Sia Roberto Ognibene che Aurora Betti parlano delle loro motivazioni personali all'entrata nella lotta armata. Quali sono gli elementi comuni della loro analisi?

OSSERVAZIONI GRAMMATICALI

Considera la seguente frase, ed in particolare i pronomi sottolineati (righe 54-55):

Non abbiamo voluto seder<u>ci</u> nei posti che <u>ci</u> avevano prenotato.

Hanno la stessa forma, ma si tratta di pronomi diversi. Il primo (seder<u>ci</u>) è <u>pronome riflessivo</u>, il secondo è <u>pronome oggetto indiretto</u> (<u>ci</u> avevano prenotato)

Ora riscrivi la stessa frase abbinando i pronomi a ogni soggetto, secondo l'esempio (pronomi riflessivi: mi, ti, si, ci, vi, si; pronomi oggetto indiretto: mi, ti, gli, le, ci, vi, — loro o gli):

(io) non ho voluto seder<u>mi</u> nei posti che <u>mi</u> avevano prenotato.

(tu) ....

(lui) ....

(lei) ....

(noi) ....

(voi) ....

(loro) ....

C'ERAVAMO TANTO AMATI
(1974), regia di Ettore Scola

INTRODUZIONE
Dalla seconda guerra mondiale al '68: i cambiamenti in campo culturale, sociale e politico che travolgono l'Italia hanno anche un profondo effetto sulla vita di tre amici che hanno condiviso l'esperienza della lotta partigiana. Se la lotta contro il comune nemico fascista li aveva uniti, il dopoguerra, con la sua corsa al benessere, li separa e porta uno di loro a negare se stesso e quello in cui ha sempre creduto. Arrivismo, coerenza ideologica, fedeltà, amore e egoismo sono motivazioni contraddittorie che determinano le scelte dei protagonisti, in un intreccio che ha effetti a volte tragici, a volte comici e grotteschi. La vita di Nicola, Gianni, Antonio e Luciana è una splendida allegoria dei primi venticinque anni di vita della Repubblica Italiana.

PERSONAGGI E INTERPRETI PRINCIPALI:
Antonio (infermiere, portantino): *Nino Manfredi*
Nicola (professore di liceo): *Stefano Satta Flores*
Gianni (avvocato): *Vittorio Gassman*
Luciana (aspirante attrice): *Stefania Sandrelli*
Elide (moglie di Gianni): *Giovanna Ralli*
Romolo Catenacci (padre di Elide): *Aldo Fabrizi*

ALCUNI EVENTI STORICI MENZIONATI NEL FILM:
1946:   REFERENDUM fra monarchia e repubblica.
1947:   La sinistra viene estromessa dal governo.
1948:   ELEZIONI: la sinistra, cioé il Fronte Democratico Popolare, perde; la Democrazia Cristiana ha la maggioranza relativa e forma il governo.

TRE SCENE NEL FILM RIFLETTONO TRE IMPORTANTI EVENTI CULTURALI DEL DOPOGUERRA:
1. Il regista italiano Federico Fellini gira una scena del famosissimo film *La Dolce Vita* con Marcello Mastroianni e Anita Ekbert.
2. Il presentatore televisivo Mike Buongiorno, con il suo gioco a premi *Lascia o Raddoppia*, diventò famoso in tutt'Italia nel dopoguerra e contribuì alla diffusione della televisione come mezzo di comunicazione di massa.
3. Durante la scena al cineforum a Nocera Inferiore, vediamo alcune scene del film neorealista *Ladri di biciclette* di Vittorio De Sica. Verso la fine del film, vediamo anche lo stesso regista che parla in un teatro all'aperto e spiega come ha girato una famosa scena del film (vedi scheda sul film *Ladri di biciclette* a pag. 101).

DOMANDE GENERALI DI DISCUSSIONE

1. Che cosa vedi nelle primissime immagini del film? Che cosa stanno facendo i protagonisti?
2. Quali sono le vicende storiche che hanno unito i tre amici?
3. Commenta le parole del narratore (Nicola) all'inizio del film quando dice: 'la guerra finí, scoppiò il dopoguerra, la pace ci divise.' Non ti sembra un paradosso? In che senso le parole di Nicola anticipano le vicende del film e rispecchiano anche gli eventi politici nazionali e internazionali?
4. Alla fine della guerra, quali carriere intraprendono i tre amici? Quali sono le loro passioni ed i loro ideali (o mancanza di ideali)? Quali sono le scelte importanti e determinanti che fanno nella loro vita? Chi fra di loro è più coerente e perchè? Perchè Antonio non fa mai carriera?
5. Come entra Luciana nella vita di Antonio?
6. Chi dice le seguenti frasi ed in quali circostanze?
   'Vincerà l'amore o l'amicizia? Saremo onesti o felici?'
   'Erano tempi duri, ma noi eravamo poveri e felici, come dicono i ricchi'
   'L'intellettuale è più avanti, è più su, è più giù, è più oltre.'
   'Il ricco è più solo, perchè è più raro, mentre il povero non è mai solo perchè di poveri ce ne sono tanti.'
7. Come descriveresti il personaggio di Elide? Come comunica con Gianni e con il mondo? Qual è la sua *metamorfosi*? Anche Gianni subisce una *metamorfosi*. Quale?
8. All'inizio del film la voce del narratore dice: 'Gianni finirà il suo tuffo alla fine di questa storia che cominciò 30 anni fa.' Che cosa rappresenta il mezzo tuffo di Gianni?
9. Descrivi il contenuto ed il significato dell'ultima conversazione fra Gianni e sua moglie Elide, e fra Gianni e Luciana. Commenta queste parole di Elide: 'Sei tu che non sei importante, Gianni, nemmeno per te stesso.' E per Luciana, Gianni è stato importante in tutti quegli anni?
10. Qual è la tecnica usata dal regista per rivelare i pensieri segreti dei personaggi. In che situazioni la usa?
11. Il regista una volta disse che questo film avrebbe potuto chiamarsi *Ci eravamo tanto delusi*. Perchè, secondo te? Che cosa, dal punto di vista storico, ha deluso i personaggi? Pensa anche alle parole di Nicola quando i tre amici si ritrovano per l'ultima volta al ristorante *Mezza Porzione*: 'Credevamo di cambiare il mondo e invece il mondo ci ha cambiati.'
12. Quali aspetti storici e culturali dell'Italia del dopoguerra ti sembra che il film abbia trattato meglio?
13. Perchè, secondo te, il film cambia dal bianco e nero al colore? (scena quando Luciana lascia la Pensione Friuli)
14. In quale scena del film è rappresentato l'inizio del movimento del '68?
15. Quali elementi nel film creano una continuità fra la guerra partigiana e l'inizio del '68?

TRE FRATELLI
(1981), regia di Francesco Rosi

INTRODUZIONE

La morte della madre riporta tre fratelli al paese d'origine nelle Murge in Puglia. Ad attenderli è il vecchio padre, ora solo nella grande casa di campagna. La convivenza forzata del giorno precedente il funerale porta i tre fratelli a confrontare le loro diverse esperienze di vita: Raffaele è giudice a Roma, ora impegnato in un'indagine contro il terrorismo rosso e per questo in pericolo di vita; Nicola è un semplice operaio alla Fiat di Torino, partecipante attivo alle lotte di fabbrica, forse simpatizzante per quegli stessi terroristi delle Brigate Rosse che minacciano Raffaele; Rocco è educatore in un riformatorio per ragazzi di Napoli, un idealista il cui sogno sarebbe creare una società 'a misura di ragazzo', senza droga, emarginazione e criminalità. Attraverso le loro storie il regista ci dà uno spaccato delle contraddizioni della società italiana degli anni '70.

Il film ha ricevuto diversi riconoscimenti, fra i quali una candidatura all'Oscar come miglior film straniero, diversi David di Donatello e un Nastro Argento come miglior film.

PERSONAGGI E INTERPRETI PRINCIPALI

Raffaele Giuranna (il giudice): *Philippe Noiret*
Nicola Giuranna (l'operaio): *Michele Placido*
Rocco Giuranna (il direttore del riformatorio): *Vittorio Mezzogiorno*
Donato Giuranna (il padre, da vecchio): *Charles Vanel*
Donato Giuranna (il padre, da giovane): *Vittorio Mezzogiorno*
Giovanna (moglie di Nicola): *Maddalena Crippa*
Moglie di Raffaele: *Andrea Ferreol*

DOMANDE GENERALI DI COMPRENSIONE

1. Dove lavora Rocco?
2. Che tipo di incubo ha? C'è una relazione fra il suo incubo e il suo lavoro?
3. A cosa assomiglia l'Istituto di Rieducazione?
4. Perchè i Carabinieri sono venuti a parlare con Rocco?
5. Dove vive il vecchio padre? Che visione ha il padre mentre cammina in campagna?
6. Perchè prende l'autobus per andare in città?
7. Spiega le parole del giudice, amico di Raffaele, a Raffaele mentre parlano in macchina: "E' una condanna a morte. Solo la data di esecuzione, quella, non te la dicono."
8. Cosa pensa la moglie di Raffaele del nuovo incarico del marito?
9. Nicola viaggia con la figlia Marta in macchina. Da dove sono partiti?
10. Come vivono i vecchi a Torino, e come vivono in campagna, secondo Nicola?
11. *Flash back*: che episodio ricorda Rocco in questo flash-back?
12. Arriva Raffaele in macchina. Com'è la campagna pugliese? Com'è la vecchia casa?
13. *Prima conversazione fra Nicola e Raffaele*. Perchè Nicola è separato dalla moglie?
14. Su quali sciocchezze hanno litigato? In che senso il loro litigio riflette alcune differenze di costume fra nord e sud?
15. Secondo Raffaele, qual è la prova che la moglie di Nicola gli vuole bene?
16. Che cosa non sopporta Nicola come meridionale?
17. Nicola e Raffaele cominciano a parlare della situazione politica. Che cosa pensa Nicola della violenza?
18. Nicola crede che la violenza delle Br sia giustificata?
19. Perchè Nicola è minacciato di licenziamento?
20. Che cosa vuol dire 'rifiuto del lavoro' secondo Nicola, e secondo Raffaele?
21. Che cosa fa la bambina quando è sola?
22. *Raffaele parla al telefono con la moglie*. Perchè la moglie è così agitata e come cerca di calmarla Raffaele?
23. *Scena della conversazione al bar con vecchi amici*. Qual è il quesito che pongono a Raffaele?
24. Che cosa avrebbero dovuto fare gli operai di Genova, compagni di Guido Rossa[1], secondo Raffaele?
25. Commenta la definizione di terrorismo fatta da Raffaele: "Il terrore è proprio quello che dice di essere: la sostituzione della persuasione con la paura, ma la paura non è un sentimento normale su cui si fonda una società. La paura è un'eccezione." Sei d'accordo?

---

[1] Si tratta di un fatto storico: le Brigate Rosse, il 24 gennaio 1979, uccisero Guido Rossa, operaio sindacalista della Italsider, perchè aveva denunciato la presenza di un brigatista in fabbrica.

26. *Conversazione di Raffaele con un professore, un suo vecchio amico.* Commenta le parole del professore e la risposta di Raffaele.
    Professore: "L'Italia non è stata sempre questa? Sanguinari, violenti, feroci. Altro che Italia pacioccona! Questo è stato sempre il paese del sopruso. Non ci sono rapporti veri!"
    Raffaele: "Da una parte quest'ansia di guadagnare, di spendere, di arricchirsi in fretta in una notte. Dall'altra la follia di pensare di poter cambiare tutto, tutto e subito. E questo profondo disprezzo per la vita umana!"
27. I tre fratelli vanno a trovare tre persone diverse durante la loro visita al paese: Raffaele va dalla sua ex nutrice, Nicola dalla sua ex fidanzata, Rocco dal parroco da cui suonava l'organo. Le persone che visitano hanno, secondo te, una relazione con la personalità dei fratelli e con le loro scelte di vita?
28. *Colloquio fra Raffaele e Rocco sul lavoro minorile e la sovrappopolazione.* Rocco come pensa di risolvere i problemi di povertà e lavoro minorile?
29. Conversazione fra Marta e il nonno. Come fa il nonno a svegliarsi se non funziona la sveglia?
30. *Sogno/fantasia di Nicola: il ritorno a Torino dalla moglie.* Che cosa dice Nicola alla moglie del suo rapporto con il suo paese? In che senso è cambiato? Commenta le sue parole: "Il vero dramma dell'emigrante sai qual è? E' che gli manca la terra sotto i piedi."
31. *Raffaele guarda alcune fotografie di terroristi e delle loro vittime. Flash back: conversazione con un magistrato amico.* Che espediente usa il magistrato per evitare gli attacchi terroristici?
32. Qual è il contenuto dell'incubo di Raffaele?
33. *Anche il nonno fa un sogno.* Quali immagini ti hanno colpito del suo sogno?
34. *Ancora nella stanza da letto*, i tre fratelli discutono. Commenta questo stralcio della loro discussione:
    Raffaele: "Tu dici che non stai con i terroristi, ma che non vuoi stare con questo stato; eppure è da questo stato che vuoi tutto. E allora ti devi convincere che lo devi difendere se lo vuoi cambiare."
    Nicola: "Io voglio mantenere il mio diritto a condannarlo..."
    Raffaele "Se lo stato democratico salta, allora tutto salta...Qualunque scandalo, qualunque ruberia, qualunque corruzione sarà per la gente meno grave di un assassinio."
36. *Anche Rocco ha la sua fantasia.* Cosa vorrebbe che succedesse nel mondo per renderlo migliore?
37. In una delle ultime scene, Rocco si alza per fare il caffè e dalla finestra della cucina vede Nicola in cortile che piange. Perchè piange, secondo te?
38. Qual è il significato dell'ultimo gesto di Donato, gesto che segna anche la fine del film.

LA MIA GENERAZIONE
(1996), regia di Wilma Labate

INTRODUZIONE
Primavera del 1983. Da Palermo, in Sicilia, a Milano, nel Nord: il viaggio di una giornata in un furgone blindato della polizia. Il prigioniero trasportato è Braccio - condannato a 30 anni di carcere duro a Palermo per appartenenza ad un gruppo terrorista dell'estrema sinistra, trasferito a Milano dove gli sono stati promessi frequenti colloqui con Giulia, la ragazza che ama e che non vede da tre anni. Un Capitano dei Carabinieri, istruito, intelligente e chiacchierone, lo accompagna: i due si

ritrovano stranamente vicini, durante il lungo viaggio, mentre riflettono insieme sugli errori e le scelte della 'loro generazione'. All'arrivo Braccio scoprirà che il suo trasferimento aveva uno scopo ben diverso da quello 'ufficiale' e sarà costretto a prendere una decisione che determinarà il corso della sua vita e di quella di Giulia. Il film ci offre una prospettiva diversa, intima e carica di risvolti psicologici, sugli 'anni di piombo'.

Il film fu scelto per rappresentare l'Italia alla nomina degli Oscar del 1997. Il Ministero Italiano della Cultura lo ha designato *'film d'interesse culturale nazionale'*.

PERSONAGGI E INTERPRETI PRINCIPALI
Capitano dei Carabinieri: *Silvio Orlando*
Braccio: *Claudio Amendola*
Giulia: *Francesca Neri*
Concilio: *Vincenzo Peluso*

DOMANDE DI COMPRENSIONE GENERALE E PUNTI DI DISCUSSIONE
1. Che cosa capiamo di Braccio dalle prime scene del film? Perchè viene trasferito a Milano?
2. Chi è Giulia? Dove abita? Che cosa intuiamo sulla sua vita dalle prime scene?
3. Perchè, secondo il Capitano, hanno dato una sentenza troppo dura a Braccio?
4. Perchè il Capitano dice 'E' un peccato davvero', parlando della vita di Braccio. Perchè Braccio gli risponde allo stesso modo?
5. Spiega le seguenti parole del Capitano a Braccio: "Siamo sui lati opposti della barricata. Soltanto che le barricate non le fa più nessuno. Il terrorismo ha perduto. La rivoluzione, che prima era un desiderio, adesso è diventata un rimorso, e la democrazia ha vinto."
6. Perchè Giulia va al Tribunale di Milano?
7. Chi sono i 'ladroni' che il Capitano vorrebbe mettere in prigione e che cos'è il 'marcio' di cui parla (conversazione sul traghetto)?
8. Che cosa fa nel frattempo Giulia a Milano?
9. Il Capitano parla a Braccio del Carcere di Vasciano dove stanno i 'pentiti'. Che giudizio dà di quel carcere? Come risponde Braccio?
10. Perchè il Capitano deve prendere sul furgone anche Concilio? Che tipo di prigioniero è Concilio?
11. Perchè il processo d'appello di Braccio sarà così difficile e lungo, secondo l'avvocato di Braccio (conversazione con Giulia in Tribunale)?
12. Quali sono le obiezioni che Concilio fa a Braccio? Che 'lavoro' faceva Concilio prima di essere arrestato?
13. Perchè devono fermarsi a Sant'Alba? Perchè, quando il furgone arriva, viene attaccato dalla folla?
14. Che importante rivelazione fa Concilio a Braccio mentre aspettano un altro furgone a Sant'Alba?
15. Conversazione fra Braccio e il Capitano a Sant'Alba. Che cosa vuole sapere da Braccio il Capitano? Commenta le seguenti parole del Capitano: "Lei poteva fare della sua vita quello che voleva. Poteva diventare professore, ricercatore universitario. E cosa si mette a fare? Lo scemo con le pistole in mano! (...) Il fatto è che più siete intelligenti più mi fate rabbia."
16. Qual è il significato dello scambio di fotografie fra Braccio, il Capitano e Concilio?
17. Commenta il seguente segmento di conversazione fra il Capitano e Braccio: "Vi è andata male perchè a un certo punto la vostra storia è diventata solo una storia di morte. E in quelle storie lì non si vince mai."...."Ma non lo vedi che è un Carabiniere, che è lo Stato? Ti fidi dello Stato?"
18. Perchè Giulia va a cercare Gabriele fuori dalla scuola dove insegna? Che cosa gli rimprovera? Come si giustifica Gabriele? Secondo Giulia, che cosa non farebbe mai Braccio?

19. Che cosa vuol dire Gabriele con queste parole: "Tutto è come prima, anzi peggio di prima. Noi giocavamo a *guardia e ladri* e guarda come ci troviamo adesso"?
20. Che cosa pensa Concilio dell'amore? E Braccio?
21. Perchè, quando arrivano a Bologna, Concilio consegna la sua pistola a Braccio?
22. Perchè, nella sua lettera a Giulia, Braccio le aveva chiesto di non andare a trovarlo?
23. Quale rivelazione fa il Capitano a Braccio quando ormai sono arrivati alla periferia di Milano? Quale informazione cruciale dovrebbe dare Braccio al magistrato che si occupa delle indagini? Quali vantaggi riceverebbe Braccio se decidesse di parlare? Quali saranno le conseguenze se si rifiuta di parlare?
24. Commenta le seguenti parole del capitano: "È inutile fare gli eroi quando la guerra è finita. E questa guerra è finita, tu lo sai meglio di me. (...) Tu stai pagando per le colpe degli altri. Sei giovane, Braccio. La tua vita vale molto di più di quello che noi ti stiamo chiedendo (...) Dimmi che hai ancora voglia di vivere."
25. Quali alternative ha Braccio a questo punto?
26. Commenta il seguente stralcio di conversazione fra Braccio e la prostituta: "Buttala quella, che se te la trovano, ti ammazzano. Che cavolo ci hai nella testa?" "Non ho niente nella testa, niente."
27. Perchè, secondo il Capitano, Braccio sta facendo "una cazzata grossa come una casa"?

DIBATTITO FINALE

1. IN QUALI SITUAZIONI POSSONO ESSERE GIUSTIFICATI IL TERRORISMO E LA VIOLENZA POLITICA? RISPONDONO A QUESTA DOMANDA STUDENTI O GRUPPI DI STUDENTI CHE FANNO LE PARTI DI:

Un gruppo di militanti delle Brigate Rosse
Il Capitano del film *La mia generazione*
Nicola, il fratello operaio di Torino nel film *Tre fratelli*
Raffaele, il fratello giudice nel film *Tre fratelli*
Un gruppo di militanti del PCI, ex partigiani

Nota: per questo dibattito, non è necessario assegnare tutte le parti: il Capitano, ad esempio, può fare anche la parte di Raffaele e viceversa.

2. PRESENTA ALLA CLASSE IL TUO MOVIMENTO STUDENTESCO PER GLI STUDENTI DELLA TUA SCUOLA.

Quali sono gli obiettivi del tuo movimento? Quali sono i mezzi che proponi per raggiungere questi obiettivi? Quali sono i tuoi slogans? Vuoi proporre soluzioni per problemi solo studenteschi o anche per problemi sociali più vasti? Hai alleati fra la popolazione della tua città? Qual è l'orientamento politico del tuo gruppo?

SOGGETTI PER TEMI, DISCUSSIONI IN CLASSE, E/O PRESENTAZIONI ORALI (CAPITOLO TRE)

1) Lettura *La famiglia è una camera a gas*: pensa al rapporto fra te e tua madre o i tuoi genitori? Vedi degli elementi simili al rapporto fra Ilaria e la madre? Secondo te, è cambiato il rapporto fra genitori e figli adolescenti della presente generazione?

2) Lettura *La famiglia è una camera a gas*: scrivi lo stesso episodio in prima persona, ma narrato dalla figlia Ilaria

3) Lettura *Le pietre verbali*: prendendo spunto o ispirazione da questa lettura scrivi una conversazione fra te e una persona cara nella quale hai sentito che "una sostanza misteriosa si versava" da te all'altra persona, e che "tale travaso dava versamente *soddisfa*"

4) Lettura *La prof di latino*: hai mai avuto un professore che ti abbia portato all'esasperazione come è successo alla classe dei protagonisti di questo brano? Descrivi un aneddoto a questo proposito.

5) Guido e il narratore di *Due di due*, Walter (*Tutti giù per terra*) e i militanti delle Br (*Le Parole dei protagonisti a confronto*) sono giovani più o meno della stessa età, ma reagiscono in modo diverso al disagio della loro generazione. Confronta le loro scelte (o le scelte di due di loro). Immagina altre scelte di vita di un ragazzo /una ragazza di tua invenzione dello stesso periodo storico.

6) Lettura *Lettera a una professoressa*. Scuola dell'Io e Scuola di Servizio Sociale. Quale sceglieresti? Condividi la critica fatta dai ragazzi della Scuola di Barbiana all'individualismo e al classismo della società dei consumi?

7) Lettura *Tutti giù per terra* (*L'esame orale*). Immagina che Walter risponda al professore alla fine dell'esame orale, invece di restare senza parole. Continua la conversazione o discussione con il professore di filosofia.

8) Lettura *Le pietre verbali*. Considera il seguente dialogo fra i due protagonisti: Pallavicini: "Se non provi, come fai a sapere per cosa sei fatto?" Popi Baraldi: "Non vorrai mica da grande occuparti di queste balle..." Pallavicini sembra interessato allo studio, anche dei classici, mentre Popi ha una spirito più ribelle e critico verso qualsiasi proposta venga dalla scuola. A chi ti senti più vicino?

9) Ecco alcuni slogan del Movimento degli studenti e operai degli anni '70. Scegli lo slogan che ti sembra più rappresentativo dell'ideologia dell'epoca e spiega il perchè della tua scelta. Ora inventa tu uno slogan su un argomento attuale che ti sta a cuore e spiegalo. Oppure, inventa uno slogan che, secondo te, esprime gli ideali, i disagi o i sogni della <u>tua</u> generazione.

   i) 'Compagno Franceschi [1], sarai vendicato dalla giustizia del proletariato!'
   ii) 'Fascisti, borghesi, ancora pochi mesi!'
   iii) 'Guerra no, guerriglia sì!'
   iv) 'Studenti, operai: uniti nella lotta!'
   v) 'Il potere nasce dalla canna del fucile'
   vi) 'Pagherete tutto, pagherete caro!'
   vii) 'Lo stato borghese si abbatte e non si cambia'

10) Scrivi un dialogo immaginario fra Curcio (il terrorista irriducibile delle Br) e un terrorista pentito (consulta *Le Parole dei protagonisti a confronto*)

11) Film *C'eravamo tanto amati*:
   i) Come continueresti la storia dei quattro personaggi, se potessi scrivere il copione del film 'C'eravamo Tanto Amati II'?

   ii) Pensa all'ultima scena del film e immagina la conversazione fra Luciana, Antonio e Nicola in macchina, dopo aver appreso la verità su Gianni.

   iii) Nicola scrive una lettera al figlio Tommasino, ormai adulto, spiegandogli le sue scelte di vita. Tommasino gli risponde.

---

[1] Riferimento allo studente Roberto Franceschi ucciso dalla polizia il 23 gennaio 1973 nel corso di una manifestazione studentesca all'Università Bocconi di Milano.

iv) Gabriella scrive una lettera a Nicola annunciandogli che Tommasino presto si sposerà.

v) Dopo il suo tuffo rinfrescante in piscina, Gianni scrive una pagina del suo diario nella quale descrive gli avvenimenti della sera precedente.

12) Film *La mia generazione*:
   i) Braccio, ritornato al carcere speciale di Palermo, scrive una lettera a Giulia.

   ii) Capitano scrive un rapporto sulla sua missione al suo superiore.

   iii) Una pagina del diario di Concilio dal carcere di Bologna.

   iv) Immagina la vita di Giulia e Braccio dieci anni dopo la vicenda del film (nel 1993)

   v) Quali suggerimenti daresti a Braccio? A Giulia? A Gabriele? Scrivi una breve lettera ad ognuno di loro con i tuoi consigli.

13) Film *Tre fratelli*: il padre Donato scrive una lettera a ognuno dei figli dopo la loro partenza. Anche se non ha preso parte attiva alle loro conversazioni, ha avuto la chiara sensazione, durante la loro visita, che ognuno di loro si trovasse di fronte a scelte particolarmente problematiche. Nella lettera, il padre offre i propri consigli e il proprio aiuto.

Don Milani e la sua scuola.

CAPITOLO
QUATTRO

GLI ULTIMI 25 ANNI

TRASFORMAZIONI NELLA SOCIETÀ CIVILE E NEI COSTUMI

Sinistra: Operai organizzano un picchetto contro la chiusura della fabbrica Ansaldo di Sesto San Giovanni, 1990.

Sotto: Manifesto del Partito dei Verdi, anni '80.

CAMBIARE COLORE È UNA CONSEGUENZA

Le trasformazioni in campo politico e sociale che hanno investito l'Italia degli anni '80 e '90 sono forse paragonabili, per celerità e ampiezza, ai grandi cambiamenti portati dal boom economico del dopoguerra.

L'ultimo quarto di secolo ha visto la dissoluzione delle grandi utopie: il comunismo ha cessato di rappresentare quella società ideale, alternativa al capitalismo, sognata dal movimento giovanile del '68[1]; anche la chiesa cattolica ha perso la capacità di ispirare e trainare gran parte della società civile con il suo messaggio di solidarietà sociale.

Questa crisi ideologica ha origini prima di tutto nel declino dei grandi movimenti operai della fine degli anni '60. Le innovazioni tecnologiche e l'automazione dei processi produttivi hanno determinato una riduzione numerica della classe operaia.[i] Molte fabbriche del nord hanno chiuso; altre, spinte dalla globalizzazione, si sono smembrate o si sono trasferite all'estero per ridurre i costi di produzione. La classe operaia, già ridotta numericamente, ha perso quell'orgoglio e identità di classe che nascevano dalla certezza di essere una grande forza di rinnovamento della società.[2] Infine, dopo la caduta del muro di Berlino, il comunismo cessó definitivamente di rappresentare quell'alternativa al capitalismo in cui molti credevano ancora.

La prima conseguenza di questa crisi delle grandi utopie è stata lo spostamento dell'attenzione dei movimenti progressisti verso problematiche relativamente nuove per l'Italia: nel 1986 si è formato il **Partito dei Verdi** che ha come obiettivo la difesa dell'ambiente e dei beni paesaggistici, ai quali si era posta poca attenzione negli anni precedenti. Queste problematiche erano state sottovalutate anche dal movimento studentesco e operaio, più

---

[1] Vedi film *Caro diario*, p. 222.

[2] Vedi 'Le parole dei protagonisti a confronto' (17.), (20.), p. 185.

concentrato al raggiungimento dell'utopia socialista che a porre freno al disastro ecologico perpetrato negli anni precedenti.

Alla crisi delle grandi utopie però non tutti hanno risposto con un impegno diverso nel sociale: molti hanno smesso di pensare in termini collettivi, con la conseguenza che gli interessi del singolo, e tutt'al più della famiglia, hanno preso il sopravvento. Così, dalla metà degli anni '80, si è assistito ad un forte incremento dei consumi, anche favorito da una ripresa economica a livello nazionale ed europeo; l'Italia è diventata, secondo alcuni, la 5a potenza economica a livello mondiale; gli standard di vita, specialmente nelle grandi città, hanno raggiunto livelli veramente alti.[3]

I giovani, che prima trovavano un facile terreno di aggregazione nel gruppo politico della scuola, del quartiere o della fabbrica, cercano ora coetanei che condividano un comune interesse per il possesso di una giacca di marca o di un certo tipo di orologio o accessorio;[4] l'elemento più preoccupante è che vanno a votare in percentuali sempre più basse.

Sempre nel quadro di questo disimpegno nel sociale, si è assistito a fenomeni nuovi per gli italiani, quali la passione per vacanze e prodotti esotici,[5] e il culto della bellezza e della salute, che si è manifestato nel fiorire di palestre, corsi yogha ed altre discipline orientali, di prodotti cosmetici, di diete "alternative".

In questo quadro di ritorno al privato e di enfatica ricerca del piacere individuale, la televisione ha assunto un ruolo di ancora maggior centralità nella famiglia italiana,[6] con l'inizio dei canali privati che ha coinciso anche con la diffusione della televisione a colori (fine anni '70); sono diventati popolarissimi programmi importati, quali telenovelas dal Sud America e soap opera dagli USA, "reality shows", "talk shows", varietà e balletti di ogni tipo, tutti spettacoli nei quali si cerca di colmare l'assenza dei contenuti con l'esibizione costante di corpi femminili seminudi.[7]

Aspetti più preoccupanti e tragici di questo disagio collettivo sono il numero elevatissimo di giovani morti sulle autostrade per eccesso di velocità o ubriachezza dopo nottate passate in discoteca, e l'uso delle droghe, soprattutto le pesanti, che ha raggiunto negli anni '80 livelli quasi epidemici nelle periferie delle grandi città.

Infine, il ruolo della donna è cambiato radicalmente, specialmente nei grandi centri urbani del nord, dove i costi della vita sono diventati altissimi e dove la figura della casalinga è conseguentemente quasi scomparsa: entrambi i coniugi ora lavorano, e la donna , se madre, deve ricorrere a baby sitters o badanti, dato che il sistema di servizi sociali è più inadeguato ora che negli anni '70. Continuando a lavorare anche quando ha figli piccoli, la donna si sente spesso schiacciata fra le pressanti esigenze della carriera, da una parte, e della famiglia dall'altra.[8]

Sinistra: Boggi, negozio di abbigliamento maschile, via Montenapoleone, Milano, 2005.

Destra: Signore della "Milano bene" fanno compere in via Montenapoleone, anni '90.

Una giovane donna si allena in palestra, anni '90.

[3] Vedi lettura *Se il pane non basta*, p. 193.
[4] Vedi 'Quadretto culturale': *Il telefonino, la 'bella figura' e i 'messaggini': riflessioni sui 'gadgets' degli italiani*, p. 179.
[5] Vedi lettura *L'assassino*, p. 217.
[6] Vedi film *Caro diario*, p. 222.
[7] Vedi letture *Protagonisti*, p. 213 e *Bilanci*, p.206.
[8] Vedi letture *Il capolavoro della propria vita* e *Sabato pomeriggio*, p. 215 e 'Le parole dei protagonisti a confronto' (19.), p. 185.

Sinistra: Elezioni politiche 1983. Manifesti elettorali presso un caffé all'aperto, Reggio Emilia.

Destra e sotto: Cartelli stradali in italiano e in dialetto nelle zone della Lombardia amministrate dalla Lega Nord.

NUOVI GOVERNI E NUOVI PARTITI

A questi grandi cambiamenti nei costumi e nella composizione delle classi sociali non poteva non corrispondere una trasformazione in campo politico: i primi segnali di una scossa più profonda, che negli anni '90 sconvolgerà tutto l'establishment politico, si fecero sentire già negli anni '80: la Dc, pur rimanendo partito maggioritario al governo, perse molta della sua indiscussa egemonia politica.

Nel **giugno 1981, Spadolini** del **Pri** (Partito repubblicano italiano) diventò il **primo ministro non democristiano dal dopoguerra**, seguito nel 1983 da **Bettino Craxi, segretario del Psi**, che resterà primo ministro fino al 1987, a guida del governo più lungo nella storia della Repubblica.

Bettino Craxi apparteneva alla corrente moderata all'interno del partito e, ancora prima di diventare primo ministro, aveva dato una impronta nuova e moderna all'immagine del Psi. All'inizio degli anni '80, Craxi aveva cercato di allineare il Psi con i grandi partiti socialdemocratici del nord Europa, minimizzando la sua eredità storica di partito operaio. Il simbolo del partito cambiò: la vecchia falce e martello, fu sostituita da un rassicurante garofono rosso. Craxi non fu un grande intellettuale, ma un pragmatista che si preoccupò sempre di mantenere una immagine di modernità e efficienza e di consolidare il suo potere personale all'interno del partito; introdusse il culto dell'immagine e dello spettacolo tipico delle campagne presidenziali statunitensi. Molti esponenti del Psi imitarono con entusiasmo lo stile di Craxi e finirono per diventare più interessati al mantenimento e al consolidamento del proprio potere che all'attuazione di un programma politico progressista.[9] Il governo Craxi infatti, nonostante sia durato 4 anni consecutivi, non riuscì ad attuare grandi riforme, a parte un tentativo di porre fine all'evasione fiscale, costringendo piccoli commercianti ed imprenditori a pagare le tasse.[ii]

Un secondo risultato ottenuto dal governo Craxi fu l'eliminazione della "scala mobile" cioè del sistema automatico di adeguamento dei salari all'aumento dei prezzi. Infine, il governo presieduto dal leader socialista ottenne una modifica del **Concordato fra Stato e Chiesa**, un accordo stipulato fra la Chiesa e Mussolini nel 1929 ed ancora in vigore, secondo il quale la religione cattolica era religione di stato.

Questa norma venne abolita nel nuovo accordo e l'insegnamento della religione cattolica nelle scuole pubbliche divenne opzionale.

Altre novità in campo politico - a cavallo fra gli anni '80 e '90 - furono la formazione di un nuovo partito - la **Lega Nord** - e la trasformazione in senso moderato del più grande partito d'opposizione, il **Pci**.

La Lega Lombarda, ribattezzata **Lega Nord** nel **1989**, prende il nome dalla lega dei paesi lombardi che si formò nel 1167 per resistere l'Imperatore Federico Barbarossa; il simbolo del partito è l'immagine di Alberto da Giussano con la spada tratta, il guerriero capo della Lega

---

9   Vedi lettura *La festa dei potenti*, p. 195 e film *Il portaborse*, p. 226.

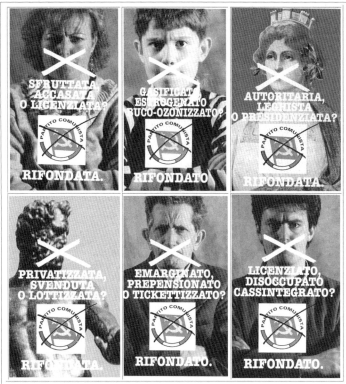

Sinistra: Manifesto elettorale di Alleanza Nazionale, 2001.

Destra: Manifesti di Rifondazione Comunista, 1991.

che sconfisse il Barbarossa. Questo passato mitologico, secondo la Lega, porta con sè un'importante lezione anche per il presente: così come i comuni lombardi lottarono per la loro indipendenza nel medioevo, le regioni del nord d'Italia dovrebbero ora organizzarsi e difendendersi dallo strapotere del governo centrale di Roma.

La Lega ha inventato anche un'identità celtica per le popolazioni del nord, sostenendo che appartengono ad un gruppo etnico più vicino alle culture del nord d'Europa che alle culture mediterranee. Il suo programma politico di separazione dal resto della penisola si basa in parte su questa mitologia. Nelle sue forme più estreme l'ideologia della Lega si colora di razzismo e xenofobia quando, oltre alla diversità, si sostiene una presunta superiorità dell'abitante del nord - operoso lavoratore - nei confronti del meridionale, descritto come mafioso o, nel migliore dei casi, poco incline al lavoro, ma in grado di sopravvivere grazie alle pensioni e ai sussidi erogati dallo stato e pagati con le tasse delle popolazioni del nord. Alcuni rappresentanti della Lega hanno anche espresso posizioni di aperto razzismo nei confronti di recenti immigrati, colpevoli di 'rubare' lavoro ai cittadini del nord.

La Lega è nata come espressione di quei ceti medi del nord Italia, arricchitisi negli anni '80 con l'espansione della piccola e media industria soprattutto nel nord est, portatori di valori fortememente materialisti, di spirito imprenditoriale, di una radicata etica del lavoro e del risparmio, che si opponevano da sempre al forte controllo accentratore da Roma e alle tasse che venivano da un governo da loro percepito come oppressore ed inibitore delle loro capacità imprenditoriali. La capitale è definita "Roma ladrona"[10] nei coloritissimi discorsi del leader della Lega **Umberto Bossi** che, con il suo linguaggio spesso volgare e la sua ostentazione di ignoranza, si pone sempre in forte contrasto con la formalità dei politici tradizionali.

La Lega pose come obiettivo centrale del suo programma politico la secessione dall'Italia e la costituzione di una **Repubblica del Nord**. Questo obiettivo, del tutto incostituzionale perchè avrebbe significato la fine dell'unità della Repubblica Italiana, è stato ora abbandonato a favore della costituzione dello **Stato federale**, cioè di una maggiore autonomia legislativa da parte delle varie regioni, pur nel mantenimento dell'unità nazionale prevista dalla Costituzione. La Lega Nord ha riportato importanti successi specialmente alle elezioni locali, ottenendo spesso di controllare le amministrazioni di importanti città del nord d'Italia.

10 Vedi 'Le parole dei protagonisti a confronto' (14.), p. 184.

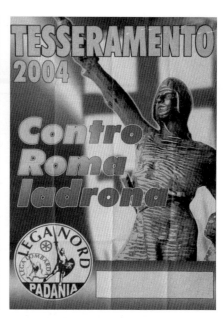

Sinistra: Propaganda elettorale della Lista Di Pietro Italia dei Valori, 2001. Di Pietro - uno dei giudici milanesi promotori di Mani pulite - ha fondato questo partito nel 2000.

Destra: Enrico Berlinguer, leader del PCI deceduto nel 1984, si era più volte espresso contro la corruzione nei partiti governativi. Manifesto del PDS, 1992.

Se nuovi partiti sono nati, altri hanno trasformato simboli e programmi. Il Pci, a seguito della caduta del muro di Berlino e della fine dei regimi comunisti dell'Est, ha cambiato nome ed ha eliminato il simbolo tradizionale della falce e martello, come già aveva fatto il Psi negli anni '80. Nel **1990** il Pci come tale ha cessato di esistere: è diventato **Partito Democratico della Sinistra**, modificato successivamente in **Ds (Democratici della Sinistra)** - un evento questo di enorme portata anche internazionale se si considera che il Pci era il più grande partito comunista dell'occidente. Il primo simbolo del nuovo partito era una quercia che affondava le sue radici in un minuscolo cerchio con la falce e il martello (vedi simbolo su questa pagina), a significare le origini storiche del movimento. Ora anche quel minimo richiamo alla tradizione comunista è scomparso ed è stato sostituito da una rosa (vedi simbolo a pagina 167). Alcuni militanti del Pci, in disaccordo con la svolta moderata presa dalla maggioranza, e decisi a non rinnegare la tradizione comunista del partito, hanno deciso, nel **1991**, di fondare **Rifondazione Comunista**. Nel **1998**, da una scissione di Rifondazione Comunista è nato il **Partito dei Comunisti Italiani**.

All'estremo opposto dell'arco politico, anche il **Msi-Destra Nazionale** ha subito un'evoluzione in senso moderato. Dal 1995, il partito di estrema destra si chiama **Alleanza Nazionale**. Sotto la direzione del moderato **Gianfranco Fini**, il nuovo partito ha tagliato ogni legame nostalgico con il passato fascista, del quale invece il vecchio Msi si considerava l'erede e il portavoce. Fini è determinato a creare un grande partito di destra che offra garanzie di moderazione tali da poterne assicurare la permanenza nell'area governativa.

MANI PULITE O TANGENTOPOLI

I cambiamenti in ambito politico descritti più sopra sembrano irrilevanti se confrontati con la grande 'rivoluzione di velluto' che travolse tutti i partiti politici dell'area governativa negli anni '90 - uno scossone che solo pochi anni prima sarebbe sembrato inimmaginabile[11]. **Dc, Psi, Pri, Pli,** e **Psdi** erano già in crisi a causa dei cambiamenti sociali di cui si è accennato più sopra. Ma il colpo di grazia fu dato loro dalle grandi inchieste - promosse da un gruppo di giudici milanesi - sulla corruzione nei partiti politici.[12] La rete fittissima di rapporti fra corrotti e corruttori rivelata dalle inchieste prese il nome di '**Tangentopoli**', cioè 'città delle tangenti'; la serie di arresti e processi che ne seguirono fu denominata operazione '**Mani pulite**'. Non fu quindi un movimento popolare che pose fine al vecchio sistema dei partiti, ma una rivoluzione 'dall'alto'.

11 Vedi 'Le parole dei protagonisti a confronto' (6.), p. 182.   12 Vedi 'Le parole dei protagonisti a confronto' (7.), p. 182.

168

Era da tempo noto che molti esponenti politici, specialmente a livello locale, consideravano la nomina politica un privilegio personale che li autorizzava alla riscossione di **tangenti** (chiamate anche '**mazzette**' o '**pizzi**'); nessuno si immaginava, però, che la corruzione fosse così diffusa. I politici e gli uomini d'affari coinvolti spesso si stupivano al momento dell'arresto, quando cioè veniva loro spiegato che la riscossione di tangenti era una pratica del tutto illegale. Molti si giustificarono dicendo che 'lo facevano tutti da sempre'.[13]

'Tangentopoli' funzionava (e purtroppo funziona ancora) così: quando l'ente locale, sia esso comune o provincia, deve effettuare lavori pubblici, indice una gara di appalto, cioè invita imprese private a proporre il proprio progetto; in un sistema privo di corruzione, il progetto che offre la più alta qualità al miglior prezzo viene prescelto. Nel sistema 'tangentopoli', invece, vince il progetto della ditta disposta ad erogare la più alta tangente (equivalente spesso al 10% del totale della spesa) a uno o più esponenti politici;[14] si è saputo più tardi che le ditte inserivano regolarmente nel loro bilancio delle cifre destinate appositamente alle tangenti ai politici, come fossero regolari spese d'esercizio.

Manifesto del PCI contro la corruzone dei politici eletti, 1976.

Le indagini partirono da Milano (dal cosiddetto '**pool**' dei **giudici milanesi**) e si allargarono a macchia d'olio in tutta la penisola, scoprendo anche un vasto sistema di finanziamenti illegali dei partiti che coinvolgeva gran parte del mondo industriale e finanziario[15]. A poco a poco, esponenti politici di tutti i partiti governativi, ma specialmente Dc e Psi, vennero coinvolti nelle inchieste.[16] La grande delusione per molti fu l'emblematico decadimento del Psi, da partito progressista con una tradizione storica di rappresentanza della classe operaia e di lotta per i diritti civili, a partito opulento, corrotto, afflitto dall'arroganza di potere[17]. Molti parlarono addirittura di "mutazione genetica del Psi". Bettino Craxi era stato l'artefice di questa involuzione dei valori del partito. Implicato anch'egli nelle indagini di 'Mani Pulite', per evitare l'arresto, fuggì nella sua villa al mare in Tunisia, dalla quale non si mosse più fino alla sua morte avvenuta qualche anno dopo.

'Mani pulite' fu la rivoluzione silenziosa, priva di manifestazioni e di scontri di piazza, che travolse il sistema politico italiano: tutti i partiti governativi - Dc, Psi, Psdi, Pri e Pli - uscirono dalla scena politica. Quello che non aveva potuto il movimento studentesco e operaio in venti anni di lotte e il Pci in quasi cinquant'anni di battaglie istituzionali, lo raggiunse ora un piccolo gruppo di giudici milanesi. 'Manipulite' ebbe soprattutto il merito di riportare fiducia nella magistratura, dopo decenni nei quali era stata vista come un grande organo burocratico incapace di portare a compimento le indagini sulle stragi di Stato, e quindi di fare giustizia.

FORZA ITALIA E SILVIO BERLUSCONI

Lo spazio lasciato libero dalla crisi delle utopie internazionali e dalla caduta dei partiti tradizionali fu in parte occupato da un nuovo partito di centro destra, **Forza Italia**, fondato nel 1993 da **Silvio Berlusconi**.[18] Forza Italia è lo slogan usato dai tifosi durante le partite internazionali di calcio e racchiude in sé quello spirito di ottimismo e di intraprendenza che Berlusconi vuole portare in campo politico. Berlusconi ha capito che la passione nazionale per il calcio poteva diventare quell'elemento culturale unificante per gli italiani che una volta era rappresentato dal cattolicesimo.

Berlusconi è uno degli uomini più ricchi del mondo. Il gruppo Fininvest da lui fondato costituisce un piccolo impero economico: comprende aziende che controllano tre canali televisivi[19], cinema, editoria, sport (Berlusconi è il presidente della squadra di calcio del

Propaganda elettorale di Forza Italia, 2001.

---

[13] Vedi lettura *Tangentopoli*, p.204.
[14] Vedi 'Le parole dei protagonisti a confronto' (5.), (9.), p. 182.
[15] Vedi letture *La tangente*, p.186, "*Dagli al corrotto*", parola di donna, p. 189 e *La tangente matrimoniale*, p. 191.
[16] Vedi 'Le parole dei protagonisti a confronto' (1.), (2.), p. 181.

[17] Vedi film *Il portaborse*, p. 226 e 'Le parole dei protagonisti a confronto' (3.), (4.), (8.), pp. 181-182.
[18] Vedi 'Le parole dei protagonisti a confronto' (10.), p. 182.
[19] Vedi lettura *La televisione è il governo*, p. 198.

Propaganda elettorale di Forza Italia, 2001.

Milan), immobiliari e servizi finanziari[iii]. Quando ha fondato Forza Italia, Berlusconi era anche l'uomo più popolare d'Italia, almeno fra i bambini: un' inchiesta nelle scuole elementari lo piazzò al primo posto fra i personaggi più amati, con maggiori preferenze addirittura di Gesù[iv]. Berlusconi si è presentato da subito come un personaggio nuovo e dinamico nella politica italiana: aveva costruito una fortuna immensa dal nulla e proponeva di offrire il suo genio manageriale per 'riaggiustare l'Italia'; prometteva un milione di posti di lavoro, e invocava la privatizzazione delle aziende pubbliche per sanare il bilancio dello stato. Altri punti del suo programma si richiamavano a idee del liberismo classico: in un contesto di capitalismo avanzato nel quale i grandi imprenditori non tollerano il controllo statale, il programma di Forza Italia prevedeva una limitazione dell'intervento dello stato e una generale riduzione delle tasse. Alla ricerca di nuove 'chiese' in cui credere, gli italiani non hanno esitato ad abbracciare il mito del benessere per tutti proposto da Berlusconi, apprezzando il suo ottimismo e il suo senso dell'umorismo, qualità che erano sempre mancate ai leader politici tradizionali, caratterizzati spesso da grigiore e mancanza di schiettezza.

Imitando e migliorando lo stile politico introdotto da Craxi, Berlusconi volle enfatizzare le sue qualità personali come leader, piuttosto che l'ideologia o il programma politico del partito stesso; gli italiani avevano sempre votato per i partiti, in quanto portatori di una certa ideologia, piuttosto che per i singoli candidati; nel 1994, primo anno di campagna elettorale di Forza Italia, lo sguardo benevolo di Berlusconi fece capolino un po' ovunque (alla televisione nei suoi canali privati, ed in cartelloni pubblicitari nelle strade), mentre gli altri candidati del suo partito sembravano inesistenti. Lo stesso stile si è ripetuto anche nella campagna elettorale per le elezioni europee e provinciali del giugno 2004. Forza Italia, in coalizione con altri partiti di centro e di destra (**Lega Nord** e **Alleanza Nazionale**) ha vinto le elezioni due volte, e Berlusconi è stato **Primo Ministro** due volte: nel 1994, per pochi mesi, e dal 2001 al momento in cui scrivo (luglio 2004). Il successo di Forza Italia alle elezioni del 1994 è anche da attribuirsi al fatto che, dopo Mani Pulite, la sinistra era vista come parte del vecchio establishment dei partiti, anche se non era mai stata al governo ed era stata toccata solo marginalmente dalle inchieste di Tangentopoli.

Anche se Forza Italia si presentava come una formazione politica nuova, alcune pratiche comuni nei governi precedenti sono continuate; per sua stessa ammissione, Berlusconi si è costruito intorno una cerchia di amici che lo aiutano e che gli sono fedelissimi: gran parte dei deputati in Parlamento di Forza Italia sono stati suoi collaboratori e dirigenti nelle sue aziende; sembra così che a livello governativo egli abbia voluto riprodurre la propria struttura aziendale.[20] Bisogna ricordare anche che la fortuna di Berlusconi è iniziata durante

---

[20] Vedi lettura *Berlusconi e Forza Italia*, p. 203.

gli anni del governo Craxi, suo personale amico e principale indiziato nelle indagini di Mani Pulite; Craxi, nel 1984, quando era Presidente del Consiglio, legalizzò con decreto governativo le emittenti private dell'amico Berlusconi, annullando il monopolio della RAI di Stato, fino allora in vigore. Gli elementi di continuità fra il vecchio assetto politico e il nuovo sono forse maggiori di quanto le apparenze possano far credere.

Da varie parti, e non solo dalle sinistre, viene contestato a Berlusconi un conflitto di interessi fra la sua carica di capo dello stato e il suo ruolo come proprietario di un enorme impero economico. Molti considerano eticamente inaccettabile che un capo di governo detenga anche il monopolio dell'informazione, essendo proprietario della maggior parte delle reti televisive, e di gran parte della stampa e dell'editoria. Risulta anche preoccupante la nomina di dirigenti della RAI di sua fiducia, durante il suo primo governo. Anche i suoi continui attacchi alla Magistratura, che accusa di essere in mano alle sinistre, sembrano partire da un tentativo di difesa di interessi personali; bisogna ricordare, a questo proposito, che Berlusconi è stato imputato di corruzione di un giudice romano nel cosiddetto processo Sme; in relazione a questa vicenda, Cesare Previti, suo ex avvocato personale, coordinatore di Forza Italia e Ministro della Difesa nel suo primo governo, è stato già condannato in primo grado a cinque anni.

Se è vero che durante le inchieste di Tangentopoli il potere esecutivo perse di credibilità e la magistratura, al contrario, acquistò grande prestigio agli occhi dell'opinione pubblica, sembra ora che obiettivo del programma di Berlusconi sia di invertire questa tendenza: ridare prestigio al governo, da un lato, e limitare, dall'altro, le attività dei magistrati, sottoponendoli ad un controllo dell'esecutivo.[21]

Per questi motivi, molti interpretano il suo coinvolgimento in politica come un tentativo di proteggere il suo impero economico, in un momento in cui (nel 1993) Craxi, travolto dalle inchieste di Mani Pulite, non poteva più essere il suo referente politico.[22]

Sinistra: Propaganda elettorale di Forza Italia, 2004.

Centro: La coalizione Uniti nell'Ulivo propone il suo slogan di incoraggiamento alla Nazione: Forza, Italia, 2004.

Destra: Manifesto della coalizione di centro sinistra "Uniti nell'Ulivo", 2000.

---

[21] Vedi 'Le parole dei protagonisti a confronto' (11.), (12.), p. 183.   [22] Vedi lettura *Berlusconi e Forza Italia*, p. 203.

Manifesto del PCI contro l' "immobilità istituzionale", 1985 (disegno del vignettista Chiappori).

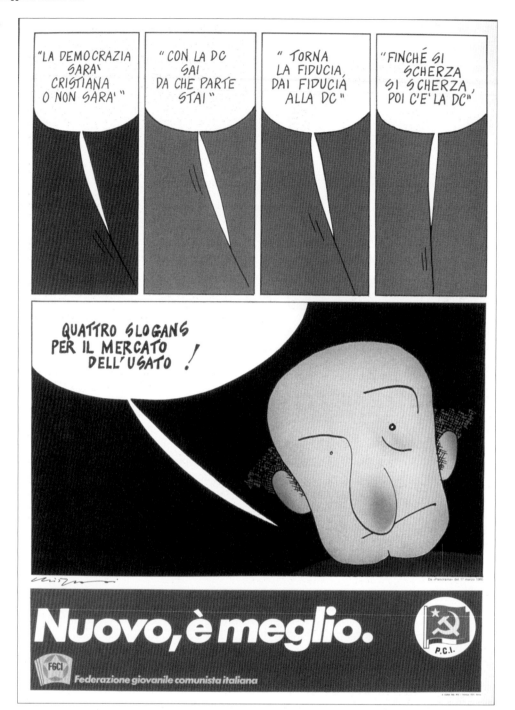

LA FORMAZIONE DI COALIZIONI E L'INIZIO DELL'ALTERNANZA

La riforma elettorale realizzata dal **governo Ciampi** nel **1993** (a seguito di un referendum popolare) fu un altro importante elemento che contribuì al cambiamento del quadro politico. Prima della riforma vigeva in Italia il **sistema proporzionale**, chiamato anche 'democrazia pura' perchè garantiva la presenza alla Camera di esigue minoranze politiche; con il sistema proporzionale, il parlamento era uno specchio fedele del voto dei cittadini. Questo sistema, però, aveva il difetto di favorire la frammentazione del quadro politico, di scoraggiare la formazione di coalizioni, e quindi di creare governi di breve durata perchè fondati su maggioranze esigue ed instabili. Al posto del sistema proporzionale puro, la riforma ha introdotto un sistema misto: il 75% dei deputati e senatori è ora eletto in base al principio

Destra: Manifesto di Alleanza Nazionale in appoggio alle truppe italiane stanziate in Iraq, 2004.

Sinistra: Manifesto dell'Unione dei Democratici Cristiani, un partito della coalizione Casa della Libertà.

maggioritario e il 25% in base al principio proporzionale. Secondo il **sistema maggioritario**, il partito che ottiene la maggioranza relativa viene rappresentato in Parlamento con il 51% dei seggi e possono essere rappresentati in Parlamento solo quei partiti che abbiano raggiunto almeno il 4% dei voti.

Il nuovo sistema elettorale incoraggiò i partiti a formare coalizioni, anche se non eliminò il problema della frammentazione. I partiti di **centro destra** (**Forza Italia**, **Lega Nord** e **Alleanza Nazionale**) si presentarono uniti alle elezioni del 1994 con la denominazione di **Polo della Libertà**, diventato poi **Casa della Libertà** alle elezioni del 2001; **i partiti di sinistra o centro sinistra** (**Democratici di sinistra**, **Rifondazione comunista**, **La Margherita** e altre formazioni politiche minori) formarono la coalizione dell'**Ulivo**,[23] scegliendo come simbolo un rametto dell'albero rappresentativo delle culture mediterranee.

La nuova legge elettorale e la conseguente comparsa di coalizioni hanno anche determinato un periodo di alternanza fra governi di centro-destra e di centro-sinistra. Questa alternanza era sempre mancata dalla fondazione della repubblica; i governi che si erano succeduti si erano sempre assomigliati l'un l'altro: erano stati governi monocolori, cioè formati dalla sola Dc, o governi con la partecipazione anche del Psi e di altri partiti di centro, ma nei quali la Dc aveva sempre avuto un ruolo di guida (le uniche eccezioni, come si è visto, sono state il governo presieduto dal socialista Craxi e quello del repubblicano Spadolini negli anni '80). I governi cadevano e si riformavano, ma i ministri sembravano sempre essere gli stessi, anche se cambiavano di competenza: chi era stato Ministro degli Esteri poteva diventare, nel governo successivo, Ministro degli Interni, e così via; nella immaginazione popolare la caduta e la formazione di nuovi governi avveniva secondo una logica che assomigliava al gioco delle sedie musicali: i Ministri camminavano intorno alle sedie rappresentanti i vari ministeri e alla fine della musica si sedevano sulla sedia di fronte alla quale si trovavano, occupando così ministeri a caso. Al governo successivo, il gioco riprendeva con le stesse persone che finivano per occupare "sedie" (ministeri) diversi. Il risultato di questa situazione era un'estrema immobilità politica, con la Dc eternamente al governo e il Pci eternamente all'opposizione.

Dalla riforma elettorale del 1993, questa situazione è cambiata e si sono succeduti tre governi, uno di centro sinistra e due di centro destra. Nel **febbraio 1994**, il **Polo della Libertà** ha vinto le elezioni e **Berlusconi** è diventato **Primo ministro**. Il governo però è caduto nel dicembre 1994 a causa del ritiro della Lega Nord dalla coalizione del Polo.

Nell'**aprile 1996**,[24] la coalizione dell'**Ulivo** ha vinto le elezioni, e **Romano Prodi** è diventato primo ministro, seguito da Massimo D'Alema (leader dei Ds), che ha tenuto la

---

[23] Vedi 'Le parole dei protagonisti a confronto' (13.), p. 184.   [24] Vedi film *Aprile*, p. 224.

Sinistra: Manifesto di denuncia di alcuni problemi della società italiana contemporanea, 1993.

Destra: Il regista Nanni Moretti al girotondo attorno al Palazzo di Giustizia di Roma, 2002.

presidenza del consiglio dall'ottobre '98 all'aprile del 2000. Obiettivo prioritario del governo Prodi è stato allineare l'Italia con i parametri di Maastricht (inflazione e debito pubblico non superiori a determinate percentuali), al fine di consentire al paese l'uso della moneta unica, l'**Euro**, che ha cominciato a circolare nel gennaio 2001.

Nel maggio 2001, la coalizione **Casa della Libertà** (simile alla coalizione del Polo) ha vinto le elezioni e Berlusconi è diventato di nuovo primo ministro. Infine, nelle elezioni europee e provinciali del 12/13 giugno 2004 e nelle elezioni regionali del 3-4 aprile 2005, sembra che il pendolo si sia di nuovo spostato a sinistra con un'affermazione generale della coalizione dell'Ulivo (denominata ora **Uniti per l'Ulivo o L'Unione**) e una perdita per la Casa delle Libertà, della quale ora fa parte (oltre a Forza Italia, Alleanza Nazionale e Lega Nord). l'**UDC** (Unione dei Democratici Cristiani), un partito che si ispira ai valori moderati della vecchia DC (Democrazia Cristiana).

Questa alternanza al governo fra destra e sinistra, del tutto nuova per l'Italia, è sicuramente positiva in quanto introduce un elemento di vitalità in campo politico e dà fiducia all'elettorato nella possibilità di un cambiamento reale.

Manifesto di "La Margherita", partito della coalizione dell'Ulivo.

CONCLUSIONI:

MOVIMENTI E TENDENZE CULTURALI ALL'INIZIO DEL TERZO MILLENNIO

Se gli anni '80 e '90 avevano visto la formazione di nuovi partiti e la trasformazione radicale di partiti già esistenti, l'inizio del nuovo millennio ha visto la nascita di un nuovo movimento d'opinione spontaneo, che non si è costituito ancora come partito. All'inizio si chiamavano '**Per mano per la democrazia**', ora "**Quelli del girotondo**' o '**girotondini**'[25] in quanto adottano il 'girotondo' come forma di protesta: formano cioè delle catene umane attorno ad edifici pubblici, quali la sede della RAI, i Palazzi di Giustizia, la Camera del Lavoro.
Questo tipo di protesta vuole proteggere simbolicamente questi edifici dagli attacchi del governo Berlusconi. Il girotondo attorno alla RAI, ad esempio, è una protesta contro il monopolio dell'informazione, dato che il capo del governo è proprietario di quasi tutti i canali privati; il girotondo intorno al Palazzo di Giustizia vuole significare solidarietà e protezione per quei giudici che il capo del governo accusa di essere pedine in mano alle sinistre; infine, il girotondo attorno alla Camera del Lavoro vuole proteggere simbolicamente lo Statuto dei

[25] Vedi 'Le parole dei protagonisti a confronto' (15.), (16.), p. 184.

174

Giovani in via Torino, Milano, 2002.

Lavoratori, una conquista del movimento sindacale degli anni '70 (vedi capitolo 3), di cui si vogliono ora modificare alcuni articoli. E' interessante notare che i "girotondini", pur opponendosi alla politica del governo Berlusconi, non si riconoscono completamente nell'Ulivo - la coalizione dei partiti di centrosinistra - ma vogliono formare un vasto movimento d'opinione restando al di fuori di qualsiasi formazione politica esistente. Questa tendenza ad agire indipendentemente da qualsiasi schieramento politico tradizionale, si esprime anche nella presenza diffusa delle cosiddette "liste civiche" alle elezioni amministrative locali: si tratta di liste di candidati che si impegnano ad attuare un certo programma, ma che non dichiarano nessuna affiliazione politica.

Il bisogno di agire nel sociale, ma al di fuori degli schieramenti politici esistenti, è evidente anche in un recente forte impegno nel volontariato. Molti italiani colmano così con il loro lavoro il vuoto lasciato dalla riduzione dello stato sociale causata dai recenti tagli nella spesa pubblica; molti genitori sono coinvolti nella gestione della scuola dei figli, altri sono impegnati in associazioni che tutelano l'ambiente e le tradizioni locali.

A questo proposito, si osserva anche una forte rivalutazione della cultura contadina, ormai scomparsa, che si manifesta nella ricerca quasi ossessiva delle cucine e tradizioni locali, nella rivalutazione delle vacanze in campagna, in contrasto con i luoghi esotici che si erano privilegiati negli anni '80.

Un profondo bisogno di autonomia dai tradizionali partiti d'opposizione caratterizzava anche i movimenti spontanei di studenti e operai degli anni '70 (vedi capitolo 3). Come allora, anche se per motivi diversi, una forte crisi investe le sinistre che devono riscoprire una loro identità,[26] dopo la caduta delle ideologie laiche-comuniste, e dopo un cambiamento così radicale nella composizione delle classi sociali. La nuova classe lavoratrice ha ora caratteristiche molto diverse dalla classe operaia che animò i conflitti sociali dal dopoguerra agli anni '70 e che si identificava con i partiti tradizionali della sinistra. I nuovi 'sfruttati' sono ora immigrati clandestini e non, 'proletari dei servizi' dispersi in una miriade di piccole aziende del terziario,

VOTA VOTA
LEGA NORD
PADANIA
NO
AL VOTO AGLI
IMMIGRATI

[26] Vedi film *Aprile*, p. 224.

In alto sinistra: Tessera della CGIL 1996.

In alto destra: Bruzzano, quartiere alla periferia di Milano, 2001.

In alto: Manifesto che presenta la resistenza antifascista come fondamento della Repubblica Italiana, 1996.

e i cosiddetti co.co.co.,[27] lavoratori assunti con contratti temporanei e 'a progetto', chiamati anche 'lavoratori in affitto'. I partiti di sinistra ed i sindacati devono quindi darsi nuovi obiettivi se vogliono continuare a rappresentare gli strati sociali più svantaggiati e marginali. La crisi politica investe anche vaste aree del centro: molti ex-democristiani sentono che Forza Italia non potrà mai sostituire la rassicurante 'mamma Dc' che nel suo grande abbraccio sapeva accogliere molte tendenze politiche e classi sociali, senza tradire i principi cattolici di solidarierà e compassione verso gli svantaggiati.

Le formazioni politiche che emergeranno nel nuovo millennio dovranno affrontare e risolvere vecchie contraddizioni interne, che il paese si trascina dal dopoguerra: la disoccupazione, specialmente giovanile, e la stagnazione economica al sud; la forbice fra ricchi e poveri, fra sud e nord, che si allarga progressivamente, invece di richiudersi; le tendenze centrifughe e separatiste di cui la Lega è un sintomo; la persistente corruzione (i recenti crack finanziari della Parmalat e di altre ditte dimostrano che Manipulite non aveva intaccato il mondo economico e finanziario).

Lo stesso bisogno di 'ricostruzione morale' e di esame di coscienza collettivo che animava gli italiani dopo la guerra di liberazione è presente ora[28]. Se allora si sentiva la necessità di riscattare la nazione e gli individui da vent'anni di vergogna fascista, ora, dopo la caduta del vecchio assetto politico, c'è un bisogno collettivo di caricare di nuova vita quella visione di democrazia, di tolleranza e di solidarietà sociale che è il fondamento della Repubblica Italiana nata dalla sconfitta del nazifascismo.

27   Co.co.co.: contratti di collaborazione coordinata e continuativa; vedi 'Le parole dei protagonisti a confronto' (18.), p. 185.

28   Vedi lettura *Il Belpaese*, p. 201.

i   Si calcola, a questo proposito, che quasi la metà dei lavoratori dipendenti lavora ora nei servizi (3,1 milioni) a fronte di 3,8 milioni che lavorano nell'industria (D. Di Vico, *I nuovi operai senza lotta di classe*, Corriere della Sera, 10 marzo 2004).

ii   La maggior parte delle tasse erano (e sono tutt'ora) pagate dai lavoratori dipendenti perchè su di essi si può operare un controllo fiscale e la detrazione delle tasse avviene alla fonte.

iii   "Fininvest ha registrato nel 2003 un utile netto di 240 milioni di euro, in crescita del 96% rispetto ai 122 milioni del 2002" (*Le imprese siano lasciate libere di crescere*, intervista a Marina Berlusconi di D. Manca, *Corriere della Sera*, 25 giugno 2004).

iv   C. Gallucci, *Silvio Ross Berlusconi*, L'Espresso, 28 giugno 1992.

VOCABOLI ESSENZIALI PER PARLARE E SCRIVERE DI QUESTO PERIODO

le grandi utopie, la crisi ideologica, il declino del movimento operaio, la caduta del muro di Berlino, la difesa dell'ambiente, il ritorno al privato, il culto dell'immagine, lo stato federale, l'evoluzione moderata dei partiti, "tangentopoli", "manipulite", il "pool" dei giudici milanesi, la tangente (il pizzo, la mazzetta), l'appalto, la corruzione, l'impero economico, la privatizzazione delle aziende pubbliche, la riduzione delle tasse, il mito del benessere, le emittenti private, il conflitto di interessi, la magistratura, l'esecutivo, la riforma elettorale, il sistema proporzionale, il sistema maggioritario, l'alternanza, il centrodestra, il centrosinistra, il volontariato, il movimento d'opinione spontaneo

DOMANDE DI COMPRENSIONE (CAPITOLO QUATTRO)

1. Quali sono alcune ragioni della dissoluzione delle "grandi utopie" verso la metà degli anni '80?
2. Quali sono state le conseguenze di questa crisi di ideali?
3. Lo standard di vita degli italiani è migliorato o è peggiorato negli anni '80?
4. Come è cambiato il ruolo della televisione?
5. Quali altri cambiamenti in ambito culturale e sociale ritieni che siano rilevanti per capire questo periodo?
6. Quale fu il primo segnale che qualcosa cominciava a cambiare anche nella sfera politica?
7. Bettino Craxi in che direzione trasformò il Psi?
8. Quali sono le caratteristiche della Lega Nord che ti colpiscono di più, in senso positivo o negativo?
9. Che tipo di trasformazione hanno subito il Pci e il Msi-Destra Nazionale, e quali possono essere le cause di queste trasformazioni?
10. Che cosa vuol dire "riscuotere una tangente'?
11. In che cosa consisteva "Tangentopoli"?
12. Quali furono le conseguenze politiche di 'Manipulite"?
13. Chi promosse le inchieste contro la corruzione?
14. Perchè Berlusconi diede il nome di "Forza Italia" alla sua nuova formazione politica?
15. Perchè, secondo te, Berlusconi decise di fondare Forza Italia nel 1993?
16. Perchè Berlusconi era già così famoso quando fondò Forza Italia?
17. Quali caratteristiche personali portò nell'ambito della politica?
18. Quali sono alcuni punti principali del suo programma politico?
19. Perchè viene criticato da molte parti?
20. Come sono i suoi rapporti con una parte della Magistratura, e quali possono essere le cause delle sue critiche alla Magistratura?
21. Che cosa è cambiato con la riforma elettorale del 1993?
22. Quali sono e da quali partiti sono formate le principali coalizioni politiche?
23. Come si esprime il bisogno largamente sentito di autonomia dai partiti politici?
24. Quali altre tendenze in campo sociale e culturale caratterizzano l'Italia di questi anni?
25. Perchè i partiti di sinistra e anche l'area di centro sta attraversando un periodo di crisi e di ripensamento politico?
26. Cosa pensi che succederà in campo politico, sociale e culturale in Italia nei prossimi anni?

QUADRETTI CULTURALI

L'OMICIDIO SENZA SENSO DI MARTA RUSSO

E' il 9 maggio 1997, 11,30 di mattina circa. Marta Russo è una studentessa di giurisprudenza di 22 anni che cammina tranquillamente, chiacchierando con un'amica, nel vialetto fra due cortili della Facoltà di Giurisprudenza dell'Università La Sapienza di Roma. E' una bellissima giornata e molti studenti si stanno godendo all'aperto un sole quasi estivo. Ad un certo punto, da una finestra dell'Università, qualcuno spara un colpo di arma da fuoco e Marta Russo cade, colpita alla testa. E' in coma e morirà in ospedale qualche giorno dopo. Qual è il movente di questo omicidio? Gelosia, passione, rivalità, vendetta? Gli investigatori scandagliano e analizzano la vita privata di Marta in ogni minimo particolare, e scoprono solo che Marta è una normalissima ragazza: studentessa modello (30 a tutti gli esami), viveva con i genitori e la sorella, aveva un ragazzo da due anni, era stata campionessa di scherma, aveva tanti amici e nessuno avrebbe desiderato la sua morte. E' subito chiaro che non esiste alcun movente anche perchè le due amiche hanno scelto quel percorso per caso e all'ultimo momento.

La tragica assurdità di questo omicidio sconvolge dapprima Roma e poi il paese intero che segue con apprensione le indagini. Gli inquirenti sentono forse la pressione dell'opinione pubblica che vuole dare un nome e un viso al 'mostro dell'università'. Per diversi giorni la polizia brancola nel buio, poi sembra prendere forma un'ipotesi: il colpo sarebbe partito dall' Aula 6, una stanza frequentata da assistenti, docenti e ricercatori della Facoltà di Filosofia del Diritto. A spararlo sarebbero stati due assistenti, due giovani e brillanti ricercatori, che hanno davanti a sè una carriera accademica, ammirati e stimati da colleghi e studenti, incensurati. Il motivo sarebbe, secondo gli inquirenti, proprio l'assenza di motivo, cioè il dimostrare a se stessi e l'uno all'altro che sono invincibili, due 'super-uomini' che possono disporre impunemente di altre vite umane. Le testimonianze di due studentesse e di una segretaria sembrano confermare la presenza dei due assistenti nella stanza al momento dell'assassinio. Rimangono tuttavia forti dubbi: pare che i sospetti iniziali si basassero sulla presenza di una particella di polvere ritrovata dalla polizia sulla finestra dell'Aula 6, contenente metalli compatibili con quelli emessi da un colpo di arma da fuoco. In seguito viene accertato che questa particella può derivare da inquinamento atmosferico, e si è constatato che simili particelle erano presenti in altre zone dell'università. Inoltre, le testimonianze delle tre testi sembrano poco attendibili, in quanto contraddittorie, o arrivate molti giorni dopo i fatti, o forse indotte dalla paura di un'accusa di favoreggiamento.[i]

La conclusione delle vicenda è che entrambi gli imputati sono stati condannati in primo e , successivamente, in secondo grado: uno per omicidio colposo, l'altro per favoreggiamento. Troppe domande rimangono aperte: perchè due giovani già affermati e senza turbe psichiche avrebbero sparato in quella direzione e ad altezza d'uomo in uno stretto passaggio pedonale, dove era quasi sicuro che avrebbero colpito qualcuno? E perchè avrebbero voluto uccidere una giovane studentessa che non conoscevano? Per gioco, per noia, per provare un'arma, per una scommessa, per attuare il 'delitto perfetto', insolubile proprio perchè privo di movente? Forse è stato un caso di 'tiro all'uomo', forse è stato un incidente. Una sola cosa è certa: l'arma del delitto non è mai stata ritrovata.

L'assoluta mancanza di qualsiasi ragione logica o folle o deviata in quest'omicidio, sembra compatibile con la vacuità, la mancanza di direzione, la totale assenza di valori che hanno caratterizzato gli anni '90. Lo scrittore Aldo Nore ha immaginato che Marta potesse elencare i moventi assurdi del suo omicida:

> *"Sono la ragazza innocente uccisa da un folle [...] per fare qualcosa per provare il brivido di un'azione inconsulta per vedere scorrere il sangue per vedere la folla accorrere attorno al mio corpo per vedere un corpo crollare per vedere la scena la concitazione per sentire parlare al telegiornale..."*[ii]

[i] Per una dettagliata discussione dell'inchiesta e del processo, vedi G.Valentini, *Il Mistero della Sapienza, il caso Marta Russo*, Baldini & Castoldi, Milano 1999.

[ii] Aldono Nove, *Superwoobinda*, Einaudi, Torino 1998, p. 165.

IL TELEFONINO, LA 'BELLA FIGURA' E I 'MESSAGGINI': RIFLESSIONI SUI 'GADGETS' DEGLI ITALIANI

In Italia, il telefonino (o cellulare) è onnipresente: si vede e si fa sentire ovunque. In treno, in autobus, nei caffè all'aperto, in qualsiasi luogo pubblico, o semplicemente per strada, il telefonino - appendice quasi naturale di ogni mano libera "over 13" - è diventato ormai il microfono involontario di milioni di vite private. E' inevitabile ascoltare le conversazioni private o d'affari dei vicini casuali di treno o di tavolo al ristorante. Beppe Severgnini, giornalista e scrittore di satire, ha colto l'aspetto umoristico della mania tutta italiana del cellulare:

> *"Cosa dobbiamo dirci? Be', dobbiamo annunciare alla moglie "Guarda che sto arrivando"; dobbiamo spiegare al figlio dove siamo stati, e chiedere alla figlia dov'è stata; dobbiamo dire ad amici e parenti "Indovina da dove chiamo", che è un giochetto insulso, ma ci piace da morire. [...] Nessuno tira fuori il cellulare quanto un italiano, nessuno lo mostra, lo maneggia, lo coccola e lo esibisce come noi. [...] Noi lo portiamo appeso alla cintura, lo sfoderiamo, lo puntiamo al posto del dito indice. Siamo i pistoleri telematici del Duemila...."*[i]

Il messaggio inviato a tutti i cellulari dalla Presidenza del Consiglio in occasione delle elezioni europee e provinciali del 12-13 giugno 2004.

Il telefonino, che ha cominciato ad essere diffuso in Italia intorno alla metà degli anni '90, è presente praticamente in ogni casa: il 90% degli italiani ne possiede uno. Le ragioni di questo enorme successo sono probabilmente molteplici. Fino a pochi anni fa, le procedure per l'allacciamento di una nuova linea telefonica fissa erano lunghe e complicate, e le tariffe telefoniche ufficiali piuttosto elevate. Inoltre, la diffusione di telefoni pubblici sul territorio nazionale è sempre stata molto scarsa e il loro funzionamento del tutto inaffidabile, cosicchè, se si era fuori casa e si aveva necessità di fare una telefonata, bisognava solo sperare nella buona fortuna. La possibilità, quindi, di acquistare facilmente un telefono che funzionasse ovunque ed a tariffe convenienti è stata accolta da tutti con entusiasmo. Il telefonino, un'iniziativa dei privati, ha così finito per colmare, almeno in parte, un vuoto lasciato dal settore pubblico.

Il telefonino si è anche incontrato felicemente con alcune caratteristiche culturali dell'italiano medio: la passione sfrenata per i 'gadgets', per il contemporaneo, per le novità; siamo una nazione immersa nella storia e nel passato, ma sempre proiettata verso il futuro. Il telefonino diventa allora non solo mezzo di comunicazione, ma è oggetto di comunicazione: proprio come è sempre avvenuto per le moto e le auto, si riesce a discutere per ore dei pregi, dei difetti e di tutte le funzioni di una particolare marca di cellulare.

Il telefonino ha anche soddisfatto un bisogno diffuso: quello di assumere una posa o un contegno in pubblico, di farsi notare in qualche modo. In questo senso, ha sostituito il fumo, ora bandito da molti luoghi pubblici; la sigaretta era infatti, fino a qualche anno fa, l'oggetto più comune da tenere in mano: poco ingombrante, poco costosa, ed estremamente accessibile. L'abbigliamento, naturalmente, mantiene sempre un ruolo di prim'ordine nel raggiungimento del giusto contegno e della 'bella figura': a seconda degli ambienti, della classe sociale, della stagione, dell'età - un paio di occhiali, o di scarpe, una giacca o dei pantaloni di marca garantiscono un certo livello di ammirazione da parte di vicini occasionali o passanti. I più fortunati possono anche esibire una moto o un'auto di moda, di recente meglio se il veicolo è un 'gippone'. L'uso del telefonino, però, è diventato lo strumento più universale ed economico di contatto fra gli italiani e il mondo, l'oggetto che ci permette di mostrare che siamo ricercati e voluti, che siamo popolari.

Esiste però anche il 'lato oscuro' dell'uso del telefonino: la dipendenza - simile a quella per gli oggetti della tecnologia avanzata, quali la televisione, il computer, i video-giochi - che si nota quando il cellulare viene allontanato e la 'vittima da assuefazione' presenta segni di irritabilità e nervosismo. Una funzione del cellulare che ha sicuramente provocato una

Giovanni italiani 1994-1995.

'sindrome comportamentale' specialmente fra i giovani, è l'SMS, cioè la possibilità di mandare i cosiddetti 'messaggini': è possibile infatti, digitando i numeri del cellulare, comporre messaggi scritti che possono venire inviati e letti da altri cellulari. E' frequentissimo vedere giovani e giovanissimi che hanno l'abilità di camminare e allo stesso tempo leggere o comporre messaggini fissando il piccolo schermo del loro cellulare. La preoccupazione di molti è anche che l'uso ripetuto dei messaggini porti ad un impoverimento della lingua scritta, considerato il linguaggio, per lo più di segni, usato in queste comunicazioni. Eccone alcuni esempi:

3no c6 r8 xò x': -c : -D

Sta al lettore abbinare questi segni con i loro significati: perchè, treno, triste, rotto, però, ridere, ci sei.

Messaggi essenziali, quindi, ma non ristretti a comunicazioni di tipo pratico: ci si conosce, ci si innamora e ci si lascia tramite SMS. Fra i giovani di età compresa fra i 15 e i 24 anni, tre su quattro si corteggiano usando il telefonino e uno su cinque si lascia mandando messaggini[ii]. Addio, quindi, ai vecchi carteggi amorosi, alle telefonate che duravano ore, alle lunghe spiegazioni sotto il portone di casa: 'ti amo' e 'ti lascio', in fondo, sono 'messaggini', niente di più.

[i] Beppe Severgnini, *Manuale dell'imperfetto viaggiatore*, RCS Libri, Milano 2000, pp. 123-125.

[ii] A. Mangiarotti, *Ti lascio. Un Sms per dirsi addio*, *Corriere della Sera*, 4 maggio 2004.

LE PAROLE DEI PROTAGONISTI A CONFRONTO

1. MARIO CHIESA, ASSESSORE AI LAVORI PUBBLICI DI MILANO E PRIMO ARRESTATO (1992) NELL'OPERAZIONE "MANI PULITE", DESCRIVE COME RICEVETTE LA PRIMA MAZZETTA DA UN'IMPRESA DI COSTRUZIONE:

"Affidai l'incarico a un amico di vecchia data [...]. Nella piazza centrale del paese incontrò un uomo di cui gli avevo data la descrizione fisica fattami dall'industriale. Prese una busta, ermeticamente chiusa. Me la portò a casa mia, la stessa sera. Depositai i duecento milioni sul conto corrente. Mi sentii un politico tutto d'un pezzo. Da cima a fondo. [...] Ero diventato assessore dopo anni di apprendistato. Grazie a quella carica potevo raccogliere i primi quattrini e gestirli secondo miei, personalissimi criteri. E poichè il mio interesse ultimo non era quello di crearmi un patrimonio per andare a passare il resto dei miei giorni ai Caraibi, ma di fare politica, di conquistare sempre più potere e di salire la scala del partito, quei soldi mi servivano. Eccome".[i]

2. MARIO CHIESA, NEI VERBALI DEGLI INTERROGATORI DOPO IL SUO ARRESTO, DESCRIVE IL SUO COINVOLGIMENTO NEL SISTEMA DELLE TANGENTI QUANDO ERA DIRETTORE DEL TRIVULZIO (CASA DI RIPOSO PER ANZIANI DI GESTIONE PUBBLICA) E DIRIGENTE MILANESE DEL PSI:

"Per capire le ragioni per le quali mi sono personalmente esposto nel meccanismo delle tangenti bisogna sostanzialmente capire anche che io non venivo mantenuto alla presidenza di un ente come il Trivulzio semplicemente perchè ero un buon tecnico e un buon gestore del settore sanitario, ma anche perchè ero in qualche modo una forza che disponeva di un certo numero di voti su Milano. Per acquisire questa forza che si è poi concretizzata in ben 7mila voti, io ho dovuto, nella mia storia politica, sostenere delle spese per la creazione e il mantenimento di un organismo politico che permetteva di raccogliere preferenze elettorali con una organizzazione diffusa sul territorio di Milano".[ii]

LE PAROLE DEI PROTAGONISTI A CONFRONTO

3. ENZO MATTINA, ALL'ASSEMBLEA NAZIONALE DEL PSI (LUGLIO 1987):

"Vedo dirigenti del partito con case lussuose, yacht da centinaia di milioni, ville al mare e in montagna, apparati personali costosissimi. Che cosa dobbiamo concludere? Che abbiamo sposato tutti mogli ricche? Ma è possibile che tutte le ragazze ricche sposini dirigenti del partito?"[iii]

4. MATTEO CARRIERA, DIRIGENTE DEL PSI:

"Io comperavo le tessere perchè tutti sapessero nel partito che disponevo di duemila tessere. Era come avere un pacchetto di azioni, chi aveva il pacchetto più grosso faceva carriera".[iv]

5. ASSESSORE ARMANINI, PSI:

"Quando io decidevo di dare un appalto lo facevo come quando si entra in un negozio per comperare una lavatrice e si chiede: che sconto c'è? Voglio dire che con quella gente ho avuto rapporti d'amicizia".[v]

6. ALFREDO VITO, DETTO 'O PREVETE (IL PRETE), DEPUTATO DC, DIMESSO DALLA CAMERA IN QUANTO COINVOLTO NEGLI SCANDALI DI 'VESUVIOPOLI':[I]

"A Napoli la vecchia classe dirigente sta crollando. Tutta insieme. All'improvviso. Questo mi spaventa. Ci vorrà del tempo prima che emergano nuovi leader. Io non ne vedo in giro. Per chi voteranno i centomila che un anno fa hanno votato per me? Non lo so proprio".[vi]

7. ANTONIO DI PIETRO, GIUDICE DEL POOL DI MILANO CHE CONDUSSE LE INDAGINI DI MANI PULITE, SPIEGA COME UN PICCOLO IMPRENDITORE, SUO CONOSCENTE, GLI FECE CAPIRE IL MONDO DELLA CORRUZIONE POLITICA:

"Era una persona assolutamente estranea al Palazzo di Giustizia, che mi racconta come funzionava la 'Milano da bere'[2], la Milano di quegli anni. Questa persona [...] mi spiega come funzionava il clientelismo nei rapporti con la Pubblica amministrazione, e il mondo imprenditoriale. [Era] un piccolo imprenditore che non era mai riuscito ad affermarsi perchè altri - più furbi di lui - riuscivano sempre a sorpassarlo ricorrendo a mazzette e corruzioni. [Questa persona] mi racconta soprattutto come funziona il meccanismo: quando si tratta di gestire gli appalti o di fare le nomine, si passa sempre attraverso le segreterie di partito, prima ancora di arrivare agli organi istituzionali, agli assessorati e così via. Le segreterie di partito, insomma, sono la chiave di lettura di questo sistema".[vii]

8. GIORGIO BENVENUTO, SEGRETARIO DEL SINDACATO UIL (SINDACATO LEGATO AL PSI):

"Molti deputati [del Psi] che un paio di anni fa facevano "moda" in locali e ristoranti non potevano più uscire di casa perchè la gente li faceva bersaglio di lanci di monetine".[viii]

9. GIUSEPPE TURANI, GIORNALISTA:

"Quando ero più giovane e abitavo in provincia si parlava di un ospedale dove i partiti si erano divisi, in base ai voti, le tangenti per aree. Il partito più grande riscuoteva il pizzo sul riscaldamento e la fornitura di carne, il secondo in lista traeva il suo reddito dal pane e dalla frutta, il terzo da chi assicurava il servizio di lavanderia e pulizia, e così via. Fino al partito più piccolo che doveva accontentarsi di "tosare" il giardiniere che si occupava dei pochi metri quadrati di prato e delle poche siepi del piccolo ospedale".[ix]

10. SILVIO BERLUSCONI, PRESIDENTE DEL CONSIGLIO, FONDATORE DI FORZA ITALIA:

i *Sulle tasse:* *"Mi candido alle elezioni europee, e per il 2005 il governo ridurrà le tasse. Sono troppo alte, chi paga più del 50% è moralmente autorizzato all'evasione fiscale"[x] "Ventotto milioni di italiani pagano meno, abbiamo pronto un secondo modulo per i ceti medi, un terzo riguarderà i più abbienti... non bisogna guardarli come ricchi ma come benefattori che rischiano in proprio e fanno il loro interesse, certo, ma danno benessere all'intera comunità".[xi]*

[I] Da "Vesuvio", il vulcano che sovrasta Napoli: versione napoletana di "tangentopoli".

[2] Slogan coniato per la Milano negli anni '80, ad imitazione di una famosa pubblicità per un digestivo ('un amaro da bere').

ii *Sui suoi collaboratori:* "Eravamo forti perchè eravamo amici, tra noi c'era un'intesa profonda e una totale identità di valori, c'era un affidamento reciproco, il senso di un impegno e di un traguardo comune, la gratificazione di lavorare insieme e di condividere la gioia dei nostri successi."[xii]

iii *Sulla sua vita:* "Mai nulla mi è stato facile per arrivare, da figlio di un impiegato di banca, ho dovuto lavorare, lavorare e ancora lavorare. [...] Ma questa è l'unica ricetta che conosco. In tutte le attività in cui mi sono impegnato ho dimostrato che si può arrivare a risultati che possono apparire irrangiungibili. Occorre sapersi dare degli obiettivi ambiziosi, quasi delle missioni impossibili."[xiii] "Ho una famiglia, una barca, posso andare in posti bellissimi, non sto qui per smania di potere."[xiv]

iv *Sui risultati ottenuti dal suo governo:* "Abbiamo già una scuola migliore, che ci darà dei ragazzi capaci di realizzarsi al meglio in Italia e dovunque. La pressione fiscale è diminuita e proprio in questi giorni, mentre Le scrivo, stiamo lavorando per diminuire le aliquote delle imposte sul reddito personale al 23 e al 33 per cento. Abbiamo riformato il mercato del lavoro che è diventato il più flessibile d'Europa. L'occupazione è in costante crescita. La sicurezza dei cittadini è aumentata perchè, anche con l'introduzione del poliziotto e del carabiniere di quartiere, le forze dell'ordine sono concentrate sulla prevenzione dei reati e non solo sulla loro repressione. L'immigrazione clandestina è stata dimezzata."[xv]

11. FRANCESCO SAVERIO BORRELLI, PROCURATORE GENERALE DI MILANO, PROTAGONISTA DELLE INCHIESTE SU TANGENTOPOLI, NEL DISCORSO ALLA CERIMONIA DI INAUGURAZIONE DELL'ANNO GIUDIZIARIO, NEL QUALE HA CRITICATO ASPRAMENTE IL GOVERNO BERLUSCONI E HA PRONUNCIATO LE FAMOSE PAROLE 'RESISTERE, RESISTERE, RESISTERE', 12.1.2002:

"Questo non è un discorso di conservazione. Nessuna istituzione, lo so bene, nessun principio, nessuna regola sfugge ai condizionamenti storici e dunque all'obsolescenza, nessun cambiamento deve suscitare scandalo. Purché sia assistito dalla razionalità e purché il diritto, inteso come categoria del pensiero e dell'azione, non subisca sopraffazione dagli interessi. Ma ai guasti di un pericoloso sgretolamento della volontà generale, al naufragio della coscienza civica nella perdita del senso del diritto, ultimo, estremo baluardo della questione morale, è dovere della collettività "resistere, resistere, resistere" come su una irrinunciabile linea del Piave."

12. OSCAR LUIGI SCALFARO, EX PRESIDENTE DELLA REPUBBLICA:

"Ho vissuto un'intera stagione politica, dalla fine della guerra ad oggi: questo è il periodo più negativo per l' assenza di valori. Con un'aggravante: i valori non sono contestati, formalmente anzi sono riconosciuti, ma nella prassi vengono meno. Ho conosciuto anche il regime. Non dirò mai che il fascismo è alle porte, so bene che i fenomeni storici non si riproducono mai. Però c'è qualcosa che ritorna. La tendenza ad adeguarsi, a non reagire. Se qualcuno avesse reagito quando il fascismo impose la tessera, quando dettò le leggi razziali, quando ci condusse in una guerra disastrosa [...] Sono così tante le campane con cui si possono trasformare la propaganda in verità, il potere in dominio".[xvi]

13. P.L. BERSANI E A. PANZERI, CANDIDATI AL PARLAMENTO EUROPEO (CIRCOSCRIZIONE DEL NORD-OVEST) PER LA LISTA DI UNITI NELL'ULIVO:

"*Occupazione e lavoro. Il nostro impegno è valorizzare il lavoro e combattere la precarietà, promuovendo la qualificazione dei lavoratori con investimenti in formazione e ricerca. [...] Welfare. Il modello sociale europeo deve essere difeso. La sicurezza sociale è un bene che va garantito a tutti e, in particolar modo, ai più deboli [...] Pari opportunità. Il grado di civiltà della nuova Europa si potrà misurare sul coinvolgimento e sulla partecipazione delle donne nei vari ruoli sociali. Sono le donne, infatti, a subire maggiormente la precarietà lavorativa e il carico delle responsabilità familiari e domestiche*".[xvii]

14. UMBERTO BOSSI, LEADER DELLA LEGA NORD:

"*La cosiddetta Transpadania mantiene non solo Roma ladrona, ma anche monsignori e cardinali. [...] Bisognerebbe togliere l'8 per mille*[3] *alla Chiesa, rimetterli a piedi nudi e dar loro la possibilità di fare i francescani. Finalmente così si salverà la religione*". [xviii] "*[...] Noi siamo certi che la minestra di banane non la mangeremo spesso, ma tutti i giorni continueremo a mangiare la minestra di riso. [...] Fu la diversità a rendere grande la storia della produttività culturale del Paese. Fu il biondo dei capelli alpini e lo scuro della grande pianura riarsa dal solleone e dall'afa estiva. Fu la nebbia del Po e dei fiumi, la gentilezza delle donne delle colline e dei laghi, il passo scattante delle ragazze di mare a moltiplicare l'inventiva e l'arte, definite italiane. E l'Italia del potere, che tutto questo ha ereditato dalla diversità dei suoi popoli, rinnega la diversità. [...] Viene il tempo della fine per chi non si è preparato ed ha oppresso, per chi non ha saputo farsi amare. I dinosauri alla fine crollano*".[xix]

LE PAROLE DEI PROTAGONISTI
A CONFRONTO

15. NANNI MORETTI, REGISTA E LEADER DEI GIROTONDINI ALLA MANIFESTAZIONE DEL 14.9.2002:

"*Noi cittadini possiamo fare politica [...] Hanno detto che siamo estremisti? Ma no, siamo moderati, ma intransigenti su certi principi. Dopo le elezioni del maggio 2001, mi ero rassegnato a cinque anni di terribile e tranquillo governo di centrodestra, perchè li pensavo meno peggio: e invece sono più arroganti, più incapaci, più sfacciati del previsto [...] Nel contratto con gli italiani*[4] *non c'era il rientro dei capitali dall'estero, la depenalizzazione del falso in bilancio... gli italiani hanno inseguito un sogno e si sono risvegliati in un incubo [...] E' grossolano ricordare che il Capo di Forza Italia è il padrone di tre reti televisive? Dio non voglia, vuol pure fare il Presidente della Repubblica*".[xx]

16. DARIA COLOMBO, LEADER DEI 'GIROTONDI':

"*Non siamo contro i partiti, anzi siamo nati per riempire un vuoto politico sulla giustizia, la libertà d'informazione, il lavoro, la sanità e la scuola per tutti. Non ci sorprende la presenza di politici [...] che intendono dare rappresentanza a questi valori: ci stupisce, al contrario, che non tutti i partiti si sentano in dovere di portare avanti le richieste dei cittadini*".[xxi]

---

[3] Un riferimento alla possibilità data al contribuente dalla legge italiana di devolvere alla Chiesa cattolica l'8 per mille delle tasse pagate allo stato.

[4] Moretti si riferisce qui alla piattaforma politica di Forza Italia.

17. MASSIMO TOMASETTI, 35 ANNI, OPERAIO:

"Mi sento ancora un operaio con la O maiuscola, il lavoro che faccio è sempre lo stesso, cambiano i padroni ma non la catena. Le mani me le sporco sempre come tanti anni fa, però mi accorgo che oggi la classe operaia non è più una priorità sociale nè per i politici nè per il sindacato. Più si è pochi, più è difficile avere potere contrattuale in azienda. E noi siamo sempre di meno".[xxii]

18. BARBARA GUFONI, UNA CO.CO.CO.:

"Credi di essere libera, di poterti organizzare. Invece sei più schiava del lavoro di chi ha il classico contratto a tempo indeterminato. Non puoi programmare un giorno di ferie... essere precari sia sul fronte professionale che su quello sentimentale mette a dura prova le persone più equilibrate. E poi mi sono trovata a dover chiedere un mutuo per comprare casa. La banca non si è accontentata delle mie garanzie, alla fine si è dovuto esporre mio fratello. Nella mia condizione, il fatto di non avere figli è una fortuna".[xxiii]

19. CLARA BONA, ARCHITETTO MILANESE, DUE FIGLI:

"Per il mio carattere, il lavoro è un pezzo di me stessa a cui non posso rinunciare. Ma alle mie figlie non mi sento di dare consigli. L'ideale sarebbe poter scegliere. Anche se ormai fare la mamma a tempo pieno sta diventando un privilegio anche per chi ne ha la vocazione, visto che due stipendi sono necessari nella maggioranza delle famiglie".[xxiv]

20. LUIGI COPIELLO, SEGRETARIO DELLA FIM-CISL VENETO:

"L'individualismo e la flessibilità hanno cambiato radicalmente l'ideologia operaia tradizionale. Per fortuna, dico io. Noi veneti, negli anni '70 eravamo marxisti e cattolici, egualitari e solidali, ma il nostro comportamento sociale era legato all'impossibilità di scegliere la professione e la carriera che più ci piaceva".[xxv]

LE PAROLE DEI PROTAGONISTI A CONFRONTO

i   M. Andreoli, *Andavamo in Piazza Duomo*, Sperling & Kupfer Editori, Milano 1993, pp. 58-9.

ii   Mario Chiesa, *'Confessioni che cambiano la storia'*, L'Espresso, 28 giugno 1992.

iii   Citato da G. Pansa, *'Incapaci, menefreghisti e anche un po' ladri'*, L'Espresso, 25 novembre 1999.

iv   Citato da G. Bocca, *'I corrotti? Sanno vivere'*, L'Espresso, 14 febbraio 2002.

v   Id.

vi   Citato in G. Pansa, *'Hai preso il tangentone? Finisci in commissione'*, L'Espresso 23 ottobre 2003.

vii   G.Valentini, a cura di, *Antonio Di Pietro, Intervista su Tangentopoli*, Editori Laterza, Bari 2001, pp. 6-7.

viii   Citato in G. Galli, *I partiti politici italiani (1943/2000)*, RCS Libri, Milano 2001.

ix   G. Turani, *'L'economia della mazzetta'*, Corriere della Sera, 20 febbraio 1992.

x   Citato in *'Voto e tasse, Berlusconi all'attacco'*, trafiletto in prima pagina senza autore, Corriere della Sera, 18 febbraio 2004.

xi   Citato in G. G. Vecchi, *'Berlusconi: irreale una mia sconfitta'*, Corriere della Sera, 25 maggio 2004.

xii   Citato in *Una storia italiana*, numero speciale di *Linea Azzurra*, ed. Guido Possa, Mondadori, Milano 2001, pp. 37-38.

xiii   Ibid., pp. 45-46.

xiv   Citato in M. Galluzzo, *'Il premier mette in riga i ministri: così non ci sto più'*, Corriere della Sera, 25 ottobre 2003.

xv   Da una lettera spedita a tutti gli elettori, datata "Roma, maggio 2004" e firmata Silvio Berlusconi.

xvi   A. Cazzullo, *'Le accuse di Scalfaro: sulla Costituzione come tarme'*, Corriere della Sera, 15 gennaio 2004.

xvii   Da un opuscolo elettorale a cura dell'Unione regionale DS Lombardia (elezioni europee e provinciale del 12-13 giugno 2004).

xviii   Citato in L. Michilli, *'Bossi contro la Chiesa, Fini incalza il premier'*, Corriere della Sera, 1 marzo 2004.

xix   Intervento di U. Bossi, Seduta Pontida, 4 giugno 2000 (riportato sul sito web ufficiale della Lega Nord: www.leganord.org/).

xx   Citato in M. Latella, *'Non diamo deleghe in bianco al centrosinistra'*, Corriere della Sera, 15 settembre 2002.

xxi   Citato in P.B., *'Un altro girotondo. Oggi la protesta davanti alla Rai'*, Corriere della Sera, 10 marzo 2002.

xxii   D. Di Vico, *'I nuovi operai senza lotta di classe ora sono individualisti e itineranti'*, Corriere della Sera, 10 marzo 2004.

xxiii   Citato in R. Querzè, *'Donne a Milano, assunte anche per un giorno solo'*, Corriere della Sera, 7 maggio 2004.

xxiv   R. Querzè, *'Una mamma che non lavora non mi piacerebbe'*, Corriere della Sera, 9 maggio 2004.

xxv   D. Di Vico, *'I nuovi operai senza lotta di classe ora sono individualisti e itineranti'*, Corriere della Sera, 10 marzo 2004.

LA TANGENTE

di Carlo Castellaneta (da *Rapporti confidenziali: Racconti*, Mondadori, 1989)

In questo breve racconto umoristico, l'autore ci presenta una situazione paradossale: in una fabbrica immaginaria, in un luogo e un tempo immaginari, non sono solo i dirigenti a richiedere e riscuotere tangenti, ma anche gli operai... Si crea pertanto uno scenario nel quale nessuno perde, ma tutti sono vincitori, soddisfatti di aver reclamato, ed ottenuto, un loro diritto. E' il paradiso di "tangentopoli".

Dopo che suo padre era morto, lasciandogli in eredità l'impresa di lavaggio **moquette**, il signor Pizzi si era messo a fabbricare **tappetini per auto**. Aveva cominciato quasi per scherzo, limitandosi a rifornire i negozi di autoaccessori, e

5 si era trovato in capo a pochi anni con in mano una vera azienda.

Non che i suoi **manufatti** fossero i più resistenti o i più belli che si potessero produrre. Ma se avevano avuto fortuna era perché Pizzi aveva capito subito una cosa

10 molto importante: che i suoi tappetini dovevano piacere prima di tutto al funzionario dell'ufficio acquisti. E per farglieli piacere non c'era cosa migliore che un assegno, proporzionato alla quantità della merce.

Niente di scandaloso, in questo. Lo facevano tutti, in

15 tutte le fabbriche, in tutti gli uffici, dovunque ci fosse da scegliere tra diversi concorrenti. Perciò il signor Pizzi **rimase di stucco** quando, improvvisamente, fu chiamato al telefono un mattino per sentirsi contestare l'ultima consegna.

20 «Come sarebbe a dire: non va bene?»

«È così» ripeté una voce gelida. «La merce non è quella solita».

«Ma non diciamo **fesserie**!» s'indignò il Pizzi.

«Senta, non sono io che lo dico.»

25 «E chi, allora?»

«Il dottor Bolti. Ha detto: questa **fornitura** è da cambiare.»

«Ah!»

Il signor Pizzi pensò di aver capito. Da troppo tempo

30 la tangente che il Bolti percepiva non **era stata ritoccata** sulla base del listino prezzi.

"Ma certo" sorrise tra sé "qui bisogna provvedere!"

Così, il giorno seguente si recò lui stesso nell'ufficio del funzionario, in un blocco della immensa casa

35 automobilistica. L'ultima volta ci era venuto l'anno prima, a prendere accordi per la nascita di un nuovo modello. Ora non temeva di vedersi **resciso** il contratto, ma di dover affrontare una serie di noiose discussioni. Perché dalla sua fabbrica non era mai uscita una moquette

40 difettosa, su questo non aveva dubbi, a meno che fosse la **gomma bullonata** che ogni tanto **faceva qualche brutto**

scherzo...

Il dottor Bolti lo fece aspettare più di mezz'ora, e neppure questo era mai accaduto. Segno che il problema

45 non doveva essere soltanto di ordine tecnico, pensò il Pizzi, **sbuffando** nel salottino d'attesa.

Quando finalmente fu ricevuto, subito notò nell'atteggiamento del funzionario qualcosa di **reticente**, una strana ombra che non gli aveva mai visto in faccia.

50 «Sì, è vero, pare che il materiale non sia dello stesso tipo…»

«Ma dottore, è impossibile, gliel'assicuro!».

L'altro si strinse nelle spalle, e il Pizzi aggiunse:

«Capisco che è venuto il momento di aggiornare il Suo

55 **disturbo**…».

«No, no, non si tratta di questo» protestò il Bolti vivacemente.

«E allora?»

Il funzionario era piuttosto imbarazzato, come se

60 dovesse confessare qualcosa di equivoco.

«Vede, sono gli operai del **reparto selleria** che protestano.»

«Cioè?»

«Dicono che i tappetini andrebbero bene, però…»

65 «Però cosa?»

«Non ho capito neanch'io. Forse lei, signor Pizzi, dovrebbe parlare con uno di loro, farsi spiegare cos'è che non va.»

Il Pizzi stava perdendo la pazienza. Com'era possibile

70 che, se una merce era stata approvata dalla Direzione, fosse poi contestata dalle **maestranze**? Come si permettevano questi signori di contrariare il dottor Bolti, che da vent'anni sceglieva le tappezzerie delle vetture?

«Purtroppo si permettono, caro Pizzi. E noi qui non

75 vogliamo altri scioperi. Cosa le costa? Ci parli Lei, senta cosa dicono.»

Una cosa simile non era mai successa al Pizzi in tutta la sua vita. Ci pensò per una settimana; incerto se rifiutare decisamente oppure accettare il suggerimento. Ma se uno

80 si metteva a discutere, dove si sarebbe arrivati? Gli pareva semplicemente **pazzesco** che le sue forniture d'ora in avanti dovessero piacere non solo al dottor Bolti ma anche

a qualcun altro. E chi era poi, questo qualcun altro?

Lo seppe quando, finalmente, si decise a **venire a patti**.

85 «È uno del reparto» spiegò il Bolti al telefono.

«Gli dirò di venire da Lei domani sera.»

«Bene, lo aspetto in ufficio.»

Puntuale, l'uomo arrivò il giorno seguente. Era un tipo sulla cinquantina, la faccia di chi ha passato la vita alle

90 catene di montaggio.

«Mi manda il dottor Bolti» annunciò presentandosi.

«Si accomodi» fece il Pizzi con tutta la gentilezza di cui era capace. «Allora, cosa c'è che non va?»

L'altro si accese con calma una sigaretta.

95 «Bella fabbrica, complimenti.»

«Grazie» fece il Pizzi asciutto.

«Fate anche moquette?»

«Un po' di tutto: **feltri coordinati, fiorate inglesi, tartan, quadretti autoaderenti…**»

100 Ma chi era questo qui? Un ispettore della **Finanza**?

«Non credevo che avesse tanti operai. Proprio una bella fabbrichetta!»

Tirava per le lunghe, come se non si fidasse a **sputare il nocciolo**.

105 «Senta,» sbottò il Pizzi «io ho poco tempo. Mi dica cos'hanno i miei tappetini. Sono difettosi?»

«No, no, sono ottimi. L'unico difetto è che… noi non

ci guadagniamo niente.»

«Noi chi?»

110 «Noi operai. E questo non è giusto.»

Il Pizzi era **ammutolito**.

«Non è giusto che ci guadagni sopra soltanto lui, il dottor Bolti, e noi che li montiamo niente.»

«Ma certo» ammise il Pizzi.

115 «Vede, non è che noi chiediamo chissà cosa.»

«Dica, dica.»

«Chiediamo un cinquecento lire al pezzo. Ogni fornitura **un tot** per noi. Cosa ne dice?»

«Perfetto» sorrise il Pizzi.

120 Dall'indignazione era passato fulmineamente al sollievo. Stava calcolando come assorbire la nuova tangente nelle spese generali.

«Non c'è problema» disse stringendogli la mano a sigillare l'accordo.

125 L'altro si avviò alla porta, ma prima aveva qualcosa da aggiungere.

«Sa, oramai rubano tutti. E noi operai dobbiamo essere sempre i più **fessi**?»

Due giorni dopo arrivò la telefonata del Bolti.

130 «Bravo Pizzi. Mandateci subito milleduecento pezzi.»

NOTE

1. *la moquette (francese)*: un tappeto che copre l'intero pavimento
2. *i tappetini per auto*: rivestimenti interni per le automobili
3. *il manufatto*: il prodotto di un'industria
4. *rimanere di stucco*: sorprendersi
5. *le fesserie*: le stupidaggini
6. *la fornitura*: le merci consegnate al cliente
7. *ritoccare*: modificare, calcolare di nuovo
8. *rescisso*: rotto (figurativo)
9. *la gomma bullonata*: il materiale forato dai bulloni con cui è fatta la moquette
10. *fare qualche brutto scherzo*: sorprendere in modo negativo
11. *sbuffare*: soffiare per la noia
12. *reticente*: riluttante, esitante
13. *il disturbo*: il favore (fatto a Pizzi acquistando i tappetini della sua fabbrica)
14. *il reparto selleria*: il reparto dove si fabbricano i sedili delle auto
15. *le maestranze*: gli operai di una fabbrica
16. *pazzesco*: incredibile
17. *venire a patti*: accordarsi, venire ad un accordo
18. *feltri coordinati, ecc.*: vari tipi di moquette
19. *la Finanza*: la polizia finanziaria
20. *tirare per le lunghe*: perdere tempo
21. *sputare il nocciolo*: dire apertamente quello che si pensa
22. *ammutolito*: senza parole
23. *un tot*: un certo ammontare di lire
24. *fesso*: stupido

DOMANDE DI COMPRENSIONE E DISCUSSIONE

1. Che cosa produceva il signor Pizzi? Come erano i prodotti della sua azienda?
2. Perché la sua azienda aveva molto successo?
3. Il pagamento di tangenti era un evento raro nel mondo di Pizzi e Bolti?
4. Che cosa comunicò una mattina il signor Pizzi al dottor Bolti?
5. A quale rimedio pensò il signor Pizzi?
6. Come si comportò Bolti con Pizzi?
7. Chi non era contento della nuova merce?
8. Che cosa voleva evitare il dottor Bolti nella sua ditta?
9. Quale era l'aspetto di tutta la faccenda che sembrava incredibile a Pizzi?
10. Quale fu la richiesta dell'operaio a Pizzi?
11. Come reagì Pizzi?
12. Perchè, secondo te, Pizzi passò dall'indignazione al sollievo?

OSSERVAZIONI GRAMMATICALI SUL TESTO

Considera l'uso del *trapassato prossimo* nei primi due paragrafi[1]. Sottolinea tutti i verbi in questo tempo e poniti questa domanda: se invece del *trapassato prossimo* si usasse il *passato remoto*, come cambierebbe il senso della narrazione? Cambia ora le seguenti forme verbali dei primi due paragrafi dal trapassato prossimo al passato remoto, secondo l'esempio:

Esempio: *era morto* → morì

1. si era messo   → ---
2. aveva cominciato → ---
3. avevano avuto   → ---
4. aveva capito   → ---

Considera ora le seguenti frasi, ed in particolare la costruzione con il *congiuntivo imperfetto*[2]. Perchè dobbiamo usare questo tempo e questo modo?

Il funzionario era piuttosto imbarazzato, <u>come se dovesse confessare</u> qualcosa di equivoco.

Tirava per le lunghe, <u>come se non si fidasse</u> a sputare il nocciolo.

Usa ora la costruzione <u>come se + congiuntivo imperfetto</u> o <u>trapassato</u> per le seguenti frasi, seguendo gli esempi:

L'operaio indugiava. <u>Forse era</u> imbarazzato o timido?
L'operaio indugiava <u>come se fosse</u> imbarazzato o timido.

Il Signor Pizzi rimase di stucco. <u>Forse aveva ricevuto</u> una brutta notizia?
Il Signor Pizzi rimase di stucco <u>come se avesse ricevuto</u> una brutta notizia.

1. Il Signor Bolti criticava la merce. Forse non era contento della tangente?

2. Il Signor Bolti sembrava arrabbiato. Forse le moquette erano difettose?

3. Il Signor Bolti lo fece aspettare mezz'ora. Forse non voleva parlargli?

4. L'operaio tirava per le lunghe. Forse aveva qualcosa di brutto da comunicargli?

5. Il Signor Pizzi si sentì sollevato. Forse aveva finito una prova importante?

1 Cfr. Osservazioni grammaticali al testo *L'entrata in guerra*, cap. I, p. 47.
2 Cfr. Osservazioni grammaticali al testo *L'intellettuale a Auschwitz*, cap. I, p. 50.

"DAGLI AL CORROTTO", PAROLA DI DONNA

di Maria Fumagalli, "Corriere della Sera", 20 febbraio 1992

Gli scandali di "Tangentopoli" hanno spesso avuto come protagoniste molte donne: mai accusate, sempre accusatrici, mai corrotte, spesso addirittura disposte a denunciare le malefatte di amanti e mariti. "Innata onestà o semplice conseguenza dell'essere escluse dagli interessi di "palazzo?", si chiedono la giornalista e i suoi intervistati.

MILANO. Una pioggia di soldi buttati dalla finestra al grido di "mio marito è un corrotto, venite ad arrestarlo…" e la "grande accusatrice" domestica, una volta per tutte, **lavò in piazza panni sporchi** e coscienza.
5 Era una sera della scorsa estate e Adriana Adriani, moglie di Gianfranco Rosci, **missino**, "garante" dalla **Usl Roma 12**, stava per vivere il suo momento di celebrità. Donna coraggio? Il suo, per la verità, era stato più un gesto di ribellione tardiva che una disinteressata denuncia. **Ma**
10 **tant'è**, lo scopo era stato raggiunto. Qualche tempo fa Rosa Masotti, **fornaia** di Sesto San Giovanni, con una trappola riuscì a **incastrare** un brigadiere dei carabinieri che chiedeva una mazzetta di 5 milioni in cambio dei **suoi buoni uffici**. E siamo all'ultimo scandalo. Anche qui una
15 mano femminile: dietro le indagini che hanno portato all'arresto di **Mario Chiesa** c'è infatti la lettera di una donna nella quale si denunciano gli "arricchimenti sospetti" del presidente del **Pio Albergo Trivulzio**.
Quella di Rosa Stanisci, sindaco di San Vito dei
20 Normanni, invece, è una vicenda diversa, ma esemplare: ha osato sfidare pubblicamente gli uomini del **racket** che in dieci mesi, con quaranta attentati, avevano seminato terrore e intimidazioni nel centro pugliese.
Storie di donne contro la corruzione. E non è tutto.
25 C'è chi sostiene che le donne siano meno corruttibili degli uomini. Più coraggiose? Più oneste?
"Voglio sperarlo", risponde **Camilla Cederna**, "Non sono una femminista **sfegatata** ma guardo alla mia esperienza. Ebbene, conosco molti più uomini mascalzoni
30 e tante donne meno disposte a fare **mascalzonate**. Inoltre, quando c'è da andare in prima fila nelle battaglie contro il malcostume, la corruzione, la mafia, mi sembra che le rappresentanti del nostro sesso siano più pronte a esporsi".
35 Alfonsina Rinaldi (**pidiessina**), sindaco di Modena per cinque anni, è sostanzialmente d'accordo con la scrittrice milanese, ma cerca di fornire una spiegazione più politica. "**Di per sé** le donne non sono più oneste degli uomini", osserva, "Anche se si comportano meglio. Diciamo la
40 verità, essendo fuori dai **giochi di spartizione**, hanno tutto l'interesse a far valere la logica della trasparenza. Solo così possono sperare di conquistare un posto in un consiglio di amministrazione, un seggio in Parlamento, il governo di una città. In altre parole", conclude, "le donne
45 rappresentano una forte leva per cambiare le regole del gioco, per abbattere i meccanismi perversi che dominano la società".
Nadia Alecci, avvocato penalista, è ancora più decisa: "Le donne sono portatrici di nuovi valori, hanno una
50 concezione più pulita della politica. Un fatto è certo: nessuna donna è stata coinvolta in scandali legati a vicende di corruzione". Mirella Pallotti, direttore del settimanale "Anna", non ha dubbi: "Siamo meno corruttibili perché **più polle**", dice scherzando ma non troppo, "Tutto deriva
55 dal fatto che siamo più idealiste, più sentimentali, più romantiche".
E Catherine Spaak aggiunge: "Sarò ingenua, ma penso che noi siamo meno propense all'**inghippo**. Per molte il denaro è ancora un tabù".
60 Alto là: gli uomini non ci stanno. L'immagine di un'integrità tutta femminile viene respinta e subito confutata. "A queste differenze non credo proprio", taglia corto Saverio Vertone, scrittore e commentatore di costume, "Le donne sono meno implicate in traffici
65 illeciti perché più esterne al potere. È un merito? Non mi pare. Quanto a certe denunce "coraggiose", se il loro movente sta nella gelosia, nelle ripicche coniugali, non mi sembra vi sia da vantarsene. Tra l'altro, dagli USA sta arrivando una serie di esempi femminili negativi: tranelli,
70 ricatti miserabili e quant'altro. È questa la punta dell'iceberg del femminismo degli anni Novanta?"
Sulla stessa linea si attesta Luciano De Crescenzo: "Donne meno corrotte perché meno vicine alle **stanze dei bottoni**", sentenzia, "Nessuna differenza". E l'avvocato
75 matrimonialista Cesare Rimini con una punta di ironia osserva: "Quando si tratta di scelte di vita, le donne sono di sicuro più combattive e tenaci. Nella conquista di un uomo, nella rivendicazione dell'affidamento di un figlio; ma se **ci sono in ballo questioni economiche**, lasciamo
80 perdere. Sono avide e corruttibili quanto noi".

NOTE

1. *lavare i panni in piazza*: portare in pubblico i propri problemi familiari
2. *missino*: del Movimento Sociale Italiano (MSI), partito neofascista
3. *Usl Roma 12*: Unità sanitaria locale, ufficio del servizio sanitario di un quartiere di Roma
4. *ma tant'è*: fa lo stesso, non cambia i termini del problema
5. *la fornaia*: proprietaria di una panetteria, o negozio di fornaio (dove si vende il pane)
6. *incastrare*: non lasciare vie d'uscita, accusare avendo prove sicure
7. *i suoi buoni uffici*: i suoi favori
8. *Mario Chiesa*: il primo politico arrestato nell'operazione "Mani pulite", dirigente del Psi
9. *Pio Albergo Trivulzio*: casa di riposo per anziani, di cui Mario Chiesa era presidente
10. *il racket*: organizzazione criminale di tipo mafioso
11. *Camilla Cederna*: scrittrice e giornalista milanese
12. *sfegatata*: fanatica
13. *la mascalzonata*: l'azione fuori legge, illecita
14. *pidiessina*: rappresentante del PDS (Partito democratico della sinistra), ora DS (Democratici di sinistra)
15. *di per sè*: per loro natura (in questo caso, le donne)
16. *i giochi di spartizione*: le regole di divisione del potere e del denaro
17. *più polle*: più ingenue
18. *l'inghippo*: l'imbroglio
19. *la ripicca*: il dispetto, la ritorsione
20. *la "stanza dei bottoni"*: il potere, il luogo dove si prendono decisioni governative, il "palazzo"
21. *ci sono in ballo questioni economiche*: si tratta di questioni economiche

DOMANDE DI COMPRENSIONE E DISCUSSIONE

1. Che cosa fece Adriana Adriani per far arrestare il marito?
2. Chi riuscì a incastrare Rosa Masotti, e perchè?
3. Che cosa fece la donna che accusò Mario Chiesa?
4. Perchè l'esempio di Rosa Stanici si può definire "esemplare"?
5. Secondo Camilla Cederna, le donne sono più coraggiose e oneste?
6. Secondo Alfonsina Rinaldi, qual è la vera motivazione delle donne a "far valere la logica della trasparenza"?
7. Secondo Nadia Alecci, che cosa prova che le donne hanno "una concezione più pulita della politica"?
8. Perchè le donne sono meno corruttibili, secondo Mirella Pallotti?
9. Secondo Catherine Spaak, perchè le donne sono "meno propense all'inghippo"?
10. Qual è l'opinione degli uomini intervistati, invece?
11. Tu cosa ne pensi: donne più oneste di natura o semplicemente assenti da posizioni di potere?

OSSERVAZIONI GRAMMATICALI SUL TESTO

Considera la seguente costruzione con il verbo stare + per + infinito:
Adriana Andriani (...) stava per vivere il suo momento di celebrità. (righe 5-7)

Qual è la differenza fra questa costruzione e l'uso di stare + gerundio. Ad esempio, qual è la differenza fra la frase riportata più sopra e la seguente?
Adriana Adriani stava vivendo il suo momento di celebrità.

Passa da una costruzione all'altra nelle seguenti frasi:
1. Rosa Masotti, con una trappola, stava per incastrare un brigadiere dei carabinieri.
2. Rosa Stanisci stava sfidando pubblicamente gli uomini del racket.
3. Una donna stava per denunciare "gli arricchimenti sospetti" di Mario Chiesa.
4. Alcune donne stanno conquistando posti importanti nei consigli di amministrazione.
5. Dagli Usa sta arrivando una serie di esempi femminili negativi.
6. Molte donne stanno per abbattere i meccanismi perversi della corruzione.

LA TANGENTE MATRIMONIALE
(da *La troga* di Giancarlo Rugarli, 1988)

La "troga" è una società segreta della quale fanno parte ministri, finanzieri, magistrati, forse anche vescovi, che Pantieri – un commissario un po' scialbo ma instancabile e incorruttibile – sta investigando. Nel corso delle sue indagini, Pantieri si muove in un mondo incredibile di intrighi e corruzione, purtroppo fin troppo vicino alla realtà della scena politica italiana degli ultimi 30 anni. Nel brano che proponiamo, il commissario fa visita all'ingegner Opitz mentre è in corso una festa mondana presso la sua villa. Opitz gli offre 10 milioni come "segno della sua amicizia" e gli fa capire che anche la sua vita privata e i suoi rapporti più intimi sono regolati dal pagamento di tangenti. Più tardi nella narrazione, Pantieri commenterà che "è impossibile vivere in un mondo senza idee, ma tutte le idee sono sbagliate".

«La prego, vorrei regalarle dieci milioni. Mio Dio, lei si disturba nel cuore della notte per farmi una visita… sotto questa pioggia torrenziale, spero che non sia venuto a piedi. Mi creda, è il minimo per lei, una sciocchezza.
5 Accetti dieci milioni».

«Ingegnere, non sono venuto a farle una visita. Sto svolgendo una indagine. La sua proposta potrebbe suonare in modo equivoco, capisce?».

«Stupidaggini. Perché mai la dovrei corrompere? Io
10 intendo usarle una gentilezza, voglio darle una piccola tangente, un segno della mia amicizia. Cerchi di non **fraintendere**. Mi ascolti con attenzione, perché questa è filosofia. Io sono convinto che non si può ottenere nulla senza pagare. Mai sentito parlare della legge del profitto? Nessuno è disposto a dare qualche cosa senza un
15 personale profitto. Ma non è una regola esclusiva del mondo degli affari, è una regola universale. Sta scritta nelle coscienze. Mia moglie (non parlo di adesso, ha più di settant'anni e certi problemi sono superati) se volevo fare l'amore, la pagavo. I primi tempi le regalavo preziosi o
20 qualunque cosa le avesse fatto piacere, ma poi le davo i soldi. Più semplice, più **sbrigativo**, più intimo. Meglio che in un **casino**. Vorrei precisare. Mia moglie l'amore con me l'avrebbe fatto comunque, anche gratis; ma vede, se io pagavo, si sentiva in debito con me, si sentiva obbligata, mi
25 corrispondeva in modo perfetto, diventava un'autentica **puttana**. Il denaro è buono, riscalda, il denaro è spirituale, è l'unico legame possibile. Ecco perché vorrei darle dieci milioni, commissario. Vorrei che il nostro non fosse un incontro **effimero**, vorrei catturare un pezzetto della sua
30 anima»

NOTE

1. *fraintendere*: capire male
2. *sbrigativo*: affrettato, fatto velocemente
3. *casino*: casa dove vivono e lavorano le prostitute
4. *puttana*: prostituta (dispregiativo)
5. *effimero*: di breve durata

DOMANDE DI COMPRENSIONE E DISCUSSIONE (LA TANGENTE MATRIMONIALE DI GIAMPAOLO RUGARLI, DA LA TROGA)

1. Perchè Pantieri non vuole accettare i dieci milioni che gli offre Opitz?
2. Secondo Opitz, la legge del profitto è limitata solo al mondo degli affari?
3. Quale esempio porta Opitz a Pantieri per dimostrargli che la legge del profitto 'sta scritta nelle coscienze'?
4. Che cosa pensa Opitz del denaro? Perchè vorrebbe dare dieci milioni a Pantieri?
5. Che cosa pensi tu del "paradosso" di Opitz?

OSSERVAZIONI GRAMMATICALI SUL TESTO (LA TANGENTE MATRIMONIALE DI GIAMPAOLO RUGARLI, DA LA TROGA)

Considera l'uso dell'<u>imperativo formale</u>[1] (Lei) nelle seguenti frasi:

<u>Mi creda</u>, è il minimo per lei, una sciocchezza. <u>Accetti</u> dieci milioni. [...] <u>Cerchi</u> di non fraintendere. <u>Mi ascolti</u> con attenzione [...] (righe 3,9,10)

Nota che nell'uso formale dell'<u>imperativo</u> (Lei) i pronomi precedono il verbo, anzichè seguirlo come avviene per le altre persone: (Lei) *Mi creda*. (Tu) *Credimi*. Nota anche la forma dell'<u>imperativo formale</u> (Lei) corrisponde al <u>congiuntivo presente</u>. Ora inserisci la forma corretta dell'imperativo a seconda del soggetto, come indicato:

1. (Lei) Mi creda... (Tu) credimi... (Voi) ....
2. (Lei) Accetti dieci milioni. Li accetti. (Tu) .... Voi ....
3. (Lei) Cerchi... (Tu) .... Voi ....
4. (Lei) Mi ascolti... (Tu) .... Voi ....

[1] Cfr. Osservazioni grammaticali ai testi *Se questo è un uomo*, cap. 1, p. 51 e *Le pietre verbali*, cap. 3, p. 133.

SE IL PANE NON BASTA

di Giuliano Zincone, "Corriere della Sera", 23 aprile 2000

L'autore discute in questo articolo le conseguenze delle profonde trasformazioni sociali avvenute in Italia dalla fine degli anni '70: l'affermazione del capitalismo avanzato e di un benessere diffuso hanno portato a una caduta della tensione ideologica, a un "individualismo di massa" e a un generale disinteresse per i problemi sociali e politici.

All'inizio degli anni Ottanta, l'Italia è già un Paese ricco, dove per vaste moltitudini non esistono più i problemi elementari iscritti nei **codici culturali** dei vecchi partiti. Nasce da qui, da questo benessere diffuso (e
5 benedetto) la **disaffezione** per le parole politiche costruite per promettere riscatti a masse **fameliche**, sfruttate e miserabili che, per fortuna, non esistono più. A questo punto, le aspirazioni delle moltitudini diventano indecifrabili e ingovernabili, per i politici antichi.
10 Come si fa a promettere soltanto «pane e lavoro», in un Paese dove il reddito medio familiare supera i quattro milioni al mese, senza contare i **guadagni «sommersi»**? Questo è l'identikit della crisi. Tutto ciò che è garantito (la sopravvivenza modesta) non è desiderabile, per
15 definizione. E tutto ciò che è desiderabile (autostima, successo, amore, felicità, armonia) non può essere garantito da nessuna forza politica.

Nella società italiana irrompe, dunque, l'«individualismo di massa». Cambiano i modi di
20 produzione, le tecnologie, le gerarchie, gli equilibri dei poteri, le precarietà, e perfino gli Ideali. Per le moltitudini privilegiate, adesso, la politica non è più utopia, ma è soprattutto amministrazione: si discute di tasse, di scuola, di sicurezza, di sanità, di trasporti, di immigrazione, di
25 ambiente, di qualità della vita e del lavoro.

In questo quadro (per il momento), la Sinistra appare in ritardo. L'«individualismo di massa» la stringe in una tenaglia. Da una parte è costretta ad **annacquare** la propria identità, deludendo i militanti e abbandonando i ceti
30 deboli, gli emarginati, i veri poveri. Dall'altra parte non riesce a conquistare la fiducia di un elettorato che tuttora diffida dei «post-comunisti». Ciò non significa affatto che la Sinistra sia destinata a perenni sconfitte. Ciò significa, **semmai**, che essa è condannata a cambiare pelle e a
35 confrontarsi, **laicamente**, con ogni singolo problema, abbandonando le antiche certezze e gli antichi **ancoraggi**.

Oggi è qui, l'onda lunga dell'«individualismo di massa» produce effetti abbastanza visibili. Crea, innanzitutto, nuove disaffezioni e astensioni dal voto. Poi convoglia
40 consensi verso le formazioni politiche che, come Forza Italia, incoraggiano le aspirazioni (e le imprese) individuali. Accanto a questo, però, nasce e cresce una nostalgia di fede che cerca risposte, a qualsiasi livello: dalle piccole patrie reclamate da **Umberto Bossi** fino ai supremi
45 disegni di **Karol Wojtyla**.

NOTE

1. *iscritti nei codici culturali*: che facevano parte del programma politico e dell'ideologia dei vecchi partiti
2. *la disaffezione*: la perdita di interesse
3. *famelico*: affamato
4. *i guadagni "sommersi"*: il reddito non dichiarato, per il quale non si pagano tasse
5. *annacquare*: rendere più moderato
6. *semmai*: al contrario
7. *l'ancoraggio*: il punto sicuro d'appoggio (qui figurativo)
8. *Umberto Bossi*: fondatore e segretario generale delle Lega Nord
9. *Karol Wojtyla*: Papa Giovanni Paolo II°

DOMANDE DI COMPRENSIONE E DISCUSSIONE

1. Che cosa si è perso, secondo Zincone, con il benessere diffuso dell'inizio degli anni '80?
2. Quali erano le grandi promesse dei partiti di sinistra e perchè ora sono improponibili?
3. Quale conseguenze ha l'"irruzione dell'individualismo di massa" nella politica?
4. Qual è la difficoltà della sinistra storica nel confrontarsi con questa nuova situazione?
5. Qual è il vantaggio di Forza Italia in questa situazione?
6. Secondo te, che cosa vuol dire l'autore quando parla di "nostalgia di fede"?

OSSERVAZIONI GRAMMATICALI SUL TESTO

Considera l'uso del pronome 'ciò' nelle seguenti frasi[1]:

Tutto ciò che è garantito (la sopravvivenza modesta) non è desiderabile... E tutto ciò che è desiderabile... (righe 13-15)

Nota che tutto ciò che si riferisce a cose, non a persone. Nel caso di persone useremo tutti quelli che. Anche ciò che da solo si riferisce a cose, nel caso di persone useremo chi.

Usa tutto ciò che, ciò che, tutti quelli che o chi, a seconda dei casi, negli spazi bianchi: (ATTENZIONE: in alcune situazioni devi modificare anche le forme verbali)

1. Per le persone che hanno un alto reddito la politica non è più un'utopia.

2. Le cose che hai appena detto riguardano questo periodo di benessere diffuso.

3. Tutte le ideologie che i partiti proponevano sono decadute.

4. Tutti i cittadini che credevano nelle grandi utopie, sono rimasti disillusi.

5. Queste considerazioni vogliono dire che non è più possibile promettere riscatti a masse fameliche.

---

[1] Cfr. Osservazioni grammaticali al testo *Le regole del gioco della democrazia*, cap. 3, p. 151.

LA FESTA DEI POTENTI
da *Tecniche di seduzione* di Andrea De Carlo,1991

Roberto è un giovane aspirante scrittore. Polidori è uno scrittore di mezza età già affermato, scopritore, protettore e sponsor di Roberto. A Roma i due navigano in un mondo notturno di feste d'alta società frequentate da politici ed imprenditori. Roberto – narratore incredulo e un po' ingenuo – discende nel mondo infernale della corruzione e dell'arroganza pre-"Mani pulite" accompagnato dal "maestro" Polidori che gli fa da guida in una sorta di versione contemporanea dell'inferno dantesco.

L'effetto generale era come se un enorme televisore fosse stato rovesciato e scosso sulla sala, spargendo intorno politici e presentatrici e attori e attrici e cantanti e filosofi e scrittori e vallette che parlavano e ridevano e
5 gesticolavano tra decine e decine di invitati anonimi. Ma anche gli invitati anonimi avevano qualche genere di familiarità televisiva, tanto erano vestiti e atteggiati, e a **loro agio** con i personaggi famosi. Il loro non sembrava un semplice agio da spettatori, ma piuttosto una vera
10 confidenza nata dal mangiare gli stessi cibi e respirare la stessa aria, passeggiare giorno dopo giorno per le stesse piazze.

Quando è entrato Polidori non ci sono state molte delle reazioni eccitate che avevo osservato a Milano la sera
15 dopo lo spettacolo: gli sguardi convergevano su di lui con attenzione **smorzata** e **vischiata** dalla consuetudine, era difficile osservare l'ansia di contatto che aveva fatto brillare gli occhi e tremare la voce alle signore milanesi. Gli andavano incontro, e lo abbracciavano e lo baciavano e
20 gli rivolgevano frasi cariche di complimenti e attestazioni d'affetto, ma tutti questi gesti erano animati da un'espansività recitata e incurante, compiaciuta solo di se stessa.

E c'erano molti poli di interesse oltre a lui: bastava
25 girare la testa per vederli, al centro di **nugoli** di conversatori e complimentatori. C'era il ministro degli esteri, circondato di signore di mezz'età e **ragazzotte sgambate** che cercavano di stargli addosso e toccarlo, ridevano alla sua minima battuta. C'era il presidente del
30 senato, che ondeggiava come un dirigibile mentre prendeva con mani piccole cioccolatini da una vecchia signora; e il vicepresidente del consiglio seguito a un passo dal suo segretario-guardaspalle; e il segretario della Democrazia Cristiana con la sua faccia da pesce secco
35 reticente. Poi c'era l'attrice Paola Murletti vestita come una povera sirena, e Cinzia Palma la conduttrice di "Giovani Lacrime" ambientato ogni settimana in un orfanotrofio diverso, e il presidente della televisione di stato che **faceva il galletto** con una ragazzona troppo alta, e
40 Gimmi Melito il cantante napoletano di quarantacinque

anni vestito come se ne avesse quindici, e l'architetto Remo Testa progettista di monumenti e soprammobili e scenografie e quartieri dormitorio, e Livio Longo l'ex giovane comico che la Dalatri aveva salutato con tanto
45 slancio al ristorante.

Le differenze tra i loro ruoli corrispondevano a differenze minime di comportamento; gli sguardi e i modi di fare erano più o meno gli stessi. L'unico particolare che forse cambiava era la velocità dei movimenti: i politici
50 facevano meno gesti, cambiavano espressione con meno frequenza, stavano fermi in un punto a **tener corte**; i personaggi famosi degli altri campi si spostavano più **vibratili**, ansiosi di raccogliere l'umore della sala e rappresentarlo nei loro tratti. Non ci voleva molto a capire
55 che erano i politici il vero centro dell'attenzione, e tutti gli altri ruotavano intorno a loro, in orbite limitate dal loro grado di sudditanza.

Sembravano una grande famiglia incestuosa a vederli tutti insieme, o un alveare organizzato in una varietà di
60 ruoli interdipendenti, dove **il nettare e il polline** da **bottinare** erano il denaro pubblico e l'energia della gente che aveva occasione di vederli solo sui giornali o alla televisione. Mi faceva impressione guardare i ministri e i segretari del partito così da vicino, pensare che attraverso
65 le loro mani occupate da bicchieri o da sigarette o da altre mani passavano ogni giorno decisioni che influivano sulla vita di milioni di italiani. Sembrava che fossero passati a questa da altre feste simili, con la stessa **tracotanza stravaccata**.
70 Avevo perso contatto con Polidori e sua moglie nella prima mischia appena entrati, così mi aggiravo **raso alle pareti** ad ascoltare frammenti di discorsi, registrare scambi di gesti e sguardi. Ho bevuto del vino, giusto per fare qualcosa, e la leggera ubriachezza che me ne è venuta
75 rendeva ancora più allucinante lo spettacolo che avevo intorno.

Dopo forse un'ora Polidori mi è arrivato alle spalle, ha detto "**Non ti defilare** Roberto". Sembrava leggermente alterato, più che a disagio: e aveva un bicchiere di vino
80 rosso in mano, tre ragazze che gli venivano dietro.

Lui me le ha presentate con un cenno vago, ha vuotato il suo bicchiere in tre sorsi, mi ha trascinato via per un braccio prima che potessi salutarne una. Doveva essere sensibile all'alcol quasi quanto me: il vino gli aveva fatto
85 venire un'aria più comunicativa e anche più crudele del solito. Mi pilotava attraverso la folla con la sua mano da soldato di ventura, mi diceva sottovoce i nomi dei personaggi meno conosciuti, mi spiegava cosa facevano. Ha detto "È un po' di tempo che sto cercando di scrivere
90 un romanzo politico. Senza inventare molto, usando i puri dati di fatto che sono a disposizione, e come protagonisti questi che vedi in giro. Senza finti nomi o allusioni. Ci sono abbastanza ingredienti da far sembrare **sciacquatura di piatti** qualunque thriller fantapolitico
95 americano o inglese. Per ora raccolgo un piccolo archivio, come fanno loro. È una bella catena, ognuno ha in qualche cassaforte di notaio i dati per ricattare i suoi amici, se deve".

Di alcuni avevo letto sui giornali, a proposito di
100 qualche scandalo poi soffocato o fatto dimenticare per estenuazione; di altri non avevo mai sentito parlare. Polidori per esempio mi ha indicato il presidente di un ente per gli aiuti ai paesi in via di sviluppo, ha detto "Con i soldi per salvare dalla fame gli etiopi è diventato uno
105 degli uomini più ricchi di Roma. E ha fatto dei magnifici regali al segretario del suo partito, naturalmente". Mi ha indicato un costruttore con una faccia aguzza da **sciacallo** e mi ha spiegato che era un socio d'affari del presidente del consiglio. Ha detto "È un autentico criminale, in un
110 altro paese sarebbe di sicuro in galera. Anche il suo socio sarebbe in galera, con tutto quello che ha fatto in quarantacinque anni, e invece è considerato un uomo spiritoso. Scrive anche libri, e c'è gente che li compra".

Sembrava che provasse gusto a sciocarmi, in realtà
115 spiava le mie reazioni, diceva "Questa città è lo stomaco d'Italia, caro Roberto. È lo stomaco gonfio e avido che assorbe cibo e sangue da tutto il resto del corpo e non si sazia mai e produce solo scorie e rifiuti".

Mi indicava politici di diversi tipi, diceva "Non è
120 difficile distinguere i democristiani dai socialisti, se appena ci fai l'occhio. Rubano e barano e saccheggiano con la stessa intensità, ma hanno delle fisionomie completamente diverse. Dei corpi diversi".

"Per esempio?", gli ho chiesto io, prendendo un altro
125 bicchiere di vino da un vassoio di passaggio. Mi sembravano tutti sgradevoli allo stesso modo, quasi osceni nella **protervia** che traspariva da ogni loro gesto; non riuscivo a notare grandi differenze.

Polidori ha detto "Be', i democristiani sono lì da
130 quarantacinque anni ininterrotti, da più tempo di

chiunque in qualunque parte del mondo ormai. Nemmeno in Romania un solo gruppo di potere ha resistito così a lungo. Nemmeno in Albania, o negli Emirati Arabi. Il potere fa parte della loro fisiologia come
135 le ossa e il sistema nervoso. Hanno questo modo trattenuto ed esangue di ostentarlo, sono maestri del gioco sotto le righe e dell'allusione velata. Vengono attraverso i canali delle curie e delle associazioni cattoliche, gli resta addosso la polvere delle anticamere dei
140 vescovi di provincia. Se li guardi bene hanno quasi sempre labbra secche, nasi disidratati da assuefazione cronica. Sono rigidi di movimenti, con le giunture saldate dall'artrosi, le spalle strette, le ginocchia che si piegano solo sui cuscini di raso degli **inginocchiatoi**.
145 "E i socialisti?", gli ho chiesto. Ne avevamo uno davanti, e quello lo conoscevo, rossastro di carnagione, appoggiato a una donna con il seno così compresso nella scollatura da sembrare sul punto di esplodere.

"I socialisti sono come lui", ha detto Polidori con un
150 cenno del mento. "Sono arrivati più tardi alla tavola imbandita del potere, vogliono rifarsi in fretta di quello che hanno perso". Ha pescato un altro bicchiere anche lui, ha bevuto un sorso lungo; vedevo gli occhi che gli brillavano. Ha detto "Hanno queste labbra tumide, queste
155 mani grassocce e questi nasi carnosi, queste guance gonfie. Sono una nuova generazione, rispetto ai democristiani, con meno impacci e meno apparenze da fingere di rispettare. Sono stati loro a portare il sesso allo scoperto nella politica italiana, dopo vent'anni di masturbazioni
160 all'ombra delle sagrestie. Sono più giovani, e certo più moderni e meno provinciali, ma hanno la stessa disonestà di fondo, e anche una tendenza allo **squadrismo culturale**. Hanno i loro piccoli **Goebbels** e i loro piccoli **Speer**, i loro cani d'attacco e le loro **liste di proscrizione**, e tutto il
165 tempo giocano a presentarsi come disinvolti e agganciati al resto d'Europa".

Gli ho detto "Ma allora sono meglio i democristiani, secondo te?". Passavamo tra gli ospiti vocianti e ridacchianti e gesticolanti, avevamo un enorme
170 campionario umano tutto intorno.

"No che non sono meglio", ha detto lui. "I democristiani sono dei mostri. Sono l'anima nera dell'ipocrisia, e della vigliaccheria italiana. Vivono di inganni e **sotterfugi** e trame e omissioni e bugie e
175 dichiarazioni ritrattate, dell'ambiguità elevata a sistema politico. Hanno sulle spalle quarantacinque anni di collusioni con la mafia e colpi di stato preparati e tenuti in caldo, e stragi di innocenti e servizi depistati, e censure e pressioni e minacce e ricatti dietro la facciata, e furti e
180 sprechi su una scala spaventosa. È semplice mediocrità

culturale e umana, squallore grigio al riparo dalle correnti del mondo".

Il vino e il suo tono di voce e i suoi discorsi si combinavano a trasmettermi uno spirito disgustato e
185 sovreccitato, mentre passavamo da una sala all'altra nel **brulichio** di **chiacchieratori** e **guardatori** e **circondatori** e **strusciatori** dalle facce di porco o di volpe o di sciacallo o di serpente o di pecora.

NOTE

1. *essere a proprio agio*: sentirsi rilassato, comodo
2. *smorzato*: spezzato, interrotto
3. *vischiata*: impacciata
4. *il nugolo*: gruppo fitto di persone
5. *ragazzotte sgambate*: ragazze con le gambe esposte in gonne corte
6. *fare il galletto*: fare mostra di sè, esibirsi (come un gallo in un pollaio)
7. *tener corte*: mantenere attorno a sè un gruppo di ammiratori, come in una corte
8. *vibratile*: leggero, che si muove nell'aria
9. *il nettare e il polline*: prodotti del lavoro delle api
10. *bottinare*: conservare, come in una botte
11. *la tracotanza*: l'arroganza
12. *stravaccata*: informe, che non ha limiti
13. *raso alle pareti*: vicino alle pareti fino quasi a toccarle
14. *non ti defilare*: non andare via di nascosto
15. *la sciacquatura dei piatti*: qualcosa di qualità inferiore, di interesse minimo, come l'acqua usata per sciacquare i piatti
16. *lo sciacallo*: animale che mangia le carogne di altri animali (qui in senso figurativo)
17. *la protervia*: superbia, presunzione
18. *l'inginocchiatoio*: la panca dove in chiesa i fedeli possono inginocchiarsi per pregare
19. *lo squadrismo culturale*: la pratica di eliminare ideologie e punti di vista diversi (da "squadrismo": il fenomeno delle milizie armate fasciste)
20. *Goebbels*: ministro della propaganda e dell'informazione nella Germania nazista
21. *Speer*: architetto personale di Hitler e ministro dell'industria bellica dal 1941
22. *la lista di proscrizione*: lista di persone da eliminare
23. *il sotterfugio*: qualcosa che si fa di nascosto a scopo di inganno
24. *il brulichio*: movimento continuo e fitto, come di insetti
25. *i chiacchieratori, guardatori, circondatori e strusciatori*: le persone che chiacchierano, che guardano, ecc., tutti termini inventati dall'autore

DOMANDE DI COMPRENSIONE E DISCUSSIONE

1. In questo brano, l'autore usa molte similitudini e metafore per descrivere gli uomini politici e di spettacolo presenti alla festa. Quali ti sembrano più efficaci?
2. Che cosa ti colpisce di più nelle descrizioni dei partecipanti alla festa?
3. Che cosa avevano in comune tutti i partecipanti alla festa?
4. Che effetto fa sugli invitati l'arrivo di Polidori?
5. Che cosa pensa di scrivere Polidori e perchè sostiene che il suo romanzo sarebbe superiore a 'qualunque thriller fantapolitico americano e inglese'?
6. Perchè il 'presidente di un ente per gli aiuti ai paesi in via di sviluppo' sarebbe in galera in un altro paese?
7. Quale metafora usa Polidori quando parla di Roma, la capitale?
8. Che cosa hanno in comune socialisti e democristiani, e in che senso sono diversi?
9. Che cosa ti colpisce di più nella descrizione che fa Polidori dei democristiani e dei socialisti?

OSSERVAZIONI GRAMMATICALI SUL TESTO

Alla riga 186 Polidori usa termini nuovi, da lui coniati e leggermente dispregiativi, per descrivere persone il cui ruolo principale è quello di chiacchierare (i chiacchieratori), o guardare (i guardatori), ecc. Questi nuovi termini sono stati creati usando la desinenza -tore che si dimostra quindi molto produttiva: ad esempio, compratore e venditore sono termini comunemente usati per definire chi compra o vende. Puoi pensare ad altri sostantivi che sono stati formati con la stessa desinenza? Puoi inventarne altri per categorie di persone che mancano ora di una definizione, come ha fatto Polidori?

LA TELEVISIONE È IL GOVERNO
da *Tecniche di seduzione* di Andrea De Carlo, 1991

Polidori continua ad "istruire" Roberto sulle tecniche del potere politico (vedi lettura <u>La festa dei potenti</u>, tratta dallo stesso romanzo). Ora è la televisione che governa l'immagine e l'immagine è tutto nel mondo contemporaneo. I politici l'hanno ormai capito e manovrano, dalla televisione, la coscienza del popolo italiano. Se è vero che "sembrano un'armata d'occupazione", è anche vero che sono stati eletti e che quindi un po' di responsabilità è anche nostra.

Polidori ha detto "Susti e Foni, sono loro che governano l'Italia. Sono la televisione, e la televisione è il governo. È tutto quello che c'è. È la televisione che dà l'idea che qualcuno in questo paese si occupi delle cose.
5 Hai mai visto un telegiornale? Con le interviste ai ministri e le immagini dei ministri che salgono e scendono dalle loro macchine blindate, e i **resoconti** dettagliati di tutto quello che i politici hanno detto a proposito di tutto? Poi in realtà nessun problema viene mai affrontato, le uniche
10 decisioni vengono prese nell'ombra delle segreterie dei partiti e riguardano solo le tecniche di **spartizione della torta**. Ma la televisione dà una bella immagine dinamica, sembra che anche noi abbiamo un vero governo. Ed è dalla televisione che vengono la politica e la lingua e la cultura e
15 il gusto e le immaginazioni di questo paese. Esce tutto da lì, e torna lì dentro. Qualunque cosa resti fuori è come se non esistesse neanche, non ha la minima rilevanza".

"Tu non resti fuori", gli ho detto io; non in tono d'accusa ma quasi.
20 Lui ha detto "Ti sembrerebbe una posizione tanto più coerente? Sai la soddisfazione di non esserci. Fare il fantasma coerente che nessuno vede, per essere poi forse riscoperto cento o duecento anni dopo morto, ammesso che ci sia ancora qualcuno che legge qualcosa? Io ho
25 bisogno di esserci, Roberto. Di accendere la televisione e scoprire che esisto".

Roma 1986. Le ballerine Lorella
Cuccarini e Alessandra Martinez
durante le prove dello
spettacolo "Fantastico 7".

Mi guardava ogni tanto mentre parlava, per registrare le mie reazioni; ma non riuscivo mai ad avere reazioni nette a questi discorsi, ero sempre incerto sul suo vero spirito. Gli ho detto "Però non ti fa impressione avere a che fare con questa gente? Non dici che sono dei mafiosi e dei **farabutti**?".

"Lo sono", ha detto lui. "Ma è solo una questione di ruoli. Quando li conosci da vicino lo vedi che non sono cattive persone. Prova a immaginarteli da ragazzi, senza nessuna dote né qualità particolare, persi nella piccola provincia e nella piccola borghesia degli anni Quaranta, con il latino e la filosofia della scuola e il parroco e la mamma come unici punti di riferimento. Poi arriva la politica e gli offre il mondo. Gli offre Roma, le case, le macchine, i ristoranti gratis, la gente che si inchina quando li vede, i modi per sistemare anche i parenti più lontani. Se non avessero avuto la politica cosa avrebbero potuto fare?".

Gli ho detto. "Non mi commuovono molto. Sono stati loro a ridurre questo paese come è".

Lui mi ha guardato, di nuovo con il suo sorriso; ha detto "Ti rendi conto che tendiamo sempre a parlare dei politici come se fossero un'armata di occupazione in un territorio innocente? Ma non è così, Roberto, sono stati eletti".

Mi faceva rabbia come riusciva a parlare in completa contraddizione con quello che aveva detto il giorno prima, con la stessa violenza polemica e la stessa ironia cattiva nella voce. Gli ho detto "Non lo dicevi anche tu che la gente non ha nessuna vera alternativa? Che questi bastardi hanno approfittato selvaggiamente di una situazione di monopolio?".

"Sì, d'accordo", ha detto lui. "Ma di fatto sono sempre i peggiori che continuano a prendere più voti, anche quando una scelta c'è. Anche adesso che non c'è più il terrore dei comunisti a paralizzare tutto".

"E perché, secondo te?", gli ho chiesto, senza essere minimamente convinto.

Lui ha detto "Perché noi italiani siamo anche un popolo di farabutti, oltre che di persone generose e inventive e passionali. Guarda che non lo dico dal di fuori, mi ci metto dentro anch'io. C'è questo fondo disonesto nella nostra mentalità, molto più di quanto siamo disposti ad ammettere. Forse viene da una memoria genetica di secoli di lotte di una famiglia contro l'altra e un borgo contro l'altro, o da secoli di cattivi governi, o dalla mancanza di veri principi che fa parte dell'ipocrisia cattolica. **Sta di fatto** che tutti praticano il furto e **il raggiro** in questo paese, a tutti i livelli della vita quotidiana e in tutte le categorie, dal meccanico al dentista al negoziante al vigile al ministro. I politici non sono una razza a sé rispetto a chi li elegge. Hanno solo più occasioni e più mezzi per mettere in pratica la loro **farabuttaggine**, e certo più impunità".

"Non è vero che siamo tutti così", ho detto io. "Ci sono anche milioni di italiani onesti, che fanno il lavoro meglio che possono e pagano le tasse e si riempiono di disgusto ogni volta che accendono la televisione o aprono un giornale". Ero furioso per il suo cinismo ostentato, per come sembrava quasi compiaciuto del fatto che il nostro paese e la vita in generale non avessero la minima possibilità di **scampo**.

Polidori ha detto "Non è che ti lasci incantare dalle lamentele, Roberto? Sono un nostro **vezzo** così tipico, i ministri che si lamentano del governo come se non ne facessero parte, le mogli che si lamentano dei mariti come se non dormissero nello stesso letto ogni sera".

NOTE

1. *il resoconto*: la descrizione dettagliata
2. *la spartizione della torta*: divisione delle ricchezze (in questo caso, delle tangenti o dei fondi pubblici)
3. *il farabutto*: il delinquente, la persona poco onesta
4. *sta di fatto*: è una certezza

5. *il raggiro*: l'imbroglio
6. *la farabuttaggine*: l'essere delinquenti o poco onesti
7. *lo scampo*: la salvezza
8. *il vezzo*: l'abitudine

DOMANDE DI COMPRENSIONE E DISCUSSIONE

1. Anche in questo brano, come in La festa dei potenti, l'autore fa largo uso di similitudini e metafore. Quali ti sembrano più efficaci?
2. Qual è il ruolo della televisione in Italia, secondo Polidori?
3. Perchè anche Polidori ha deciso di far parte del "mondo della televisione"?
4. Perchè, secondo Polidori, i politici non sono "cattive persone", e che cosa li ha spinti nel mondo della politica?
5. Secondo Polidori, perchè i politici non si possono definire come "un'armata di occupazione in un territorio innocente"?
6. Che cosa pensa invece Roberto, il narratore?
7. Perchè, secondo Polidori, gli italiani continuano a votare i più farabutti, "anche adesso che non c'è più il terrore dei comunisti a paralizzare tutto"?
8. Da che cosa deriva la tendenza alla disonestà degli italiani, secondo Polidori?
9. Roberto, il narratore, è d'accordo con il punto di vista di Polidori sugli italiani?
10. Perchè, secondo Polidori, non è giusto lamentarsi?

OSSERVAZIONI GRAMMATICALI SUL TESTO

Considera l'uso del congiuntivo imperfetto[1] dopo come se nelle seguenti frasi:

Qualunque cosa resti fuori è come se non esistesse neanche... (righe 16-17)
... tendiamo sempre a parlare dei politici come se fossero un'armata di occupazione... (righe 48-49)
... i ministri che si lamentano del governo come se non ne facessero parte, le mogli che si lamentano dei mariti come se non dormissero nello stesso letto ogni sera (righe 87-88)

Come se introduce una situazione *contraria al fatto*, ed è per questo che bisogna usare il congiuntivo imperfetto: i ministri non sono un'armata di occupazione, ma noi ne parliamo come se lo fossero. Costruisci delle frasi sullo stesso modello, completando secondo la tua fantasia.

1. I politici non sono interessati a risolvere alcun problema vero, ma la televisione li presenta come se
   ----
2. Polidori non fa parte del gruppo di farabutti, ma parla come se -------------------------------------.
3. I politici non sono vittime del loro ruolo, secondo Roberto, ma Polidori ne parla come se
   ------------------------------------- .
4. Secondo Polidori, i politici peggiori continuano a prendere la maggior parte dei voti come se-------------------------------------.
5. Non è vero che tutti gli italiani sono dei disonesti, ma Polidori ne parla come se -------------------------------------.

---

[1] Cfr. Osservazioni grammaticali ai testi *L'intellettuale a Auschwitz*, cap. I, p. 50, e *La tangente*, cap. 4, p. 188.

IL BELPAESE

da *Pura vita* di Andrea De Carlo, 2001[1]

Mentre intraprendono un lungo viaggio, un padre spiega alla figlia adolescente i pregi e i difetti dell'Italia. Anche i pregi però, ad un'attenta analisi, si rivelano solo "difetti travestiti da qualità". Quella del padre è un'analisi spietata e sferzante dell'Italia, dei suoi costumi e della sua storia del fascismo ad oggi.

«Superficialità. Disonestà. Incostanza. Gelosia. Inattendibilità. Inerzia. Imprecisione. Ipocrisia. Provincialismo. Autolesionismo. Poi c'è una serie di difetti travestiti da qualità».

5 «Tipo?»

«Tipo vigliaccheria travestita da bontà. Mancanza di regole travestita da tolleranza. Incuria travestita da libertà. Volgarità travestita da naturalezza. Barbarie travestita da folclore.»

10 «Fammi degli esempi.»

«Per esempio il paese finto tollerante dove se viene presa una banda di ragazzotti figli di mamma che ha massacrato a **sprangate** una vecchietta per rapina ci sono subito un prete e uno psicologo e un sociologo che 15 corrono in televisione a dire che bisogna perdonarli e capirli e non criminalizzarli oltre misura perché in fondo sono anche loro vittime della società e dei tempi.»

«Eh.»

«Il paese finto libero dove alla prima manifestazione di 20 strada la polizia può assumere comportamenti **sudamericani** e massacrare di botte e torturare per giorni la gente che ha arrestato.»

«Poi?»

«Il paese finto evoluto dove ogni copertina di 25 settimanale d'informazione e ogni pubblicità di automobili o di scarpe o di pasta e ogni show televisivo per famiglie esibisce almeno un corpo di donna nuda usato per vendere. Il paese regno della mamma e delle sante, con il numero più basso di donne nel parlamento e il 30 numero più alto di prostitute importate dai paesi poveri nelle strade.»

«Sì.»

«Il paese fondato sulla legge romana con un miliardo di **vincoli** paralizzanti a qualunque attività, che ha distrutto 35 il suo territorio da nord a sud e lo ha ricoperto di cemento nella più totale mancanza di veri controlli. Il paese più ricco al mondo di opere d'arte violentato con una capillarità spaventosa da geometri e committenti e amministratori totalmente privi di senso estetico.»

40 «Poi?»

«Il paese finto democratico che si è lasciato governare per vent'anni da un pagliaccio violento travestito da guida del popolo e si è fatto trascinare dalla parte sbagliata in una guerra da cinquanta milioni di morti e quando l'ha persa 45 ha fatto finta di essere sempre stato dalla parte giusta in cuor suo.»

«Davvero?»

«Sì, e poi in modo ricorrente ha cercato di gettarsi nelle braccia del primo despota o capomafia o 50 **protocapitalista** o trafficante su larga scala che appare sulla scena con il suo seguito di avvocati e **faccendieri** e squadristi e uomini di fiducia.»

---

[1] Questo brano è stato portato alla mia attenzione da Irina Hargan, Catholic University of America

NOTE

1. *la sprangata:* un colpo dato usando una spranga, cioè un pesante arnese di metallo
2. *sudamericani*: un riferimento ai passati regimi dittatoriali di alcuni stati del Sud America, quali Argentina e Cile
3. *il vincolo*: limitazione, restrizione

4. *il protocapitalista*: (vocabolo inventato dall'autore), la prima specie di capitalista
5. *il faccendiere*: chi si occupa di varie attività non lecite o legali

DOMANDE DI COMPRENSIONE E DISCUSSIONE

1. Secondo il padre, qual è una caratteristica ricorrente nel costume e nella storia italiana?
2. Quale delle "ipocrisie" dell'Italia ti sembra più vera? Quale ti sembra un'esagerazione?
3. Chi è il "pagliaccio violento" di cui parla il padre?
4. A quali fatti storici si riferisce il padre quando dice che l'Italia, dopo aver perso la guerra, "ha sempre fatto finta di essere dalla parte giusta in cuor suo"?

OSSERVAZIONI GRAMMATICALI SUL TESTO

In questo brano troviamo una serie di sostantivi per i quali esiste anche un corrispondente aggettivo. Ad esempio: superficialità → superficiale, disonestà → disonesto.

Per ognuno dei sostantivi contenuti nel testo, e riportati qui di seguito, cerca la forma corrispondente dell'aggettivo:

1. superficialità = *superficiale*
2. disonestà = *disonesto*
3. incostanza = _____
4. gelosia = _____
5. inattendibilità = _____
6. inerzia = _____
7. imprecisione = _____
8. ipocrisia = _____
9. provincialismo = _____
10. autolesionismo = _____
11. vigliaccheria = _____
12. tolleranza = _____
13. incuria = _____
14. libertà = _____
15. volgarità = _____
16. naturalezza = _____
17. barbarie = _____
18. folclore = _____

BERLUSCONI E FORZA ITALIA

da *Piccolo Cesare* di Giorgio Bocca, 2002

Il primo ministro Berlusconi non che un "piccolo cesare" secondo Giorgio Bocca, giornalista e scrittore. In questo brano la nascita di Forza Italia viene spiegata come un fenomeno inevitabile dopo la disgregazione di democristiani e socialisti.

Dice **Fedele Confalonieri**: "Quando Silvio decise di scendere in campo con Forza Italia la nostra alternativa era di finire in galera come ladri o come mafiosi".

Confalonieri era contrario all'avventura politica, ma
5 non poteva abbandonare il compagno di una vita e uomo dei miracoli. Anche **Marcello Dell'Utri** era contrario, "ma quando Silvio ha deciso una cosa è decisa, tanto valeva dargli una mano. Del resto la situazione per noi era oggettivamente disperata, democristiani e socialisti si
10 stavano disgregando, i comunisti sembravano avviati all'egemonia". "Che facciamo?" gli chiesi. "Facciamo un partito", disse. "Ma come lo facciamo un partito?" "Lo fanno tutti", disse, "lo facciamo anche noi". Qui c'è l'uomo che si è improvvisato imprenditore edile e poi
15 della televisione, un uomo nuovo per la politica italiana, il primo che pensi a un partito come a un'azienda. Nella rivincita del denaro la politica si identifica con l'economia ma sono in pochi a capirlo. Silvio l'ha capito, non ha inventato niente ma ha intuito molto, è uno che si può
20 detestare ma non sottovalutare, può essere per i suoi concittadini una **iattura**, ma c'è e siamo qui a parlarne.

Il telaio del partito c'era ed era Publitalia, la rete del consenso pubblicitario, dell'informazione e dello spettacolo che sostituiscono le utopie che si fanno
25 economia, finanza, comun sentire. Me ne ero accorto tardi in un viaggio negli Stati Uniti, percorrevo in auto **i rettifili** interminabili delle terre di mezzo e passavo da una stazione radio all'altra senza capire tutte le parole, ma una era chiara e martellante, la parola dollaro, una traduzione
30 immediata della vita in denaro, una contabilità istantanea: ecco, il tuo lavoro, le tue passioni, i tuoi errori, le tue virtù fanno questo numero di dollari, tu sei moneta, non c'è altro che la moneta. Silvio questa identità fra vita e moneta l'aveva capita da molti anni, da quando vendeva i temi ai
35 compagni di scuola e magari da prima.

NOTE

1. *Fedele Confalonieri*: amico di Silvio Berlusconi e Presidente di Mediaset
2. *Marcello Dell'Utri*: amico di Silvio Berlusconi, eletto al Parlamento Europeo e Senatore della Repubblica
3. *la iattura*: la sfortuna
4. *il telaio*: la struttura portante (in senso figurativo)
5. *il rettifilo*: una strada lunga e diritta, senza curve

DOMANDE DI COMPRENSIONE E DISCUSSIONE

1. Secondo Confalonieri, perchè Silvio Berlusconi decise di fondare il partito Forza Italia? E secondo Dell'Utri?
2. Qual è il primato di Berlusconi, secondo Bocca?
3. Perchè Publitalia costituì il telaio del partito, secondo Bocca?
4. Che cosa capì Bocca durante un viaggio in auto attraverso gli Stati Uniti?

TANGENTOPOLI

da *Piccolo Cesare* di Giorgio Bocca, 2002

In questo brano, Bocca spiega come il sistema delle tangenti fosse tutt'uno con il sistema politico locale e nazionale tanto da apparire, a chi ne era parte, non solo come un fenomeno naturale, ma come uno scambio del tutto legittimo.

La regola **tangentizia** è identica: "se tu non, noi non", se non paghi non ti diamo gli appalti, non ti diamo la promozione, l'impiego, non ti paghiamo le forniture. E siccome chi ti corrompe e ricatta fa parte di una **cordata**
5 che risale fino alla segreteria del partito, fino allo stato e ai suoi più alti gradi, come puoi dubitare della comune impunità, più che rubare allo stato pensi di rubare con lo stato. Se tutta la politica gira attorno a questi affari, se essa è possibile solo per i finanziamenti che le arrivano, tu non
10 solo ti consideri innocente ma un **benemerito**. Il Craxi che fa in parlamento **la chiamata di correo** a tutti i partiti non è uno in cerca di un alibi e non si confessa colpevole, è un capo che rivendica il suo diritto di preda. Dalle prime inchieste torinesi aperte dal sindaco Diego Novelli, che

15 non sta ai ricatti di un **faccendiere**, si afferma come diritto naturale dei politici, degli amministratori la loro partecipazione ai profitti, il diritto ad arricchirsi personalmente, giusta ricompensa alla partecipazione professionale. Perché un'azienda di costruzioni deve fare i
20 miliardi su un'opera pubblica e non devo farmeli io, politico che ho diretto il lungo e complicato **iter** per arrivare all'appalto? **Luigi Odasso** ripete ai giudici torinesi ciò che **Mario Chiesa** ha cercato di spiegare ai milanesi: "Per stare alla direzione delle **Molinette** ho affrontato delle
25 grosse spese e avevo le mie esigenze personali, ho sempre avuto un tenore di vita compatibile con la mia condizione sociale che non era certo modesta".

NOTE

1. *tangentizia*: relativa alle tangenti, cioè al pagamento di denaro allo scopo di corrompere un pubblico ufficiale
2. *la cordata*: serie di persone legate con una corda durante una scalata in montagna (qui figurativo)
3. *il benemerito*: chi si è guadagnato speciali meriti con le sue opere
4. *la chiamata di correo*: il chiamare gli altri membri del partito alla propria responsabilità nello stesso reato
5. *il faccendiere*: chi è impegnato in traffici illegali
6. *iter*: percorso, strada (fig.)
7. *Luigi Odasso, Mario Chiesa*: politici con cariche pubbliche, entrambi arrestati per corruzione
8. *le Molinette*: ospedale torinese di cui Luigi Odasso era direttore

DOMANDE DI COMPRENSIONE E DISCUSSIONE

1. Che cosa significa praticamente il "se tu non, noi non" della "regola tangentizia"?
2. Perchè il politico corrotto spesso si considera un 'benemerito'?
3. I politici coinvolti in "tangentopoli" che cosa considerano come loro "diritto naturale"?
4. Luigi Odasso come giustificò ai giudici il fatto che percepiva tangenti?

OSSERVAZIONI GRAMMATICALI SUL TESTO

Nelle osservazioni grammaticali alla lettura *L'Intellettuale a Auschwitz* di Primo Levi (p.50) abbiamo considerato l'uso del congiuntivo (imperfetto o trapassato) e del condizionale (presente o passato) in frasi ipotetiche costruite con SE. Nella seguente frase tratta dalla lettura *Tangentopoli*, abbiamo un altro tipo di frase ipotetica con SE, nella quale viene usato l'indicativo, e non il congiuntivo, perchè si tratta di una verità o condizione generale al presente, e non di una situazione *contraria al fatto*:

Se tutta la politica gira attorno a questi affari, se essa è possibile solo per i finanziamenti che le arrivano, tu non solo ti consideri innocente ma un benemerito (lettura *Tangentopoli*, righe 8-10)

(in altre parole: "la politica gira attorno a questi affari, essa è possibile solo per i finanziamenti che le arrivano, quindi tu non solo ti consideri innocente, ma un benemerito")

La stessa frase può essere trasformata in una frase ipotetica, *contraria al fatto* al presente, usando il congiuntivo imperfetto e il condizionale presente:

Se tutta la politica girasse.... , se essa fosse possibile... tu non solo ti considereresti...

Ora trasforma le seguenti frasi da verità o condizioni generali al presente, a situazioni ipotetiche o *contrarie al fatto* al presente, e viceversa:

1. Se Silvio decide di scendere in campo, nessuno può fermarlo.

2. Se Silvio pensa che i comunisti sono avviati all'egemonia, fonda un nuovo partito.

3. Se il denaro costituisse l'unica base della politica, le grandi utopie tramonterebbero.

4. Se le ditte non pagassero regolarmente le tangenti, non riceverebbero gli appalti.

5. Se le aziende di costruzioni facessero miliardi sulle opere pubbliche, anche i politici si sentirebbero in diritto di guadagnarci qualcosa.

BILANCI

di Bianca Stancanelli (da *Cruderie*, 1996)

In questo racconto, l'autrice, in modo crudele e spietato, rivela i desideri narcisistici di una donna matura della media borghesia: avere il proprio momento, anche se sfuggente, di notorietà, apparire in televisione, su un giornale anche solo per una volta. La sua famiglia, troppo felice, troppo "normale", non ha niente da offrire a un pubblico rapace, che vuole divorare storie di tradimenti, stupri, corruzioni. Il suo gesto disperato e patetico per ottenere notorietà viene però soffocato nella indifferenza.

Con improvvisa, dolorosa consapevolezza, nel giorno in cui compiva cinquantasei anni, Rosa Clava si rese conto di non essere mai finita sul giornale, né in tv. In una istantanea autoanalisi percepì che la colpa di questo **scacco**
5 non era sua. Pazientemente tentò una **ricognizione** delle responsabilità.

Aveva un matrimonio, se non felice, moderatamente soddisfacente, ispirato a una serenità che le impediva di partecipare a quelle trasmissioni tv in cui i coniugi
10 reciprocamente si dilaniano.

Sua figlia, benché bella e formosa, dotata di due tette delle quali la madre si credeva il modello prima ancora che la responsabile pratica, non aveva mai manifestato l'ambizione di fare la fotomodella o l'attrice, men che
15 meno la pornostar ed era banalmente divenuta una buona moglie, una madre affettuosa, perfino un'ottima funzionaria di banca.

Anche il figlio, un disastro. Laureato con lode, assunto in una finanziaria, cambiava fidanzate con voracità. Ma mai
20 che avesse sedotto una soubrette, mai che ne avesse stuprata una, mai insomma che avesse compiuto un gesto capace di sollevare la madre all'onore di una tv, anche locale.

E il marito, oh suo marito poi… Un pover'uomo, di
25 un'onestà **adamantina**, magistrato che metteva in galera solo i colpevoli, incapace di chiedere agli imputati non una tangente, ma perfino l'ora.

Nulla di quelle vite reclamava un'intervista! Seduta davanti allo specchio, Rosa Clava commiserò la propria
30 famiglia e pianse su se stessa.

La sera, invitata dal marito in un locale elegante, dopo una cena silenziosa, venne colta da una fulminea intuizione. Andò in bagno e ne tornò completamente nuda, ancheggiando sui tacchi alti. Attraversò la sala
35 seguita dagli sguardi **esterrefatti** dei clienti. Fissata con orrore dal marito, salì sul tavolo, incespicando nei tacchi, e lì cominciò a roteare la borsetta. Fu **un baleno**: un cameriere le gettò addosso una tovaglia, il marito la tirò giù dal tavolo mentre, nell'improvvisata **imbalsamatura**,
40 Rosa oscillava rischiando di cadere a terra; un uomo

strillò: «Non le fate del male.» Serrata nella tovaglia, Rosa Clava non provò neppure a divincolarsi. Sapeva, con vigorosa certezza, che la notizia di quella donna nuda sulla tavola del ristorante più alla moda della città sarebbe
45 arrivata ai giornali, forse alle tivù. **Pregustava** le interviste, una selva di microfoni contro la bocca. Avrebbe messo il suo rossetto più rosso per scandire: «Sì, sono sempre stata disinibita…» Si domandò se avrebbero organizzato una tavola rotonda sul suo caso.
50 Sentì la voce di suo marito balbettare: «È tanto una brava donna… Oggi è il suo compleanno. Non so che cosa le è successo. Vi prego, un segreto tra me e voi.» Imbalsamata nella tovaglia, Rosa Clava rise senza fare rumore. Pensò che, nelle interviste, avrebbe rivelato che in
55 trent'anni di vita coniugale non aveva mai avuto un orgasmo. Di colpo si sentì sollevata di peso, trascinata via da braccia robuste. Prima di uscire dalla sala, il giudice Clava sollevò sui presenti un paio di occhi umidi di umiliazione: «Vi prego – **scongiurò** – non ditelo a
60 nessuno, mia moglie è una donna così riservata…» Incredibilmente, in quest'epoca di indiscrezione, i presenti rispettarono il suo desiderio.

NOTE

1. *lo scacco*: la sconfitta
2. *la ricognizione*: l'esame attento
3. *adamantino*: puro, senza macchie
4. *esterrefatto*: sorpreso, scioccato
5. *un baleno*: un attimo
6. *l'imbalsamatura*: (qui figurativo) la fasciatura con bende per la conservazione del cadavere

7. *pregustare*: gustare, godere in anticipo
8. *scongiurare*: implorare

DOMANDE DI COMPRENSIONE E DISCUSSIONE

1. Perchè Rosa Clava non era mai finita sui giornali o alla televisione?
2. A quale tipo di programma televisivo avrebbe voluto partecipare?
3. Cosa avrebbero dovuto fare il marito, la figlia ed il figlio per apparire in televisione?
4. Che tipo di vita conducevano, invece?
5. Quale fu la "fulminea intuizione" che Rosa ebbe al ristorante, e cosa sperava di ottenere comportandosi a quel modo?
6. Qual è la tragica ironia del finale?

OSSERVAZIONI GRAMMATICALI SUL TESTO

Considera la seguente frase[1] (righe 19-20):

Mai che avesse sedotto una soubrette, mai che ne <u>avesse stuprata</u> una, mai insomma che avesse compiuto un gesto...

Si tratta di una sintassi colloquiale, nella quale il verbo principale è sottinteso: [Non era successo]mai che avesse sedotto una soubrette...

Forma delle frasi seguendo il seguente modello:

Non aveva mai sedotto una soubrette → <u>Non era successo mai che avesse sedotto una soubrette</u> → <u>Mai che avesse sedotto una soubrette.</u>

1. Sua figlia non aveva mai manifestato l'ambizione di fare la fotomodella.

2. Il marito non aveva mai chiesto una tangente.

3. Non aveva mai partecipato a un programma televisivo.

---

[1] Cfr. Osservazioni grammaticali ai testi *La vendemmia di parole*, cap. 2, p. 90 e *Le scarpe rotte*, cap. 2, p. 93.

Edicola in una grande città, anni '90.

L'AGGHINDATORE
di Bianca Stancanelli
(da *Cruderie*, 1996)

L'agghindatore di questo racconto è un giornalista che ha scoperto che, per piacere ai lettori, deve "agghindare", cioè rendere più piacevoli, più appetibili, le notizie di cronaca. Inizia la sua carriera da idealista: vuole svelare le atrocità che ci sono nel mondo, vuole rendere la gente consapevole di tante ingiustizie e nefandezze. Si rende presto conto però che, in questo mondo post-moderno, le atrocità sono lì esposte, visibili a tutti. Il solo problema è che la gente non le vuole vedere, o meglio, vuole solo vederle "agghindate", abbellite, appetibili. Nasce così il quotidiano di maggior successo della città: l' "Agghindatore".

Nella stanza buia in cui l'indifferenza del direttore l'aveva relegato, col telefono sempre muto e la porta inutilmente sempre aperta, Bartolomeo Circhi si domandava ogni giorno che cosa l'avesse spinto a fare il
5 giornalista.

Se lo domandava per passare il tempo perché in realtà conosceva a memoria la risposta. L'aveva chiusa da tempo nel primo cassetto della scrivania: era un libro sullo scandalo del Watergate tutto **consunto**, marchiato da
10 infinite ditate, tormentato da appunti e sottolineature.

A sedici anni l'aveva letto in una notte, chiuso nel bagno di una casetta al mare. All'alba, guardando un sole color d'arancio issarsi all'orizzonte, s'era sentito fiammeggiare d'orgoglio e di promesse. «Diventerò
15 giornalista» aveva giurato a se stesso. «Sarò implacabile, incorruttibile, inarrestabile. Svelerò tutti gli scandali del potere. Mi scateneranno contro **sciacalli** e spie; nessuno riuscirà a fermarmi.»

Vent'anni dopo riscriveva notizie d'agenzia per il
20 **colonnino delle brevi**, collocato nell'ultima pagina del giornale della sua città, «L'Araldo», sotto la vaga **testatina** «Dal mondo».

Era l'ultimo **approdo**, che da dieci anni Bartolomeo si ostinava a considerare provvisorio, di una carriera a

25 ritroso. L'aveva cominciata a vent'anni, presentandosi al direttore dell'«Araldo», su raccomandazione di un amico di suo padre. Era arrivato all'appuntamento tenendo distrattamente sottobraccio un volumetto di versi di Garçia Lorca comprato per conquistare una ragazzina che
30 aveva occhi moreschi e un debole per i poeti.

Guardando il libro **occhieggiare** sotto il braccio del giovanotto, il direttore aveva sorriso deliziato: «Ho giusto bisogno di un redattore per le pagine culturali.» Bartolomeo non aveva osato spiegare che il suo
35 corteggiamento s'era appena infranto contro le convulse risate della ragazzina, che lo aveva **scudisciato** di sarcasmo perché, richiesto **a bruciapelo** di dire il nome di Lorca, aveva **abbozzato** tremolando: «Pablo?»

Bartolomeo scoprì nel suo primo giorno di pratica
40 all'«Araldo» che neanche il capo della cultura conosceva la risposta. «Ragazzo mio, la gente colta non ha tempo per i dettagli: a quelli provvedono le enciclopedie» lo consolò costui, un professore di lettere che arrotondava la pensione con il giornalismo. E lo **istradò** amorevolmente
45 verso la professione: «Un buon giornalista deve sapere poco e raccontare ancora meno. La conoscenza ammazza la curiosità.»

Il professore profittò dell'arrivo di Bartolomeo per

realizzare il suo sogno: dare lezioni private a prezzo
altissimo, possibilmente a giovinette procaci. Incaricò la
tipografia del giornale di stampargli gratis i biglietti da
visita: un elenco di titoli e **benemerenze** sormontati dalla
testata «L'Araldo». E ordinò a Bartolomeo un'inchiesta
sulle scuole superiori, chiedendogli di procurarsi nome e
indirizzo degli studenti alla vigilia della maturità. Spedì il
proprio biglietto da visita a tutte le famiglie dei
maturandi. Tanti credettero che consegnare a quell'illustre
professore i figli per lezioni private significasse avviarli
contemporaneamente al diploma e al giornalismo.
Benevolmente il professore lo lasciò credere.

Ebbe alunni a decine. Tra gli altri una signorina che
definì in redazione «più fiorita che fiorente.» Più di
una volta si ritrovò, nel leggerle l'«Odissea», a disegnarle
distrattamente sulle gambe, sotto la scrivania, le
circonvoluzioni di Ulisse. Nella speranza di essere
presentata al direttore della tv locale, fratello del direttore
dell'«Araldo», la signorina si acconciò a indossare
minigonne sempre più ardite, per dar modo al professore
di giungere a Itaca per le vie brevi. Quando a giugno venne
bocciata alla maturità e, soprattutto, scartata fin dalle
eliminatorie al concorso per Miss Araldo, denunciò alla
polizia **i maneggi** dell'insegnante. Il poveretto finì in
galera.

Da un giorno all'altro Bartolomeo balzò a capo della
cultura, essendone peraltro l'unico redattore. La sola
condizione che gli venne posta dal direttore per la nomina
fu che ignorasse la fine del suo predecessore.
Solennemente Bartolomeo s'impegnò a non approfondire
l'argomento e, soprattutto, a non scriverne mai una riga.
Venne promosso.

In breve diventò il beniamino dei salotti della città.
Poetesse di ogni età lo insidiavano, sperando che avrebbe
loro pubblicato qualche verso. Ne sposò una e le affidò
una rubrica settimanale di recensioni nella quale ella, per
i primi due mesi dalle nozze, provvide a stroncare tutte le
donne che gironzolavano intorno a Bartolomeo. In
redazione e nella vita del novello sposo sparirono le
poetesse. Ma le improvvise diserzioni femminili non
impedirono al giovane giornalista di percorrere, stavolta
solo fra maschi, la via della gloria. Il rettore
dell'Università, autore di romanzi storici ponderosi e
inediti, lo propose per una laurea ad honorem, sperando
di ottenerne una raccomandazione per le maggiori case
editrici del paese. Gli scrittori che, d'estate soprattutto,
giungevano in quella città di provincia, celebre per i frutti
di mare e le spiagge di sabbia rosa, ospiti della locale
Società dei lunedì letterari – e solevano, chi sa perché,
arrivare tutti il venerdì sera – celebravano la prosa asciutta

in cui Bartolomeo traduceva le loro interviste, concesse al
tavolo del miglior ristorante della città, a spese
dell'«Araldo».

Finché in un ardente giorno d'estate, mentre la
redazione **era spolpata** dalle ferie e svuotata dalla calura,
Bartolomeo venne spedito a **resocontare** un consiglio
comunale convocato d'urgenza.

I consiglieri d'opposizione avevano rivelato i traffici del
sindaco, socio occulto della società che aveva appena vinto
l'appalto miliardario per la costruzione dei parcheggi.
Nell'aula del consiglio gli oppositori sventolarono
documenti, lessero verbali di consigli d'amministrazione,
gridando allo scandalo.

Il sindaco si difese malamente; un po' balzellando, più
spesso tacendo. Solo nel banco della stampa, Bartolomeo
sentì rinascere il sacro fuoco che l'aveva acceso nel giorno
lontano in cui aveva deciso di fare il giornalista. A notte,
nella redazione deserta, scrisse un resoconto spietato e
gelido del dibattito in consiglio comunale. Lo titolò
bruciando d'entusiasmo: «Cronaca di una bugia». Scese in
tipografia; i tipografi lo festeggiarono come un eroe. Tornò
a casa esausto alle prime luci del mattino. Alle otto lo
svegliò lo squillo del telefono. Lo **brancicò**, udì un
ruggito, gli sembrò d'intendere la parola: «Coglione.»

Dopo la prima sorpresa, riconobbe la voce del
direttore. Si rivestì in fretta e si avviò al giornale.

«Dottore» lo bloccò l'edicolante. «Complimenti per il
bellissimo articolo… **Gliele ha cantate** a quei ladroni.» E
sussurrò con aria complice: «Il giornale è esaurito. Non
succedeva dai mondiali di calcio.»

Bartolomeo provò a divincolarsi. L'edicolante gli
serrava la mano ridacchiando: «Ci vuole un bel coraggio a
scrivere quelle cose in un giornale che ha per editore il
cognato del sindaco.»Bartolomeo impallidì.

Chiuso nella sua stanza, al secondo piano
dell'«Araldo», abbandonato sulla poltrona come un
vecchio soprabito, il direttore aveva una voce più gelida
dell'aria condizionata. «Circhi, con quel cognome puoi
occuparti solo di clown» lo accolse.

Bartolomeo barcollò: «È riuscita a essere una firma
anche una signora che **l'anagrafe imparentava con la
fallacia.**»

«Gli spiritosi mi deprimono» fu la risposta.
Accompagnata da un lugubre responso: «Hai combinato
troppi guai occupandoti della nostra città. Da oggi in poi
scriverai del mondo, ma visto che se componi più di dieci
righe, io rischio il posto, farai le brevi.»

(…)

Un giorno, tornando a casa per il pranzo, Bartolomeo
sedette davanti al televisore e il telegiornale lo stordì con

la potenza di una tromba d'aria. Guardò i servizi come
150 allucinato, rinfrancandosi solo nelle lunghe pause in cui le immagini sparivano dallo schermo e l'annunciatore, con pupille smarrite, afferrava un telefono per porsi in contatto ultraterreno con «la regia».

In Inghilterra – udì Bartolomeo **trasecolando** – era
155 nata un'associazione di preti atei: predicavano dal pulpito l'inesistenza di Dio. In Italia il padrone della tv privata, diventato, col favore del popolo, capo del governo, **espugnava** la tv pubblica e spuntava a tutte le ore da ogni spicchio di schermo per lamentarsi di non riuscire a
160 comunicare i suoi pensieri al popolo. In Russia, in primavera, scendevano lungo i fiumi non ghiacci ma cadaveri. In tutto l'Occidente ricco e grasso milioni di adolescenti **s'ingozzavano** di popcorn e merendine stravaccati davanti alla tv, con gli occhi fissi negli occhi
165 spenti dei bambini morti di fame nel Ruanda.

Bartolomeo si alzò da tavola pallido.

«Non voglio vederlo» gli risuonò nella memoria. Chi l'aveva detto, e perché? «Non voglio saperlo» sillabò tra sé. Gli venne in mente in un lampo che aveva cominciato a
170 fare il giornalista per svelare le atrocità nascoste dietro i fatti. Ora i fatti si svelavano da sé, impudicamente, in un'atrocità senza rimedio. Si sentì investito da una missione: «Io li **agghinderò**» si ripromise.

(...)

Bartolomeo non fece neppure in tempo a chiudere le
175 lettere nel cassetto della scrivania, accatastandole sopra il volume del Watergate, che il fattorino gli rovesciò addosso il solito fascio di notizie d'agenzia. Le scorse rapidamente; il viso gli si illuminò di soddisfazione, afferrò la tastiera del computer e cominciò a scrivere: «Due **diavoletti** americani
180 hanno spedito all'inferno, facendoglielo sperimentare prima in terra, un **barbone** insonnolito.

Dopo una giornata di faticoso **accattonaggio**, il poveruomo stava dormendo al riparo della saracinesca di una lavanderia automatica, ieri in un sobborgo di New
185 York, quando due bambini di dieci e undici anni lo hanno cosparso di benzina e gli hanno dato fuoco. Lo spettacolo del barbone ardente ha richiamato l'attenzione degli abitanti del quartiere, che hanno avvertito i vigili del fuoco. La folla ha circondato i piccoli **piromani** che, fra applausi
190 scroscianti, sono stati sollevati perché potessero meglio godersi lo spettacolo. All'arrivo dei pompieri, il barbone si era ormai spento. In tutti i sensi.

Se esiste un'età dell'innocenza, i due piccoli colpevoli l'hanno superata da un pezzo. Del resto tutto muta, nel
195 mondo. Un tempo, all'angolo delle vie, gli adulti cuocevano le **caldarroste** per la gioia dei bambini: oggi i

bambini arrostiscono i barboni per la felicità degli adulti.»

Doveva pensare al titolo, cercò l'ispirazione; **scribacchiò**: «Un barbone al caldo». Gli sembrò cinico.
200 Riscrisse su due righe: «Calore umano / a New York». Gli piacque. Lo spedì in tipografia.

La mattina dopo Bartolomeo entrò al giornale fischiettando. Il suo telefono squillava. Non riuscì per tutto il giorno a posare la cornetta. Lo chiamarono,
205 nell'ordine: un produttore di fumetti per bambini, proponendogli di iniziare una serie horror; l'intero ufficio legale dell'Associazione nazionale barboni per annunciargli una **querela per vilipendio** della condizione umana; una **single** inquieta vogliosa di adottare i due ragazzini per
210 riscattarli; due parroci per minacciargli le fiamme dell'inferno se avesse insistito nel suo cinismo; il capoclasse della prima A della scuola elementare «Gesù e Maria» che voleva informazioni su dove trovare i barboni di notte e istruzioni sulle tecniche per dar loro fuoco.
215 Telefonò anche il capo dei naziskin della città per domandare, con una cortesia che impressionò Bartolomeo, nome e indirizzo dei due bambini per congratularsi con loro.(...)

Prima ancora di poter ribadire il proprio cognome,
220 Bartolomeo aveva ottenuto un aumento di stipendio e una rubrica quotidiana in prima pagina. Lì trasformò stupri efferati in deliziosi raccontini erotici, stragi di stato in inestricabili gialli senza soluzione, crisi di governo in ridicole farse (e ammise che erano quelle che gli costavano
225 il minor sforzo). La tv dell'«Araldo» gli affidò una finestra in chiusura di telegiornale perché potesse raccontare le peggiori imprese compiute dall'umanità nelle ventiquattr'ore. Una graziosa testatina color sangue, sul margine sinistro dello schermo, occhieggiava: «Crudeltà».
230 In basso, una scritta in sovrimpressione avvertiva che era consigliabile tenere alla larga i bambini. Indicazione che doveva esser presa molto alla leggera dalle famiglie, poiché nell'inondazione di lettere che Bartolomeo riceveva quotidianamente, più della metà risultavano spedite da
235 minori di quattordici anni.

In un mese le vendite dell'«Araldo» triplicarono; gli abbonamenti, anche dall'estero, esplosero. Una genìa di sociologi dei media s'installò in città per studiare il caso strano. Bartolomeo riceveva in media venti richieste
240 d'interviste al giorno. Cominciò a farsele pagare. Poi decise di non dire più una sola parola e di scrivere la propria autobiografia. Divenne ricco. L'unica sua tristezza fu la fuga della figlia. Scappò di casa lasciando un **laconico** biglietto: «Papà ti odio.» Un poscritto avvertiva: «E con te,
245 la mamma.» Bartolomeo se ne dolse. «Fuggire di casa»

brontolò con la moglie «posso pur capirlo. Ma lasciare biglietti così **sconclusionati**…»

In quei giorni venne convocato dall'editore, che gli offrì di diventare direttore dell'«Araldo».

250 «Accetterei solo a una condizione» concesse, «che il giornale cambiasse nome.»

L'editore sbandò; la testata gli era stata lasciata in eredità dal padre del padre di suo padre. Bartolomeo fu irremovibile. Per impietosirlo, l'editore gli mostrò il 255 ritratto dell'antenato. Puntando il dito al centro del ritratto Bartolomeo scandì: «Le parrebbe normale indossare oggi la stessa cravatta che ha questo bel tipo?»

L'editore vacillò.

La sera stessa Bartolomeo sedette nella stanza del 260 direttore. All'alba, nelle edicole della città, arrivarono i pacchi di giornale: sopra la fotografia di un Bartolomeo raggiante, in lettere rosso strage spiccava la nuova testata, «**L'Agghindatore**».

NOTE

1. *consunto*: consumato
2. *lo sciacallo*: animale che mangia carogne, cioè altri animali già morti, (qui in senso fig: un approfittatore, un vigliacco disonesto)
3. *il colonnino delle brevi*: nei quotidiani, i brevi articoli di notizie di secondaria importanza
4. *la testatina*: il breve titolo di un articolo
5. *l'approdo*: il punto di arrivo
6. *occhieggiare*: spuntare, venire fuori appena
7. *scudisciare*: colpire con una frusta (qui in senso figurativo)
8. *a bruciapelo*: improvvisamente, senza dare nessun avvertimento
9. *abbozzare*: accennare
10. *istradare*: indirizzare
11. *la benemerenza*: il riconoscimento di un merito speciale
12. *il maturando*: lo studente che sta per prendere il diploma di maturità
13. *la circonvoluzione*: il tragitto complicato, pieno di svolte
14. *i maneggi*: i movimenti della mano
15. *era spolpata*: era ridotta a pochi giornalisti
16. *resocontare*: scrivere il resoconto, in questo caso l'articolo di giornale
17. *brancicare*: tentare di afferrare al buio
18. *coglione*: insulto volgare
19. *gliele ha cantate*: ha detto loro quello che pensava delle loro malefatte
20. *l'anagrafe imparentava con la fallacia*: aveva un cognome che ricordava gli organi sessuali maschili
21. *trasecolare*: stupirsi grandemente, meravigliarsi
22. *espugnare*: conquistare
23. *ingozzarsi*: mangiare voracemente
24. *agghindare*: abbellire
25. *il diavoletto*: il piccolo diavolo (qui il bambino indisciplinato e disubbidiente)
26. *il barbone*: uomo senza casa, che vive in strada
27. *l'accattonaggio*: l'attività di chiedere l'elemosina
28. *il piromane*: chi dà fuoco e incendia abitazioni o boschi di proposito
29. *caldarroste*: castagne arrostite
30. *scribacchiare*: scrivere velocemente
31. *la querela per vilipendio*: la denuncia per insulto
32. *la/il single*: uomo/donna non sposati (termine inglese)
33. *laconico*: breve, di poche parole
34. *sconclusionato*: senza senso
35. *l'agghindatore*: colui che abbellisce o agghinda

DOMANDE DI COMPRENSIONE E DISCUSSIONE

1. Qual è la professione di Bartolomeo Circhi?
2. Quale evento della sua adolescenza lo aveva indotto a scegliere la professione di giornalista?
3. Che tipo di giornalista avrebbe voluto essere?
4. Che cosa scriveva invece sull' "Araldo"?
5. Perchè il direttore del giornale gli aveva assegnato la pagina culturale?
6. Che cosa faceva il professore che dirigeva la pagina culturale (il "capo della cultura")? Perchè finì in galera?
7. Come cambiò la vita personale di Bartolomeo quando diventò "capo della cultura"?
8. Quale era il contenuto dell'articolo "Cronaca di una bugia"?
9. Perchè l'edicolante commentò l'articolo con la frase "Complimenti per il bellissimo articolo... Gliele ha cantate a quei ladroni.", e invece il direttore disse laconicamente "Coglione"?
10. Quale conseguenza ha l'articolo "Cronaca di una bugia" sulla carriera di Bartolomeo?

11. Spiega la seguente frase (riga...): "Ora i fatti si svelavano da sè, impudicamente, in un'atrocità senza rimedio." Di quale missione si sentì investito Bartolomeo?
12. Spiega il contenuto del titolo "Calore umano a New York". Quale notizia di cronaca ha "agghindato" Bartolomeo, e come lo ha fatto?
13. Bartolomeo ricevette più commenti positivi o negativi dal suo articolo "Calore umano a New York"?
14. Che tipo di gionale diventò l' "Araldo"?
15. Che cosa successe nella vita privata di Bartolomeo?
16. Quale fu l'unica condizione posta da Bartolomeo per accettare il posto di direttore dell' "Araldo"?
17. Secondo te, questa storia immaginaria e in parte grottesca ha un riscontro nella realtà? E' vero che la realtà è diventata troppo atroce e che i giornalisti non possono più raccontarla così com'è, ma devono "agghindarla"? E'questo che vuole il pubblico?

OSSERVAZIONI GRAMMATICALI SUL TESTO

Considera l'uso del trapassato prossimo[1] nel quinto e nel sesto paragrafo del racconto, a cominciare dalla riga 25:

"L'aveva cominciata a vent'anni...." La narrazione di tutte le vicende nel racconto è fatta al passato (passato remoto e imperfetto), ma gli eventi narrati in questi paragrafi si riferiscono al "passato del passato", cioè hanno avuto luogo in un periodo precedente la narrazione; per questo motivo, bisogna usare il trapassato remoto. Prova ad immaginare di "isolare" questi paragrafi dal resto della narrazione e cambia tutti i verbi dal trapassato prossimo al passato remoto. Qual è il risultato? Hai scritto ora una narrazione a se stante al passato, che non può essere precedente al resto della storia.

1. l'aveva cominciata

   ----

2. era arrivato

   ----

3. aveva sorriso

   ----

4. non aveva osato

I successivi verbi al trapassato prossimo si riferiscono ad eventi ancora precedenti (cioè il "passato del passato del passato"): l'incontro con la ragazzina avvenne prima dell'intervista al giornale che avvenne a sua volta prima del periodo della narrazione. Vanno quindi lasciati inalterati, a meno che non si voglia creare una terza narrazione a se stante (l'evento dell'incontro con la ragazzina).

[1] Cfr. Osservazioni grammaticali ai testi *L'entrata in guerra*, cap. 1, p. 47 e *La tangente*, cap. 4, p. 188.

212

PROTAGONISTI

di Aldo Nove (da *Superwoobinda*, 1998)

Tutti i "protagonisti" di questo racconto si sentono delle nullità e hanno disperatamente bisogno di un pubblico che li ascolti. Ma il loro sogno può avverarsi tutte le sere, nel momento in cui accendono la Tv e il programma "protagonisti" va in onda. Si assiste allora ad uno strano ribaltamento della realtà: non sono loro gli spettatori del programma, ma gli spettatori sono i personaggi dentro la televisione.

Mi chiamo Matteo Pirovano e ho ventidue anni. Appartengo al segno dell'Acquario.

Pur avendo elaborato interessanti dottrine cosmologiche, fino a poche settimane fa la mia vita scorreva come qualcosa
5   di estraneo, era un mistero di cui non riuscivo a trovare la soluzione. Per questo andavo male all'università. Per questo non riuscivo a trovare una ragazza. Ora le cose cambiano a una velocità di cui io stesso mi stupisco. Ora guardo sempre Protagonisti.
10   Va in onda ogni giorno alle 19. Pubblico che ti guarda, nient'altro.

Pubblico competente, bella gente: Protagonisti è il programma che ti mette al centro della scena. Protagonisti è il **vettore** attraverso il quale ogni giorno il mio successo **si**
15   **incunea** nel cuore della gente.

Quando termina la sigla iniziale e le oltre trecento facce di esperti e di belle ragazze mi guardano dallo schermo inizio a parlare. Quelli mi seguono interessati e **snocciolo** le mie teorie con la consapevolezza di quanto io stesso valga.

20   Sono Monica, ho ventiquattro anni, sono del Toro e seguo Protagonisti.

Protagonisti mi ha fatto riconciliare con l'Italia. Detestavo il mio paese. Ogni estate andavo in Irlanda a fare la cameriera. L'anno scorso sono rimasta incinta e ho abortito.
25   Il mio corpo non ne ha risentito. Ho sempre delle belle **tette**. Le esibisco a Protagonisti. Ballo e canto con grande talento. Colgo negli sguardi del pubblico di Protagonisti l'attenzione che a me sola è data.

Allora capisco che non devo più andarmene perché solo in
30   Italia ci sono programmi cosí.

Mi chiamo Stefano Oleandri e sono consulente in una grande azienda. Ho trent'anni, Sagittario.

Le soddisfazioni non mi mancano, ho una bella macchina e un cane di ottanta chili, un **mastino** di nome Anufì.
35   Ma il sogno della mia vita è sempre stato essere un artista.

Cosí alle diciannove sono davanti allo schermo.

Sono applaudito. Faccio dei giochi di prestigio molto elaborati, senza commettere errori. E sono vere soddisfazioni

40   quelle che si provano a essere apprezzati non solo per le proprie capacità professionali.

Anufì **scodinzola** e vorrebbe che il programma non finisse mai.

Sono Cristina Cardo, ho quarantotto anni, segno zodiacale Vergine. Lavoro alla Coop. Con me i clienti sono sbrigativi, e
45   soffro nel rendermi conto che non è poca la gente disposta a fare la coda pur di andare alla cassa di Maria. Maria è giovane e bella, mentre io sono troppo bassa e ho un'**emiparesi facciale**.

Ma quando smonto dal lavoro rientro a casa e indosso il
50   vestito di seta che la buonanima di mia madre aveva ricamato a mano per il giorno in cui mi sarei sposata. Non mi ha sposata nessuno perché faccio schifo. Ma Protagonisti sa guardare nel fondo della mia anima.

E allora nessuna **regge al mio confronto**

55   Quando, alle diciannove e trenta, il programma termina tra gli applausi scroscianti del pubblico ringrazio e m'inchino.

In quegli istanti non vorrei lavorare mai più alla Coop, vorrei vivere sempre davanti alla televisione, perché solo la televisione è umana.
60   Perché solo Protagonisti mi stima.

Mi chiamo Ignazio Bottura. Ho trentasei anni. Faccio l'elettricista. Sono del segno del Leone.

Mi piacciono **i cazzi** ma se il mio principale sapesse della mia omosessualità verrei licenziato.
65   Cosí devo fingere fino a sera. Ma alle sette, quando sono da solo in casa, quando i miei colleghi non possono offendermi con le loro stupide barzellette, quando ogni discorso sul campionato svanisce come un'eco lontana,
70   indosso le calze a rete della Omsa indosso il reggiseno Lepel inizia Protagonisti.

Guardo la gente che mi guarda e mi sento donna, sono la **Francesca Dellera** del mio palazzo sono quello che non posso mai essere che realmente sono
75   mi tocco.

Tocco i miei fianchi **ancheggio**.

Una marea di applausi mi travolge.

Sono Giovanna Campidoglio, ho trent'anni, della Vergine, coniugata.

80 Il mondo corre dritto verso la sua fine. Nessuno accoglie piú il messaggio di Gesú Cristo.

Lo dico sempre a Protagonisti. Lí trovo persone interessate allo spirito. Mio marito invece non mi ascolta. Mangia, guarda la tele e vuole fare l'amore. Ma quello non è amore.

Lo spiego in modo approfondito a *Protag*

NOTE

1. *pur avendo*: sebbene io abbia
2. *il vettore*: veicolo, mezzo
3. *incunearsi*: entrare con difficoltà, ma profondamente, come un cuneo
4. *snocciolare*: esporre idee una dopo l'altra
5. *le tette*: il seno (volgare)
6. *il mastino*: una razza di cane
7. *scodinzolare*: muovere la coda come fanno i cani

8. *l'emiparesi facciale*: una paralisi alla faccia (l'incapacità di muovere alcuni muscoli della faccia)
9. *reggere al confronto*: avere lo stesso valore, sostenere un paragone con qualcun altro
10. *il cazzo*: organo sessuale maschile (volgare)
11. *Francesca Dellera*: attrice
12. *ancheggiare*: camminare muovendo i fianchi in modo esagerato

DOMANDE DI COMPRENSIONE E DISCUSSIONE

1. Che cosa hanno in comune i narratori del racconto "Protagonisti"?
2. Spiega la peculiarità del programma "Protagonisti", dal punto di vista dei narratori.
3. Perchè, secondo te, verso la fine della narrazione di Ignazio Bottura, la punteggiatura scompare?
4. Perchè, secondo te, l'ultima parola è incompleta: 'Protag"?
5. Quale narratore ti colpisce di più con la sua storia?
6. Che tipo di commento o di critica alla società contemporanea ha voluto fare Aldo Nove con questo racconto?

OSSERVAZIONI GRAMMATICALI SUL TESTO

Considera le forme del verbo *cogliere* e del suo derivato *accogliere* nelle seguenti frasi:

Colgo negli sguardi del pubblico in Protagonisti... (riga 27)

Nessuno accoglie più il messaggio di Gesù Cristo. (riga 80)

Ripassa le forme del presente indicativo e congiuntivo di questi verbi; nota che i verbi sono irregolari solo alla prima persona singolare e alla terza personale plurale:

io colgo, ti cogli, ecc. loro colgono

Il verbo salire presenta lo stesso tipo di irregolarità (io salgo, tu sali, ecc. loro salgono). Quali sono alcuni derivati di salire? Ti vengono in mente altri verbi che presentano irregolarità simili a quelle dei verbi cogliere e salire e dei loro derivati?

IL "CAPOLAVORO DELLA PROPRIA VITA" E "SABATO POMERIGGIO"
(da *Manicomio Primavera* di Clara Sereni , 1989)

Due donne diverse, entrambe istruite, madri consapevoli di bimbi piccoli, si confrontano con i dubbi ed i sensi di colpa di una maternità che a tratti le esalta, a tratti sembra schiacciarle. Nel primo brano la protagonista oscilla fra il desiderio di darsi completamente alla maternità e la paura che ciò significhi annullamento di se stessa.

Nel secondo brano, l'autrice ci porta nell'intimità di un sabato pomeriggio di una giovane madre sola in casa, mentre il marito ha portato il piccolo al parco. Invece di sentirsi finalmente libera di leggere o riposarsi, la donna finisce per ripetere quasi meccanicamente i gesti da casalinga, provando allo stesso tempo un vago senso di colpa.

IL CAPOLAVORO DELLA PROPRIA VITA

Quando il figlio era nato – tardi, come capita a tante ormai – nello **stravolgimento** di ritmi e abitudini che ne era derivato aveva pensato per un momento di farne il capolavoro della propria vita, una vita ancora tutta da
5 risolvere; però subito si era imposta vigilanza, contro quel rischio che aveva percepito di invasione totale, di confusione, di devastazione. Difendersi da lui, impedirgli di divorarla, di cancellare in lei capacità e desideri.

Un rischio ormai superato. Benché ogni mattina lo
10 specchio le rimandasse un piccolo disagio, come di una faccia **smarginata**, scarsa di lineamenti del tutto definiti: il dubbio di un lato in ombra.

Truccandosi poi si restituiva interezza, una maschera aderente fino a coincidere con la pelle.

SABATO POMERIGGIO

Le ore di mezzo – il pomeriggio del sabato in cui si avrebbe voglia di riposarsi, andare per vetrine, leggere un libro o vedere un film alla televisione – sono già stabilite: lei dormirà un poco, era il suo turno stanotte e si è alzata
5 molte volte. Perché riposi tranquilla il padre offre al bambino una giostra, una passeggiata, il pomeriggio d'inverno è luminoso e tranquillo.

Nei prati è disteso, corre senza ansia, salta le palizzate con agilità precisa e vigile. Si arrampica sui tronchi caduti,
10 canta.

Il padre lo segue a distanza, non ci sono macchine o pericoli nel grande parco, l'elastico può allentarsi, lo tiene d'occhio ma si gode la passeggiata: indaga i germogli pronti alla primavera, respira, però suo figlio le storie delle
15 stagioni non accetta di ascoltarle.

(...)

[Lei] ha dormito poco: rumori dalla strada, rumori di dentro. È riposo anche la libertà di un caffè bevuto con calma, senza domande inseguimenti orecchio teso. Però la mente non **si sgombra** e beve in piedi, per abitudine.
20 La casa vuota le dà piacere, mette su un disco che con il bambino in casa non si può ascoltare […]

Divide la biancheria dagli indumenti colorati, accende la lavatrice: i gesti di tutte, i gesti dell'ordine e della pulizia, i gesti della casalinga sono un conforto quando
25 può compierli da sola, senza confondersi e senza premure.

(Ma i gesti della casalinga sono anche una trappola, dovrebbe leggere il giornale invece, o un libro).

Sta pensando di **rincollare** la fotografia, di metterla via e salvarla. Sta pensando di sedersi a pensare.
30 Però il tempo sta passando e già la fretta **intrica le sue mani**, in mente l'elenco infinito di tutte le cose da fare assolutamente prima che rientrino, preparare la cena e riordinare e rammendare l'orlo strappato della tenda e lavare il pavimento, deve asciugarsi prima che tornino.
35 Mette via il disco che per paura suo figlio potrebbe rompere, la casa è di nuovo silenziosa adesso, solo il **brontolio** della lavatrice: di nuovo l'odore del detersivo sancisce un ordine, una pausa.

NOTE "CAPOLAVORO DELLA PROPRIA VITA"

1. *lo stravolgimento*: il ribaltamento, lo sconvolgimento
2. *smarginato*: senza margini o contorni

NOTE "SABATO POMERIGGIO"

1. *sgombrarsi*: liberarsi
2. *rincollare*: incollare di nuovo
3. *intrica le sue mani*: rende complicati i suoi gesti
4. *il brontolio*: rumore basso, come di qualcuno che brontola, che si lamenta

DOMANDE DI COMPRENSIONE E DISCUSSIONE

1. Quale ambivalenza sente nei confronti della maternità la protagonista del primo brano?
2. Come si manifesta il suo "disagio" e quali ne sono le origini, secondo te?
3. Nel secondo brano, perchè la donna non va al parco con il marito e il figlio?
4. Qual è il significato della metafora "l'elastico può allentarsi"?
5. Che cosa sono, secondo te, i "rumori di dentro" che impediscono alla donna di dormire mentre è sola a casa?
6. Che cosa fa che di solito non riesce a fare quando c'è il bambino?
7. Perchè pensa che i gesti della casalinga siano anche "una trappola"?
8. Che impressione generale hai della vita di queste due donne?

OSSERVAZIONI GRAMMATICALI SUI TESTI

Considera l'uso di prima che + congiuntivo presente nella seguente frase (*Sabato pomeriggio*, riga 30):

Però il tempo sta passando e già la fretta intrica le sue mani, in mente l'elenco di tutte le cose da fare assolutamente prima che rientrino, preparare la cena e riordinare e rammendare l'orlo strappato della tenda e lavare il pavimento, deve asciugarsi prima che tornino.

Prima è seguito da che + congiuntivo (presente o imperfetto, secondo i casi) quando il soggetto del verbo che segue prima è diverso dal soggetto del verbo principale della frase: in questo caso, i soggetti dei verbi principali sono il tempo, la fretta, il pavimento, mentre il soggetto di rientrino e tornino è loro (il marito e il figlio). Se il soggetto è lo stesso, prima è seguito dalla preposizione di + infinito:

Esempio: La donna divide la biancheria prima di accendere la lavatrice.

Riscrivi le frasi usando prima che + congiuntivo o prima di + infinito, a seconda dei casi:

1. La donna beve un caffè prima di / prima che (la donna mette su un disco).
2. Il bambino corre senza ansia prima di / prima che (il padre gli racconta le storie delle stagioni)
3. Il padre lo segue a distanza prima di / prima che (il figlio si arrampica sui tronchi caduti)
4. La donna dorme un poco prima di / prima che (la donna ascolta della musica)
5. La donna non riesce a rilassarsi prima di / prima che (il marito e il figlio ritornano)

Cooperativa di consumo di Massenzatico, Reggio Emilia, 1947.

Vetrina di Dior, via Montenapoleone, Milano, 2005.

L'ASSASSINO

di Michele Serra (da *Il nuovo che avanza*, 1994)

Pedrotti, l'assassino di questo racconto – intervistato da uno psicologo che è anche il narratore – non sopporta un particolare aspetto del nuovo consumismo degli anni '80-'90: il fiorire dei negozi pretenziosi nei quali la merce non si vende più per quello che è, ma per l'immagine o lo stile di vita che rappresenta. La reazione folle e violenta dell'assassino al "nuovo che avanza" è anche carica di umorismo e sottile ironia.

Hanno finalmente arrestato l'omicida dei negozi. Sei vittime tra proprietari e commesse, una vera strage. Naturalmente un insospettabile, come sempre in casi come questi. (...)

5 Questo, poi, era un assassino speciale. Raramente ho visto tanta coerenza e tanto zelo nell'individuare le vittime. Aveva un taccuino dove annotava, in due colonne bene ordinate e in stampatello chiaro, i nomi che un negozio poteva avere e i nomi che non poteva avere. Non li ricordo

10 tutti, anche se ho avuto quel taccuino in mano per quasi un mese, ma per darvene un'idea vi dirò che i nomi che **si potevano** erano quelli come panetteria, drogheria, ferramenta, abbigliamento, articoli sportivi, e insomma le insegne che dichiaravano con dignitosa semplicità ciò che

15 era in vendita. I nomi che non si potevano erano **ludoteca, goloseria, modern woman , il gelatiere, bicchieroteca** e tutti quelli che aggiungevano pretese o toglievano onesta sostanza al vecchio mestiere del commercio: "come se se ne vergognassero – mi spiegava l'assassino – e avessero bisogno

20 di **ammiccare** e strizzare l'occhio, di alludere a chissà quale furba intesa tra loro e i clienti per sentirsi aggiornati. Che parola sgradevole 'aggiornati', vero dottore? È così volgare..." (...)

"Vede – diceva l'assassino Pedrotti – un tempo i negozi

25 della mia città erano come certe chiese protestanti che ho visto al Nord. Che sono disadorne e silenziose, e proprio perché niente ti costringe a pregare hai voglia di farlo. Le merci erano le sole presenze avvertibili, e senza di loro non c'era negozio: quando mio padre dovette vendere e vuotò

30 tutto, rimasi incredulo a guardare quel niente che rimaneva. Sparite le scatole, le bocce di vetro piene di pastiglie, i mazzi di scope appesi al muro, le cassettine con i rotoli di liquirizia, le pile di **Vim** che allora era blu con la scritta gialla, si capiva finalmente che un negozio è fatto solo da

35 quello che c'è dentro. I negozi erano al servizio delle merci, capisce, e non viceversa. Come le chiese esistono per le persone, e non le persone per le chiese..."

Cercavo di capire.

"Poi c'è stata una specie di controriforma. Insegne

40 chiassose, **luminarie**, filodiffusione, vetrine piene di piante, sassi, rami e fronzoli che non c'entrano niente con la merce.

Un barocco, le dico, un barocco, **dell'altro mondo**. Per impressionare, per stordire, imbrogliare. La merce non riesce più a venire fuori bella netta, pulita, con i suoi odori

45 e la sua dignità. Lei non pensa che la merce abbia una sua dignità?"

"Io non sono qui per dirle la mia opinione. Sono qui per ascoltare lei, per capire perché ha ucciso sei persone".

"Io non volevo proprio uccidere. Volevo che capissero,

50 ma **non c'è stato verso**. E ho fatto di tutto, le giuro, per

aiutarli a salvarsi. Ho sempre dato la possibilità di ragionare. Ma lei non immagina quanto sia diventato difficile, oggi, ragionare con la gente… Il primo delitto è stato due anni fa. Prima avevo fatto solo qualche attentato dimostrativo: 55 contro una merceria del mio quartiere ristrutturata dai nuovi proprietari e chiamata 'Le robe di Roby'. Ho bruciato due volte l'insegna, ma l'hanno sempre rifatta uguale. Forse la prima vittima sarebbe stato proprio Roby se un giorno non fossi entrato nella **bicchieroteca** dell'angolo".

60 "La bicchieroteca? Sì, ricordo. Nel suo taccuino era sottolineata due volte in rosso…"

"Vedo che ha memoria. Quello era stato un bel **casalinghi** pieno di cose, ricordo benissimo gli **spremiarance** di maiolica, i vassoi di legno laccato, le moka, **i portauovo** 65 fatti a nanetto. Non sempre di gusto, ma vivace, sistemato con un certo amore, e poi tenevamo anche **le presine** di amianto con Bambi quando erano passate di moda già da anni, e io ho sempre avuto molta stima per i negozianti che tengono anche le cose che non piacciono più, è come quelle 70 famiglie che si rifiutano di mandare gli anziani in ospizio. Mi segue?"

"Continui."

"Un giorno cambia tutto. Il proprietario va in pensione e lascia il casalinghi alla figlia. Addio presine con Bambi e 75 portauovo a nanetto. Solo tazze e bicchieri. Si è mai visto un negozio di sole tazze e bicchieri?"

"Non saprei. Ma con ciò?"

"Con ciò quel bel bazar di **chincaglierie** e cose inutili diventa una specie di boutique pretenziosa, con enormi 80 scaffali di vetro decorati di piantine grasse e al centro un bicchierino, una tazzina, una coppetta. Roba cara e **rachitica** messa lì come in un museo etrusco. Una mattina entro dentro per chiedere ragione, educatamente, le giuro, di quell'insegna così cretina: bicchieroteca. E per sapere dove 85 avevano messo i portauovo a nanetto e le presine con Bambi, gliene ho già parlato, forse…"

"Me ne ha già parlato".

"Bene, entro dentro e c'è una ragazza che mi chiede subito che cosa mi serve. Già questo mi indispone, perché 90 è il cliente che deve parlare per primo, il negoziante deve solo salutare e aspettare. Se uno entra in un negozio è ovvio che gli serve qualcosa, non le pare?"

"Vada avanti, per favore".

"Dico: se mi serve qualcosa? Mi servirebbero quelle 95 belle presine con Bambi che non avete più. Ma già che ci sono mi faccia vedere i bicchieri. E sa che cosa è successo?"

"Cosa è successo?"

"Che quella mi mostra un servizio di bicchieri qualunque e dice: questa potrebbe essere una soluzione 100 simpatica."

"Una soluzione simpatica?"

"Ecco, vede dottore che anche lei rimane colpito. Mi disse che comprare dei bicchieri era una soluzione simpatica. Chiesi alla signorina: signorina, mi saprebbe 105 spiegare perché comprare dodici bicchieri può definirsi 'una soluzione' e soprattutto perché 'simpatica'? 'Perché questi qui sono una soluzione simpatica per qualunque esigenza', rispose. **Parlava a pappagallo**, senza sapere quello che stava dicendo. Non avevo mai sentito mio padre 110 vendere niente, fosse una **mentina** o un cesto di frutta secca da duecentomila, dicendo che erano una soluzione per le esigenze di **chicchessia**. Erano mentine e basta, e lui era lì per venderle, e chi entrava nel negozio entrava per comprarle. E questo è tutto."

115 "Come questo è tutto? Lei ha aspettato l'orario di chiusura e ha investito la commessa della bicchieroteca con la macchina".

"È vero, l'ho fatto. Ma guardi che sarebbe bastato poco per impedirlo. Sarebbe bastato che quella sciagurata 120 riflettesse su quello che stava dicendo. Ma non si rendono conto, non fanno nemmeno un piccolo sforzo."

"Passiamo al secondo delitto."

"Fu il delitto della **Sorbetteria** della Nonna."

"La Sorbetteria della Nonna? Ma non ci fu prima il 125 delitto della Cochonnerie?"

"Ma no, ma no. La Cochonnerie è una faccenda di pochi mesi fa. Prima toccò alla Sorbetteria. Guardi che ho scritto tutto, sono preciso io."

"Va bene. Cominciamo dalla Sorbetteria della Nonna".

130 "Dunque c'era questo nuovo gelataio che aveva rilevato un bar con biliardo. Un bar bellissimo, avrebbe dovuto vederlo, con il bancone di legno, i tavolini di acciaio con il buco in mezzo per metterci l'ombrellone d'estate, sa quegli ombrelloni di tipo hawaiano con le frange, e poi i 135 portacenere **Punt e Mes**: tutto uguale da dopo la guerra."

"Chissà l'igiene."

"Oh, l'igiene. Cosa vuole che siano un po' di **cicche** per terra. Beh: smantellato tutto. Mettono su un locale di plastica rosa, con i tavolini rosa, gli *abat-jours* finto-liberty, 140 le stampe di damine e cavalieri alle pareti. Un fasullo, un **kitsch**, una **porcheria** mai vista. E centodieci tipi di gelato."

"Mi sembrano tanti."

"Tanti? Dottore, un incubo. I gusti si chiamavano 'gran spagnola', 'pasticciata', 'oba-oba', 'madagascar', 'meletta 145 verde', 'bumba lady'. Ecco 'bumba lady' era già una faccenda da risolvere con le buone o con le cattive, ma il fatto grave fu un altro."

"Quale?"

"Ordinai un cono crema e cioccolato. Crema e 150 cioccolato, le dico. Va bene?"

"Va bene, ma non si arrabbi con me. Mi spieghi meglio."

"Dietro il bancone c'era un giovanotto vestito di lilla, una specie di tuta lilla, le assicuro. E con il berretto lilla."

"Ho capito. Lilla. E poi?"

155 "Quello mi risponde: crema e cioccolato? Quali tipi di crema e cioccolato? Come sarebbe quali tipi? Gli faccio: ho detto crema e cioccolato. E sa cosa mi ha detto lui?"

"Cosa?"

"Mi ha detto: come crema abbiamo **fiordipanna**, 160 biancofiocco, dolcelatte, milky, burroneve e vaniglietta; come cioccolato c'è **testadimoro**, grancacao, supergianduia, bacio, sgnappy, duevecchi, giamaica, negretto e Robertino. Quali vuole?"

"E lei cosa rispose?"

165 "Niente. Che cosa avrei dovuto rispondere? Capisce, dottore, cosa voglio dire quando le parlo di barocco? Centodieci tipi di gelato non esistono, sono una pura invenzione, fumo negli occhi, insomma merda. La merce ha una sua classicità, un suo stile, una sua memoria. Mio padre 170 era riuscito ad avere otto tipi di liquirizia, e qualche tipo, per esempio i pesciolini, già si vergognava di venderli perché costavano di più solo per via della forma un po' strana. E allora perché dobbiamo sopportare l'esistenza dei gelati al Robertino?"

175 "Lei era liberissimo di non ordinarli e di andarsene. E invece ha bruciato la Sorbetteria della Nonna con quattro persone dentro, e due sono morte in maniera orribile."

"Purtroppo non il proprietario. Il proprietario è riuscito a salvarsi."

180 "Andiamo avanti. L'atroce delitto della **Cochonnerie**."

"Quella della Cochonnerie fu una storia nella quale fui tirato per i capelli. Non volevo ammazzarlo, le giuro. Era un salumiere quasi normale, dalla faccia sanguigna, addirittura con la matita infilata nell'orecchio per abitudine; anche se 185 ormai i calcoli si fanno tutti a macchina. Ero disposto anche a perdonargli un'insegna così sciagurata, perché dopotutto era la prima salumeria del quartiere, da anni, a non chiamarsi 'alla gran baita', e tutto sommato gliene ero grato. Ma insistette troppo per darmi in omaggio la tabella dei 190 valori nutrizionali."

"Che cos'è?"

"Era una specie di tovaglia con una **tabellina**: sopra c'era scritto, in grande, 'Good Food: la dieta bilanciata per i clienti top'. Sotto le indicazioni di quello che dovevi 195 mangiare mattina e sera tutti i giorni della settimana; e c'era anche la Special Card per avere uno sconto sui cibi fast-digestion. Io glielo avevo detto: lasci perdere, non mi provochi. Non mi diede retta."

"È così lei passò alle coltellate. E la settimana successiva 200 allo strangolamento."

"Strangolamento. Si fa presto a dire. Ho semplicemente stretto un po' più forte di quanto avrei voluto. Ma con lei voglio essere sincero: se c'è un delitto di cui non mi pentirò mai, è quello. Il negozio si chiamava 'L'alluce e il **pollice**'. 205 Vendevano calze e guanti. Una merceria elegante, insomma, niente di più. Mi servivano delle calze e… mi scusi, sto ancora male a pensarci. Maledetta gallina."

"Lei sta parlando di Lostumbo Katiuscia, la sua vittima?"

210 "Sì, lei. Le chiesi di farmi vedere dei calzini. Era anche gentile, quella gallina. Ma sa cosa mi disse?"

"Che le disse di così tremendo?"

"Mi disse: guardi questo calzino, è molto valido. Un calzino valido. Ricordo benissimo che cercai di aiutarla. 215 Discutemmo per almeno cinque o dieci minuti. Perché, ragazza mia, un calzino deve essere valido? Da quando? Esistono calzini invalidi? No, signorina, glielo dico io: non esistono calzini validi. Esistono calzini belli o brutti, che piacciono o non piacciono, caldi o leggeri, di tinta vivace o 220 classica. Ma calzini validi non ne ho mai visti."

"La ragazza le **diede retta**?"

"No, macché, continuava a ripetere: noi teniamo solo prodotti validi, **linee che vanno molto**. Vanno molto? E dove vanno? Dove? Me lo dica! Risponda, si spieghi, reagisca, 225 faccia qualcosa per migliorare la sua sventurata situazione! Mi scusi dottore, sto urlando. Ma è firmato, teniamo solo cose firmate, insisteva la gallina. E se non fossero firmate? Eh? Se non fossero firmate e valide dove bisogna mettersele le calze, nel **culo** bisogna mettersele cara la mia signorina 230 valida e firmata? O non abbiamo più il diritto di scegliere un dannato **pedalino** come **cazzo** ci pare? Oddio dottore, mi perdoni, non sono abituato a certe espressioni, e nemmeno ad alterarmi così."

"Si rimetta a sedere."

235 "Subito. Perdoni ancora."

"Io la posso anche perdonare. Ma dubito che Lostumbo Katiuscia sia in grado di fare altrettanto, visto che lei le ha stretto il calzino valido intorno al collo fino a farla spirare."

"Spirare? Che fa, dottore, **vende fumo** anche lei? Si dice 240 morire."

"Questa volta ha ragione lei. Fino a farla morire."

"Lo vede, dottore, che lei è una persona che ragiona, che ha rispetto per le parole, per le verità delle cose, per la loro semplicità? Il suo ufficio, adesso che mi viene in 245 mente, è come una di quelle chiese protestanti che le dicevo. Invoglia alla libertà di spirito. Lei sarebbe un ottimo..:"

"Prete?"

"No, un ottimo negoziante. Con lei avrei potuto 250 discutere senza essere costretto a decisioni antipatiche."

"Decisioni antipatiche? Pedrotti, si chiamano omicidi."

"Tocca a me darle ragione, adesso. Sono mortificato, dottore. Volevo dire omicidi." (…)

"Vede Pedrotti, fuori da questo ufficio nessuno sembra
255 particolarmente offeso per il fatto che esistono il gelato al grancacao, lo sgabello Ubu, il negozio 'Il pollice e l'indice'. Se qualcuno se n'è accorto, e non credo che questo sia avvenuto, non è **incazzato**, è rassegnato. Fa il suo lavoro, vive, si ammala, guadagna, si innamora, fa figli, e non fa
260 male a nessuno. Anche la gente che lei ha ammazzato era così: non gente cattiva, mi creda. Gente normale. Come me. Come lei."

Pedrotti mi guardò, aveva gli occhi solo un po' rossi, l'espressione schiarita di un bambino dopo un capriccio o
265 una tristezza.

"No, dottore, lei e io siamo diversi dagli altri. Io so che lei mi capisce, che anche lei è come me."

"Io non ho mai ammazzato nessuno, Pedrotti."

"Lo so. Lei è come mio padre, non avrebbe mai fatto
270 male a una mosca. Ma…"

"Ma che cosa?"

"Ma io sono quello che paga per tutti. Insieme alle mie vittime. Sei morti e un assassino."

"Pace ai morti, Pedrotti. E pace all'assassino."
275 Pedrotti venne condannato all'ergastolo, e mi manda due volte all'anno, dal carcere, un sacchetto di pesciolini di liquirizia.

Io ho scritto una bella perizia: ho una laurea in psicologia e una in criminologia. Ho anche il mobiletto a
280 rotelle Ibigibi, ma non fatelo sapere a Pedrotti. Ha già sofferto abbastanza.

NOTE

1. *i nomi che si potevano*: i nomi che erano permessi, consentiti
2. *ludoteca, goloseria, modern woman*: nomi di negozi inventati dall'autore, ma plausibili
3. *ammiccare*: fare un cenno d'intesa a qualcuno di nascosto
4. *Vim*: una marca di detersivo
5. *le luminarie*: luci decorative
6. *dell'altro mondo*: incredibile, esagerato
7. *non c'è stato verso*: non è stato possibile
8. *la bicchieroteca*: termine inventato dall'autore: negozio che vende bicchieri
9. *il casalinghi*: il negozio di casalinghi, il negozio che vende prodotti per la casa
10. *lo spremiarance*: attrezzo da cucina per spremere le arance
11. *il portauovo*: piccolo bicchiere usato per servire un uovo sodo
12. *le presine*: guanti da cucina per proteggere le mani quando si toccano pentole calde
13. *le chincaglierie*: oggetti di poco valore
14. *rachitico*: magrissimo
15. *parlare a pappagallo*: ripetere qualcosa imparata a memoria, senza capire quello che si dice
16. *la mentina*: piccola caramella alla menta
17. *chicchessia*: chiunque
18. *la sorbetteria*: negozio dove si vendono sorbetti, cioè gelati alla frutta (termine inventato dall'autore)
19. *Punt e Mes*: una marca di liquore
20. *la cicca (di sigaretta)*: la parte della sigaretta che non si può fumare
21. *abat-jours*: lampade da tavolo (francese)
21. *un kitsch*: stile pacchiano e volgare
22. *la porcheria*: qualcosa di disgustoso, rivoltante
23. *fiordipanna, ecc.*: tutti nomi immaginari per gusti di gelato alla crema
24. *testadimoro, ecc.*: tutti nomi immaginari per gusti di gelato al cioccolato
25. *Cochonnerie*: salumeria (termine inventato dall'autore, derivazione del francese "cochon", maiale; in francese, "cochonnerie" in realtà significa "porcheria")
26. *la tabellina*: il grafico
27. *l'alluce*: dito principale del piede
28. *il pollice*: primo dito della mano
29. *dare retta*: ascoltare qualcuno
29. *linee che vanno molto*: prodotti che sono molto richiesti
30. *il culo*: (volgare), il sedere
30. *il pedalino*: il calzino
31. *cazzo*: interiezione volgare
32. *vendere fumo*: cercare di imbrogliare, come qualcuno che vendesse del fumo, cioè niente
33. *incazzato*: molto arrabbiato (volgare)

DOMANDE DI COMPRENSIONE E DISCUSSIONE

1. Ti è mai successo di entrare in un negozio con caratteristiche simili a quelle che tanto irritano l'omicida Pedrotti?
2. L'assassino di questo racconto traccia una similitudine fra i negozi di una volta e le chiese protestanti, da una parte, e i negozi più recenti e le chiese della controriforma, o di stile barocco, dall'altra. Spiega questa similitude. Sei d'accordo con l'analisi dell'"omicida dei negozi"?
3. Come reagisce Pedrotti all'apertura del negozio "Le robe di Roby"?
4. Perchè la "bicchieroteca" lo irrita tanto?
5. Che cosa avrebbe voluto comperare nel negozio di casalinghi?
6. Cosa c'era prima al posto della "sorbetteria della nonna"?
7. Perchè decise di bruciare il locale?
8. Perchè uccise il salumiere della Cochonnerie?
9. Che cosa vendeva il negozio "L'alluce e il pollice", secondo la commessa Lostumbo Katiuscia? Come avrebbe dovuto chiamarsi questo negozio, secondo Pedrotti, e come avrebbe dovuto vendere la sua merce?
10. Perchè, sia secondo lo psicologo che secondo Pedrotti, non bisognerebbe usare termini come "spirare" e "decisioni antipatiche"?
11. Che cosa obbietta lo psicologo a Pedrotti e come si difende Pedrotti?
12. Che tipo di condanna ha ricevuto Pedrotti?
13. Quale aspetto della società contemporanea ha voluto prendere in giro Michele Serra scrivendo questo racconto? Sei d'accordo con lui?

OSSERVAZIONI GRAMMATICALI AL TESTO

Considera l'uso dei pronomi oggetto diretto e indiretto combinati e dei pronomi riflessivi e pronomi oggetti diretti combinati[1], nelle seguenti frasi:

Non li ricordo tutti [...] ma per darvene un'idea vi dirò che... (righe 9-11)

... "come se se ne vergognassero - mi spiegava l'assassino... (righe 18-19)

... tutto sommato gliene ero grato... (riga 188)

Io glielo avevo detto: lasci perdere, non mi provochi. (riga 197)

E dove vanno? Dove? Me lo dica! (riga 224)

Se non fossero firmate e valide dove bisogna mettersele le calze, nel culo bisogna mettersele....? (righe 228-229)

Se qualcuno se n'è accorto,... (riga 257)

Usa un pronome doppio combinato al posto delle espressioni sottolineate:

1. L'assassino parlò allo psichiatra del negozio "bicchieroteca".

2. Il commesso mostrò i bicchieri all'assassino.

3. Il commesso della Sorbetteria della Nonna offrì all'assassino 20 tipi di gelato alla crema.

4. L'Assassino non si pentiva dei suoi delitti.

5. L'Assassino era disposto a perdonare al salumiere l'insegna Cochonnerie.

---

[1] Cfr. Osservazioni grammaticali al testo Noi terroristi, cap. 3, p.153.

CARO DIARIO
(1994), regia di Nanni Moretti

INTRODUZIONE

Il regista e attore Nanni Moretti viaggia attraverso una Roma estiva e deserta - che ci ricorda l'atmosfera de *Il Sorpasso* (vedi scheda sul film p.102) - per riscoprire se stesso e i valori della sua generazione; si sposta poi con un amico sulle isole Eolie per trovare un po' di tranquillità e ispirazione per il suo lavoro; percorre infine il complicato labirinto delle gerarchie della medicina specialistica per ritrovare la salute fisica: quello di Moretti è un viaggio divertito ma spietato attraverso gli squallori e le debolezze della società contemporanea.

Il film è stato premiato, nel 1994, con tre David di Donatello.

PERSONAGGI E INTERPRETI

Nanni Moretti: *se stesso*
Renato Carpentieri: *Gerardo*

DOMANDE DI COMPRENSIONE GENERALE E DISCUSSIONE

CAPITOLO 1: IN VESPA

1. Com'è la Roma che vediamo nelle prime scene? Che cosa ti colpisce di questa città estiva e della prospettiva che ci offre Nanni dalla sua vespa e con il movimento della sua telecamera?
2. Che tipo di disagio esprime Nanni?
3. Che critica fa Nanni alla "nostra generazione"?
4. Che tipo di film stranieri danno a Roma d'estate? E come sono i film italiani?
5. Commenta questa citazione famosa dal film: "VOI gridavate cose orrende e violentissime e VOI siete imbruttiti. IO gridavo cose giuste e ora sono uno splendido quarantenne."
6. Qual è sempre stato il sogno di Nanni?
7. Qual è la differenza fra i quartieri Spinaceto e Casalpalocco che Nanni visita con la sua vespa?
8. Che cosa, in particolare, lo spaventa della gente che si è trasferita a Casalpalocco?
9. Perchè Nanni parla dell'Emilia Romagna dove ci sono servizi sociali eccellenti?
10. Che cosa gli piace fare anche nelle altre città?
11. Perchè secondo Nanni chi ha scritto la recensione del film "Henry pioggia di sangue" dovrebbe avere qualche rimorso prima di addormentarsi?
12. Scena della visita al luogo dove Pasolini è stato ucciso: che cosa ha di così angosciante questa scena?
13. Qual è l'aspetto più comico di questo primo "capitolo" e qual è l'aspetto più deprimente?

CAPITOLO 2: ISOLE

1. Chi va a trovare Nanni a Lipari e perchè?
2. Com'è la situazione sull'isola di Lipari? Perchè decidono di partire?
3. Da quanti anni non guarda la televisione Gerardo, l'amico di Nanni sull'isola?
4. Partenza per Salina: come si comporta Gerardo sul traghetto per l'isola? Perchè decidono di andare a Salina?
5. Quale caratteristica accomuna le famiglie che vivono su Lipari?
6. Commenta le seguenti parole di Nanni: "Da anni Salina oramai era dominata dai figli unici. Ogni famiglia aveva un figlio, un figlio solamente a cui veniva affidato il comando della situazione."

7. Come si esprime il "comando" dei figli unici sulle famiglie di Salina?
8. Stromboli: com'è l'accoglienza che ricevono su quest'isola?
9. Che cosa succede sulla cima del Vulcano? Qual è l'aspetto comico di questa vicenda?
10. Il Sindaco di Stromboli come vuole trasformare la sua isola?
11. Arrivo a Panarea: perchè i due amici ripartono subito? La signorina che li avvicina appena arrivati propone loro "una festa in omaggio al cattivo gusto", in particolare è in grado di provvedere: "un elefante bianco per una cena esotica, un Watusso per animare una serata mondana... idee, creatività, atmosfere, contatti.. ". Commenta.
12. Arrivo a Alicudi. Come descrive l'isola Nanni?
13. Che cosa odiano gli abitanti dell'isola e chi accolgono, invece? Come definiscono le altre isole?
14. A chi scrive Gerardo e perchè?
15. Perchè scappa infuriato?
16. Che cosa pensa Nanni di Alicudi?
17. Secondo te, che cosa ha voluto comunicarci il regista riguardo ai costumi contemporanei, portandoci con lui in questo giro delle isole, ognuna con una caratteristica diversa?

CAPITOLO 3: MEDICI

1. Qual è il problema fisico di Nanni?
2. Che cosa rappresenta il "principe" dei dermatologi?
3. Quali sono le cause dei suoi problemi, secondo i vari medici interpellati?
4. Perchè Nanni, a un certo punto, butta via tutte le medicine?
5. Quali sono gli aspetti più comici di questa vicenda?
6. Come si conclude l' "odissea" di Nanni?
7. Nanni ha imparato due cose dalla sua esperienza: quali?
8. Quali aspetti dell'Italia contemporanea hai imparato da questo film? Trovi dei temi comuni fra questo film e "Aprile" dello stesso autore?

APRILE
(1998), regia di Nanni Moretti

INTRODUZIONE

In questo film autobiografico, ogni attore recita se stesso, compreso il neonato Pietro, figlio di Nanni, il regista e protagonista, e di Silvia. Attraverso varie 'vignette', riviviamo e rivediamo, insieme al regista, alla sua famiglia e ai suoi amici, 4 anni di storia italiana e di storia 'morettiana', dal 1994 al 1998. Anni che comprendono, dal punto di vista dell'autore, momenti di crisi (l'avvento del governo di centro-destra, il suo blocco creativo), ma anche momenti esaltanti (la nascita del figlio Pietro, la vittoria del centro sinistra alle elezioni del 1996, infine la sua 'rinascita' come regista). Eventi personali e politici sono vissuti da Nanni in modo intenso e travagliato, ma carico di quell'ironia e quell'umorismo sottile che lo caratterizzano da sempre. Come *Caro diario*, *Aprile* è un film a 'capitoli', ognuno dei quali costituisce un commento alla nostra epoca.

Silvio Orlando ha vinto il David di Donatello come migliore attore non protagonista per la sua interpretazione in *Aprile*.

PERSONAGGI PRINCIPALI E INTERPRETI
Nanni: *Nanni Moretti*
Silvia (la moglie di Nanni): *Silvia Nono*
Agata (la mamma di Nanni): *Agata Apicella Moretti*
Pietro (il figlio di Nanni e Silvia): *Pietro Moretti*
Silvio: *Silvio Orlando*

EVENTI POLITICI E DI CRONACA MENZIONATI NEL FILM
marzo 1994: vittoria di Berlusconi alle elezioni politiche con la coalizione Polo della Libertà (Emilio Fede, giornalista, annuncia la vittoria di Berlusconi in TV)
25 aprile 1994: ricorrenza della liberazione

Dibattiti televisivi pre-elettorali fra Berlusconi (leader del centro-destra) e D'Alema (leader del centro-sinistra): Berlusconi attacca quei settori della magistratura, specialmente milanese, che hanno portato avanti le indagini contro la corruzione politica, chiamate poi operazione "Manipulite". D'Alema apparentemente non risponde alle accuse.

Aprile 1996: Berlusconi alla televisione prima delle elezioni.
Maggio 1996: vittoria dell'Ulivo, la coalizione di centro-sinistra, alle elezioni.
15 settembre 1996: la Lega Nord dichiara l'indipendenza della Padania.
Primavera 1997: varie ondate di immigrati albanesi clandestini raggiungono l'Italia. In un singolo incidente, 89 albanesi rimangono uccisi quando il loro gommone è speronato da una nave della Marina Militare Italiana.

CITAZIONI
Questo film abbonda in citazioni che possono essere usate efficacemente per la discussione in classe. Alcune, come 'Di' qualcosa di sinistra' hanno raggiunto anche una certa notorietà. Scegli la citazione che meglio illustra, secondo te, le tematiche del film e discutila:

1. "...mi accorgo che i giornali sono uguali. E soprattutto usano e si scambiano sempre gli stessi giornalisti. C'è quello che scrive di politica su un quotidiano, di cinema su un settimanale di sinistra e di letteratura su un mensile di destra... Insomma, un unico grande giornale."
2. "D'Alema reagisci, rispondi, di' qualcosa! Reagisci!... E dài!... Reagisci, rispondi! D'Alema di' qualcosa, reagisci!...dài!... Non ti far mettere in mezzo sulla giustizia proprio da Berlusconi! D'Alema, di' una cosa di sinistra, di' una cosa anche non di sinistra, di civiltà, D'Alema di' una cosa, di' qualcosa, reagisci!..."
3. "Primavera 1993. Una lettera che scrissi quando scoprii che il Pci un poco aveva partecipato al meccanismo delle tangenti: 'Cari dirigenti del PDS: lasciate il partito alle ragazze e ai ragazzi che a differenza di voi non hanno conosciuto lo stalinismo, il settarismo, il vostro vecchio modo di far politica.' "
4. "Inizio anni '70. Una lettera alla sinistra extra-parlamentare. Faceva così: 'La vecchia sinistra purtroppo aveva come modello l'Unione Sovietica. La nuova sinistra ha purtroppo come modello la Cina di Mao-Tze-Tung. Ma perchè, che bisogno c'è?...' "
5. "Per noi italiani di sinistra il modello deve essere l'Emilia Romagna, la regione in cui ci sono i migliori asili del mondo, i migliori servizi sociali, i migliori ospedali... Legga, faccia leggere..."
6. "Affrontava la sfida di un uomo che deve diventare adulto. Ma perchè deve diventare adulto? Non c'è motivo"
7. "Ti compro il motorino a 14 anni e un minuto!"

DOMANDE GENERALI DI COMPRENSIONE

1. Come reagisce Nanni alla vittoria della destra la sera del 28-3-94?
2. Perchè decide di fare un documentario sull'Italia contemporanea? Ti sembra convinto di questa decisione?
3. Quale sistema adotta per la sua ricerca in preparazione del documentario?
4. Perchè si sente in colpa dopo essere andato al cinema con Silvia?
5. Perchè si arrabbia con D'Alema quando guarda il dibattito elettorale alla TV?
6. Perchè va a trovare il regista Daniele Luchetti?
7. Come reagisce quando la moglie gli descrive le varie fasi del travaglio?
8. Perchè decide di andare a Hyde Park a Londra? Qual è il contenuto del suo discorso?
9. Perchè la sua intervista con Corrado Staiano è un fallimento?
10. Nanni fa propaganda politica anche in ospedale. Che tipo di propaganda? Perchè?
11. Come reagisce alla nascita del figlio (quando è solo e quando arrivano parenti e amici in visita)?
12. Il giorno dopo le elezioni, come si intrecciano gli eventi della nascita di Pietro e della vittoria delle sinistre?
13. Qual è l'evento politico che Nanni insegue a Venezia? Come traspare il suo disagio?
14. Un'altra delusione: l'intervista con i profughi albanesi. Commenta.
15. Che cosa succede di particolare il giorno del suo compleanno che lo induce ad abbandonare il progetto del documentario?
16. Quale gesto emblematico segna la risoluzione finale di Nanni?
17. Ti sembra una conclusione appropriata per il film?
18. Discuti il tema del 'disagio' nel film, in campo politico, personale (il suo nuovo ruolo come padre) e professionale.
19. Nel film c'è risoluzione alla crisi personale, politica e professionale di Nanni?
20. 'Aprile' ti sembra un titolo appropriato per questo film? Potresti proporre un altro titolo?

IL PORTABORSE
(1991), regia di Daniele Luchetti

INTRODUZIONE

Il "portaborse" è il tuttofare del politico di professione, l'aiutante, il consigliere, il segretario, colui, in poche parole, che "porta la borsa del politico", contenente non solo documenti e discorsi, ma anche soldi per corrompere e soldi ricevuti da corruttori.

Luciano Sandulli, un giovane professore di liceo in una scuola del Sud, onesto ed erudito, affezionato ai suoi studenti, ottimo scrittore, viene "scoperto" da Cesare Botero, Ministro delle Partecipazioni Statali, un politico apparentemente portatore di idee nuove per "modernizzare" - la sua parola preferita - la società italiana. Botero convince Luciano a trasferirsi a Roma e a lavorare per lui: scriverà i suoi discorsi ed i suoi comunicati stampa. Luciano esita, non vuole lasciare i suoi studenti, ma finisce per accettare perchè ha bisogno urgente di denaro: vive in un antico palazzo che sta letteralmente cadendo a pezzi, e non può pagare i lavori di restauro; lo stipendio promesso da Botero è sicuramente superiore alla sua misera entrata come insegnante statale. Botero lo aiuta anche sul fronte della sua vita privata. Irene, la fidanzata di Luciano, anche lei insegnante, abita a 800 km di distanza e Botero le fa avere un trasferimento nel migliore liceo di Roma.

Tutto sembra andare a gonfie vele per Luciano ed Irene, fino a quando diventa fin troppo apparente che tutti i favori ricevuti hanno un prezzo: dietro alla maschera di modernità, Botero nasconde un desiderio di mantenere il suo potere con ogni mezzo, dalla corruzione al broglio elettorale. Luciano si rende conto ad un tratto di essere diventato, suo malgrado, il "portaborse" di Botero; capisce anche che Botero "si comporta come quei signori feudali il cui unico scopo era estendere il proprio dominio, spesso a prezzo di guerre sanguinose contro altri signori, altrettanto corrotti e altrettanto rapaci. "

Il film ha ricevuto il David di Donatello 1991 per il miglior attore (Nanni Moretti) e per la migliore sceneggiatura (Daniele Luchetti)

PERSONAGGI E INTERPRETI

Luciano Sandulli (professore di liceo / "portaborse"): *Silvio Orlando*
Cesare Botero (Ministro alle Partecipazioni Statali): *Nanni Moretti*
Irene (fidanzata di Luciano): *Angela Finocchiaro*
Juliette (segretaria / amante di Botero): *Anne Roussel*
Francesco Sanna (giornalista): *Giulio Brogi*

DOMANDE GENERALI DI COMPRENSIONE

1. Luciano cerca di guadagnare qualcosa in più per restaurare la sua casa. Come? Perchè sembra tanto deluso quando lo scrittore che incontra in chiesa gli dice: "Adesso sto bene, sento che ce la faccio a ricominciare"?
2. Perchè Irene e Luciano decidono di lasciarsi dopo l'incontro in albergo?
3. Che tipo di professore è Luciano? Come sono i suoi rapporti con gli studenti? Perchè dà un brutto voto allo studente che ha scritto: "Oggi in Italia, a differenza dell'antica Grecia, la democrazia è in mano a una banda di ladri che agisce indisturbata da quarant'anni..." ? Dove si orientano i suoi gusti letterari? Ad esempio: che cosa pensa della letteratura italiana dell' '800 a confronto con la letteratura americana, francese e russa dello stesso periodo? Vorresti avere Luciano come professore d'italiano? Motiva la tua risposta.
4. Qual è la prima impressione che abbiamo di Botero? Commenta le sue parole a Luciano: "Sa che io non ho mai letto un libro tutto intero in vita mia? Mai! Però le introduzioni, i risvolti di copertina, le prefazioni... Eh, quelle non le ho dimenticate, eh?! Non ho dimenticato niente." Commenta anche le seguenti dichiarazioni durante un discorso in parlamento, registrato in un video che Luciano guarda una sera: "Ecco, io preferisco uomini brillanti ed estrosi, anche se un po' mascalzoni, a uomini grigi, noiosi, ma onesti. Perché, alla fine, il grigiore, la noia, e anche l'eccessiva onestà, faranno senz'altro più danni al paese." Considera anche quello che dice a Luciano mentre si guarda allo specchio nel bagno della sua casa: "Le vede queste due rughe qui, intorno al naso? Sono per la felicità, per quanto ho riso in vita mia. Eppure uno dei sogni più frequenti che faccio, lo sa qual è? Mi guardo allo specchio e nello specchio non c'è niente".
5. Durante il dibattito televisivo, che cosa contesta il giornalista Francesco Sanna a Botero?
6. Nella scena al ristorante, Luciano dichiara che pensava che la vita politica di un partito si svolgesse più nelle sezioni. Botero gli risponde: "Le sezioni! Ma che m'importa delle sezioni?! Che siamo, agli anni '50?" Che cosa è cambiato nella vita politica di un partito come quello di Botero dagli anni '50 agli anni '90?
7. Perchè Luciano manda un video ai suoi alunni del liceo? Che cosa vuol dire loro?
8. Dal video elettorale dell'avversario di Botero, Federico Castri, che cosa capiamo del suo orientamento politico? Che cosa vuol dire Castri quando dichiara al video: "Io so di non essere libero?"
9. Perchè Sebastiano Tramonti non vuole accettare la nomina a "commissario straordinario delle aziende chimiche del gruppo pubblico?"
10. Che caratteristiche aveva l'alunno Zollo e perchè diventa importante nel corso del film?
11. In quali modi Botero facilita la vita personale di Luciano?

12. Secondo te, Luciano capisce troppo tardi la vera natura del suo lavoro e la tecniche usate da Botero per mantenere la sua posizione di potere? Motiva la tua risposta.

13. La posizione politica di Botero emerge dalle scene della conferenza stampa a Mantova, e da quelle immediatamente precedenti e successive alla conferenza stampa. Riportiamo qui di seguito alcuni stralci di discorsi di Botero da commentare: "Lei si deve rendere conto: quando c'è la crisi bisogna licenziare, ripensare, ricostruire."... "Ho appena firmato un decreto legge che prevede l'accordo con una grande società canadese, a cui io cedo il dieci per cento del polo chimico pubblico."... "Produzioni sorpassate, inutili, e in perdita! Lo sa, signora, cosa produce una di queste fabbriche? Vasi da notte, di plastica ruvida, di colore grigio, e col manico! Il tutto, su un brevetto del 1947. Provi a far vedere a suo figlio uno di questi vasi da notte! Se non è tutto colorato e a forma di ippopotamo, glielo tira dietro". "Cosa ha impedito all'Italia di diventare un paese finalmente moderno? Due culture, due fedi, due religioni: quella marxista e quella cattolica".

14. Qual è il ruolo di Luciano durante la conferenza stampa?

15. Che cosa chiedono, che cosa offrono, di che cosa si lamentano le persone che vengono ricevute da Luciano dopo la conferenza stampa (e per le quali Luciano deve compilare un fascicolo)?

16. Perchè Luciano va a trovare il poeta Carlo Sperati?

17. Botero come tratta in generale i suoi collaboratori? Pensa alle sue reazioni al video pubblicitario, al suo rapporto con Sebastiano e con Juliette. Commenta anche le sue parole: "Eh, bisogna amarla veramente molto l'umanità! Molto, molto. Perché gli uomini, presi uno per uno, sono proprio insopportabili!" E più tardi, le sue parole a Sebastiano: "Devi capire che tu non conti più un cazzo! Devi capire che io ti tengo con me come una decorazione, come un santino! E che se non firmi quel contratto, io ti faccio internare! Hai capito, rimbambito?"

18. Quali sono gli esempi più eclatanti dell'ipocrisia di Botero?

19. Luciano, durante il ripasso per la maturità, ricorda ai suoi studenti le frasi che Kant fece incidere sulla sua tomba; "Il cielo stellato sopra di me e la legge morale dentro di me". Che rilevanza hanno queste parole nel contesto del film?

20. Perchè hanno arrestato Polline? Chi è Zollo? Per chi lavora e perchè Luciano lo ammira tanto?

21. Queste sono le parole di Botero a Luciano, a giustificazione delle sue pratiche corrotte: "Le anime belle, le figurine del presepe, le persone oneste... Ne ho conosciute tante, erano tutte come te. Facevano le tue domande... E con voi, il mondo diventa più fantasioso, più colorato... Ma non cambia mai! Luciano, il Ministero che io dirigo gestisce ogni anno migliaia di miliardi. E tutti quelli che sono in contatto con noi, ci chiedono qualcosa. E ogni tanto, di questi miliardi, qualcuno rimane impigliato per strada". A quel punto, Luciano esce perchè si sente male. Come avresti risposto tu a Botero?

22. Quale prezzo personale pagano Luciano ed Irene per la lettera che Luciano ha scritto a Botero?

23. Quale evento può mettere in pericolo la vittoria di Botero alle elezioni?

24. Botero ed i suoi segretari cercano di usare il rapporto con Illica, direttore del centro meccanografico della prefettura, a fini elettorali. Come?

25. Come reagisce Illica alle proposte dello staff di Butera?

26. Luciano come decide di utilizzare i soggetti dei temi d'italiano per la prova di maturità che gli aveva dato il segretario di Butera?

27. Ti piace la fine del film? Avresti scelto un'altra fine?

28. Questo film è uscito prima dello scoppio dello scandalo di "Tangentopoli". In che senso ne anticipa alcuni dei temi?

29. Secondo te, quale partito storico rappresenta il partito di Botero, e quello del suo avversario politico Federico Castri?

DIBATTITO FINALE

1. Organizza una 'tribuna elettorale' in classe. Consulta i siti web delle principali formazioni politiche italiane di cui hai letto nell'introduzione storica (puoi anche usare le dichiarazioni di alcuni leader politici contenute nella sezione Parole dei Protagonisti, capitolo quattro): Forza Italia, Alleanza Nazionale, Lega Nord, Democratici di Sinistra, Rifondazione Comunista e La Margherita[1]. La classe si divide in due gruppi: il primo gruppo fa la parte del pubblico e prepara domande da rivolgere ai 'politici'. I 'politici' preparano una breve introduzione sul loro programma e, successivamente, rispondono alle domande del pubblico. Alla fine si faranno delle votazioni usado la scheda elettorale riprodotta qui di seguito.

SCHEDA ELETTORALE			
APPONI UNA CROCE (X) **SUL PARTITO DI TUA** **SCELTA**	FORZA ITALIA	ALLEANZA NAZIONALE	LEGA NORD PADANIA
	DEMOCRATICI DI SINISTRA	DEMOCRAZIA È LIBERTÀ LA MARGHERITA	PARTITO COMUNISTA RIFONDAZIONE

2. Assumi la personalità di un elettore/elettrice italiano/a poco prima delle prossime elezioni politiche. Presenta il tuo 'alter ego': come ti chiami, quanti anni hai, professione, dove abiti, ecc. ? Scegli il partito politico italiano al quale tu (il tuo alter ego) ti senti più ideologicamente vicino/a. Spiega perchè voterai per quel partito alle prossime elezioni politiche.

SOGGETTI PER TEMI, DISCUSSIONI IN CLASSE E/O PRESENTAZIONI ORALI (CAPITOLO QUATTRO)

1. 'La tangente' di C. Castellaneta e 'La tangente matrimoniale' (da La troga di G. Rugarli).
   Nel mondo paradossale di Castellaneta anche gli operai riscuotono una tangente (Così come nel mondo di Rugarli le mogli richiedono una tangente dal marito per le prestazioni sessuali). Quali altri categorie potrebbero richiedere una tangente, in una società che fonda le sue basi economiche e morali sulla corruzione? Scrivi la tua "storia di tangenti", inventando un corruttore e un corrotto.

2. 'Dagli al corrotto', parola di donna di Marisa Fumagalli
   Considera le due opinioni opposte contenute nell'articolo:
   - Camilla Cederna: "... conosco molti più uomini mascalzoni e tante donne meno disposte a fare mascalzonate".
   - Cesare Rimini: "[Le donne] sono avide e corruttibili quanto noi."
   Con chi sei d'accordo? Rispondi sulla base di esperienze personali, oltre che sui fatti riportati nell'articolo.

---

[1] Esistono anche altri partiti in Italia che, per motivi di spazio, non si è potuto menzionare; nell'area di sinistra o di centro sinistra, troviamo - oltre a: Ds, La Margherita , Partito dei Verdi, Rifondazione Comunista e Partito dei Comunisti Italiani, tutte formazioni già menzionate - la lista Di Pietro Occhetto e i SDI (Socialisti Democratici Italiani). Nell'area di destra o di centro destra - oltre a: Forza Italia, Alleanza Nazionale, UDC e Lega Nord di cui si è già parlato - troviamo Alternativa Sociale con Alessandra Mussolini (la nipote del "Duce"), e la Fiamma Tricolore. Fanno parte dell'area di centro i Socialisti Uniti per l'Europa.

3. *Se il pane non basta* di G. Zincone. Un idealista che non ha perso le speranze di cambiare radicalmente la società parla con un giovane "paninaro" degli anni '80 (vedi anche definizione di "paninaro" nel Quadretto culturale "Parole nuove per gli anni della rivolta: i neologismo degli anni '70", pp. 124-125). Può bastare veramente la lotta per il pane per ispirare
le nuove generazioni, oppure no?

4. *'Berlusconi e Forza Italia'* e *'Tangentopoli'* (da *Piccolo Cesare* di Giorgio Bocca). Secondo Marcello Dell'Utri, Berlusconi disse nel 1993, di fronte alla caduta di democristiani e socialisti: "Facciamo un partito... Lo fanno tutti, lo facciamo anche noi". Immagina di poter fondare il tuo partito ideale. Come si chiama, qual è il suo programma politico, a che classi sociali si rivolge o vuole rappresentare? Quali obiettivi si pone a livello nazionale ed internazionale? Presenta il tuo partito ideale agli elettori.

5. *'Bilanci'* (da *Cruderie* di Bianca Stancanelli). Invece di essere ignorata, la signora Rosa Clava raggiunge il suo obiettivo: essere intervistata alla televisione e diventare l'oggetto di una tavola rotonda. Immagina l'apparizione a un "talk show" della signora, l'intervista con un giornalista e le sue dichiarazioni.

6. *'L'agghindatore'* (da *Cruderie* di Bianca Stancanelli). Scrivi un articolo per l' "Araldo" riportando il tragico fatto di New York, ma senza "agghindarlo".

7. *Protagonisti* di Aldo Nove. Scrivi la breve biografia di un personaggio di tua invenzione, appassionato del programma Protagonisti, da aggiungere a quelle del racconto.

8. *'Sabato pomeriggio'* (da *Manicomio primavera* di Clara Sereni). Immagina come sarebbe stato il sabato pomeriggio dell'uomo se la donna avesse portato al parco il bambino e lui fosse rimasto a casa da solo. Riscrivi l'episodio dal punto di vista 'maschile'.

9. *Il nuovo che avanza* di Michele Serra. Inventa altri tipi di negozi che potrebbero essere presi di mira dall' "omicida dei negozi". Che merce vendono? Come si presenta il negozio e come si chiama? Inventa una conversazione immaginaria fra un commesso di questo negozio e l' "omicida" Pedrotti.

10. *'La festa dei potenti e La televisione è il governo'* (da *Tecniche di seduzione* di Andrea De Carlo). Prendendo spunto dalla scena della festa, crea la tua "festa dei potenti", mettendo insieme vari personaggi della politica e dello spettacolo e facendoli interagire nel corso di una festa immaginaria.

11. *'Il Belpaese'* (da *Pura vita* di Andrea De Carlo). Quali sono le caratteristiche del paese che conosci meglio, all'infuori dell'Italia? Prendendo spunto dalle considerazioni sull'Italia contenute in questa lettura, prepara una lista di sostantivi per spiegare le caratteristiche del paese da te prescelto e porta degli esempi concreti che giustifichino la tua scelta.

12. Film *Aprile*, regia di Nanni Moretti.
    a. Scegli una o più citazioni dalla scheda del film (pp. 223-225) e discutile.
    b. Come si incontrano, si intrecciano e si scontrano le vicende personali, politiche ed artistiche, nei film *Aprile* e *C'eravamo tanto amati* (vedi cap. 3, pp. 154-155)?

13. Film *Caro diario*, regia di Nanni Moretti. Quale scena hai trovato più umoristica? Quale scena hai trovato più emblematica per interpretare la società italiana degli anni '90? Motiva le tue risposte.

14. Film *Il portaborse*, regia di Daniele Luchetti. Questo film fu girato nel 1991, prima di "Tangentopoli", e ne anticipa molte delle problematiche. Immagina Cesare Botero ora, a più di un decennio da "Tangentopoli". Come si è evoluta la sua carriera politica? Che cosa fa ora? E Luciano? E Irene? Come continua la storia degli altri personaggi del film?

CAPITOLO
CINQUE

**IL FENOMENO DELLA NUOVA IMMIGRAZIONE
NEGLI ULTIMI 25 ANNI**

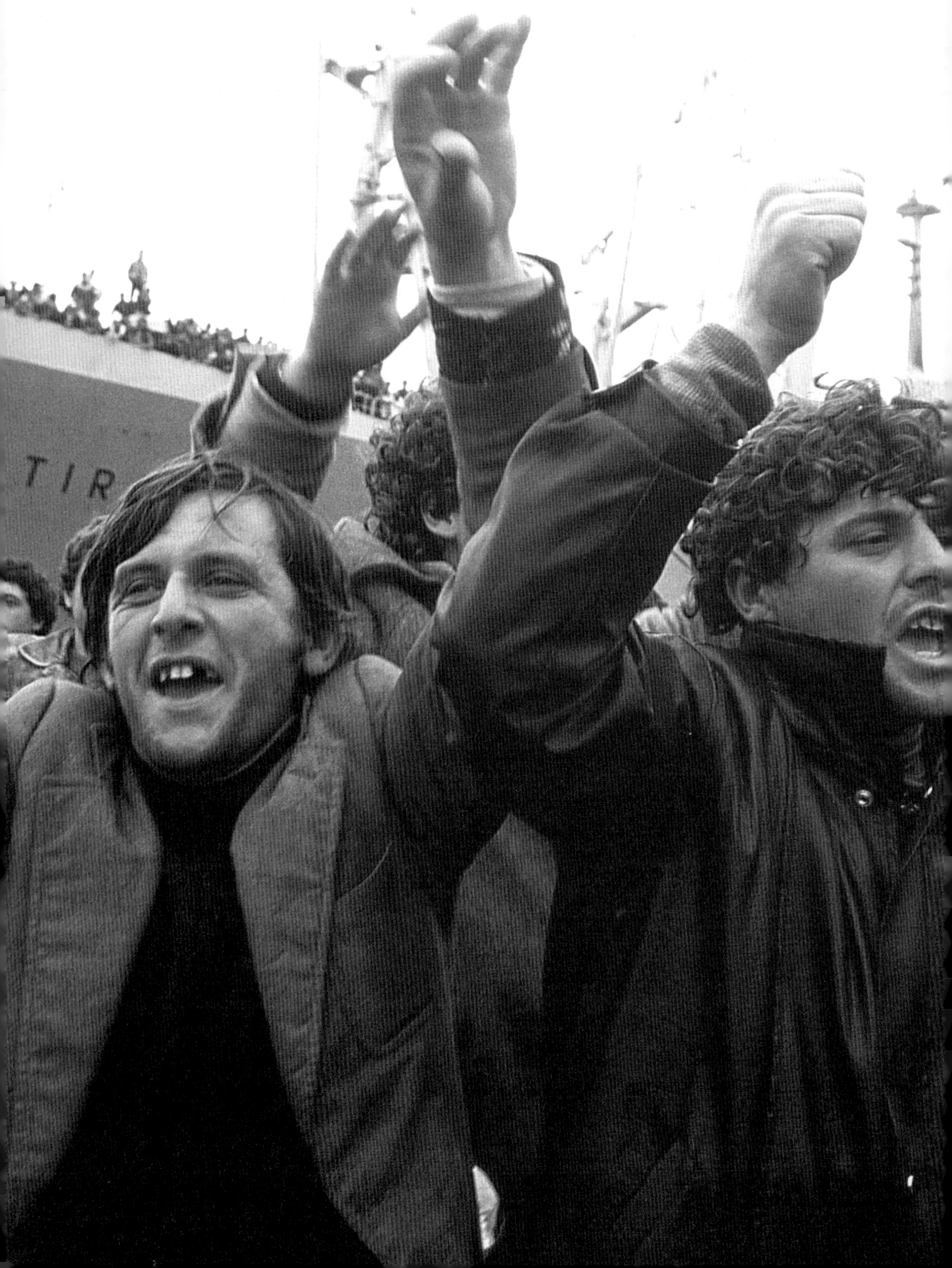
TIR

IL FENOMENO DELLA NUOVA IMMIGRAZIONE NEGLI ULTIMI 25 ANNI

Lo straniero più visibile in Italia è quasi sempre maschio e popola le piazze e gli incroci delle grandi città e dei luoghi di villeggiatura: è il venditore ambulante di accendini, borse o altri accessori[1] o il pulitore di vetri di macchine. Il sostantivo coniato per descrivere questa categoria, e spesso usato in modo denigratorio, è 'vu' cumprà', cioè 'vuole comprare?' in dialetto milanese, la prima espressione nella nuova lingua che questi immigrati hanno dovuto imparare per condurre i loro affari, e che, loro malgrado, ha finito per definirli.

Un altro gruppo di immigranti, a prevalenza femminile e molto meno visibile perchè lavora principalmente nelle abitazioni delle grandi città, ha dato nascita anch'esso ad un neologismo: sono le 'badanti': si tratta di persone assunte dalla famiglia per 'badare' alla casa, cioè occuparsi degli anziani o dei bambini - una figura relativamente nuova nei grandi centri urbani.

Immigrati di origine africana a Piazza Duomo, Milano.

[1] Vedi lettura *Gli affari migliori? Alle nove di mattina*, p. 248.

Ci sono anche immigranti che lavorano nelle imprese di pulizia, come manovali o operai nelle piccole industrie del nord-est, o come braccianti agricoli stagionali, specialmente nel Sud, per la raccolta di pomodori e ortaggi.[2]

Alcune cifre possono dare un'idea delle dimensioni numeriche di questo fenomeno: nel 2003 vivevano in Italia circa 1.678.000 immigrati, di cui la maggior parte erano forza lavoro attiva, corrispondente a circa il 4% del totale della forza lavoro in Italia. In alcune zone del Nord-Est (ad esempio le provincie di Vicenza e Treviso) nel 2003 raggiungevano il 15-20% della forza lavoro attiva.[i]

CARATTERISTICHE E CAUSE DELLA NUOVA IMMIGRAZIONE

Questo flusso migratorio è un fenomeno relativamente recente - metà anni '80 - ed ha un carattere estremamente eterogeneo: gli immigrati che arrivano a migliaia ogni anno provengono dal Nord d'Africa, dall'Europa dell'Est, dalla penisola Balcanica, e dal Medio ed Estremo Oriente. L'Italia ha una posizione geografica che facilita più di altre nazioni europee l'arrivo di immigrati

Immigrati albanesi all'arrivo a Brindisi, anni '90.

anche da altri continenti: si trova al centro del Mediterraneo, quindi costituisce un porto naturale d'ingresso all'Europa. L'estensione delle sue coste, rispetto ai confini di terra, facilita l'arrivo via mare, anche con mezzi di fortuna. Negli ultimi anni, al largo delle coste italiane, durante attraversamenti in imbarcazioni sovraccariche ed in condizioni di mare avverso, centinaia di immigrati - uomini, donne e bambini - hanno perso la vita tragicamente.[3]

Le cause di queste migrazioni di massa sono molteplici.[4] Innanzitutto c'è il divario economico fra i paesi dell'Occidente, nei quali il benessere e i consumi hanno raggiunto un altissimo livello, ed i paesi del cosiddetto Terzo Mondo dove si assiste ad un impoverimento generale delle popolazioni, accompagnato dal decadimento dell'agricoltura e delle economie tradizionali.[5]

---

[2] Vedi film *Pummarò*, p. 257.
[3] Vedi 'Le parole dei protagonisti a confronto' (7.) p. 245.
[4] Vedi lettura *Morire per gli immigrati*, p. 246.
[5] Vedi lettura *Morire per gli immigrati*, p. 246.

A povertà e disperazione si uniscono spesso motivazioni di ordine politico: fuga da regimi repressivi e da persecuzioni religiose, o guerra civile (come ad esempio nei Balcani).[6] Un altro fattore da considerare è la globalizzazione economica, sociale e culturale che ha avuto effetti contraddittori: da un lato, ha facilitato i trasporti, le comunicazioni e le conoscenze contribuendo negli ultimi decenni ad avvicinare paesi e popoli diversi; dall'altro, ha anche creato aspettative irrealizzabili di un certo tenore di vita, specialmente fra i giovani istruiti dei paesi non industrializzati.[7] Di fronte a questa situazione, l'Italia si è trovata del tutto impreparata ad affrontare un problema di portata internazionale.

L'ITALIA: DA ESPORTATRICE A IMPORTATRICE DI FORZA LAVORO

I paesi del nord e del centro d'Europa, hanno sempre conosciuto il fenomeno dell'immigrazione da paesi più poveri di cui spesso avevano conoscenza diretta in quanto loro ex-colonie: si pensi, ad esempio, al caso degli immigrati algerini in Francia. Questi paesi hanno pertanto una tradizione legislativa che regola l'entrata dei non-cittadini e ne favorisce l'integrazione. Per i paesi dell'Europa meridionale, invece, il fenomeno migratorio è del tutto nuovo; l'Italia in particolare si è trovata di fronte a un paradosso culturale: da paese storicamente di emigranti poveri[8] (dal sud d'Italia al triangolo industriale del nord, o dal sud all'estero)[ii] l'Italia è diventata un paese di immigrazione.[9] Da un paese relativamente omogeneo dal punto di vista etnico e religioso, l'Italia si trova ora quasi improvvisamente ad affrontare le sfide di una società multi etnica e multi religiosa. Gli immigrati che vivono e lavorano ora in Italia hanno radici culturali, linguistiche e religiose del tutto eterogenee. Si calcola che provengono da più di 150 paesi diversi: in testa sono gli immigrati provenienti dall'Europa dell'Est (26,3%), segue il Marocco (11,7%) e l'Albania (9,2%), infine il subcontinente indiano e i paesi dell'America Latina[iii]. La religione maggiormente rappresentata è la musulmana (33,5%), seguita dalla cattolica (33.4%) e da altre religioni cristiane (21.8%); altre religioni rappresentate, anche se in percentuale molto minore, sono il buddismo, l'induismo e l'animismo.[iv]

Immigrato recente a Porta Venezia, Milano, 2001.

RUOLO DELL'IMMIGRATO NELL'ECONOMIA E NELLA SOCIETÀ ITALIANE

Questi immigrati - persone spesso disperate e disposte a qualsiasi tipo di occupazione - hanno saputo soddisfare una nuova domanda di manodopera a basso prezzo e non qualificata, che non riusciva ad essere coperta dalla forza lavoro italiana. La crisi economica degli anni '70 ha

---

[6] Vedi lettura *Va' e non torna*, p. 250 e film *Lamerica*, p. 255.
[7] Vedi 'Le parole dei protagonisti a confronto' (4.), p. 244, e 'Quadretto culturale', *Il trabendo*, p. 241.

[8] Vedi lettura *Il lungo viaggio* (capitolo 6), p. 287 e 'Le parole dei protagonisti a confronto' (1.), p. 244.
[9] Vedi film *Lamerica*, p. 255.

L'immigrazione è una ricchezza.
Anche per te.

Gruppi Parlamentari
DS L'Ulivo
di Camera e Senato

www.dsonline.it

Manifesto a favore della tolleranza, 2002.

determinato la frammentazione delle grandi industrie manifatturiere, facendo fiorire, specialmente nel nord-est, una miriade di piccole imprese artigianali in forte competizione fra di loro, con margini di profitto molto bassi - la cosidetta "Terza Italia".[10] Queste piccole industrie sono bisognose di forza lavoro mobile e flessibile, a basso costo, disposta a svolgere lavori faticosi, spesso saltuari o stagionali, e 'in nero', al fine di evadere i costi di un'assunzione regolare. Chi meglio degli immigrati recenti, spesso clandestini e quindi facilmente ricattabili, poteva soddisfare queste multeplici esigenze? La possibilità di assumere forza lavoro a bassi costi 'in loco' ha permesso a queste ditte di continuare ad operare sul territorio italiano (invece di doversi trasferire all'estero, o peggio, chiudere le attività), con ovvi benefici per l'economia locale e nazionale.

L'Italia dell'inizio del nuovo millennio è un paese profondamente trasformato anche dal punto di vista sociale. La popolazione è 'invecchiata': se nel 1975 l'età media era di 35 anni, si prevede che nel 2025 sarà di 50 anni, e attualmente le famiglie composte da un anziano che vive solo sono il 12,3% del totale.[v] Allo stesso tempo, le donne non occupano più, specialmente nelle grandi città, il ruolo tradizionale di casalinghe ancora prevalente fino a pochi anni fa, ma lavorano fuori casa al pari dei mariti; una società di questo tipo, ha bisogno di qualcuno che si occupi degli anziani e dei bambini, e assolva a tutta una varietà di mansioni domestiche 'nascoste' prima svolte silenziosamente da madri e mogli. Secondo alcuni osservatori, l'emancipazione delle donne occidentali è stata possibile grazie a questa immigrazione dal Terzo Mondo.[vi] A questo quadro generale si aggiunge il relativo benessere di cui gode una nuova classe sociale composta dai professionisti delle grandi città, uomini e donne, i quali, aspirando a tenori di vita e di consumi molto alti, hanno creato un bisogno di servizi di vario tipo nei campi della ristorazione, dello spettacolo, del tempo libero, del turismo, ecc.

E' in questa situazione economica e sociale eterogenea che si inseriscono 'badanti', domestiche, personale di pulizia, camerieri, ed altri: un piccolo esercito di nuovi 'lavoratori dei servizi' che popola le grandi città, pronto ad occuparsi di anziani e bambini e a fornire il supporto necessario al mantenimento degli standard di vita della nuova classe sociale di professionisti.[vii]

---

[10] Vedi film *Pummarò*, p. 257.

Venditore ambulante sulla spiaggia di Viareggio.

IMMIGRATI E DISOCCUPAZIONE GIOVANILE

Nonostante questi immigrati si trovino a soddisfare precisi bisogni economici e sociali della società italiana, viene spesso contestato loro che 'rubano il lavoro agli italiani'; si verifica infatti in molte zone il paradosso della contemporanea presenza di lavoratori immigrati e di una discreta percentuale di disoccupati italiani, specialmente giovani. La situazione in realtà è molto più complessa di quanto appaia. Molte famiglie italiane sono caratterizzate dalla presenza in casa di figli già adulti che hanno finito gli studi, e sono in attesa di trovare un posto di lavoro. Si tratta però, nella maggior parte dei casi, di giovani che hanno un relativo alto livello di scolarità e che non sono alla ricerca di 'qualsiasi' lavoro, ma di un lavoro stabile, a tempo pieno e relativamente prestigioso, adeguato cioè al loro livello d'istruzione. Questi giovani italiani spesso preferiscono rimanere disoccupati e farsi mantenere dalla famiglia piuttosto che accettare lavori marginali, nei quali si sentirebbero intrappolati, data anche la scarsa prospettiva di carriera offerta da queste occupazioni[viii]. Si crea così la situazione paradossale della presenza nella stessa zona di giovani italiani disoccupati e di immigrati clandestini, senza comunque che una categoria entri in concorrenza con l'altra.

PROBLEMI D'INTEGRAZIONE

L'integrazione sociale dei nuovi immigrati non è facile, per ragioni già in parte discusse: la tradizionale omogeneità della società italiana, specialmente dal punto di vista religioso[11-ix], si scontra con la straordinaria eterogeneità di culture, lingue e religioni dei nuovi arrivati; a questo si aggiunge il fatto che chi svolge attività marginali o lavori 'in nero' legati ai servizi, manca di organizzazione sindacale, tende a vivere isolato o a cercare protezione all'interno del gruppo di connazionali, piuttosto che a cercare contatti con gli abitanti del paese ospitante. La forbice economica che si è creata soprattutto nelle grandi città, fra gruppi sociali di professionisti con un altissimo livello di benessere e una classe di immigrati poverissimi, non favorisce certo la nascita di un sentimento di appartenenza ad un'unica comunità. A questo proposito è interessante la testimonianza di Eva, una giovane immigrata ungherese a Roma. Il suo sentimento di isolamento ha radici nella relativa povertà in cui vive, circondata da un alto livello di benessere:

"Il simbolo della mia storia è un sondaggio telefonico a cui non sono stata in grado di rispondere [...]Bene, mi dice, gentilissimo: Signora, posso rivolgerle qualche domanda? [...]Signora, lei ha un videoregistratore? E io rispondo, no. Ha un'automobile? No, mi dispiace. Ha un forno a microonde? No, non ho neppure quello. Attimi di silenzio. Imbarazzo. Credo di averlo sconvolto. Una persona come me, che non consuma, non compra, non ha soldi a sufficienza per consumare, cosa ci sta a fare su questa terra?" [x]

---

11 Vedi 'Quadretto culturale', *Il crocefisso ha il permesso di soggiorno nelle scuole pubbliche italiane?*, p. 242.

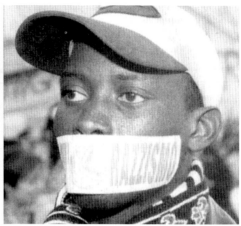

Resistenza degli Italiani all'integrazione degli immigrati

Purtroppo, non sono mancate in Italia situazioni di tensione sociale causate da pregiudizi classici e addirittura da razzismo: l'immigrato è spesso percepito come una minaccia per la continuità e la stabilità del modo di vita e delle tradizioni locali, in quanto portatore di una cultura e di una religione sconosciute. L'italiano medio, anche se non possiede un forte sentimento di orgoglio nazionale e in genere non si considera molto patriota, è alquanto geloso del proprio modo di vita e delle proprie tradizioni locali (queste includono la cucina, gli orari di lavoro e di scuola, il modo di passare il tempo libero e di socializzare) ed è relativamente poco disposto e cambiare le sue abitudini al fine di accogliere le esigenze di gruppi etnici o religiosi diversi.[12] Nei casi peggiori, l'immigrato è accusato di essere portatore di criminalità spicciola,[13] e diventa perciò un pericolo per l'ordine pubblico, una minaccia dalla quale si richiede protezione.

'Extra-comunitario' è il termine più comunemente usato, anche dalla stampa, per definire un immigrato recente. Anche se non ha la connotazione derisoria di 'vu' cumprà', riflette una visione dell'immigrato come un 'non appartenente', un 'altro' o un 'diverso' dalle popolazioni autoctone,[14] in questo caso definite come di origine europea, e quindi appartenenti alla tradizione occidentale. Dal punto di vista dell'immigrato, il termine extra comunitario conferma e rinforza il suo sentimento di estraneità e isolamento rispetto alla comunità locale.

L'episodio più emblematico di razzismo aperto avvenne nell'agosto del 1989 a Villa Literno (Caserta) quando un immigrato dal Sud Africa, Jerry Essan Mazlo, impiegato nella raccolta stagionale dei pomodori, fu ucciso da una banda di giovani del luogo durante una 'spedizione punitiva' contro gli immigrati. L'episodio, riportato da tutti i maggiori giornali italiani, causò una notevole costernazione, e stimolò molti dibattiti e auto-riflessioni sull'estensione del razzismo in Italia.

Nel marzo 2004, un incidente apparentemente marginale e che ha trovato una veloce e felice conclusione, ha comunque rivelato la difficoltà di molti italiani a rispettare anche espressioni esteriori di costumi e stili di vita diversi. Fatima Mouayche, una donna originaria del Marocco, dopo avere conseguito un regolare diploma, stava svolgendo un periodo di tirocinio come maestra presso un asilo infantile di un piccolo paese della provincia di Ivrea. Alcuni genitori però hanno obiettato che il velo indossato dalla donna avrebbe potuto spaventare i bambini. La conseguenza della protesta dei genitori è stata l'allontanamento temporaneo di Fatima dall'asilo nido. L'evento ha causato una immediata reazione non solo da parte del sindaco del paese e del consiglio comunale, ma anche da parte del Ministro degli Interni. La donna ha trovato posto immediatamente in un altro asilo. In un'intervista al Corriere della Sera, Fatima ha obiettato: "Il velo... Sì insomma, il fazzoletto sulla testa. Ma non lo portavano anche le vostre nonne? E voi italiani, da piccoli, avete mai avuto paura delle vostre nonne?".[xi]

---

[12] Vedi 'Le parole dei protagonisti a confronto' (5.), p. 245.
[13] Vedi lettura *Mi chiamo Alì...* (testimonianza di Lejma Bouei), p. 252.
[14] Vedi film *Pummarò*, p. 257.

A Milano e Torino si verificano regolarmente episodi di intolleranza quando, ad esempio, alcuni marciapiedi, durante ore di intenso traffico pedonale, vengono occupati da immigrati di religione islamica per le preghiere giornaliere in direzione della Mecca; allo stesso tempo, però, molti residenti si oppongono alla costruzione di moschee nel loro quartiere.[15] Un'inchiesta condotta di recente ha rivelato che circa il 30% degli italiani del nord-est (la zona in cui le piccole aziende locali impiegano - legalmente ed illegalmente - un altissimo numero di immigrati) pensa che il numero degli immigrati "debba crescere ancora per rispondere alla mancanza di manodopera locale", mentre il 38% ritiene che gli immigrati rappresentino "un pericolo per l'ordine pubblico e la sicurezza della comunità locale".[xii]

E' istruttivo anche notare un altro paradosso: il nord-est comprende le regioni di maggior successo della Lega Nord, partito che colora il suo programma di forte orgoglio etnico, accompagnato da espressioni di insofferenza verso la recente immigrazione: il leader della Lega, Umberto Bossi, spesso fa riferimento nei suoi discorsi alle 'invasioni' degli extra-comunitari, e slogan quali 'Padania terra cristiana, mai musulmana' sono chiare affermazione di una supposta superiorità della religione 'lombarda'.[16] Significativa è anche la proposta della Lega, successiva agli attentati dell'11 settembre, di chiudere le frontiere italiane a tutti i praticanti la religione islamica, con norme protettive simili a quelle usate contro il morbo della 'mucca pazza'.

Dalla popolazione in generale, comunque, l'atteggiamento più diffuso è una generica tolleranza, spesso accompagnata da un atteggiamento di condiscendenza che traspare nell'uso del 'tu', invece del 'Lei', e nella tendenza a parlare con gli stranieri usando infiniti (tu mangiare, andare, ecc.) anche quando l'interlocutore possiede una discreta conoscenza dell'italiano.

Il ruolo degli immigrati nella società italiana e il loro inserimento sono nodi da risolvere all'interno di un dibattito ancora aperto: alcuni auspicano una assimilazione totale, altri un mantenimento dell'etnicità d'origine da parte di ogni gruppo d'immigrati, nel contesto di una società multirazziale, altri pensano al lavoratore straniero come a una dolorosa necessità - un ospite temporaneo con cui non si devono necessariamente condividere spazi e risorse.[17] Il rischio è proprio quello di creare, all'interno di una società che si dichiara democratica e civile, una classe di inferiori, dal punto di vista dello status sociale e dei diritti civili, che non solo non può votare, ma alla quale è negato l'accesso ai servizi sanitari,[18] alle liste di collocamento, alle liste d'attesa per ottenere case popolari, e a tutti quei servizi che un normale cittadino dà per scontato.

Preghiera di fedeli musulmani su un marciapiede di Milano, 2004.

---

[15] Vedi lettura *Mi chiamo Alì...* (testimonianza di Tarib Housseini), p. 253.
[16] Vedi 'Le parole dei protagonisti a confronto' (6.), p. 245.

[17] Vedi 'Le parole dei protagonisti a confronto' (2.), p. 244.
[18] Vedi 'Le parole dei protagonisti a confronto' (3.), p. 244.

---

[i] Dati riportati in M. Melilli, *Mi chiamo Alì... Identità e integrazione: inchiesta sull'immigrazione in Italia*, Editori Riuniti, Roma 2003.
[ii] Si pensi che solo nel 1913 migrarono all'estero dalle regioni del Sud 900mila italiani, la maggioranza uomini.
[iii] G. Fissore, *Migrazioni*, p. 398, in M. Firpo e P. G. Zunino, 'La Storia e le sue immagini' - *L'Italia dall'Unità a oggi*, Garzanti, Milano 2002.
[iv] Elaborazione Caritas Roma su dati del Ministero dell'Interno (relazione di Flavia Laviosa, Wellesley College, alla conferenza A.A.T.I. - ACTFL 2000 di Boston, Mass., USA, 18 novembre 2000).
[v] Dati riportati in Melilli, *Mi chiamo Alì...*, cit., p. 30.

[vi] R. Querzè, 'Donne manager a tempo pieno e con i figli 20 ore a settimana', *Corriere della Sera*, 9 maggio 2004.
[vii] M. Ambrosini, *Utili invasori. L'inserimento degli immigrati nel mercato del lavoro italiano*, Franco Angeli, Milano 1999, pp. 17-19.
[viii] Questo fenomeno è ampiamente discusso in Ambrosini, *Utili invasori*, cit., pp. 46-49.
[ix] La religione cattolica è la fede dichiarata da oltre il 90% degli abitanti, e la chiesa cattolica gode di particolari privilegi garantiti dalla Costituzione.
[x] Melilli, *Mi chiamo Alì...*, cit., p. 117.
[xi] F. Alberto, 'Il mio velo? Come quello delle vostre nonne', *Corriere della Sera*, 24 marzo 2004.
[xii] Melilli, *Mi chiamo Alì...*, cit., p. 69.

VOCABOLI ESSENZIALI PER PARLARE E SCRIVERE DI QUESTO PERIODO

il venditore ambulante, le badanti, le imprese di pulizie, i manovali, gli operai, la manodopera a basso prezzo, la manodopera non qualificata, gli immigranti/immigrati, gli emigranti/emigrati, il divario economico, il benessere, la povertà, l'impoverimento, le persecuzioni religiose, la guerra civile, l'integrazione, la società multietnica e multireligiosa, la religione musulmana, la religione cattolica, il lavoro stagionale, il lavoro "in nero", la classe sociale dei professionisti, i disoccupati, l'integrazione, l'omogeneitá/l'eterogeneitá di culture, lingue, religĭoni, ecc., il pregiudizio, il razzismo, l'intolleranza, l'extra comunitario, l'estraneità, l'isolamento, l'assimilazione, l'accesso ai servizi

DOMANDE DI COMPRENSIONE (CAPITOLO CINQUE)

1. Quali sono le attività svolte principalmente dagli immigrati uomini in Italia?
2. Quali di queste attività sono le più "visibili"?
3. Quali lavori svolgono invece le donne immigrate?
4. Perchè si dice che questo flusso migratorio è "eterogeneo"?
5. Perchè l'Italia è un porto d'arrivo privilegiato per molti immigranti?
6. Quali possono essere le cause del recente fenomeno migratorio? Quale di queste ti sembra più convincente?
7. Perchè L'Italia, a differenza di altri paesi europei, si è trovata impreparata di fronte all'arrivo massiccio di tanti immigrati?
8. Perchè si dice che gli immigranti hanno soddisfatto una nuova domanda di manodopera?
9. In che modo gli immigrati hanno saputo soddisfare i bisogni delle donne lavoratrici e dei giovani professionisti che vivono nelle grandi città?
10. E' vero che gli immigrati "rubano lavoro agli italiani", specialmente ai giovani disoccupati?
11. Quali fattori possono ostacolare l'integrazione degli immigrati?
12. Come si esprime l'intolleranza di alcuni italiani verso gli immigrati?
13. Quale partito italiano si fa portavoce di questa intolleranza e con quali proposte?
14. Perchè esiste il rischio che i recenti immigrati vadano a costituire una nuova "classe di inferiori"?
15. Personalmente che soluzione auspichi: l'assimilazione totale degli immigrati nella società italiana o il mantenimento delle loro diverse identità nel contesto di una società multiculturale e multietnica?

QUADRETTI CULTURALI

Il *TRABENDO*

Come può uno straniero senza mezzi, amici o parenti in Italia, provvisto solo di una conoscenza limitatissima della lingua e dei costumi italiani, trasferirsi in Italia, trovare un lavoro, sopravvivere in qualche modo? Una risposta a questo enigma, almeno per quanto riguarda l'esperienza immigratoria di giovani nord-africani, è da ricercarsi nell'attività del *trabendo*. La parola *trabendo* è un'arabizzazione del sostantivo contrabbando. E' il termine usato dai giovani immigrati nord-africani, soprattutto algerini, per descrivere l'attività che molti di loro svolgevano prima di emigrare permanentemente. Il *trabentista* viaggia dall'Algeria ad un paese europeo, generalmente Francia, Spagna o Italia, ed acquista una serie di beni di consumo difficilmente reperibili nel paese d'origine: abbigliamento, computer, prodotti elettronici in generale; li trasporta nel paese d'origine e li rivende a prezzo maggiorato. Diversamente dal contrabbando, il *trabendo* è un'attività non completamente illegale, ma ai margini della legalità.

Spesso la quantità di merce trasportata è così bassa che il *trabentista* può passare la frontiera dichiarando che sta trasportando merce ad uso personale. In altri casi diventa necessario corrompere l'ufficiale della dogana. Il *trabendo* porta quindi il giovane nord-africano in vari porti e capitali europee dove può saggiare le possibilità di emigrare permanentemente e dove può cominciare a creare quella rete di rapporti e di amicizie, con connazionali e non, indispensabili per un inserimento nel paese prescelto.[i]

Sorgono a questo punto diverse domande: perchè questi prodotti non sono reperibili sul mercato nordafricano? Chi è disposto a pagarli tre, quattro volte di più di quello che costerebbero in Italia o in Francia? Chi sono i *trabentisti* e perchè sono disposti a fare questo tipo di lavoro?

Troviamo una risposta, almeno parziale, a questi interrogativi nelle parole di Zineddine, un ragazzo algerino emigrati a Milano, intervistato da Asher Colombo, un ricercatore italiano:

"Asher: Che cosa portavi con te?

Zineddine: La roba del *trabendo*. Te l'ho detto... Vedi, L'Algeria non è un paese..., come si dice, capitalista. Non c'è la roba che c'è qui. Lo decide il governo, fanno tutto loro. Come queste scarpe... Io portavo queste scarpe già nel '90, queste scarpe fatte bene. Le compravo all'ingrosso e le vendevo in Algeria...".[ii]

Aggiunge, Nourreddine, un suo connazionale:

"...Se ho la casa in Europa, metto in casa il computer. Perchè io sono qua a vivere e adesso lo so. Però, anche quello che in Algeria a casa il computer non ce l'ha, magari ha studiato il computer, sa tutto come funziona e tutto, ma non può neanche prenderlo lui un computer nella sua casa! Non c'è la libertà. Conti i soldi, hai i soldi, ma non te ne fai niente. Anche uno ricco c'ha i soldi, ma non se ne fa niente in Algeria. Il ricco non fa niente, il povero non fa niente. Solo mangiare. Mangiare mangiare mangiare".[iii]

E' evidente dalle testimonianze di questi due immigrati che il *trabendo* è la risposta ad una situazione profondamente contraddittoria: da una parte, vasti strati sociali privilegiati hanno raggiunto un livello di benessere e di istruzione relativamente alto, accompagnato da aspettative di un certo standard di vita; dall'altra, un forte controllo governativo sulle importazioni e una svalutazione della moneta nazionale rendono irreperibili legalmente quei beni di consumo - computer, elettrodomestici, articoli di vestiario - indispensabili per sostenere uno standard di vita medio-borghese equiparabile al livello di istruzione raggiunto.

I *trabentisti*, al pari dei loro 'clienti', sono anch'essi relativamente ben istruiti e hanno forti aspettative di raggiungere un certo grado di benessere. E' evidente, ad esempio, che per Nourredine, citato più sopra, la libertà equivale alla capacità di acquistare beni di consumo, non tanto alla possibilità di esprimere opinioni proprie e di partecipare alla vita politica.

Il *trabendo* costituisce spesso l'unica forma di occupazione disponibile per chi è dotato di sufficienti risorse, spirito d'iniziativa ed istruzione che gli permettano di viaggiare all'estero, reperire ed acquistare merci in paesi di cultura e lingua diverse.

Il *trabentista* svolge quindi un duplice ruolo: soddisfa un bisogno delle classi medie nascenti del suo paese, introducendo, anche se illegalmente, beni di consumo di vario tipo, ma comincia anche a "testare" le possibilità di vita e lavoro permanente in Europa e costruisce un primo "ponte" di collegamento fra la sua comunità d'origine ed una città europea; il *trabentista* diventa quindi un "esperto" del paese europeo in cui viaggia, una fonte inestimabile di informazioni per la gente del suo paese che pensa di emigrare. Senza queste conoscenze, senza queste prime "basi" o "ponti", l'emigrazione in un paese europeo sarebbe per molti nord-africani impossibile o destinata al fallimento.

Aula di una scuola pubblica, 1960 circa.

IL CROCEFISSO HA IL PERMESSO DI SOGGIORNO NELLE SCUOLE PUBBLICHE ITALIANE?

Nel 2002, Adel Smith, un cittadino italiano di religione islamica residente in un paesino della provincia dell'Aquila, chiese la rimozione del crocefisso appeso nell'aula della scuola pubblica frequentata dai suoi due figli. Il preside acconsentì, ma la rimozione del crocefisso provocò una energica reazione da parte delle mamme degli altri allievi. Il signor Smith chiese allora di affiggere vicino al crocefisso un quadro con la frase del Corano: "Allah è l'Unico, è l'Assoluto." Si scatenarono altre contro-reazioni da parte dei genitori cattolici. Fu così che la questione finì al Tribunale Civile dell'Aquila che nell'ottobre 2003 stabilì che il crocefisso andava rimosso almeno nelle aulee frequentate dai due bambini di famiglia musulmana.

i   Asher Colombo, *Etnografia di un'economia clandestina, Immigrati algerini a Milano*, Il Mulino, Bologna 1998, p. 55.

ii Ibid., p. 51.

iii Ibid., p. 54.

Volti di immigrati a una manifestazione
contro le espulsioni
Roma, 19 gennaio 2002.

Secondo la sentenza, il crocefisso "comunica un'implicita adesione ai valori che non sono realmente patrimonio comune di tutti i cittadini, presume una omogeneità che non c'è mai stata e non può sicuramente sussistere oggi, [...] connotando così in maniera confessionale la struttura pubblica scuola e ridimensionandone fortemente l'immagine pluralista, ponendosi così contro la Costituzione".[i] Da un punto di vista giuridico, la questione rimane estremamente controversa. La Costituzione, pur proibendo ogni tipo di discriminazione basata sulla religione, non vieta esplicitamente l'esposizione del simbolo della cristianità. Esistono inoltre due norme del 1923 e 1928 che prevedono l'esposizione del crocefisso nelle scuole, e che sono state confermate con la revisione del Concordato nel 1984.[ii]

Questo episodio ha dato vita ad un vivacissimo dibattito sul ruolo anche culturale della religione cattolica. E' innegabile che il crocefisso è l'immagine più familiare per i cattolici: è presente in tutte le chiese, in migliaia di tabernacoli agli incroci delle strade di campagna, sulle vette di ogni montagna; donne e uomini portano questo simbolo appeso al collo; infine, è rappresentato in innumerevoli opere d'arte disseminate in Italia e all'estero. Il Papa nel 1998 interpretò così il sentimento di molti italiani cattolici nei confronti del crocefisso: "Tante cose possono essere tolte a noi cristiani ma la croce come segno di salvezza non ce la faremo togliere. Non permetteremo che essa venga esclusa dalla vita pubblica".[iii]

Molti sostengono che il crocefisso è soprattutto un simbolo culturale in quanto richiama valori morali ed etici oltre che religiosi. Inoltre, non solo il crocefisso, ma innumerevoli altri simboli della religione cattolica sono presenti su tutto il territorio nazionale (dalle cattedrali nelle grandi città alle più umili chiese di paese) e sarebbe assurdo chiederne l'eliminazione in nome del multiculturalismo. Quest'opinione è sostenuta, sorprendentemente, anche da intellettuali laici di rilievo, come il filosofo ex sindaco di Venezia Massimo Cacciari. Altri, invece, come il giornalista e scrittore Eugenio Scalfari, fanno appello alla natura essenzialmente laica della Costituzione italiana, e alla leggendaria visione di 'libera Chiesa in libero Stato' che Cavour aveva già enunciato quasi 150 anni or sono davanti al neonato Parlamento italiano. Secondo Scalfari, il crocefisso non può essere considerato un simbolo della italianità, al pari della bandiera tricolore e del ritratto del Presidente della Repubblica, comunemente esposti nei luoghi pubblici: "la laicità è [...] lo strumento per mantenere la purezza del sentimento religioso e l'antidoto contro il fanatismo, il fondamentalismo, l'intolleranza e contro la stessa e sempre possibile trasformazione della chiesa da comunità religiosa a organizzazione di potere".[iv]

Come si vede da questo episodio solo apparentemente marginale, l'incontro con altre culture ha l'effetto benefico di mettere in discussione il rapporto fra Stato e Chiesa, e fra religione e vita pubblica - un dibattito, questo, a lungo atteso in un paese come l'Italia dove troppo a lungo era mancata una conoscenza diretta di altre religioni e modi di vita.

---

i   V. Piccolillo, Il giudice: 'Via il crocefisso dai muri di quella scuola', Corriere della Sera, 26 ottobre 2003.

ii Barbera: 'C'è una legge dello Stato, le toghe non possono cambiarla', Corriere della Sera, 26 ottobre 2003, articolo firmato "R.I.".

iii S. Magister, 'Nel segno della croce', L'Espresso, 6 novembre 2003.

iv E. Scalfari, 'Il crocefisso non è il tricolore', L'Espresso, 6 novembre 2003.

LE PAROLE DEI PROTAGONISTI A CONFRONTO

1. UN GIOVANE IMMIGRATO DAL MAROCCO:

"Soprattuto dopo i controlli severi introdotti nel 1986 contro il terrorismo, lavorare in nero significa fare solo lavori pesanti e con grande rischio... [Gli italiani] capiscono che anche i marocchini hanno la capacità di lavorare e che hanno senso di responsabilità. Nelle mie chiacchiere con gli operai, soprattutto quelli provenienti dal Meridione, ho constatato che anche loro trovano delle difficoltà ad inserirsi, soprattutto nelle piccole località del Piemonte, perchè ci sono tanti piemontesi che non vogliono affittare le loro case ai meridionali".[i]

2. UN GIOVANE IMMIGRATO DAL SENEGAL:

"Nei confronti degli stranieri non si usa il termine uguaglianza, si parla solo di tolleranza e solidarietà, come se la nostra presenza fosse un reato, una offesa. Tollerare cosa? mi chiedo tante volte: magari semplicemente l'essere diversi dai padroni di casa disturba e a volte offende. Se fosse vero che ognuno deve restare a casa propria, se questa fosse veramente una legge naturale, saremmo certamente colpevoli. Chiediamo l'accettazione della diversità. E poi quanti siamo in questo mondo ad essere emigrati e per quanto tempo lo saremo?"[ii]

"Mi ritrovavo senza mezzi di sostentamento, dunque potenzialmente vulnerabile. Questo spiega in parte la nostra vita precaria e le facili cadute nelle trappole di persone senza scrupoli. Certo, a me non sembrava pericoloso tutto ciò, avendo conosciuto solo la povertà. Però essere povero in Africa, dove la solidarietà dei singoli individui si applica a tutti, è ben diverso che esserlo in occidente dove la stessa solidarietà è istituzionale e uno strumento politico".[iii]

3. SERME SALIA, GIOVANE IMMIGRATO DAL BURKINA FASO:

"un giorno, e non fu un bel giorno, lavorando in fonderia ebbi un problema agli occhi. Andai in ospedale. I medici furono gentilissimi ma mi dissero chiaro e tondo: guarda che qui non ti possiamo curare, sei un clandestino, vai alla Caritas e vedrai che troverai chi ti darà una mano. Ecco, non avere il permesso di soggiorno significa non avere nemmeno il permesso di ammalarsi. [...] [Essere clandestino] significa uscire di casa e avere paura. Anzi, terrore. Vuol dire sentirti un ladro o un criminale anche se non hai rubato uno spillo e non hai toccato nessuno, anche se lavori e sei onesto. Immaginare che la gente per la strada fissi solo te".[iv]

4. YOUNIS TAWFIK, IMMIGRATO DALL'IRAQ, ARCHITETTO:

I. "... continuavo a studiare e lavorare per raggiungere il mio obbiettivo: guadagnare più soldi possibile e partire, andare all'estero per completare gli studi, ovvero fuggire. Non capivo da che cosa volessi scappare, ma mi sentivo soffocare, straniero in patria e tra la mia stessa gente. Dentro di me c'era un distacco dalle cose e dalle persone, salvo poche

LE PAROLE DEI PROTAGONISTI A CONFRONTO

che facevano parte della mia vita e della mia famiglia. Ero presente con il corpo, ma con la mente ero già altrove. L'atmosfera mi sembrava così pesante che mi premeva sul petto come una lastra di piombo. Cominciavo a odiare la gente, a non sopportare neanche i miei, soprattutto quando diventavano anche loro partecipi di quell'atmosfera. Il mio obiettivo costituiva l'energia che alimentava la pazienza e la sopportazione".[v]

II. "Oramai si emigra perchè si vuole realizzare un facile guadagno. Anche i ragazzini minorenni, che non sanno cosa vuol dire abbandonare la propria terra per andare verso l'ignoto, si nascondono persino nei camion o dentro le celle frigorifere per raggiungere il Sogno Europeo. [...] il concetto di patria è completamente diverso. La patria è dove uno può vivere e lavorare. I tempi sono cambiati, e quello che sembrava così lontano e impossibile oggi è una realtà che si può raggiungere con pochi soldi e tanto spirito d'avventura".[vi]

III. "Non sono mai riuscito a svegliarmi il mattino presto. Dopo quasi vent'anni, non riesco ad abituarmi. Per sostituire il tè del mattino e il pane appena sfornato di mia madre con caffè e croissant c'è voluto tanto. Non riuscivo a sopportare il gusto amaro del caffè nè il suo odore aggressivo. Infatti avevo iniziato con il cappuccino, poi con il caffè macchiato, per finire con l'insostituibile espresso. Ora non riesco più a riprendere conoscenza se non bevo una buona tazza di caffè all'italiana. Del tè di mia madre è rimasto soltanto il profumo fisso, come un remoto racconto in un angolo della mente." [...] "Torino è la mia città perchè non potrei definirla diversamente. Si diventa una sola cosa con la terra, gli alberi, i palazzi e con la gente, quando si vive a lungo in un posto. Con tutta la mia solitudine e le difficoltà che ho incontrato per integrarmi, posso dire che l'ho conquistata e trovo che faccia parte di me, della mia storia personale. L'amo come la mia città natale e, a volte, mi sembra di vivere in due posti. Una parte di me è rimasta nella mia città d'origine, l'altra è rinata qui".[vii]

5. SALVADORA BARBERENA, IMMIGRATA DAL NICARAGUA, CUOCA, SPECIALIZZATA IN CATERING:

"Il cibo etnico è molto di moda e per questo fra i clienti ho anche la regione, la camera di commercio, qualche banca e qualche stilista. Tutti vogliono sempre qualcosa di insolito per i ricevimenti. [...] Però la gente è strana. Ama il cibo esotico, meno le persone esotiche".[viii]

6. UMBERTO BOSSI, SEGRETARIO GENERALE DELLA LEGA NORD:

"Nei prossimi dieci anni vogliono portare in Padania 13 o 15 milioni di immigrati, per tenere nella colonia romano-congolese questa razza padana, razza pura, razza eletta. [...] Il più nero dei neri ha gli stessi diritti del mio vicino di casa. Però a casa sua. [...] "Le case si danno ai lombardi e non al primo Bingo Bongo che arriva".[ix]

7. AHMED OSMAN, IMMIGRATO SOMALO, SALVATO DALLA MARINA MILITARE ITALIANA AL LARGO DELL'ISOLA DI LAMPEDURA (18 OTTOBRE 2003):

"Ci avevano detto che bastava un giorno di navigazione. E noi abbiamo portato cibo e acqua per un giorno. Ma già domenica sera, con la pioggia, il vento, le onde, il buio, ci siamo trovati senza più acqua, senza niente da far mangiare ai bambini. E poi all'alba di lunedì, è finita la benzina. La paura di morire s'è affacciata".[x]

i   IRES (Istituto Ricerche Economico-Sociali del Piemonte), *Uguali e diversi - Il mondo culturale, le reti di rapporti, i lavori degli immigrati non europei a Torino*, Rosenberg & Sellier, Torino 1992, pp. 210-211.

ii   Mbacke Gadji, *Pap, Ngagne, Yatt e gli altri*, Edizioni dell'Arco, Milano 2000, p. 63.

iii   Ibid., p. 79.

iv   Citato in P. Conti, 'Io clandestino per due anni, vivo ancora nel terrore', *Corriere della Sera*, 20 gennaio 2002.

v   Younis Tawfik, *La straniera*, Bompiani, Milano 1999, p. 25.

vi   Ibid., p. 77.

vii   Ibid., pp. 99, 127.

viii   G. Nicotri, 'Complimenti, sciur Mustafà', *L'Espresso*, 30 novembre 2000.

ix   Citato in G.A. Stella, 'Bossi è come Brigitte Bardot. Razzista', *Corriere della Sera* "Magazine", numero 6, 17 giugno 2004.

x   Citato in F. Cavallaro, 'Ho buttato in mare i miei figli. Erano già morti da due giorni', *Corriere della Sera*, 19 ottobre 2003.

MORIRE PER GLI IMMIGRATI?

di Giovanni Sartori (L'Espresso, 7 settembre 2000)

In questo articolo, il giornalista e studioso Sartori spiega il paradosso della coesistenza, da una parte, di una relativa alta disoccupazione in Europa e, dall'altra, di un costante flusso di immigrati da paesi del Terzo Mondo. Questi immigrati sono spinti, a loro volta, dall'esplosione demografica nelle grandi città in cui vivono e dal generale stato di abbandono dell'agricoltura nei loro paesi d'origine.

Per due secoli l'Europa ha esportato emigranti, non ha importato immigrati. Li ha esportati perché la crescita **demografica** si era accelerata, e perché agli europei si offriva lo spazio libero e accogliente del Nuovo Mondo.
5 Invece oggi l'Europa importa immigrati. Ma non li importa perché è sottopopolata. In parte li importa perché gli europei sono diventati ricchi, e quindi nemmeno i poveri sono più disposti, in Europa, ad accettare qualsiasi lavoro. Rifiutano i lavori umili, i lavori
10 degradanti e anche parte dei lavori pesanti. E siccome la disoccupazione in Europa è da tempo due-quattro volte quella degli Stati Uniti, non è oggettivamente vero che il "Gastarbeiter", il lavoratore-ospite, sia necessario; in verità, è reso necessario dal fatto che **i sussidi** di
15 disoccupazione consentono all'europeo di vivere senza lavorare. Anche così il fatto egualmente resta che l'Europa è sotto assedio, e che oramai accoglie immigrati soprattutto perché non sa come fermarli. Non sa come fermarli perché la marea è montante. Ed è essenziale
20 capire cosa la rende tale e perché è alimentata soprattutto dai paesi **contigui** del Terzo Mondo.

La ragione della pressione crescente dal mondo afro-arabo sull'Europa non è la povertà di per sé. L'Africa è povera, poverissima, da sempre; e anche il Medio Oriente
25 è da gran tempo un'area di alta povertà (salvo che per qualche sacca). Pertanto la povertà è una costante. Se è peggiorata è soprattutto per colpa dell'esplosione demografica (che la Chiesa cattolica si ostina irresponsabilmente a promuovere). E dunque la variabile
30 che più spiega il montare della marea è **la sovrappopolazione**. Ma è anche – e questo è il punto che spesso sfugge – la erosione della popolazione agricola. Chi vive sulla terra vive anche della terra; non è mai un disoccupato. La disoccupazione, e con essa una fame senza
35 rimedio, caratterizza **gli agglomerati urbani**. L'agricoltore che si trasferisce nelle città perde il suo cibo "naturale" e per di più deve affrontare costi monetari (per casa e

servizi) che prima non aveva. E così diventa "schiuma della terra", un disperato rinchiuso in trappole mortali (nelle
40 quali si è auto-rinchiuso inconsapevolmente) dalle quali, per sopravvivere, si può soltanto scappare. E purtroppo è proprio nel Terzo mondo povero che queste trappole mortali più si moltiplicano.

NOTE

1. *demografico*: relativo alla popolazione
2. *il sussidio*: aiuto finanziario dato dallo stato a disoccupati, famiglie povere, ecc.
3. *contiguo*: vicino, confinante

4. *la sovrappopolazione*: il numero eccessivo di abitanti
5. *l'agglomerato urbano*: la città

DOMANDE DI COMPRENSIONE E DISCUSSIONE

1. Per duecento anni, dove "ha esportato emigranti" l'Europa, e perchè?
2. Perchè ora, invece, l'Europa importa forza lavoro?
3. Come si spiega la contemporanea presenza di immigrati e di un alto tasso di disoccupazione nei paesi europei?
4. Che tipo di metafora usa Sartori per definire il flusso migratorio?
5. Quali fattori spiegano meglio il flusso migratorio recente?
6. Qual è la critica che Sartori fa alla chiesa cattolica?
7. Perchè, secondo Sartori, gli agricoltori non sono mai disoccupati, quindi non hanno bisogno di emigrare?
8. Perchè l'agricoltore che si trasferisce in città si chiude in una 'trappola mortale'?

OSSERVAZIONI GRAMMATICALI SUL TESTO

Considera le seguenti espressioni di tempo:

Per due secoli l'Europa ha esportato emigranti... (riga 1)
L'Africa è povera, poverissima da sempre... (righe 23-24)

Nella prima frase, l'azione comincia e finisce nel passato. Nella seconda frase, l'azione comincia nel passato, ma continua ininterrotta nel presente (e forse continuerà anche nel futuro).

Usa la preposizione per con il passato prossimo o remoto, oppure la preposizione da con il presente, a seconda dei casi, e osserva la diversa dimensione temporale delle due costruzioni:

1. Da venticinque anni, molti immigrati africani

   _____ (*vivere*) in Italia.

2. Per tutto il periodo del boom economico, molti

   _____ (*immigrare*) dal sud al nord.

3. Da molti decenni, la disoccupazione _____ (*caratterizzare*) i centri urbani.

4. Da molti anni, la disoccupazione in Europa _____ (*essere*) due-quattro volte quella degli USA.

5. Per molti secoli, gli europei _____ (*colonizzare*) il Nuovo Mondo.

6. Da alcuni anni, si _____ (*assistere*) a un fenomeno di esplosione demografica nei paesi del Terzo Mondo.

GLI AFFARI MIGLIORI? ALLE NOVE DI MATTINA
di Marco Gasparetti (Corriere della Sera, 13 luglio 2001)

In questo articolo, leggiamo la testimonianza di Lamil, un senegalese, venditore ambulante sulle spiagge della costa tirrenica: lavoro duro sotto il sole estivo, chilometri di spiaggia a piedi resi ancora più difficoltosi dalle reti "a prova di venditore ambulante" che Lamil deve aggirare, un appartamento a Pisa che condivide con altri 15 connazionali, una moglie e un figlio che lo aspettano in Senegal...

VIAREGGIO – «Fatica? Tanta, tantissima. Anche qui la sabbia brucia e le piante dei miei piedi sono bianche, proprio come le tue. Alla sera ho piaghe e vesciche, e le gambe tremano. Oggi ho già fatto tre volte su e giù, e ogni
5 volta sono otto chilometri, ma altre tre volte attraverserò la spiaggia prima di sera. **Le reti**? Ne ho viste un paio, per fortuna, se fossero da ogni parte dovrei camminare molto di più e allora me ne andrei. Anche le gambe possono ribellarsi e le mie sono arrabbiate da tempo».
10 Sorride, Lamil, mentre si concede dieci minuti di riposo sui bordi di una sdraio del bagno «Nettuno», a Viareggio. Sospira, si leva il cappellino da pescatore, si asciuga il sudore e inizia a parlare in francese e italiano.
«Vengo da Dakar, in Senegal, una grande città. Ho
15 studiato, fino alle superiori, ma il lavoro da noi è un fantasma e allora sono partito», dice fiero mentre tira fuori **l'armamentario** da una borsa che tiene **a tracolla**. Sembra la valigia di Mary Poppins, con il fondo infinito. E da lì, come per magia, escono fuori magliette e pantaloni
20 griffati, camicette con marchi falsi, giubbotti, calzini, ciabatte, qualche accendino, persino radioline.
Lamil dice di avere 34 anni, ma gli amici giurano che ne ha superati da poco 24. Chissà, forse quei dieci anni in più lo fanno sentire più forte, sicuro di sé. Perché anche se
25 in Italia è arrivato da un anno, la vita non è affatto semplice.
«Ho un bambino in Senegal – racconta – si chiama Kumba, ha tre anni, e sta con mia moglie e i miei genitori. Ho lavorato in Francia, poi ho deciso di venire in Italia. Gli
30 amici mi hanno detto che qui c'è brava gente e che con noi **ambulanti** gli italiani sono buoni. E allora sono partito. La vita non è male. Abito a Pisa, in una casa in affitto. Siamo tanti, una quindicina, ma non si sta male. Il problema semmai è al mattino. Quando andiamo al bagno e bisogna
35 aspettare».
Lamil è uno dei pochi venditori ambulanti che ha il coraggio di parlare. La maggioranza preferisce il silenzio, teme ritorsioni. «Anche perché molti di loro non hanno il permesso di soggiorno regolare – dice un **bagnino** –.
40 Poveracci, mi fanno pena e a volte li faccio riposare sotto l'ombrellone. Qualcuno ci chiede anche di fare la doccia, ma con i turisti non si può. Molti sono simpatici, cercano persino di divertire i clienti, cercano di **scimmiottare**
45 l'accento toscano, con la "a" aspirata, chiamano tutti "capo" e "dottore". Non danno fastidio e io sono contro reti e chiusure della spiaggia per cacciarli via. E con me la pensa così la maggioranza dei **viareggini**, ne sono sicuro».
La giornata di Lamil inizia alle sette. Il tempo di
50 lavarsi, preparare la borsa, e di corsa alla stazione che c'è il primo treno per Viareggio. Alle nove comincia il «lungo cammino».
«Sono le ore più belle – racconta –, perché la fatica ancora non ti indebolisce le gambe e l'aria è fresca. Anche
55 la gente sembra migliore, ci puoi parlare, e se sei bravo puoi fare affari. Sai, anche il nostro lavoro ha dei lati difficili, devi capire qual è il cliente giusto e non devi dare fastidio. Dicono che siamo noiosi? A me non sembra proprio. In un anno ho imparato a conoscere chi non
60 vuole gente vicino e allora **mi tengo alla larga**. Come faccio a capire? Passo lentamente accanto agli ombrelloni e guardo la faccia del cliente. Se ho dubbi chiedo piano piano al signore o alla signora se vuole qualcosa, e dalla risposta **capisco al volo** se vale la pena andare via o
65 continuare. Gli italiani sono bravi, difficilmente si arrabbiano. Non è vero che sono stufi di noi. A volte ci chiedono da dove veniamo e come va la vita. E io rispondo sempre che va bene, mi sembra che siano contenti a sentirci ottimisti.
70 Però, detto tra noi, questo lavoro non è per niente bello. Alle 13 comincia la stanchezza. Sembra un cane che ti morde le gambe. Cammino, cammino e a volte chiudo gli occhi e cerco di pensare al Senegal, alla mia casa, ai miei genitori, a mia moglie e al mio piccolo. Poi dico:
75 "Ora basta, devo tornare al lavoro". Come adesso, tu mi fai parlare e perdere tempo, ma io devo continuare a vendere. Oggi ho guadagnato poco e tra quattro ore devo tornare a Pisa. Per favore, fammi camminare ancora».
Lamil se ne va, stavolta verso Nord. Sono le quattro del
80 pomeriggio e deve marciare ancora fino alle sette, arrivare alla stazione e prendere il primo treno senza biglietto per Pisa. Il tempo di mangiare qualcosa, poi subito a dormire. Domani è un altro giorno, tutto da camminare.

NOTE

1. *le reti*: sistema di barriere per dividere la spiaggia in settori e scoraggiare il passaggio dei venditori ambulanti
2. *l'armamentario*: oggetti di vario genere
3. *a tracolla*: appeso a una spalla
4. *l'ambulante*: il venditore di oggetti in strada

5. *il bagnino*: chi sorveglia il mare e la spiaggia, e soccorre i bagnanti se necessario
6. *scimmiottare*: imitare, come fanno le scimmie
7. *il viareggino*: l'abitante di Viareggio
8. *tenersi alla larga*: stare lontano, non avvicinarsi
9. *capire al volo*: capire immediatamente

DOMANDE DI COMPRENSIONE E DISCUSSIONE

1. Come passa la sua giornata Lamil, l'immigrato intervistato dal giornalista?
2. Quali sono le più grandi difficoltà del suo lavoro? Che cosa sappiamo della vita privata di Lamil?
3. Perchè ha deciso di venire proprio in Italia?
4. Perchè molti immigrati non vogliono essere intervistati?
5. Che cosa pensa il bagnino intervistato dei venditori ambulanti sulla spiaggia? Ha un buon rapporto con loro?
6. Quali sono le ore migliori per gli affari e perchè?
7. Scrivi l'orario di una giornata tipica di Lamil.

OSSERVAZIONI GRAMMATICALI SUL TESTO

Considera l'uso del verbo <u>fare</u> seguito da un <u>sostantivo</u> o da un <u>infinito</u> nelle seguenti frasi:

Poveracci, <u>mi fanno pena</u> e a volte <u>li faccio riposare</u> sotto l'ombrellone... (righe 40-41)

Nota che <u>mi</u> è <u>pronome oggetto indiretto</u>, mentre <u>li</u> è <u>pronome oggetto diretto</u>.

Puoi pensare ad altre espressioni nelle quali <u>fare</u> è seguito da un sostantivo (ad esempio: mi fa male)?

L'espressione <u>li faccio riposare</u> è vicina in significato alla seguente: <u>permetto loro di riposare</u>, anche se <u>fare</u> denota un'imposizione, più che un permesso. Nota che nella frase con <u>permettere</u> si deve usare il <u>pronome oggetto indiretto</u> (<u>loro</u>, in questo caso). Nel seguente esercizio sostituisci <u>fare</u> con <u>permettere</u> e viceversa, usando dei pronomi al posto dei nomi sottolineati e facendo tutti i cambiamenti necessari:

1. I bagnini fanno passare Lamil sulle loro spiagge.
2. Il giornalista permette agli immigrati di parlare delle loro condizioni di vita.
3. Il padrone di casa fa vivere nello stesso appartamento quindici immigrati.
4. I bagnanti sulle spiagge permettono a Lamil di sedere sulle loro sedie sdraio.

VA E NON TORNA
di Ron Kubati, 2000

Il topos dell'eroe balcanico che si trova davanti tre strade e finisce immancabilmente per scegliere la strada del non ritorno diventa una metafora per la condizione irreversibile dell'immigrato contemporaneo.

Nel folclore balcanico c'è un motivo ricorrente che è alla base di molti racconti. Accade sempre qualcosa per cui all'eroe, solitamente **in ombra** e pieno di rivendicazioni, non rimane nulla da fare nel posto in cui si trova e va via.
5 Dopo aver fatto un po' di strada, si trova davanti un incrocio. Ci sono tre direzioni diverse, così classificate dai cartelli: va e torna facilmente, va e torna con difficoltà, va e non torna. Se mai la favola spende qualche riga per le prime due, lo fa per dire che sono le strade del fallimento,
10 senza eventi, senza vita, che non portano da nessuna parte. È come se la mancanza di ostacoli porti all'assorbimento degli **schemi prestabiliti**, il cui assolvimento si ripete **senza posa** in una routine che trasforma lo scorrere della vita in un efficiente processo automatizzato che esclude le
15 novità, che trasforma i protagonisti in attori **anonimi**, in **automi**. La descrizioni della terza via comincia, sottolineandolo più volte, dicendo che la maggior parte di coloro che la percorrono finisce male, molto male. Di solito la colpa è di una figura mitologica con sette teste, o
20 di un serpente, di un re cattivo... Il contenuto di questa parte è l'unica variante che la favola si può permettere. L'eroe compie l'incredibile, solitamente grazie al consiglio di un saggio apparentemente insignificante. L'eroe vince il drago, il re cattivo, o chiunque sia, perde. Il male viene

25 sconfitto. L'impressione è sempre quella, del bene, della vita che trionfa. Ma l'eroe è eroe perché, prima di lui, novanta, cento, forse mille altri non ce l'hanno fatta. Per la favola è un particolare trascurabile. Gli eroi sono sempre giovani. Il compito di tutti i giovani è allentare la fedeltà al
30 presente processo vitale ormai automatizzato. In ogni inizio favola, quando sono costretti a tagliare i ponti con il passato, si trovano davanti ad un incrocio, con la possibilità di scegliere tra le tre strade. In realtà non hanno scelta. Tutti s'incamminano incoscienti, per impulso, verso
35 la terza via, verso il futuro che si apre all'inedito, verso un futuro diverso, forse senza prendere neanche sul serio l'ammonimento che non sarebbero più tornati. Le tre vie in realtà **coesistono**. La narrazione però non può che occuparsi della vita che passa obbligatoriamente per la
40 terza via.

NOTE

1. *in ombra* = si dice di un individuo che non emerge, che sta in secondo piano
2. *lo schema prestabilito* = una serie di eventi già decisi
3. *senza posa* = continuamente, senza interruzione
4. *un automa* = un robot, una persona che agisce non per propria volontà
5. *coesistere* = esistere allo stesso tempo

DOMANDE DI COMPRENSIONE E DISCUSSIONE

1. Quali elementi della mitologia balcanica, secondo te, aiutano a comprendere la condizione dell'emigrante?
2. Quali sono le tre alternative che si pongono di fronte all'eroe tipico del folclore balcanico?
3. Perchè le prime due strade sono strade del fallimento?
4. Quali sono le conseguenze della 'mancanza di ostacoli'?
5. Quali caratteristiche contraddistinguono la figura dell'eroe?
6. Perchè, secondo te, l'eroe sceglie sempre la terza via?

OSSERVAZIONI GRAMMATICALI SUL TESTO

Considera l'uso del congiuntivo dopo il **pronome indefinito** "chiunque":

L'eroe vince il drago, il re cattivo o chiunque sia, perde. (righe 23-24).

Conosci altri **pronomi indefiniti** che vogliono il congiuntivo come "chiunque"?

Inserisci un **pronome indefinito** nelle seguenti frasi, di modo che abbiano senso:

1. _____ vada, l'eroe deve affrontare degli ostacoli insormontabili.

2. _____ decisione prenda, all'eroe non sono concessi ripensamenti.

3. _____ vadano le cose, alla fine il male viene sempre sconfitto.

4. _____ strada l'eroe incontri, sceglie sempre la più difficoltosa.

LEJMÀ E TARIB, STORIE DI DUE IMMIGRATI

di Massimiliano Melilli (da *Mi chiamo Alì...Identità e integrazione: inchiesta sull'immigrazione in Italia*, 2003)

Un senegalese, saldatore a Marghera, vorrebbe che gli italiani imparassero il suo nome e si interessassero anche a quello che legge, ai film che vede, come farebbero con qualsiasi connazionale.
Un commerciante di religione islamica ammonisce gli italiani affinché non dimentichino il proprio passato di paese d'emigrazione, e non diventino un paese intollerante.
Due immigrati di diversa origine, due storie parallele di quello che significa vivere da straniero in Italia.

Testimonianza di Lejmà Bouei

Lejmà Bouei, 30 anni, operaio: «Vivo a Marghera, faccio **il saldatore** e arrivo dal Senegal. Voi italiani finite sempre per chiederci tutti la stessa cosa: "Da dove arrivi?". "Dove vivi?". "Cosa fai?". Accade sempre cosí.
5 Magari, dopo, dite anche: ma io ho parlato con quello lí, l'immigrato. Sí, ho parlato. Gli ho fatto anche delle domande. Mai però che voi italiani, ci chiedeste quale film abbiamo visto l'ultima volta, che libro stiamo leggendo o se abbiamo letto quell'articolo. No, per voi è quasi
10 impossibile che uno di noi, un operaio immigrato, possa andare al cinema o in una biblioteca o a vedere una mostra in un museo.

«Guardi. Io ad esempio leggo *il manifesto*. Glielo dico per un motivo. Dei vostri giornali riesco a leggere solo
15 questo e a volte *l'Unità*. Vuole sapere perché? Di noi immigrati, gli altri giornali italiani parlano sempre per due motivi: l'ultimo sbarco di clandestini e **l'ennesima** polemica politica tra maggioranza e opposizione. C'è anche la cronaca e quella fa danni irreparabili. Titoli dopo
20 titoli: "Preso marocchino con un chilo di droga", "Traffico d'armi, tre tunisini in manette". Lei ha mai letto un titolo cosí: "Preso milanese con un chilo di droga?" Mi creda: non lo leggerà mai. Per voi italiani siamo comunque un pericolo, noi immigrati. Fino a quando potete
25 "controllarci" personalmente, allora possiamo anche **filarla liscia**.

«Ricordo il mio primo giorno di lavoro, in fabbrica. Il mio capo, non mi chiamava mai con il mio nome. Un giorno Lej tu lí un altro Lejmon. Siamo andati avanti cosí
30 per un mese. Un giorno, all'ennesimo **nome storpiato**, ho fatto la stessa cosa con lui: non lo chiamavo mai con il suo vero nome. **Lo ritoccavo** e lo sbagliavo, volutamente. Ci siamo capiti in un attimo, senza tante parole e soprattutto, senza polemiche. Adesso siamo diventati amici, veri amici.

35 Adesso, quando arriva qualche altro operaio dall'estero, la prima cosa che fa è scriversi nella sua agendina il nome corretto del nuovo compagno di lavoro. La civiltà, credimi, si vede anche da questi particolari apparentemente senza importanza.

40 «Io mi considero fortunato. Vivo a Marghera e qui la solidarietà si avverte tutti i giorni. Nel lavoro, nella vita, ovunque. In fabbrica, noi stranieri siamo **un bel po'** e devo dirti che non c'è tanta differenza tra italiani e stranieri. Forse all'inizio, quando arriviamo, non siamo molto
45 **tutelati** sotto il profilo del contratto. Col tempo però, quando impariamo a farci capire e soprattutto, quando dimostriamo che il lavoro, anche tanto lavoro, non ci fa paura, allora si chiarisce subito tutto con voi italiani. Anche con i padroni. Io guadagno 700-800 euro al mese.
50 Divido un appartamentino con altri due compagni di lavoro. Ci siamo dati le nostre regole, per il buon funzionamento della casa. Ognuno ha il suo compito: spesa, burocrazia, pulizia.

55 «Per quanto riguarda la cucina, abbiamo fatto amicizia con i nostri vicini: due famiglie simpaticissime. Ci scambiamo le ricette e i piatti. E siamo reciprocamente disponibili, per qualsiasi bisogno, anche di notte. Le mie vacanze? Una volta l'anno torno a casa, dalla mia famiglia.
60 Ogni volta è la solita storia e soprattutto, le stesse domande: "Lejmà, quando ritorni a casa? Lejmà quando ti troverai una moglie?". Beh, volevo dirtelo, ecco. Cosí adesso sai praticamente tutto del sottoscritto. L'amore? Lasciamo perdere. Non ho l'età...».

Testimonianza di Tarib Housseini

Tarib Housseini, 52 anni; commerciante: «È la religione che fa la differenza. Io sono musulmano come tanti altri stranieri che vivono qui. In Italia esistono cinque moschee e noi musulmani siamo 600.000. E non mi chieda quanti terroristi, per favore. Dopo l'11 settembre, i primi a vergognarci siamo stati proprio noi arabi. Per un gruppo di terroristi sanguinari, si rischia di distruggere un rapporto con l'Occidente e con l'Europa che tutti, in questi anni, ci siamo sforzati e ci sforziamo di costruire. Le conseguenze dell'accaduto, purtroppo, le vede anche lei, tutti i giorni. Diffidenza, pregiudizi e sospetti verso gli arabi, aumentano.

«Ma al di là dei fatti dell'11 settembre, in Italia, a fare la differenza è la politica. Oggi, c'è una parte politica al governo di questo paese, che quotidianamente esprime senza mezzi termini, odio e intolleranza verso noi musulmani. Ricordo ancora un episodio che mi colpí profondamente, uno dei tanti in verità, cui ho assistito in Italia. Ad un certo punto, in Emilia-Romagna venne fuori questa storia: costruire una moschea. Un sindaco di buon senso aveva anche presentato un progetto. Esisteva e magari esiste anche oggi, l'area disponibile e per quanto riguarda i fondi, sarebbe stato un caso di compartecipazione: metà italiana e metà musulmana.

«Da anni, i musulmani di quella zona, sono costretti a pregare dentro garage o strutture abbandonate. Successe **il finimondo**: manifestazioni di piazza, incidenti, polemiche. Ricordo che qualcuno parlò di svendita di una città agli arabi, di città colonizzata dagli arabi. La verità è che noi stranieri, arabi e non arabi, siamo buoni solo quando lavoriamo e produciamo. Dal momento in cui chiediamo spazi o luoghi di riunione, anche per pregare, allora è la guerra. La religione diventa immediatamente **lo spartiacque** tra buoni e cattivi, onesti e disonesti. Eppure, anche nei paesi musulmani ci sono le chiese cattoliche e i cristiani sono liberi di pregare, ovunque. Se è vero che anche in altri angoli del mondo si registrano episodi e fatti d'intolleranza verso i cattolici, quello che rischia di esplodere in Italia, è molto piú grave. Giorno dopo giorno, cresce questo clima di lotta contro gli arabi. Si esprimono giudizi che diventano **inappellabili**, sentenze.

«Quello che sta accadendo è di una gravità che non ha precedenti. Soprattutto, secondo me, è una mancanza di rispetto per un'altra cultura. Non c'è momento che non legga o che non ascolti polemiche infondate su **chador**, veli, modo di pregare, fanatismi e turbanti. L'islamismo è costantemente ridotto quasi a un fenomeno di folklore, una fiction da televisione, dove verità e menzogne si confondono. Provi lei, a dire a un italiano cattolico, che la domenica non può andare a messa, perché non c'è la chiesa. Provi lei a fargli capire, che per noi musulmani, ma anche per qualsiasi persona che segue un credo religioso, buddista, ortodosso, qualsiasi, non possono esistere limitazioni di nessun genere.

«Il particolare importante è questo. Non è tanto il fatto che non ci siano luoghi di preghiera per noi musulmani: è il divieto a costruirne di altri, che fa paura. Visto che questo clima si sta imponendo, giorno dopo giorno, allora perché non chiudiamo per sempre le quattro moschee che esistono? Quello che con pacatezza, mi sento di consigliare agli italiani, è una cosa: fidatevi del vostro passato e non dimenticatelo. Il vostro è un passato di paese d'immigrazione. Fate in modo che il vostro presente, non diventi quello di un paese intollerante».

NOTE

1. *il saldatore*: operaio specializzato nel saldare, cioè nell'unire due pezzi di metallo
2. *"il manifesto"*: quotidiano italiano di ispirazione comunista
3. *l'Unità*: quotidiano italiano progressista (in passato era l'organo ufficiale del Partito comunista italiano)
4. *l'ennesimo*: l'ultimo numero di una serie lunghissima, un numero indefinito, ma altissimo
5. *filarla liscia*: non essere accusati o sospettati di niente
6. *il nome storpiato*: il nome pronunciato male
7. *lo ritoccavo*: lo modificavo, lo cambiavo

8. *un bel po'*: molti/e, un buon numero
9. *tutelato*: protetto
10. *il finimondo*: una confusione tale che sembra sia arrivata la fine del mondo
11. *lo spartiacque*: la linea di divisione (qualcosa che spartisce o divide le acque, figurativamente)
12. *inappellabile*: che non è possibile mettere in discussione
13. *chador*: il velo portato da alcune donne di religione islamica

DOMANDE DI COMPRENSIONE E DISCUSSIONE

testimonianza di Lejmà Bouei

1. Lejmà riporta due esperienze personali che rivelano la presenza di una mentalità razzista negli italiani. Discutile.
2. Perchè Lejmà legge solo i quotidiani Il manifesto e L'Unità?
3. Ora come si trova in Italia?

testimonianza di Tarib Housseini

1. Quali sono state le conseguenze negative degli attentati dell'11 settembre, dal punto di vista degli immigrati musulmani, secondo Tarib?
2. Che cosa non sopportano gli italiani, secondo Tarib?
3. Come è presentata le religione islamica in Italia, secondo Tarib?
   Qual è il consiglio che Tarib dà agli italiani?

OSSERVAZIONI GRAMMATICALI SUL TESTO

Considera il seguente uso del verbo **fare** seguito dall'**infinito** e confrontalo con le Osservazioni grammaticali sul testo *Gli affari migliori? Alle nove di mattina* di Marco Gasperetti (pag. 248-249)

Col tempo però, quando impariamo a farci capire... (testimonianza di Lajma Bouei, righe 45-46)

Ci è un pronome riflessivo (l'infinito dell'espressione è farsi capire). Conosci altre espressioni nelle quali il verbo fare è usato in modo riflessivo (farsi) ed è seguito da un infinito?
(ad esempio farsi vedere). Scrivi un elenco di queste espressioni.

Ora riscrivi la frase **(noi) impariamo a farci capire**, cambiando i soggetti:

(io) .... (tu) ....

(egli, ella, lui, lei) ....

(voi) ....

(loro, essi, esse) ....

LAMERICA
(1994) regia di Gianni Amelio

INTRODUZIONE
(Nota: l'introduzione a questo film è particolarmente lunga e dettagliata a causa della complessità dei dialoghi e delle vicende narrate; si consiglia pertanto, per una migliore comprensione, di leggere l'Introduzione prima della visione del film. Per lo stesso motivo, questa scheda non contiene domande di comprensione sulle singole vicende, ma punti di discussione sui temi generali del film)

La caduta del muro di Berlino e dei regimi comunisti dell'Est ha provocato rapidi cambiamenti anche in Albania, uno dei paesi più arretrati ed isolati d'Europa. Il regime comunista albanese cade nel 1991 e quella che segue è una fase di profonda disgregazione sociale e di caos: la dittatura è finita formalmente, ma l'economia è in ginocchio e migliaia di albanesi cercano di emigrare in Italia, il paese occidentale che dista solo 50 chilometri via mare e dove - gli albanesi ne sono profondamente convinti - troveranno una vita di prosperità e di benessere, proprio come vedono rappresentata nei programmi di varietà della televisione italiana, facilmente accessibili anche in Albania.

Questa situazione di caos e di speranze represse troppo a lungo è sfruttata da Gino e Fiore, due disonesti speculatori italiani che vanno in Albania con l'apparente proposito di aprire una fabbrica di scarpe: in realtà sono solo intenzionati ad intascare i finanziamenti che il governo italiano ha stanziato per aiutare l'economia albanese. La loro "fabbrica" non produrrà mai un solo paio di scarpe. Devono però trovare un prestanome in Albania - qualcuno senza parenti, disposto a fungere da "presidente" della fabbrica fantasma; devono anche corrompere i funzionari di un Ministro albanese per ottenere i permessi e i contratti ufficiali da presentare al governo italiano. Il poveretto prescelto quale "presidente" della loro finta fabbrica è Spiro, un vecchio rinchiuso da decenni in una prigione, senza parenti, senza amici. Si tratta in realtà di un soldato italiano venuto in Albania durante la seconda guerra mondiale e successivamente arrestato dal governo comunista albanese, il cui vero nome è Michele. Spiro/Michele non ricorda niente delle sue vicissitudini, sa solo che lasciò la Sicilia per andare in guerra proprio il giorno in cui nacque il suo primogenito. La sua memoria si è fermata al 1942 (le sue parole a Gino quando rivela la sua identità sono: "... io non ho congedi, sono scappato dalla guerra, sono un disertore. Ho una moglie e un bambino. E' distante la Sicilia?"). Il viaggio in Albania di Spiro/Michele e di Gino, il suo accompagnatore italiano, diventa un viaggio attraverso l'inferno di un paese in totale dissolvimento. L'Italia per entrambi, diventa sempre più lontana e desiderata: un sogno, come era "Lamerica" per gli italiani emigranti di altre generazioni.

PROTAGONISTI E INTERPRETI PRINCIPALI
Gino: *Enrico Lo Verso*
Fiore: *Michele Placido*
Spiro / Michele: *Carmelo Di Mazzarelli*

BREVE PREMESSA STORICA
Prima Guerra Mondiale:
1917 l'Albania è occupata militarmente dall'Italia.
1939 Nuova invasione del governo fascista di Mussolini.

Seconda Guerra Mondiale:
lotta di liberazione contro le truppe nazi-fasciste.
1945 Instaurazione del governo comunista

Dopoguerra:
completa chiusura verso l'Occidente. 800.000 bunker di cemento costruiti come difesa da una possibile invasione italiana.
1991 Caduta del governo comunista e periodo approssimativo in cui ha luogo il film (**prima** della guerra nel Kosovo)

DOMANDE DI COMPRENSIONE E PUNTI DI DISCUSSIONE

1. Commenta le seguenti parole del regista Gianni Amelio: "*Sono andato alla ricerca della radice del dolore e del bisogno: la cosa più importante è il pane, l'atto di mangiare , la prima necessità. È un film costruito sulle viscere: parte dal cuore e dallo stomaco piuttosto che dalla testa*". Il regista è riuscito nel suo intento?

2. Come sono gli albanesi che Gino e Fiore incontrano nel corso del suo viaggio? A questo proposito, pensa all'interprete albanese, alla dottoressa nell'ospedale, al funzionario di polizia che interroga Gino, ai ragazzi sul camion, al proprietario del ristorante presso cui Gino abbandona Spiro, ecc.

3. Che atteggiamento hanno Gino e Fiore verso gli albanesi che incontrano? Commenta, a questo proposito, le seguenti parole di Fiore: "Gli albanesi sono bambini. Un italiano gli dice: "*il mare è fatto di vino; loro se lo bevono.*"

4. Come è rappresentata l'Albania in questo film?

5. Cosa pensi della funzione della televisione italiana in Albania?

6. Commenta i seguenti punti: Il viaggio di Gino come odissea o discesa nell'inferno a confronto con il viaggio di Spiro / Michele. La trasformazione dei due protagonisti e del loro rapporto.

7. Il tema dell'identita personale: Gino e Spiro/Michele sono albanesi o italiani o tutt'e due? Sono diretti in Italia o in "Lamerica"?

8. Commenta le seguenti parole di un albanese - viaggiatore sul camion - a Gino: "*Voglio solo parlare l'italiano con i miei figli, non l'albanese. Così i miei figli si scordano che sono albanese.*"

9. Commenta le seguenti parole di Gino al commissario albanese, dopo il suo arresto: "*Corruzione... fucilazione... Qui ancora non siete pratici dei metodi occidentali. Per sveltire la burocrazia... si aiutano le pratiche ad andare avanti. C'è più efficienza... Noi siamo imprenditori... noi rischiamo i nostri capitali... investiamo di tasca nostra...*". La risposta del commissario albanese a Gino è la seguente: "*L'economia albanese è morta, ma in un paese civile i morti non si lasciano ai cani*". Subito dopo, quando Gino chiede di riavere il suo passaporto, il commissario conclude: "*In Albania, siamo tutti senza passaporto.*"

10. Commenta le seguenti parole di Spiro/Michele a Gino quando sono sulla nave Partizani diretta in Italia: "*... Io non credevo che si imbarcavano tutti, ma Lamerica è grande...*"

11. L'Italia colonizza l'Albania militarmente, economicamente e culturalmente. Sei d'accordo con questa affermazione?

12. Commenta il titolo: perchè "Lamerica" senza apostrofo?

PUMMARÒ
(1990), regia di Michele Placido

INTRODUZIONE

(Nota: l'introduzione a questo film è particolarmente lunga e dettagliata a causa della complessità dei dialoghi e delle vicende narrate; si consiglia pertanto, per una migliore comprensione, di leggere l'Introduzione prima della visione del film. Per lo stesso motivo, questa scheda non contiene domande di comprensione sulle singole vicende, ma punti di discussione sui temi generali del film)

Kwaku arriva in Italia dal Ghana, con un sacco sulle spalle e una laurea in medicina. Il suo viaggio ha due scopi: cercare suo fratello Giobbe, immigrato da tempo nella provincia di Caserta, e ottenere il visto per il Canada dove vuole completare gli studi per ottenere la specialità in chirurgia. Porta con sè anche una cassetta su cui è registrata la voce rassicurante del fratello: in Italia ha trovato un "lavoro a contatto con tanta gente", sta guadagnando bene, e sta risparmiando per aiutare il fratello a trasferirsi in Canada.

All'arrivo nella campagna intorno a Caserta, Kwaku scopre una realtà ben diversa: Giobbe, il cui lavoro era raccogliere pomodori - per questo tutti lo chiamavano 'Pummarò' (pomodoro, in napoletano) - è scomparso: ora è ricercato sia dalla polizia che dalla camorra, la mafia della zona: ha rubato il camion di un boss mafioso locale che dà lavoro agli immigrati africani e contro cui aveva organizzato una rivolta per ottenere un aumento della paga. Kwaku è aiutato da un personaggio locale un po' bizzarro, chiamato il 'professore'. Il 'professore' gli offre alloggio nel... cimitero del paese, dove altri immigrati neri, e il professore stesso, dormono in tombe murate lasciate ancora vuote. E' anche il 'professore' a procurargli un permesso di soggiorno, pagato con la paga di una settimana di lavoro a spalare letame. Saputo dal 'professore' che il fratello è a Roma, Kwaku parte per la capitale, anche perchè la camorra ha scoperto la sua identità e vuole vendicarsi su di lui dell'offesa ricevuta dal fratello. Il 'professore', infatti, paga duramente l'amicizia e l'aiuto dato a Kwaku: la camorra gli rompe le ossa di un braccio.

A Roma, Giobbe è ancora introvabile: Kwaku scopre che il fratello, prima di partire per Verona alla ricerca di un lavoro, frequentava un giro di prostitute africane: una di loro, Nanu, è innamorata di Giobbe, e ne aspetta ansiosamente il ritorno, anche perchè è incinta di lui. Kwaku cerca di convincerla ad abbandonare la prostituzione, ma Nanu dichiara di non saper far altro dall'età di nove anni, e di preferire il lavoro di prostituta a quello di serva.

La nuova tappa della lunga odissea italiana di Kwaku è quindi Verona, che si presenta nebbiosa e fredda al suo arrivo. Qui Kwaku scopre che il fratello ha un'altra volta eluso le sue ricerche: Pummarò è andato in Germania, a Francoforte, per lavorare in un grande albergo, dice Isodoro, un connazionale che lavora nella fonderia dove lavorava anche Pummarò. Isidoro, ormai stabilitosi permanentemente a Verona, tanto che i suoi figli parlano in perfetto italiano, offre ospitalità a Kwaku. Kwaku è presto assunto nella stessa fonderia, fa amicizia anche con i compagni di lavoro italiani e sembra inserito in una realtà civile e tollerante verso gli immigranti.
Frequenta con Isidoro un corso serale di lingua e cultura italiana per immigrati. Qui si innamora della maestra italiana, Eleonora, che contraccambia i suoi sentimenti. Fra i due nasce una relazione amorosa piuttosto intensa. A questo punto, Verona, la città progressista e aperta verso gli immigrati, cambia faccia: tutto è loro concesso, tranne il rapporto con la donna bianca. Kwaku deve ripartire, non solo perchè ormai la sua e la vita di Eleonora sono in pericolo, ma anche perchè non ha dimenticato le sue "missioni": trovare il fratello e ottenere il visto per andare in Canada. Riparte quindi, e questa volta per lasciare l'Italia, diretto a Francoforte, dove finalmente il suo viaggio finisce, dove era anche finito quello di Pummarò...

PROTAGONISTI E INTERPRETI PRINCIPALI:
Kwaku: *Thywill A K Amenya*
Eleonora: *Pamela Villoresi*
Nanu: *Jaqueline Williams*

DOMANDE DI COMPRENSIONE E PUNTI GENERALI DI DISCUSSIONE:
1. Che tipo di italiani incontra Kwaku in Italia (pensa al camorrista, al 'professore', a Eleonora, ecc.)? Che realtà sociale rappresentano? Hanno dei tratti in comune?
2. Perchè la storia di Pummarò e Kwaku è così diversa dalla storia di Isidoro?
3. Sembra che ci sia una grossa differenza nel tipo di integrazione sociale e lavorativa fra gli immigrati africani che si stabiliscono a nord di Roma e quelli che vivono a sud di Roma. Sei d'accordo?
4. Che tipo di vita conducono le donne immigrate nel film?
5. Che tipo di lavoro fanno gli immigrati africani del film? In che senso sono 'utili' all'economia italiana, tanto che sono stati definiti 'utili invasori'?
6. Quali differenze culturali fra il Ghana e l'Italia emergono nel film (pensa, ad esempio, alla discussione sull' "idea del tempo" nella scuola a Verona. Kwuku spiega a Eleonora: "Noi siamo qui perchè laggiù quell'orologio che segna solo il mattino, il pomeriggio e la sera è un tempo del passato, è il tempo del nostro medioevo, che non finisce mai" Eleonora: "I nostri orologi allora ti piacciono?". Kwaku: "No, ma qui il tempo cammina.").
7. Quando il 'professore' fa vedere l'album di fotografie a Kwaku, commenta così la scritta "finito" sulla foto di un amico: "Questo è 'finito' perchè faceva l'amore con una ragazza di queste parti". In che senso questo evento è promonitore delle vicende alla fine del film?
8. Quando Kwaku si congeda dal 'professore' gli domanda se sono sempre amici, e il professore gli risponde: "Sì, ma siamo due disgraziati." Che cosa vuol dire, secondo te? Come descriveresti il personaggio del 'professore'?
9. Kwaku domanda a Nanu come chiamerà il bambino quando nasce, e lei risponde: "Libero". Kwaku dice: "Libero, di che cosa? Chi è lontano di casa non è mai libero." Sei d'accordo con Kwaku?
10. Eleonora porta Kwaku a vedere la casa di Giulietta e il famoso balcone. Kwaku recita alcuni versi di Shakespeare in inglese. Eleonora sembra stupita che Kwaku conosca Shakespeare, e Kwaku reagisce dicendo: "Shakespeare non è solo vostro!" Aggiunge poi: "Perchè la famiglia di Giulietta ce l'aveva tanto con Romeo? Era un negro, per caso?" Commenta questa conversazione. Secondo te, la relazione fra Kwaku ed Eleonora sarebbe potuta continuare?
11. Che cosa pensi del fascino di Eleonora per la cultura del Ghana e per l'Africa in generale?

DIBATTITO FINALE

1. Dopo aver letto e discusso il Quadretto culturale *Il crocefisso ha il permesso di soggiorno nelle scuole pubbliche italiane?* la classe si divide in due gruppi: un gruppo è d'accordo con Adel Smith ed è quindi a favore della rimozione dei crocefissi dai luoghi pubblici, l'altra metà della classe è contraria.

2. Un altro argomento che ha suscitato diverse polemiche e dibattiti di recente in Italia è la proposta di Alleanza Nazionale di concedere il diritto di voto nelle elezioni amministrative agli immigrati con regolare permesso di soggiorno, anche se non hanno ancora la cittadinanza italiana. Conosci la legislazione del tuo paese d'origine riguardo il diritto di voto e le procedure per ottenere la cittadinanza? La classe si divide a metà e dibatte i pro ed i contro della proposta di Alleanza Nazionale.

NOTA: in entrambi i dibattiti, ogni gruppo deve sostenere la posizione assegnata, indipendentemente dalle opinioni personali dei singoli partecipanti.

SOGGETTI PER TEMI, DISCUSSIONI IN CLASSE E/O PRESENTAZIONI ORALI

1. *"Gli affari migliori? Alle nove di mattina"* di Marco Gasparetti (*Corriere della Sera*, 31 luglio 2001). Sei Lamil. Scrivi una lettera a tua moglie nel Senegal e descrivile la tua esperienza di vita e di lavoro in Italia.

2. *Va e non torna* di Ron Kubati. Conosci una o più leggende nelle quali la figura dell'eroe può essere paragonata all'eroe della tradizione balcanica così come descritto da Ron Kubati?

3. *Lejmā e Tarib, storie di due immigrati* di Massimiliano Melilli.
   Sei stato testimone anche tu di episodi di intolleranza verso persone di altre razze o religioni? Come si può esprimere la mancanza di rispetto verso altre culture?

4. Se vivi in Italia, descrivi esperienze positive e negative (relative all'incontro-scontro culturale con l'Italia) del tuo soggiorno. Se vivi all'estero e hai viaggiato in un altro paese, descrivi qualche esperienza di incontro con gli abitanti di quel paese.

5. *Morire per gli immigrati* di G. Sartori. Immagina un dialogo fra tre individui: un giovane disoccupato italiano che vive nel nord est, un immigrato dal nord Africa e un vecchio immigrato dal sud d'Italia, venuto ad abitare al nord durante gli anni del boom economico.

6. Film *Pummarò*. Come continueranno, secondo te, le vicende di Kwaku e Nanu e di Eleonora. Si incontreranno ancora Kwaku e Eleonora?

7. Film *Lamerica*. **Albania**, **Italia** e ***Lamerica***: tre società a confronto nel film, nella realtà e nella immaginazione dei protagonisti. Commenta.

CAPITOLO
SEI

PROSPETTIVE DAL SUD: LO STATO E LA "MAFIA"

IL MERIDIONE OVVERO L'ALTRA ITALIA

Il **Mezzogiorno** o **Meridione** d'Italia ha sempre potuto rivendicare una sua identità separata dal resto della penisola, sin da tempi antichi. Un primo elemento storico che contraddistingue il sud è l'incredibile varietà di tradizioni culturali che hanno lasciato il loro marchio su queste terre, determinandone però anche una mancanza di autonomia politica. Il sud subì, in vari momenti della sua storia, l'invasione e l'occupazione da parte dell'**Impero Bizantino**, degli **Arabi**, dei **Normanni** e degli **Aragonesi di Spagna;**[1] non c'è da stupirsi se l'unificazione italiana nel 1861 fu interpretata dalle popolazioni del sud come l'ennesima occupazione da parte di stranieri - questa volta piemontesi - e non come la conclusione vittoriosa di una lotta per l'indipendenza e l'unità nazionale da parte di un popolo che condivideva la stessa identità culturale e letteraria. Occupazioni ed invasioni, però, non hanno solo significato mancanza di autonomia: lo straordinario apporto creativo da parte di culture così diverse come la greca, l'araba e la normanna, è ancora visibile nel ricchissimo patrimonio artistico e archeologico[2] di tutto il sud, nell'architettura e nella struttura urbana di tutte le città meridionali.

Sinistra: Contadini di Lucania, anni '60.

Sotto: Tempio di Ercole, Agrigento (VI Sec. a.C.).

Il secondo fattore storico che separa il nord dal sud è il mancato sviluppo nel sud dell'indipendenza comunale e di una classe mercantile. Nel nord, durante il **Medioevo** e il **Rinascimento**, fiorirono **i liberi comuni** e più tardi le **Signorie**, e con essi un'attiva borghesia mercantile e bancaria che commerciava con il resto dell'Europa, trasportando idee e innovazioni, oltre che merci. Il flusso di denaro, unito all'orgoglio comunale e successivamente all'energia creativa delle nascenti Signorie locali, produsse anche un eccezionale sviluppo nelle arti figurative e nell'architettura. Nel sud invece, tutto questo mancò; i rapporti di sudditanza feudale persistettero fino all'inizio del diciannovesimo secolo e contribuirono a mantenere gran parte della popolazione contadina in uno stato di isolamento, ignoranza e arretratezza, mentre le

---

[1] Vedi 'Le parole dei protagonisti a confronto' (I. ii), p. 278.

[2] Vedi 'Quadretto culturale' *I tombaroli estraggono illegalmente il "petrolio siciliano"*, p. 274.

comunità locali mancavano di qualsiasi tipo di autonomia e dovevano dipendere per la loro sopravvivenza da un potere centrale quasi sempre lontano ed indifferente.

Nord e sud presentano anche molte differenze dal punto di vista della morfologia del territorio e del clima: la pianura Padana al nord è una delle aree più fertili d'Europa; la presenza di grandi fiumi ha sempre favorito la comunicazione fra una regione e l'altra, oltre che il fiorire dell'agricoltura e dell'allevamento del bestiame; nel sud, invece, la mancanza di vaste aree pianeggianti, la scarsità d'acqua, la presenza di zone costiere malariche, hanno contribuito a una generale arretratezza dell'agricoltura.

Anche l'economia delle due regioni si è sviluppata in modo completamente diverso. Nel nord, già nel diciottesimo secolo, non mancavano investimenti di tipo capitalistico, e notevoli innovazioni tecnologiche in campo agrario. Il capitale accumulato dalle proficue attività agricole finanziò lo sviluppo industriale che, a sua volta, portò a un miglioramento nel sistema dei trasporti, allo sviluppo dell'edilizia e alla formazione di una solida classe media. Nel sud, invece, è sempre prevalso il latifondo, fino all'inizio del secondo dopoguerra: questo significava che la maggior parte della terra era posseduta da nobili o borghesi - spesso residenti nelle grandi città della costa, disinteressati a qualsiasi serio investimento e ammodernamento in agricoltura - e coltivata da braccianti o contadini affittuari. Il problema centrale del sud agrario è sempre stata la contraddizione fra chi coltivava la terra (poveri braccianti o affittuari) ma non la possedeva, e chi la possedeva (nobili latifondisti assenteisti) ma era totalmente disinteressato ad aumentarne la produttività, e ancor meno al miglioramento delle condizioni di vita di chi la lavorava.

BREVE PERCORSO STORICO DALL'UNITÀ AD OGGI

Nel 1860 il **Regno delle Due Sicilie** - governato dalla dinastia dei **Borboni** e comprendente tutto il sud della penisola e la Sicilia - fu completamente occupato da **Garibaldi** che, con il suo esercito di volontari, combatteva da anni per l'indipendenza e l'unificazione della penisola

italiana; i suoi territori, a seguito di un plebiscito, entrarono quindi a far parte del **Regno d'Italia** (proclamato il **17 marzo 1861**). I contadini meridionali avevano inizialmente appoggiato Garibaldi nella speranza che la "rivoluzione nazionale" significasse per loro ridistribuzione delle terre appartenenti ai grandi latifondisti.

Quando si accorsero che nè Garibaldi nè il nuovo Re d'Italia aveva alcuna intenzione di effettuare una riforma agraria, si rassegnarono all'idea che dal nuovo governo non sarebbero arrivate che nuove, immotivate imposizioni, così come era successo innumerevoli volte nel passato. Ben presto, infatti, il governo centrale impose nuove tasse e l'obbligo al servizio di leva, dal quale i siciliani erano stati sempre esenti sotto il governo dei Borboni. La reazione dei

Sinistra: Ritratto di donna brigante, autore ignoto.

Destra: Raffaello Gambogi, *Emigranti* (1894).

contadini alla mancata ridistribuzione delle terre e alle nuove imposizioni fu violenta. Le rivolte contadine si trasformarono ben presto nel fenomeno del **brigantaggio**: bande di contadini armati, alle quali si unirono presto soldati sbandati dell'ex esercito borbonico, occuparono interi paesi, uccidendo proprietari terrieri, effettuando rapimenti e richiedendo riscatti, distruggendo edifici e simboli del nuovo governo centrale: questa forma di guerriglia diffusa, impegnò per quattro anni l'esercito italiano prima di essere brutalmente repressa. Una calma apparente tornò nella regione, ma la frattura fra il sud e 'quelli di Roma' sembrava ormai incolmabile. Per le popolazioni del sud, il processo di unificazione - il cosiddetto **Risorgimento** - si trasformò ben presto in un'occupazione di tipo coloniale e militare.[3]

Immigrati italiani all'arrivo a Ellis Island, New York, 1905.

Se il brigantaggio fu una risposta violenta contro il governo centrale, l'emigrazione costituì una risposta diversa, questa volta pacifica, ma altrettanto disperata, alla povertà estrema di intere regioni.[4] All'inizio del ventesimo secolo, centinaia di migliaia di contadini poveri migrarono verso le Americhe. Nei paesi più depressi del sud rimasero solo le donne - chiamate "vedove bianche" perchè non portavano il lutto - i vecchi e i bambini, il cui unico sostentamento erano le rimesse ricevute dall'estero.

Venne il **ventennio fascista** e la questione meridionale fu presentata dalla stampa ufficiale come un prodotto della passata decadenza nazionale: ora l'Italia era finalmente diventata una nazione unita e forte, nella quale tutto il popolo si riconosceva nella grandezza di Roma.[5] **Mussolini** attuò varie opere di bonifica nelle fascie costiere meridionali, al fine di eliminare zone paludose e malariche e di renderle vivibili e coltivabili. Lasciò però inalterati i rapporti fra contadini poveri e latifondisti, e insistè nel promuovere coltivazioni estensive di grano che erano completamente inadatte ai terreni aridi e montagnosi del Meridione.[6] Al di là della retorica del regime, la condizione di vita di gran parte della gente del sud non migliorò affatto.

Durante la **seconda guerra mondiale**, il sud fu separato dal nord per quasi due anni, ed ebbe un ruolo minimo nel processo di liberazione nazionale, in quanto occupato dalle forze alleate. Anche a guerra finita, i risultati del **referendum istituzionale** sembrarono avvalorare la percezione che l'Italia era divisa in due, almeno politicamente: il sud votò decisamente a favore della **monarchia**, mentre al nord la vittoria della **repubblica** fu schiacciante.

La Repubblica si pose subito il problema dello sviluppo dell'economia del sud. Vari tentativi di **riforme agrarie**, promosse anche a seguito di vaste proteste contadine e di occupazioni delle terre nell'immediato dopoguerra,[7] non portarono ad un reale miglioramento dell'agricoltura: la ridistribuzione delle terre fu minima e, invece di favorire la formazione di cooperative agrarie, fu promossa la piccola proprietà contadina, che si dimostrò insostenibile, a causa della generale bassa produttività della terra. Il fallimento della riforma agraria provocò nuovi esodi dal sud verso il nord d'Italia e d'Europa.

La creazione della **Cassa per il Mezzogiorno nel 1950** fu l'altra risposta governativa alla crisi meridionale. Questo programma di investimenti finanziò varie bonifiche nel Meridione e la costruzione di infrastrutture e di servizi indispensabili per lo sviluppo economico. Molti fondi però vennero spesi anche in modo clientelare, per finanziare una miriade di progetti inutili e non pianificati, con risultati del tutto deludenti. Il governo favorì anche vari investimenti industriali al sud, ma la mancanza di programmazione portò alla costruzione di grosse aziende petrolchimiche e siderurgiche che creavano pochi posti di lavoro e poco indotto. In molti casi, non rispondevano neppure ad esigenze del mercato.[i] Presto questi stabilimenti vennero chiamati 'cattedrali nel deserto', perchè apparivano al viaggiatore come enormi strutture anacronostiche in un paesaggio desolato: l'agricoltura era stata abbandonata e mancavano piccole e medie aziende che avrebbero portato una maggiore e più diffusa occupazione. La costruzione delle 'cattedrali', alcune addirittura rimaste incompiute, non risolse il problema della fuga per emigrazione dai paesi del Meridione.

---

[3] Vedi lettura *Cristo si è fermato a Eboli*, p. 291.
[4] Vedi lettura *Il lungo viaggio*, p. 287.
[5] Vedi lettura *Fontamara*, p. 295.

[6] Vedi lettura *Cristo si è fermato a Eboli*, p. 291.
[7] Vedi 'Le parole dei protagonisti a confronto' (2.), p. 278.

Sopra: Occupazione delle terre nella provincia di Salerno, 1978.

Il **boom economico** nel nord, come si è visto nel capitolo 2, fu in parte 'finanziato' dalla grande massa di forza lavoro a basso prezzo costituita dagli immigrati dal sud; ciò rese possibile il mantenimento di bassi costi di produzione e la competitività dei prodotti italiani sui mercati nazionali ed internazionali. Mentre i consumi e gli standard di vita aumentavano ovunque, il sud versava ancora in condizioni di sottosviluppo: i paesi erano quasi spopolati, mancavano ovunque i servizi di base, la povertà era endemica.[8]

Oltre all'emigrazione al nord o all'estero, l'altra speranza di miglioramento per la generazione del dopoguerra consisteva nell'ottenimento di un lavoro nell'amministrazione statale, o di una pensione di vecchiaia o di invalidità. L'assegnazione di posti di lavoro, e di denaro, sotto forma di pensioni e sussidi, diventò una potente arma di controllo sociale nelle mani dei politici locali (per lo più democristiani) che si mostravano generosi solo con i membri del proprio 'clan', cioè con chi poteva o voleva assicurare favori e voti. Si moltiplicarono quindi bidelli nelle scuole, infermieri negli ospedali e altri impiegati in uffici

L'hotel Fuenti a Vietri sul mare in provincia di Salerno abbattuto nel giugno del 1999, in quanto costruito abusivamente.

pubblici anche se non erano necessari. Il Sud sembrò afflitto da un'epidemia di 'invalidi'. Fu così che lo stato aiutò il sud, con l'elargizione di sussidi e di posti di lavoro 'fantasma', creando un rapporto di dipendenza e clientelismo che favoriva l'immobilismo politico e la stagnazione economica. Nello stesso periodo, fioriva invece la speculazione edilizia che fu al sud particolarmente distruttiva dell'ambiente e del tessuto urbano: i governi locali, tutti controllati dalla DC ed in molti casi in collusione con la mafia, garantirono permessi di costruzione ovunque, assicurandosi così l'appoggio degli imprenditori che traevano grandi guadagni da questo tipo di attività, e anche delle classi sociali più povere, attratte dalla promessa di assegnazioni di case popolari in cambio di voti. Il sud è una regione particolamente afflitta da calamità naturali, quali frane, terremoti ed eruzioni vulcaniche. Questi eventi 'naturali', verificatisi più volte dal dopoguerra ad oggi, avrebbero avuto effetti meno tragici sulla popolazione se il territorio non fosse stato in precedenza devastato da costruzioni abusive e disboscamenti. I fondi stanziati dal governo per le varie ricostruzioni non sono stati ben amministrati o, ancor peggio, hanno finito per finanziare progetti di ricostruzione nei quali ditte controllate dalla mafia hanno ottenuto la maggior parte degli appalti.

La situazione ora è indubbiamente migliorata: chi viaggia nel Mezzogiorno, non osserva l'indigenza e il sottosviluppo così endemici 50 anni fa. Non esistono più masse di contadini e braccianti poveri; anche se il reddito ed il livello medio di istruzione sono più bassi che nel resto della penisola, la prima impressione è che lo standard di vita sia generalmente buono. I problemi strutturali del Mezzogiorno però permangono: mancanza di una struttura economica e produttiva solida; disoccupazione giovanile che nelle grandi città raggiunge il 50%; una

---

[8] Vedi film *L'uomo delle stelle*, p. 303.

Ville costruite abusivamente a Pizzo Stella (Palermo) e loro demolizione nel 2000.

cultura di dipendenza economica dal potere centrale.[9] La Regione Sicilia, ad esempio, si ritrova ora a pagare gli stipendi di migliaia di dipendenti part-time assunti tempo fa per ricoprire mansioni 'socialmente utili', che si sono poi rivelate del tutto 'inutili': un costo notevole per i contribuenti, ma un modo efficace per 'mascherare' la disoccupazione e impedire che alcuni paesi si spopolino del tutto.[ii] Tutto ciò avviene in un contesto di continuo degrado urbano e di indifferenza verso la cosa pubblica,[10] di carenza o inadeguatezza di servizi essenziali quali scuole, ospedali, ecc., di dilagante criminalità spicciola e mafiosa.

E' giusto puntualizzare però che problemi quali la fragilità dell'economia, la criminalità organizzata, la corruzione, l'inadeguatezza dei servizi, la disoccupazione giovanile, non affliggono solo il Meridione, ma in varia misura gran parte della penisola; la specificità del Meridione consiste nel fatto che questi problemi vi si trovano in forma ingigantita ed aggravata.

La Mafia

Il crimine organizzato di tipo mafioso non è un fenomeno unicamente siciliano. In realtà, esistono organizzazioni simili alla mafia anche sul continente, quali la **'ndrangheta** in Calabria e la **camorra** in Campania. Ci occuperemo in questo capitolo solo della **mafia siciliana**, in quanto è l'organizzazione più estesa e potente, con il più vasto raggio d'azione, l'unica che abbia saputo penetrare così a fondo nelle istituzioni politiche a livello locale e nazionale. La mafia è stata capace, in un passato molto recente, di muovere una vera e propria lotta armata contro quei settori dello stato che si opponevano al suo potere (giudici, agenti di polizia, ecc.) e contro quelle organizzazioni e quei cittadini che coraggiosamente la denunciavano (sindacalisti, politici e commercianti onesti, giornalisti, ecc.)

La mafia è fiorita in Sicilia in presenza di uno stato centrale debole, incapace di farsi garante delle libertà e dei diritti del singolo, e di amministrare in modo imparziale la giustizia, ma pronto a comportarsi da 'potenza coloniale' occupante. In questa situazione, la popolazione non poteva che percepire il potere centrale e le sue espressioni periferiche (polizia, magistratura, finanza, ecc.) come forze ostili e distanti. Questa separazione fra società reale e Stato ha caratterizzato da sempre la storia siciliana.

Gli Aragonesi, ad esempio, consideravano l'isola non come parte integrante del loro impero, ma come terra da sfruttare, un vice-regno. Anche il Regno delle due Sicilie, che fu dissolto in seguito all'unità d'Italia e la cui capitale era **Napoli**, vedeva la Sicilia con un misto di sospetto e sufficienza, come una terra da dominare. La mafia nacque quindi in parte per colmare un vuoto: dove i diritti del singolo non erano tutelati, interveniva la mafia, che assumeva quindi il ruolo di amministratrice locale di una giustizia spesso feroce, ma non

[10] Vedi 'Le parole dei protagonisti a confronto' (12.), p. 280.   [9] Vedi 'Le parole dei protagonisti a confronto' (15.), p. 281.

267

Manifesto contro la mafia e la droga, 1988.

arbitraria:[11] una forza illegale, quindi, secondo le leggi dello stato, ma rispondente ad un bisogno reale. Ci si rivolgeva al mafioso locale, detto anche 'uomo d'onore', per qualsiasi disputa o controversia irrisolta, o per ottenere protezione; ogni verdetto della mafia era incontestabile e per ogni favore ricevuto da un mafioso erano dovute riconoscenza e devozione; qualsiasi tradimento equivaleva a una sentenza di morte. Parte del patto fra la mafia e la popolazione era l'"omertà",[12] cioè la legge del silenzio, seguendo la quale per decenni molti siciliani hanno negato addirittura l'esistenza della mafia, ammettendo al massimo la presenza di legami tipici di una famiglia allargata.[13]

La mafia si è sempre posta a difesa dello status quo, e cioè del potere indiscusso dei grandi proprietari e del conseguente diritto allo sfruttamento estremo dei contadini. Chi cercava di ribellarsi a questa situazione doveva fare i conti con la mafia: la strage di **Portella della Ginestra** fu solo la prima di una lunga serie di esecuzioni mafiose, nel corso del dopoguerra, di decine di sindacalisti e attivisti politici di sinistra, e di contadini che semplicemente non volevano piegare la testa. Il **1° maggio 1947**, in occasione della festa del lavoro e anche per festeggiare la recente vittoria della coalizione di sinistra alle elezioni regionali, diverse centinaia di contadini si erano riuniti nella Piana di Portella della Ginestra. Il bandito Giuliano, armato dalla mafia, uccise a freddo da un'altura, con una mitragliatrice, 11 contadini, e ne ferì molte decine. Questa era quindi la inequivocabile risposta del potere mafioso: i risultati elettorali non contano niente, perchè qui comandiamo noi. Col passare degli anni, la mafia è diventata un vero potere illegale parallelo al potere centrale. Il suo spettro d'azione è attualmente ampissimo: dal traffico di droga al controllo delle imprese edili e alla protezione offerta a singoli e ad imprese in cambio del pagamento del dovuto 'pizzo'.[14] Soprattuto a cominciare dagli anni '70, il traffico di stupefacenti è diventato un 'business' estremamente lucrativo per la mafia e, proprio perchè è fonte di tanta ricchezza, ha causato molte rivalità e lotte all'interno dei vari clan, con un conseguente incremento di omicidi.[15]

La mafia non avrebbe potuto operare su così vasta scala e così apertamente se non avesse goduto della protezione di alcuni ambienti politici. Dal dopoguerra ad oggi, il rapporto fra la mafia e una parte del potere politico è sempre stato caratterizzato dallo scambio di favori reciproci e dallo sfruttamento delle rispettive posizioni di potere. Al mafioso naturalmente conveniva che venissero eletti sindaci e altri esponenti politici locali disponibili a 'chiudere un occhio' di fronte a pratiche illegali, ma anche a facilitare l'impresa mafiosa durante gare d'appalto, o ad assumere membri della 'famiglia' per coprire posti importanti nell'amministrazione pubblica. D'altra parte, gli esponenti politici dell'area governativa, e soprattutto della Dc, se volevano mantenere la maggioranza incontestata di cui godevano in molti comuni, dovevano assicurarsi il favore dei mafiosi locali i quali garantivano 'pacchetti di voti', protezione personale, e spesso il semplice diritto alla vita.[16]

[11] Vedi 'Le parole dei protagonisti a confronto' (8.), (10. ii), pp. 279, 280 e lettura *Il capitano di Parma e la Sicilia*, p. 285.
[12] Vedi lettura *L'omicidio mafioso*, p. 282.
[13] Vedi film *I cento passi*, p. 300.

[14] Vedi 'Le parole dei protagonisti a confronto' (14.), p. 281.
[15] Vedi film *I cento passi*, p. 300.
[16] Vedi 'Le parole dei protagonisti a confronto' (4.), (6.), p. 279.

La figura politica ideale per il potere mafioso era il deputato o senatore che condannasse aspramente la mafia a parole, e promettesse di reprimerla, ma che poi la ignorasse nei fatti.

Il mafioso ideale per l'uomo politico, era il personaggio con le più grandi influenze locali, capace di garantigli un potere duraturo e stabile.

La mafia però non esitava a sopprimere il politico quando questi non voleva 'stare alle regole', oppure quando, pur essendo sempre stato fedele, non serviva più perchè aveva perso l'influenza in 'alto loco' di cui prima poteva godere.

Emblematici a questo proposito furono due casi: il presidente democristiano della Regione Sicilia - **Piersanti Mattarella** - fu ucciso dalla mafia nel **1980** perchè voleva 'riformare e moralizzare' il proprio partito in Sicilia, cioè eliminare il rapporto di doppia dipendenza fra politici e mafia. Le motivazioni dell'omicidio di **Salvo Lima** nel **1992**, già sindaco democristiano di Palermo, poi deputato della Dc, furono invece opposte: egli aveva sempre fatto da tramite fra politici, mafia siciliana e potere centrale di Roma; era quindi un anello fidato nella catena di collusioni. I "boss", però, non esitarono a farlo eliminare a colpi di arma da fuoco, quando si accorsero che non era riuscito ad usare la sua influenza a loro favore durante il "maxi processo" contro la mafia di Palermo.

Anche il governo centrale ha spesso avuto lo stesso atteggiamento ambiguo nei confronti della mafia che ha caratterizzato i politici a livello locale.[17] Il governo ha sempre condannato nel modo più duro la mafia, ma nella pratica ha spesso mancato di fornire mezzi adeguati a chi era in prima fila nella lotta contro il crimine organizzato: magistrati, giudici e poliziotti. A più riprese, negli anni '80 e '90, alcuni coraggiosi magistrati si sono ritrovati da soli a combattere in una situazione che può essere definita, senza esagerazioni, di guerra, sia per la quantità degli omicidi sia per le tecniche raffinate usate negli attentati. Mancavano spesso ai magistrati mezzi adeguati di lavoro, personale, scorte.[18]

Due attentati gravissimi nel 1992 angosciarono e indignarono profondamente l'opinione pubblica: il **23 maggio 1992** il giudice **Giovanni Falcone**, sua moglie e tre uomini della sua scorta furono uccisi da una bomba piazzata sotto un ponte di un'autostrada vicino a Palermo sulla quale stavano viaggiando. Il **19 luglio** dello stesso anno, il giudice **Paolo Borsellino**, amico personale e collaboratore di Falcone, venne ucciso con i 5 agenti della sua scorta, da un'autobomba, davanti al palazzo palermitano dove abitava la madre.

Altri giudici erano stati uccisi dalla mafia, ma la loro morte non aveva scosso la nazione come avvenne per Falcone e Borsellino. I due giudici palermitani avevano raggiunto una certa popolarità anche a livello internazionale come architetti del cosiddetto **maxi processo anti mafia** che si svolse a Palermo nel **1986-87** e per il quale fu costruito un apposito bunker al fine di evitare possibili attentati; in questo processo, centinaia di mafiosi furono condannati e 19 di loro ricevettero l'ergastolo. Molti fattori avevano contribuito ai risultati senza precedenti ottenuti da questi giudici nella lotta contro la mafia: il loro eccezionale impegno e sacrificio, la loro determinatezza, il fatto che essi stessi erano siciliani e che quindi conoscevano a fondo l'ambiente

Sinistra: Omicidio di mafia, Palermo 1990.

Destra: Via D'Amelio a Palermo, dopo l'attentato nel quale vennero uccisi il giudice Borsellino e i cinque agenti della sua scorta.

Manifesto commemorativo del primo anniversario dell'assassinio del giudice Falcone, di sua moglie e della scorta, 1993.

---

[17] Vedi 'Le parole dei protagonisti a confronto' (3.), p. 278, (13.), p. 281.

[18] Vedi film *La scorta*, p. 305 e 'Le parole dei protagonisti a confronto' (9.), (10. i) e (10. iii), pp. 279-280.

Manifesto che annuncia l'avvenuto esproprio di terreni appartenuti a una famiglia mafiosa e la loro assegnazione a una cooperativa agricola, 2003.

in cui la mafia è nata e ha continuato a prosperare. Falcone e Borsellino seppero spezzare il cerchio dell'omertà applicando le stesse tecniche ideate e raffinate nella lotta contro le Brigate Rosse: diminuzione delle pene e speciale protezione per il condannato che accetta di collaborare e per la sua famiglia.

Gli attentati a Falcone e Borsellino scossero lo stato dal suo torpore: ci si rese conto che la mafia doveva avere enormi capacità organizzative e sofisticati livelli di infiltrazione nelle strutture dello stato se era riuscita a pedinare i due giudici più sorvegliati e protetti d'Italia ed a piazzare due bombe sul tragitto che avrebbero percorso. Attentati di tale portata non avevano niente a che vedere con il colpo di lupara[19] sparato da vicino, tipico delle tecniche della mafia fino agli anni '70.

Ora la mafia era in grado di muovere guerra alle istituzioni, e le forze democratiche all'interno dello stato si resero conto che dovevano reagire se volevano sopravvivere. A questo punto, il governo intensificò immediatamente il suo impegno, offrendo ai giudici mezzi e protezione eccezionali. Palermo, nelle settimane immediatamente successive agli attentati, sembrava in stato di guerra: centinaia di soldati dell'esercito la presidiavano ad ogni angolo, si moltiplicarono i posti di blocco. I mafiosi rinchiusi nel carcere di Palermo furono immediatamente trasferiti sull'isola di Pianosa. I beni immobili della mafia furono sequestrati, per un valore di diversi miliardi di lire. Molti boss mafiosi furono arrestati, altri furono condannati all'ergastolo; vennero approvate misure di isolamento speciale per i prigionieri mafiosi, al fine di impedire loro di continuare a dare direttive dal carcere.[20]

La morte di Falcone e Borsellino, provocò un'ondata di indignazione specialmente fra la popolazione di Palermo.[21] Molti palermitani, fino a qualche anno prima restii persino ad ammettere l'esistenza della mafia, cominciarono a sfidarla pubblicamente con manifestazioni spontanee di vario tipo; fra queste spiccò per la sua originalità ed efficacia, il cosiddetto movimento dei lenzuoli bianchi: qualche giorno dopo l'uccisione di Falcone, i balconi di interi quartieri di Palermo furono drappeggiati con lenzuoli bianchi sui quali apparivano scritte anti mafia.

Le autorità politiche arrivate da Roma per i funerali di Falcone vennero accolte dal lancio di oggetti di vario tipo e dalle urla di 'tornate a Roma, dalle vostre tangenti!'. Infine, recentemente, si è costituito un coraggioso gruppo di cittadini che vuole convincere i negozianti a rifiutare di pagare il cosiddetto "pizzo". Il loro slogan è: "Un intero popolo che paga il pizzo è un popolo senza dignità". A più di dieci anni dall'assassinio di Falcone, di Borsellino e delle loro scorte, il cancro della mafia sembra essere entrato in un periodo di 'remissione':[iii] gli attentati e le uccisioni sono diminuiti, ma ciò non significa che la mafia sia stata estirpata. Non sono cambiate le condizioni economiche e sociali nelle quali la mafia ha trovato facile terreno di crescita: l'economia è ancora debole e la disoccupazione è sempre altissima: sussiste quindi ancora il bisogno da parte del singolo di ricercare l'aiuto dell' 'uomo d'onore' per ottenere un lavoro, un sussidio, una casa.[22]

19 Lupara: fucile da caccia spesso usato nelle esecuzioni mafiose.

20 Vedi 'Le parole dei protagonisti a confronto' (7.), p. 279.

21 Vedi 'Le parole dei protagonisti a confronto' (11.), p. 280.

22 Vedi 'Quadretto culturale' *Contro la mafia, a colpi di... lenzuoli*, p. 276.

La corruzione politica è ancora diffusa, quindi esistono sempre ottime possibilità per la mafia di fare affari utilizzando i fondi speciali dello stato, gli appalti pubblici, ecc.[23-iv] E' vero altresì che la mafia sta attraversando un periodo di 'crisi', ovvero di pausa di riorganizzazione. Le cause di questa tregua possono essere molteplici. E' possibile che la caduta dei partiti politici governativi ed in particolare della Dc, a seguito delle inchieste 'Mani pulite', abbia significato per la mafia la perdita del proprio referente politico, cioè di una speciale garanzia di incolumità. La mafia deve forse ritrovare un 'modus operandi' nel nuovo quadro politico, e nuovi alleati nell'area politica. Il fatto che, nel gennaio 2004, 64 mafiosi (fra i quali un mafioso responsabile dell'assassinio di Borsellino) hanno ottenuto l'annullamento del carcere duro e dell'isolamento grazie ad una legge approvata nel dicembre 2002,[v] fa temere un possibile rilassamento nella lotta contro la mafia da parte del governo centrale.

Ferme restando le possibili esitazioni governative, l'opinione pubblica siciliana si è rivoltata compatta contro le soperchierie della mafia e non accetta più di vivere in un clima di intimidazione continua. Da questa conquista non si torna indietro: se è vero che la mafia riusciva ad eliminare solo quei rappresentanti dello stato che si trovavano isolati, senza appoggio morale e materiale, è possibile che la mafia sia più vulnerabile ora che non può più godere dell'omertà e della compiacenza di molti, e si trova essa stessa in una condizione di relativo isolamento.

Sinistra: Risposta popolare all'assassinio del giudice Falcone, maggio 2002.

Destra: Totò Riina, boss mafioso in carcere dal 1993.

Manifesto dell'organizzazione antimafia "Addio Pizzo", Palermo, 2005.

Anche se ci crediamo assolti siamo comunque coinvolti

Perché:
• una piccola parte dei soldi da tutti noi spesi nell'80% dei negozi che a Palermo sono taglieggiati (70% in Sicilia), finisce comunque nelle tasche della mafia

• ci sottomettiamo in massa al pizzo e lasciamo che la mafia stabilisca, consolidi ed estenda indisturbata il suo dominio sul nostro territorio

Ma se è vero che la mafia rappresenta una netta minoranza della società siciliana, perché lasciamo che accada tutto ciò?

Perché?

www.addiopizzo.altervista.org

coraggiosicilia@hotmail.com

i   P. Ginsborg, *Storia dell'Italia dal dopoguerra ad oggi*, Einaudi, Torino 1989, p. 448.

ii   F. Gatti, *Pagati per non lavorare: "Noi, i socialmente inutili"*, *Corriere della Sera*, 19 aprile 2004.

iii   Vedi S. Lodato *'Camilleri: nessuno combatte la mafia'*, *L'Unità*, 19 luglio 2001.

iv   Secondo il Rapporto Italia 2004 dell'Eurispes, l'economia illegale ha raggiunto una consistenza pari al 9,5% del Pil (Prodotto interno lordo). Al primo posto c'è la *'ndrangheta*, seguita da *Cosa nostra* che però è prima nell'assegnazione di appalti pubblici, con un fatturato stimato di circa 6.500 milioni di euro. (Centro documentazione Peppino Impastato, cronologia, 30.1.2004, www.centroimpastato.it/)

v   Altri casi, meno gravi, ma che rivelano la mancanza di serietà e determinazione nella lotta contro la mafia, vengono regolarmente riportati dai giornali: ad esempio, è stato scoperto di recente che un boss mafioso recentemente arrestato aveva continuato a ricevere una pensione di invalidità dallo stato per tutti i dodici anni che aveva passato in latitanza; ogni mese la pensione veniva puntualmente riscossa dalla moglie (G. Bianconi, "Il superboss in manette: trattatemi bene", *Corriere della Sera*, 19 febbraio 2004).

23   Vedi lettura *Gli appalti al Sud e il ponte sullo stretto di Messina*, p. 298.

VOCABOLI ESSENZIALI PER PARLARE E SCRIVERE DI QUESTO PERIODO

il Mezzogiorno/il Meridione, la mancanza di autonomia politica, l'Impero Bizantino, gli Arabi, i Normanni, gli Aragonesi, l'isolamento, l'arretratezza economica, la scarsità d'acqua, i contadini, i braccianti, i latifondisti, i nobili, i borghesi, la distribuzione delle terre, la riforma agraria, il servizio di leva obbligatorio, le rivolte dei contadini, il brigantaggio, l'emigrazione, le opere di bonifica, le zone paludose/malariche, la costruzione di infrastrutture e di servizi, gli investimenti industriali, la mancanza di programmazione, le "cattedrali nel deserto", lo spopolamento dei paesi, i sussidi, le pensioni, il clientelismo, la speculazione edilizia, le case popolari, le calamità naturali, le costruzioni abusive, il disboscamento, gli appalti, la disoccupazione giovanile, la criminalità organizzata, la mafia, lo stato centrale debole, l'"uomo d'onore", l'"omertà", il traffico di droga/di stupefacenti, il controllo delle imprese edili, il "pizzo", la protezione dei politici, i "pacchetti di voti", i magistrati, i giudici, l'attentato/l'omicidio mafioso, la scorta, la condanna all'ergastolo, l'indignazione, il referente politico

DOMANDE DI COMPRENSIONE

1. Perchè si può dire che il sud ha sempre sofferto di una "mancanza di autonomia politica"?
2. Quali effetti positivi hanno avuto nel sud le invasioni e successive occupazioni da parte di popoli così diversi?
3. Quali effetti ebbero nel sud il mancato sviluppo dell'indipendenza comunale e di una classe mercantile nei periodi del Medioevo e nel Rinascimento?
4. Quali caratteristiche della morfologia del territorio possono aver influenzato il diverso sviluppo economico del nord e del sud d'Italia?
5. Quale problema ha da sempre caratterizzato il sud d'Italia?
6. Perchè molti contadini si ribellarono al governo della nuova nazione italiana?
7. In quale altro modo reagirono i contadini all'estrema povertà che li affliggeva?
8. Quale fu la politica di Mussolini nel Meridione?
9. Come si espresse politicamente il sud dopo la seconda guerra mondiale?
10. Quali misure prese la nuova Repubblica Italiana per cercare di risolvere la "questione meridionale"?
11. Perchè si può dire che il sud aiutò il boom economico nel nord d'Italia?
12. Come si espresse il clientelismo nel sud?
13. In quali modi la mafia si è inserita nell'industria edile del sud?
14. Che cosa è migliorato nel sud, e quali grossi problemi permangono?
15. Che cosa caratterizza la mafia, rispetto ad altre organizzazioni criminali come la 'ndrangheta e la camorra?
16. Quali possono essere le cause del fiorire della mafia in Sicilia?
17. Che ruolo aveva la mafia al suo nascere e quali interessi ha sempre difeso?
18. Che cos'è l'"omertà"?
19. Che cosa successe a Portella della Ginestra?
20. Come si sono evoluti gli "affari" della mafia recentemente?

21. Quali sono state le caratteristiche del rapporto fra mafia ed alcuni ambienti politici dal dopoguerra ad oggi?
22. In che senso anche il governo centrale ha avuto spesso un atteggiamento ambiguo nei confronti della mafia?
23. Quali fattori contribuirono all'eccezionale successo della lotta contro la mafia condotta dai giudici Falcone e Borsellino?
24. Perchè l'uccisione dei giudici Falcone e Borsellino scosse tanto l'opinione pubblica? Come si espresse l'indignazione di molti palermitani?
25. Come reagì lo stato a questi attentati?
26. Si può dire che la mafia sia stata completamente sconfitta?
27. Dagli attentati a Falcone e a Borsellino, come è cambiato l'atteggiamento dell'opinione pubblica siciliana nei confronti della mafia?

QUADRETTI CULTURALI

I 'TOMBAROLI' ESTRAGGONO ILLEGALMENTE IL 'PETROLIO' SICILIANO

La Sicilia possiede un'enorme ricchezza, in gran parte ancora sepolta nel suo arido sottosuolo: sono i reperti archeologici - vasi, statue, anfore, gioielli, ecc. - che i fenici, i greci e i romani hanno lasciato a testimonianza del passaggio della loro civiltà su questa isola. La Valle dei Templi di Agrigento, le ville romane di Piazza Armerina con i loro stupendi mosaici, i resti della città greca di Morgantina sono solo alcuni esempi dell'immenso patrimonio archeologico dell'isola, spesso definito come il vero 'petrolio' di questa terra. Due minacce però lo insidiano ormai da decenni e rischiano di comprometterlo irrimedialbilmente: le costruzioni abusive che hanno finito per soffocare anche la Valle dei Templi, e i cosiddetti tombaroli. Entrambi i fenomeni sono riconducibili al controllo che la mafia mantiene su gran parte delle attività lucrative di questa isola. In questo "quadretto" ci occuperemo della minaccia più diretta e diffusa al "petrolio" siciliano: il trafugamento di reperti archeologici effettuato dai tombaroli.

Il tombarolo scava nei pressi di siti archeologici alla ricerca di reperti, che spesso trova nelle tombe - da cui il suo nome -, e che poi vende illegalmente. In Sicilia, dove la disoccupazione giovanile è altissima, la "professione" del tombarolo ha una certa attrattiva. Pur essendo un'attività illegale, è considerata relativamente poco pericolosa, se confrontata, ad esempio, con lo spaccio della droga. Anche il tombarolo è uno spacciatore, ma la sua merce, talvolta più preziosa dell'eroina, non uccide nessuno, anzi finisce nelle vetrine dei più noti musei negli Stati Uniti e in Gran Bretagna, oppure nelle ville di qualche miliardario.

I pezzi trovati e venduti illegalmente dai tombaroli spesso sono rarissimi e quindi di grande interesse storico e archeologico, oltre che artistico. Un servizio d'argento descritto come 'tra i più raffinati argenti ellenistici della Magna Grecia' fu acquistato dal Metropolitan Museum di New York nel 1982 per 27 milioni di dollari[i]. In seguito, Malcom Bell, l'archeologo responsabile degli scavi, stabilì che i pezzi provenivano da Morgantina ed erano stati trafugati e venduti illegalmente dai tombaroli. Una rarissima coppa libatoria, interamente d'oro e del peso di un chilogrammo, finemente decorata, proveniente anch'essa da Morgantiva, è stata ritrovata sul pianoforte a coda di un ricco newyorkese che aveva pagato 1,2 milioni di dollari per averla.[ii]

La professione del tombarolo richiede capacità e conoscenze particolari, impegno e devozione. Egli non va alla cieca, è quasi un archeologo, spesso un vero esperto di antichità. Opera di notte, al buio, ha la capacità di individuare la probabile posizione di una tomba dalla configurazione del terreno, dal tipo di vegetazione presente. Arriva spesso prima che gli archeologi abbiano identificato un certo sito. Il tombarolo dispone anche di attrezzi sofisticati: metal detectors, gru, camion per il trasporto, ecc. L'unica cosa che non può fare, proprio a causa della natura illegale del suo commercio, è uno scavo secondo metodi scientifici, con mappatura del terreno e rilievi della stratigrafia. Il tombarolo strappa il reperto dal suolo, velocemente, lo nasconde, ricopre il tutto e scappa. Viene così eliminata per sempre la possibilità di stabilire con certezza il periodo e il luogo di provenienza di un determinato oggetto. Il reperto che finisce nella vetrina di un museo con la dicitura: 'di probabile provenienza...' o 'presumibilmente rinvenuto a... ' potrà essere artisticamente bello, ma rimane un oggetto isolato che, privato del contesto geografico e del periodo storico in cui fu prodotto ed usato, non ha una storia da raccontare.

L'attività dei tombaroli, priva quindi l'Italia e, in particolare la Sicilia e i siciliani, di testimonianze preziose della loro storia. La perdita di reperti archeologici - migliaia ogni anno - comporta anche un mancato sviluppo di attività turistiche e quindi una perdita di posti di lavoro, in quanto quasi tutti gli oggetti trafugati finiscono all'estero. Se questo commercio illegale si arrestasse, molti siti archeologici potrebbero diventare il vero petrolio della Sicilia.

Tempio della Concordia, Agrigento (V Sec. a.C.).

La mafia ha trovato il suo posto anche fra i tombaroli, essendosi accorta che le antichità sono un' enorme ricchezza da sfruttare: il traffico illegale dei reperti archeologici, infatti, è il terzo dopo il traffico di droga e di armi. Lo stato italiano ha tentato di ostacolare i tombaroli, in vario modo; ponendo restrizioni sui terreni di interesse archeologico, attuando un maggior controllo, promettendo un indennizzo - pari al 25% del valore dell'oggetto - per i 'tombaroli onesti', quelli cioè che trovano un reperto sul terreno di loro proprietà e ne comunicano il ritrovamento alle autorità entro le 24 ore. La mafia locale ha a sua volta risposto, in modo anche brutale: nel settembre del 1995, prima della loro riapertura ufficiale al pubblico, gli stupendi mosaici di Villa Armerina sono stati vittime di un attacco di stampo mafioso e intimidatorio: qualcuno di notte ha sparso vernice nera e rossa sui mosaici, danneggiandone anche alcuni con degli oggetti metallici.

In conclusione, il tombarolo è incontestabilmente un fuorilegge, ma è innagabile che orgoglio, passione e conoscenze sono ingredienti essenziali del suo commercio. I tombaroli in genere non solo non pensano di svolgere attività illegali, ma sono fermamente convinti di provvedere un servizio alla società: molti musei italiani, sostengono, tengono la maggior parte dei reperti archeologici nei sotterranei perchè non dispongono di personale o di spazio per esporli; al contrario, i reperti che loro trovano e fanno entrare in commercio finiscono prima o poi in quei musei che hanno le risorse per acquistarli e quindi per esporli, diventando così un bene pubblico. Inoltre, sostengono ancora i tombaroli, gli archeologi non si preoccupano di scandagliare il terreno così minutamente come fanno i tombaroli, studiosi ed esperti anch'essi quanto, se non più, degli archeologi; senza il loro lavoro, quindi, immense ricchezze sarebbero ancora sepolte e sconosciute. Un tombarolo così descrive il suo 'lavoro', concedendosi addirittura una punta di autocommiserazione:

"Strano lavoro quello del tombarolo, tanto più frustrante quanto
più sei appassionato. In quale altro lavoro devi nascondere i
frutti del tuo ingegno? con tanta maggior cura quanto più sono
importanti? Se, si dà il caso, t'imbatti in qualcosa di bello, non
dico di valore, da esserne orgoglioso ed anche emozionato, devi
startene zitto e far finta di niente! anche se vorresti, come fanno
i cacciatori con la selvaggina, mostrarla a tutti e dire che sei
stato proprio tu".[iii]

i   A. Stille, *La memoria del futuro*, traduzione di Luisa   ii   Ibid., p. 88.
    Agnese Dalla Fontana, Mondadori, Milano 2003, p. 88.   iii *Benedetti Tombaroli*, in http://www.canino.info.

CONTRO LA MAFIA, A COLPI DI....LENZUOLI [i]

Lenzuoli come strumento di lotta?! Un vero controsenso. Il lenzuolo, tradizionalmente bianco, è simbolo di intimità e domesticità, testimone silenzioso di ogni rito di passaggio: nascita, matrimonio, morte. Ma nella Palermo delle giornate dolorose e tese seguenti l'attentato a Giovanni Falcone, i lenzuoli ebbero una funzione del tutto diversa. I palermitani decisero di rompere il silenzio sulla mafia e di uscire all'aperto, letteralmente: centinaia di balconi si 'imbiancarono' di lenzuoli decorati da semplici scritte, quali: 'FALCONE VIVE!'. 'ORA BASTA! PALERMO RESISTE'. 'PALERMO HA CAPITO, E LO STATO? VIA LA MAFIA DALLE ISTITUZIONI'. 'LORO HANNO CHIUSO I VOSTRI OCCHI, VOI AVETE APERTO I NOSTRI'.

Nessun partito o sindacato organizzò questa iniziativa. Il 'movimento dei lenzuoli bianchi' nacque da una semplice telefonata di una giovane donna palermitana di nome Marta ai suoi amici. Marta, come molti altri, aveva una voglia tremenda di muoversi subito, sentiva un senso insopportabile di sgomento e impotenza. Decise di fare qualcosa di semplice, e chiese ai suoi amici di imitarla: esporre al balcone un lenzuolo bianco con la scritta PER FALCONE. Presto la voce si sparse, amici telefonarono ad altri amici e parenti; vicini e passanti non poterono non vedere queste vele bianche che sventolavano contro la mafia e vollero partecipare all'iniziativa. Nel giro di pochi giorni, intere vie e quartieri furono trasformati: dai balconi pendevano messaggi semplici, concisi, ma potenti.

Presto si costituì il 'comitato dei lenzuoli' con lo scopo di coordinare l'iniziativa. Nacque l'idea di produrre e distribuire i 'lenzuolini', piccole pezze di stoffa bianca da appuntare all'abito con una scritta antimafia. Migliaia di persone cominciarono a indossarle non solo durante le manifestazioni, ma anche per la strada, passeggiando, andando al lavoro. Un gruppo di artisti, colpito dall'idea di usare il lenzuolo come forma di espressione, organizzò un evento insolito: una mostra d'arte contro la mafia nella quale diversi artisti esposero i loro lenzuoli dipinti.

Secondo Franco Nicastro, storico dell'arte e organizzatore della mostra, il lenzuolo "il cui uso quotidiano conferisce un senso di occultamento, è stato qui recuperato e assunto nel suo simbolismo rovesciato: non copre più, ma rivela, non è più candido, quindi non tace: parla o addirittura urla." [ii]

Dopo Falcone, Borsellino: il 19 luglio 1992, a soli 54 giorni dalla morte dell'amico e collega, anche il giudice Borsellino fu ucciso dalla mafia, insieme alla sua scorta. La città di nuovo cadde nello sgomento, incredula. Il movimento dei lenzuoli riacquistò vigore e si moltiplicarono altre forme di protesta, tutte spontanee. La gente si convinse che non doveva aspettare le iniziative di partiti e leader politici, che poteva dimostrare di saper opporsi, subito e spontaneamente. Solo così la città avrebbe riacquistato quella dignità e orgoglio necessarie per isolare la mafia e ricostruire una società civile. Si costituirono catene umane che dal palazzo di giustizia si snodavano fino alla cattedrale dove aveva avuto luogo il funerale di Falcone, un gruppo di donne organizzarono una sciopero della fame per ottenere la rimozione dei responsabili della protezione di Borsellino, si tenne una marcia di 20 Km, da Capaci (luogo dell'attentato contro Falcone) a Palermo; la Biblioteca Centrale della Regione Siciliana propose un'altra idea concreta: il segnalibro contro la mafia che venne distribuito non solo a Palermo,

"Una catena umana per non dimenticare", in occasione del primo anniversario dell'assassinio del giudice Falcone, Palermo 1993.

"Qui non comanda la mafia", Palermo 1992.

ma anche nelle altre principali città in Italia e all'estero: era un invito ai lettori a trovare, e copiare su un'apposita scheda, una frase significativa che sostenesse i valori universali del vivere civile e che fosse quindi un'arma non violenta contro la mafia. Infine, nacque un opuscolo promosso dal 'Comitato dei Lenzuoli', dal titolo "Nove consigli scomodi al cittadino che vuole combattere la mafia". Il primo consiglio è particolarmente significativo perchè invita ad abbandonare comportamenti che non sono di per sè mafiosi, ma che favoriscono indirettamente il fiorire di una cultura mafiosa.

"Impariamo a fare fino in fondo il nostro dovere, impariamo a rivendicare i nostri diritti, a non mendicarli come favori. Impariamo a considerare nostri i beni e i servizi pubblici, dall'autobus al verde, dalla strada al monumento: solo così ne arresteremo il degrado e li difenderemo dall'incuria e dall'abuso".[iii]

Il movimento dei lenzuoli non è morto: ogni mese, dal 19 al 23, le date delle stragi di Falcone e Borsellino, i balconi di Palermo tornano ad essere ornati di lenzuoli bianchi che portano una scritta contro la mafia; la più comune è diventata PER NON DIMENTICARE.

Lenzuoli dipinti da artisti contro la mafia, 1993.

i   Gli eventi qui riportati sono ampiamente discussi in Roberto Alajmo, *Un lenzuolo contro la mafia*, Gelka editori, Palermo 1993.
ii Ibid., p. 106.
ii Ibid., p. 122.

LE PAROLE DEI PROTAGONISTI A CONFRONTO

1. LEONARDO SCIASCIA, SCRITTORE SICILIANO:

I. *"Da bambino conobbi un canonico, vecchissimo e quasi orbo, che ancora godeva grande rispetto per la risposta che aveva dato ad un colonnello sabaudo; il colonnello comandava un reggimento di cavalleria che faceva campeggio nelle terre del canonico, il canonico chiese gli risarcissero i danni, il colonnello rispose che i cavalli lo avevano risarcito concimandogli le terre, e il canonico - buona a sapersi, questa: i Borboni pagavano con l'oro, ma i Savoia pagano con la merda. La frase i vecchi la ripetevano, rimpianto avevano per quel governo che pagava con l'oro, non chiamava le leve, non faceva guerre".*[i]

II. *"[...] non del mare che li isola, che li taglia fuori e li fa soli i siciliani diffidano, ma piuttosto di quel mare che ha portato sulle loro spiagge i cavalieri berberi e normanni, i militi lombardi, gli esosi baroni di Carlo d'Angiò, [...], l'armata di Carlo V e quella di Luigi XIV, gli austriaci, i garibaldini, i piemontesi, le truppe di Patton e Montgomery; e per secoli, continuo flagello, i pirati algerini che piombavano a predare i beni e le persone. La paura storica è diventata dunque paura esistenziale; e si manifesta con una tendenza all'isolamento, alla separazione, degli individui, dei gruppi, delle comunità - e dell'intera regione".*[ii]

2. UN CONTADINO SICILIANO PARLA DELL'OCCUPAZIONE DELLE TERRE DURANTE I PRIMI ANNI DEL DOPOGUERRA:

"Dicono che lo stato è assente, che lo stato è lontano. Non è vero. I carabinieri in assetto di guerra erano dappertutto, su ogni feudo, su ogni aia, su ogni trazzera."[iii]... *"Sul feudo Verde c'erano duemila contadini e quasi cento aratri che lavoravano la terra incolta. Il capitano dei carabinieri con un megafono intimò l'alt, gridando: "in nome della legge, fermatevi!". Gli aratri si fermarono. Dal fondo della pianura la voce del presidente della cooperativa fece eco: "in nome della Costituzione, compagni, lavoriamo!" e cento aratri si rimisero al lavoro".*[iv]

3. IGNAZIO SALVO, IMPRENDITORE SICILIANO, ACCUSATO DI LEGAMI CON LA MAFIA:

"Per lunghissimi anni lo stato è stato praticamente assente nella lotta contro la mafia e gli episodi di connivenza e di complicità sono tali e tanti che il cittadino indifeso e lasciato in balia delle organizzazioni mafiose non ha potuto che tentare di sopravvivere evitando pericoli, soprattutto ai propri familiari, specie quando la propria attività imprenditoriale lo pone necessariamente in contatto con tali organizzazioni. Non sono mai stato mafioso, ma sono uno dei tanti imprenditori che per sopravvivere ha dovuto scendere a patti con i nemici della società".[v]

4. STEFANO BONTATE, IN UN COLLOQUIO CON GIULIO ANDREOTTI, ESPONENTE DI PRIMO PIANO DELLA DC, PIÙ VOLTE PRIMO MINISTRO (PRIMAVERA 1980):

"In Sicilia comandiamo noi, e se non volete cancellare completamente la Dc dovete fare come diciamo noi. Altrimenti vi leviamo non solo i voti della Sicilia, ma anche quelli di Reggio Calabria e di tutta l'Italia meridionale. Potete contare soltanto sui voti del Nord, dove votano tutti comunista, accettatevi questi".[vi]

5. GIUSEPPE ALESSI, AVVOCATO, DIFENSORE DI GIULIO ANDREOTTI:

"[I mafiosi] erano come dei giudici di pace... un creditore per recuperare il suo debito di fronte ad un malpagatore, non si rivolgeva all'avvocato, andava da questo capomafia che [...] detta legge perchè le sentenze sono inappellabili, perchè era un fuorilegge. Ovviamente, questo non è compatibile con una democrazia moderna che si basa sulla legge [...]".[vii]

6. ANTONINO CALDERONE, MAFIOSO DI CATANIA, SUCCESSIVAMENTE "PENTITO":

"Il rapporto della mafia con la politica è sempre stato molto stretto. [...] Deputati, assessori, consiglieri regionali venivano aiutati dai mafiosi, chiedevano favori impegnativi, pesanti, agli uomini d'onore. Normalmente i mafiosi li facevano, questi favori, ma potevano anche dire di no, senza che succedesse niente. Ma quando erano i mafiosi a chiedere un favore agli uomini politici non c'era scelta: loro dovevano fare quello che veniva chiesto. Non potevano dire di no, o trovare scuse".[viii] *"Gli uomini politici sono sempre venuti a cercarci perchè disponiamo di tanti, tantissimi voti.... Ogni uomo d'onore, fra amici e parenti, può disporre di altre 40-50 persone. Gli uomini d'onore in provincia di Palermo sono fra 1500 e 2.000. Moltiplicate per 50, e otterrete un bel 'pacco' di 75-100.000 voti da orientare verso partiti e candidati amici".*[ix]

7. PIPPO CALÒ, CAPOMAFIA, ACCUSA DAL CARCERE TOTÒ RIINA (UN ALTRO BOSS MAFIOSO IN CARCERE):

"Solo lui [Totò Riina] ha voluto le stragi [l'uccisione di Falcone e Borsellino e delle loro scorte]. E' un pazzo, andava ucciso. In carcere abbiamo maledetto chi ha deciso la morte di Falcone e Borsellino perché quelle stragi sono state anche la nostra condanna a morte: hanno fatto le leggi speciali e hanno varato il 41 bis [il carcere duro e l'isolamento per i delitti di mafia]".[x]

8. GEN. CARLO ALBERTO DALLA CHIESA, PREFETTO DI PALERMO, ASSASSINATO DALLA MAFIA IL 3 SETTEMBRE 1982, IN UN'INTERVISTA CON GIORGIO BOCCA: "

Ho capito una cosa, molto semplice ma forse decisiva: gran parte delle protezioni mafiose, dei privilegi mafiosi certamente pagati dai cittadini non sono altro che i loro elementari diritti. Assicuriamoglieli, togliamo questo potere alla Mafia, facciamo dei suoi dipendenti i nostri alleati".[xi]

9. RALPH JONES, CONSOLE GENERALE USA DI PALERMO, RACCONTA UN EPISODIO A LUI NARRATO DAL GEN. DALLA CHIESA, POCO PRIMA DI ESSERE UCCISO DALLA MAFIA:

"Nella metà degli anni '70, quando il gen. Dalla Chiesa era comandante dei carabinieri in Sicilia, ricevette un giorno una telefonata dal capitano responsabile della cittadina siciliana

Francobollo commemorativo in occasione del ventesimo anniversario dell'omicidio del Gen. Dalla Chiesa.

Palma di Montechiaro, che gli riferì di essere stato minacciato dal boss mafioso locale. Dalla Chiesa si recò subito a Palma di Montechiaro, giungendovi nel tardo pomeriggio. Prese a braccetto il capitano ed iniziò a passeggiare lentamente con lui su e giù per la strada principale. Tutti li guardavano. Alla fine, questa strana coppia si fermò dinanzi alla casa del boss mafioso della cittadina. I due indugiarono sino a quanto bastava a far capire a tutti che il capitano non veniva lasciato solo. "Tutto ciò che chiedo è che qualcuno mi prenda a braccetto e passeggi con me", disse il generale. Poche ore dopo egli veniva ucciso".[xii]

10. GIOVANNI FALCONE, GIUDICE ASSASSINATO DALLA MAFIA:

I. *"Non sono Robyn Hood, nè un kamikaze e tantomeno un trappista[1]. Sono semplicemente un servitore in terra infedelium".*[xiii]

II. *"In Sicilia, per quanto uno sia intelligente e lavoratore, non è detto che faccia carriera, non è detto neppure che ce la faccia a sopravvivere. La Sicilia ha fatto del clientelismo una regola di vita. Difficile, in questo quadro, far emergere pure e semplici capacità professionali. Quel che conta è l'amico o la conoscenza per ottenere la spintarella. E la mafia, che esprime sempre l'esasperazione dei valori siciliani, finisce per fare apparire come un favore quello che è il diritto di ogni cittadino".*[xiv]

III. *"Accade quindi che alcuni politici a un certo momento si trovino isolati nel loro stesso contesto. Essi allora diventano vulnerabili e si trasformano inconsapevolmente in vittime potenziali. [...] Si muore generalmente perchè si è soli o perchè si è entrati in un gioco troppo grande. Si muore spesso perchè non si dispone delle necessarie alleanze, perchè si è privi di sostegno. In Sicilia la mafia colpisce i servitori dello stato che lo stato non è riuscito a proteggere".*[xv]

11. ROBERTO ALAJMO, PALERMITANO, AUTORE DI "UN LENZUOLO CONTRO LA MAFIA":

"Vivere a Palermo è una questione controversa. Secondo alcuni, addirittura, vivere a Palermo è una specie di perversione. Ci sono i sadici, ci sono i masochisti, ci sono i palermitani. Sono quelli che parlano male della loro città e si risentono se qualcun altro ne parla male. Molti di loro vivono rinviando di mese in mese la partenza. Ma se partono, anche per un viaggio breve, poi vogliono tornare, perchè non è facile uscire dal vizio di Palermo. Lontano, manca la battaglia per la vita. Manca la lotta fra il Bene e il Male portata alle sue conseguenza estreme. Non chiedetelo a loro, perchè risponderanno che continuano a vivere a Palermo per il clima, che è dolce, o per il mare... Non è vero. Vivono a Palermo perchè Palermo è uno degli ultimi posti al mondo in cui è possibile conoscere qualche eroe [un riferimento ai giudici Falcone e Borsellino, assassinati dalla mafia]".[xvi]

12. BALDASSARRE CONTICELLO, SOVRINTENDENTE ALLE BELLE ARTI DI POMPEI NEL 1988, SPIEGA PERCHÈ HA MESSO UNA BANDIERA ITALIANA NEL SUO UFFICIO:

"L'ho dovuta mettere per far capire che questo ufficio non è il mio mercato personale, la mia bancarella. Io non vendo e non compro. Rappresento lo Stato. Ma non avendo qui nessuno il senso dello stato, ma solo della famiglia, del clan, del partito, o della cosca, tutti credono fermamente che un sovrintendente debba utilizzare la carica a suo esclusivo vantaggio, per lucrare".[xvii]

---

[1] Trappista: qualcuno che conduce una vita molto austera, come alcuni frati benedettini.

13. GIULIANO AMATO, PRESIDENTE DEL CONSIGLIO ALL'EPOCA, IN UN COMMENTO SUCCESSIVO ALL'UCCISIONE DI FALCONE E BORSELLINO:

"Questo Stato non è del tutto innocente e lo sappiamo. Quanta parte di Stato ha collaborato, ha lasciato che accadessero fatti, ha omesso di intervenire quando poteva intervenire, anche nei confronti della criminalità organizzata? Sono domande, queste, che attendono risposte nella nostra storia recente".[xviii]

14. ALDO FUMAGALLI, PRESIDENTE DEI GIOVANI INDUSTRIALI, NEL 1992:

"Noi giovani imprenditori ci sentiamo tutti siciliani perchè la mafia è un problema dell'intera nazione. I cittadini vogliono un Paese in cui vi sia la certezza del diritto".[xix]

15. GIANFRANCO INGLIMA, SICILIANO, EMIGRATO IN INGHILTERRA NEL 1998:

"Io me ne sono andato a 25 anni per uscire da questa Sicilia immobile. Sono stato il primo emigrante della mia famiglia, perchè nessuno dei miei, nemmeno negli anni duri del Dopoguerra, era mai partito. Ma adesso è diverso. Da quando Di Pietro[2] ha cominciato Mani Pulite, per la Sicilia è stato il crollo. Il Nord se n'è fottuto e le conseguenze economiche più gravi sono state qui. I lavori pubblici sono saltati, le grandi industrie sono andate in crisi. La Sicilia è finita con Mani Pulite... In realtà la mancanza di lavoro non è la prima ragione che mi ha spinto a partire. E' la necessità di andare via da questo mondo arretrato... Tutti i miei amici sono emigrati. E chi resta ha il vizio di troppi siciliani. Quello di accontentarsi e di mettere in vendita la propria libertà. Così restano schiavi di questa bellissima terra".[xx]

LE PAROLE DEI PROTAGONISTI A CONFRONTO

[i]   L. Sciascia, *Le parrocchie di Regalpetra*, Laterza, Bari 1975, pp. 20-21.

[ii] L. Sciascia, *La corda pazza*, Einaudi, Torino 1982, p. 13.

[iii] G. Saladino, *Terra di rapina*, Sellerio Editore, Palermo 1977, p. 31.

[iv] Ibid., p. 52.

[v] Citato in A. Stille, *Nella terra degli infedeli*, Mondadori, Milano 1995, p. 171.

[vi] Procura della Repubblica presso il Tribunale di Palermo, Memoria Depositata dal Pubblico Ministero nel procedimento penale n. 3538 N.R. instaurato nei confronti di Andreotti Giulio, Vol. II, pp. 17-19, citato in Pino Arlacchi, *Il processo, Giulio Andreotti sotto accusa a Palermo*, Rizzoli R.C.S. Libri & Grandi Opere, Milano 1995, p. 94.

[vii] citato in A. Stille, *Andreotti*, Mondadori, Milano 1995, p. 15.

[viii] P. Arlacchi, *Gli uomini del disonore*, Mondadori, Milano 1992, p. 210.

[ix] Ibid., p. 212.

[x] Citato in Centro documentazione Peppino Impastato (web site: http://www.centroimpastato.it/).

[xi] G. Bocca, 'Come combatto contro la mafia', *La Repubblica*, 10 agosto 1982.

[xii] The Wall Street Journal, 12 febbraio 1985, citato in C. Stajano, a cura di, *Mafia, l'atto di accusa dei giudici di Palermo*, Editori Riuniti, Roma 1986, p .240.

[xiii] G. Falcone, in collaborazione con M. Padovani, *Cose di Casa nostra*, RCS Rizzoli, Milano 1991, p. 9.

[xiv] Ibid., p. 132.

[xv] Ibid., pp. 170-171.

[xvi] R. Alajmo, *Un lenzuolo contro la mafia*, Gelka editori, Palermo 1993, p. 117.

[xvii] S. Malatesta, 'Il santuario dell'amore pietrificato del Vesuvio', in *La Repubblica*, 20 agosto 1988, citato in P. Ginsborg, *Storia d'Italia dal dopoguerra ad oggi*, Einaudi Torino 1989, p. 571.

[xviii] Programma televisivo *"Lezioni di mafia"*, Tg2, 28/7/1992, citato in P. Conti, *"Sta con la mafia chi deride lo Stato"*, Corriere della Sera, 29 luglio 1992.

[xix] Id.

[xx] F. Gatti, *"Ci pagano per non far niente"* E gli altri emigrano, (Reportage L'italia e il lavoro), *Corriere della Sera*, 19 aprile 2004.

[2]   Antonio Di Pietro: giudice del Tribunale di Milano che condusse molte delle indagini di Mani pulite.

L'OMICIDIO MAFIOSO
(da *Il giorno della civetta* di Leonardo Sciascia, 1961)

Le primissime pagine del romanzo di Sciascia contengono la descrizione di un delitto mafioso nella Sicilia degli anni '50 - una descrizione perfetta e completa, come un grande puzzle a cui non manca nemmeno un tassello: il colpo di lupara, la gente che vede ma che non reagisce, un maresciallo solerte e coscienzioso che si scontra con un'omertà impenetrabile.

L'autobus stava per partire, **rombava** sordo con improvvisi **raschi** e **singulti**. La piazza era silenziosa nel grigio dell'alba, sfilacce di nebbia ai campanili della Matrice: solo il rombo dell'autobus e la voce del venditore
5 di **panelle**, panelle calde panelle, implorante ed ironica. Il bigliettaio chiuse lo sportello, l'autobus si mosse con **un rumore di sfasciume**. L'ultima occhiata che il bigliettaio girò sulla piazza, colse l'uomo vestito di scuro che veniva correndo; il bigliettaio disse all'autista – un momento – e
10 aprì lo sportello mentre l'autobus ancora si muoveva. Si sentirono due **colpi squarciati**: l'uomo vestito di scuro, che stava per saltare sul **predellino**, restò per un attimo sospeso, come tirato su per i capelli da una mano invisibile; gli cadde la cartella di mano e sulla cartella
15 lentamente si afflosciò.

Il bigliettaio bestemmiò: la faccia gli era diventata **colore di zolfo**, tremava. Il venditore di panelle, che era a tre metri dall'uomo caduto, muovendosi **come un granchio** cominciò ad allontanarsi verso la porta della
20 chiesa. Nell'autobus nessuno si mosse, l'autista era come impietrito, la destra sulla leva del freno e la sinistra sul volante. Il bigliettaio guardò tutte quelle facce che sembravano facce di ciechi, senza sguardo; disse – l'hanno ammazzato – si levò il berretto e freneticamente cominciò
25 a passarsi la mano tra i capelli; bestemmiò ancora.

– I carabinieri – disse l'autista – bisogna chiamare i carabinieri.

Si alzò ed aprì l'altro sportello – ci vado – disse al bigliettaio.
30 Il bigliettaio guardava il morto e poi i viaggiatori. C'erano anche donne sull'autobus, vecchie che ogni mattina portavano sacchi di tela bianca, pesantissimi, e ceste piene di uova; le loro vesti stingevano odore di **trigonella**, di **stallatico**, di legna bruciata; di solito
35 **lastimavano** e imprecavano, ora stavano in silenzio, le facce come dissepolte da un silenzio di secoli.

– Chi è? – domandò il bigliettaio indicando il morto.

Nessuno rispose. Il bigliettaio bestemmiò, era un bestemmiatore di fama tra i viaggiatori di quella autolinea,
40 bestemmiava **con estro**: già gli avevano minacciato

licenziamento, ché tale era il suo vizio alla bestemmia da non far caso alla presenza di preti e monache sull'autobus. Era della provincia di Siracusa, in fatto di morti ammazzati aveva poca pratica: una stupida provincia, quella di
45 Siracusa; perciò con più furore del solito bestemmiava.

Vennero i carabinieri, il maresciallo nero di barba e di sonno. L'apparire dei carabinieri squillò come allarme nel letargo dei viaggiatori: e dietro al bigliettaio, dall'altro sportello che l'autista aveva lasciato aperto, cominciarono
50 a scendere. In apparente indolenza, voltandosi indietro come a cercare la distanza giusta per ammirare i campanili, si allontanavano verso i margini della piazza e, dopo un ultimo sguardo, **svicolavano**. Di quella lenta **raggera** di fuga il maresciallo e i carabinieri non si
55 accorgevano. Intorno al morto stavano ora una cinquantina di persone, gli operai di un cantiere-scuola ai quali non pareva vero di aver trovato un argomento così grosso da trascinare nell'ozio delle otto ore. Il maresciallo ordinò ai carabinieri di fare sgombrare la piazza e di far
60 risalire i viaggiatori sull'autobus: e i carabinieri cominciarono a spingere i curiosi verso le strade che intorno alla piazza si aprivano, spingevano e chiedevano ai viaggiatori di andare a riprendere il loro posto sull'autobus. Quando la piazza fu vuota, vuoto era anche
65 l'autobus; solo l'autista e il bigliettaio restavano.

– E che – domandò il maresciallo all'autista – non viaggiava nessuno oggi?

– Qualcuno c'era – rispose l'autista con faccia smemorata.
70 – Qualcuno – disse il maresciallo – vuol dire quattro cinque sei persone: io non ho mai visto questo autobus partire, che ci fosse un solo posto vuoto.

– Non so – disse l'autista, tutto spremuto nello sforzo di ricordare – non so: qualcuno, dico, così per dire; certo
75 non erano cinque o sei, erano di più, forse l'autobus era pieno... Io non guardo mai la gente che c'è: mi infilo al mio posto e via... Solo la strada guardo, mi pagano per guardare la strada.

Il maresciallo si passò sulla faccia una mano stirata dai
80 nervi. – Ho capito – disse – tu guardi solo la strada; ma tu

— e si voltò inferocito verso il bigliettaio — tu stacchi i biglietti, prendi i soldi, dài il resto: conti le persone e le guardi in faccia… E se non vuoi che te ne faccia ricordare in **camera di sicurezza**, devi dirmi subito chi c'era sull'autobus, almeno dieci nomi devi dirmeli… Da tre anni che fai questa linea, da tre anni ti vedo ogni sera al caffè Italia: il paese lo conosci meglio di me…

— Meglio di lei il paese non può conoscerlo nessuno — disse il bigliettaio sorridendo, come a schermirsi da un complimento.

— E va bene — disse il maresciallo sogghignando — prima io e poi tu: va bene… Ma io sull'autobus non c'ero, ché ricorderei uno per uno i viaggiatori che c'erano: dunque tocca a te, almeno dieci devi nominarli.

— Non mi ricordo — disse il bigliettaio — sull'anima di mia madre, non mi ricordo; in questo momento di niente mi ricordo, mi pare che sto sognando.

— Ti sveglio io ti sveglio — s'infuriò il maresciallo — con un paio d'anni di galera ti sveglio… — ma s'interruppe per andare incontro al pretore che veniva. E mentre al pretore riferiva sulla identità del morto e la fuga dei viaggiatori, guardando l'autobus, ebbe il senso che qualcosa stesse fuori posto o mancasse: come quando una cosa viene improvvisamente a mancare alle nostre abitudini, una cosa che per uso o consuetudine si ferma ai nostri sensi e piú non arriva alla mente, ma la sua assenza genera un piccolo vuoto smarrimento, come una intermittenza di luce che ci esaspera: finché la cosa che cerchiamo di colpo nella mente si rapprende.

— Manca qualcosa — disse il maresciallo al carabiniere Sposito che, col diploma di ragioniere che aveva, era la colonna della Stazione Carabinieri di S. — manca qualcosa, o qualcuno…

— **Il panellaro** — disse il carabiniere Sposito.

— Perdio: il panellaro — esultò il maresciallo, e pensò delle scuole patrie «non lo dànno al primo venuto, il diploma di ragioniere».

Un carabiniere fu mandato di corsa ad acchiappare il panellaro: sapeva dove trovarlo, ché di solito, dopo la partenza del primo autobus, andava a vendere le panelle calde nell'atrio delle scuole elementari. Dieci minuti dopo il maresciallo aveva davanti il venditore di panelle: la faccia di un uomo sorpreso nel sonno piú innocente.

— C'era? — domandò il maresciallo al bigliettaio, indicando il panellaro.

— C'era — disse il bigliettaio guardandosi una scarpa.

— Dunque — disse con paterna dolcezza il maresciallo — tu stamattina, come al solito, sei venuto a vendere panelle qui: il primo autobus per Palermo, come al solito…

— Ho la licenza — disse il panellaro.

— Lo so — disse il maresciallo alzando al cielo occhi che invocavano pazienza — lo so e non me ne importa della licenza; voglio sapere una cosa sola, me la dici e ti lascio subito andare a vendere le panelle ai ragazzi: chi ha sparato?

— Perché — domandò il panellaro, meravigliato e curioso — hanno sparato?

NOTE

1. *rombare*: rumore di motore d'aereo
2. *il raschio*: rumore secco, sfregamento
3. *il singulto*: sobbalzo, sussulto, come di un motore che si ferma e poi riparte
4. *le panelle*: focacce calde
5. *un rumore di sfasciume*: un rumore come di qualcosa che si sta disgregando
6. *colpi squarciati*: colpi secchi, improvvisi, che rompono il silenzio
7. *il predellino*: il primo gradino dell'autobus
8. *colore di zolfo*: gialla come lo zolfo
9. *come un granchio*: all'indietro, come fanno i granchi
10. *la trigonella*: un tipo di erba
11. *lo stallatico*: prodotto della stalla, o del letame della stalla
12. *lastimare*: lamentarsi (arcaico)
13. *con estro*: con creatività
14. *svicolare*: prendere stradine, vicoli laterali
15. *la raggera*: una serie di raggi che partono tutti da un punto centrale
16. *la camera di sicurezza*: cella di una prigione
17. *il panellaro*: il venditore di panelle (focacce)

DOMANDE DI COMPRENSIONE E DISCUSSIONE

1. Che cosa succede nel primo paragrafo?
2. Come reagirono in generale le persone che avevano visto l'omicidio? Che cosa ti colpisce delle loro reazioni?
3. Che cosa fece invece il bigliettaio, e perchè la sua reazione fu tanto diversa?
4. Come definisce l'autore, con sottile ironia, la provincia di Siracusa?
5. Cosa fecero i viaggiatori all'arrivo del maresciallo?
6. Che cosa ordinò il maresciallo ai carabinieri?
7. Che cosa volle sapere il maresciallo dall'autista e dal bigliettaio e che risposte ricevette?
8. Che cosa "era fuori posto", secondo il maresciallo?
9. Come reagì il panellaro alle domande del maresciallo?
10. Come reagì il maresciallo all' "omertà" di tutti i testimoni all'omicidio? Sottolinea le frasi o espressioni che Sciascia usa per descrivere le reazioni fisiche ed emotive del maresciallo all'"omertà" dei testimoni del delitto.

Nota: per le Osservazione grammaticali sul testo vedi p. 286.

IL CAPITANO DI PARMA E LA SICILIA

(da *Il giorno della civetta* di Leonardo Sciascia, 1961)

Nella parte finale del romanzo, il capitano dei carabinieri Bellodi ritorna alla nativa Parma e, dopo aver respirato aria nordica a pieni polmoni, riconosce di amare la Sicilia, un amore un po' folle dato che uno come lui è destinato a 'rompersi la testa' cercando di risolvere l'enigma di quell'isola. (Nota: Livia e Brescianelli sono amici di Bellodi a Parma).

Cominciava a scendere un **nevischio** pungente. Il cielo bianco prometteva nevicata lunga. Livia propose che l'accompagnassero a casa: sarebbero venute delle amiche, avrebbero ascoltato formidabili pezzi di vecchio jazz,
5 dischi miracolosamente reperiti; e ci sarebbe stato buon whisky di Scozia e cognac Carlos primero. – E da mangiare? – chiese Brescianelli. Livia promise che ci sarebbe stato anche da mangiare.

Trovarono la sorella di Livia e due altre ragazze distese
10 su un tappeto davanti al fuoco: i bicchieri a lato e il funerale al Vieux Colombier, New Orleans, che batteva ossessivo dal giradischi. Anche loro adoravano la Sicilia. **Abbrividirono** deliziosamente dei coltelli che, secondo loro, la gelosia faceva lampeggiare. Compiansero le donne
15 siciliane e un po' le invidiarono. Il rosso del sangue diventò il rosso di **Guttuso**. Il gallo di Picasso, che faceva da copertina al **Bell'Antonio** di Brancati, dissero delizioso **emblema** della Sicilia. Di nuovo rabbrividirono pensando alla mafia; e chiesero spiegazioni, racconti delle terribili
20 cose che, certamente, il capitano aveva visto.

Bellodi raccontò la storia del medico di un carcere siciliano che si era messo in testa, giustamente, di togliere ai detenuti mafiosi il privilegio di risiedere in infermeria: c'erano nel carcere molti malati, ed alcuni addirittura
25 **tubercolotici**, che stavano nelle celle e nelle camerate comuni; mentre **i caporioni**, sanissimi, occupavano l'infermeria per godere di un trattamento migliore. Il medico ordinò che tornassero ai reparti comuni, e che i malati venissero in infermeria. Né gli agenti né il direttore
30 diedero seguito alla disposizione del medico. Il medico scrisse al ministero. E cosí, una notte fu chiamato dal carcere, gli dissero che un detenuto aveva urgente bisogno del medico. Il medico andò. Ad un certo punto si trovò, dentro il carcere, solo in mezzo ai detenuti: i caporioni lo
35 picchiarono, accuratamente, con giudizio. Le guardie non si accorsero di niente. Il medico denunciò l'aggressione al procuratore della Repubblica, al ministero. I caporioni, non tutti, furono trasferiti ad altro carcere. Il medico fu dal ministero esonerato dal suo compito: visto che il suo

40 zelo aveva dato luogo ad incidenti. Poiché militava in un partito di sinistra, si rivolse ai compagni di partito per averne appoggio: gli risposero che era meglio lasciar correre. Non riuscendo ad ottenere soddisfazione dell'offesa ricevuta, si rivolse allora a un capomafia: che gli
45 desse la soddisfazione, almeno, di far picchiare, nel carcere dove era stato trasferito, uno di coloro che lo avevano picchiato. Ebbe poi assicurazione che il colpevole era stato picchiato a dovere.

Le ragazze trovarono delizioso l'episodio. Brescianelli
50 lo trovò terribile.

Le ragazze prepararono dei tramezzini. Mangiarono, bevvero whisky e cognac, ascoltarono jazz, parlarono ancora della Sicilia, e poi dell'amore, e poi del sesso. Bellodi si sentiva come **un convalescente**: sensibilissimo,
55 tenero, affamato. «Al diavolo la Sicilia, al diavolo tutto».

Rincasò verso mezzanotte, attraversando tutta la città a piedi. Parma era incantata di neve, silenziosa, deserta. «In Sicilia le nevicate sono rare» pensò: e che forse il carattere delle civiltà era dato dalla neve o dal sole,
60 secondo che neve o sole prevalessero. Si sentiva un po' confuso. Ma prima di arrivare a casa sapeva, lucidamente, di amare la Sicilia: e che ci sarebbe tornato.

– Mi ci romperò la testa – disse a voce alta.

NOTE

1. *il nevischio*: neve molto fine
2. *abbrividire*: rabbrividire, sentire i brividi (per freddo o per paura)
3. *Renato Guttuso*: pittore siciliano
4. *Bell'Antonio*: romanzo dello scrittore siciliano Vitaliano Brancati
5. *l'emblema*: il simbolo
6. *tubercolotico*: ammalato di tubercolosi, un'infezione ai polmoni

7. *i caporioni*: i boss mafiosi
8. *un convalescente*: chi è appena uscito da una grave malattia
9. *rincasare*: ritornare a casa

DOMANDE DI COMPRENSIONE E DISCUSSIONE

1. Che cosa propone di fare Livia a Brescianelli e Bellodi?
2. Che cosa pensano le ragazze della Sicilia?
3. Nel racconto di Bellodi, perchè i "caporioni" volevano risiedere in infermeria?
4. Quale fu l'ordine del medico?
5. Perchè il medico scrisse al ministero?
6. Come si vendicarono i mafiosi?
7. Cosa fece il medico perchè gli venisse fatta giustizia?
8. Secondo te, perchè Bellodi sceglie proprio questo aneddoto per parlare della mafia ai suoi amici?

OSSERVAZIONI GRAMMATICALI SUI TESTI (L'OMICIDIO MAFIOSO E IL CAPITANO DI PARMA E LA SICILIA)

Considera l'uso del <u>gerundio</u> nelle seguenti frasi (da L'omicidio mafioso):

... l'uomo vestito di scuro che <u>veniva correndo</u>... (righe 8-9)
... <u>muovendosi</u> come un granchio <u>cominciò</u> ad allontanarsi... (righe 18-19)
- Chi è? - domandò il bigliettaio indicando il morto. (riga 37)

Il <u>gerundio</u> può indicare il modo in cui il soggetto svolge l'azione del verbo principale (<u>veniva correndo</u>), oppure un'azione che il soggetto svolge contemporaneamente all'azione espressa dal verbo principale (<u>domandò... indicando</u>).

Ora crea un'unica frase dalle seguenti, usando il gerundio per il verbo sottolineato:

1. L'uomo mise il piede sull'autobus. <u>Restò</u> per un attimo sospeso in aria.
2. Il bigliettaio guardò il morto. <u>Bestemmiò</u>.
3. L'autista <u>sudava</u>. Teneva la destra sulla leva del freno, la sinistra sul volante.
4. Il bigliettaio bestemmiò ancora. <u>Si passo</u> la mano fra i capelli.
5. I viaggiatori <u>si guardarono</u> indietro. Si allontanarono dall'autobus.

IL LUNGO VIAGGIO
(da *Il mare colore del vino* di Leonardo Sciascia, 1973)

Un gruppo di siciliani vende tutto per poter pagare un passaggio clandestino in America, "sulle spiagge del Nugioirsi, a due passi da Nuovaiorche". E' il sogno di tanti: lasciare dietro di sè fame e oppressione e raggiungere la terra dove il denaro viene "cacciato con noncuranza nelle tasche dei pantaloni, tirato fuori a manciate." Si accorgeranno ben presto che, come successe a tanti prima di loro, non c'è fuga dalla Sicilia e che il loro sogno si è trasformato in una grande tragica beffa.

.

Era una notte che pareva fatta apposta, un'oscurità **cagliata** che a muoversi quasi se ne sentiva il peso. E faceva spavento, respiro di quella belva che era il mondo, il suono del mare: un respiro che veniva a spegnersi ai loro piedi.

5 Stavano, con le loro valige di cartone e i loro fagotti, su un tratto di spiaggia pietrosa, riparata da colline, tra Gela e Licata: vi erano arrivati all'**imbrunire**, ed erano partiti all'alba dai loro paesi; paesi interni, lontani dal mare, **aggrumati** nell'arida **plaga** del **feudo**. Qualcuno di loro, era 10 la prima volta che vedeva il mare: e sgomentava il pensiero di dover attraversarlo tutto, da quella deserta spiaggia della Sicilia, di notte, ad un'altra deserta spiaggia dell'America, pure di notte. Perché i patti erano questi — Io di notte vi imbarco — aveva detto l'uomo: una specie di commesso 15 viaggiatore per **la parlantina**, ma serio e onesto nel volto — e di notte vi sbarco: sulla spiaggia del **Nugioirsi**, vi sbarco; a due passi da **Nuovaiorche**… E chi ha parenti in America, può scrivergli che aspettino alla stazione di Trenton, dodici giorni dopo l'imbarco… Fatevi il conto da voi… Certo, il 20 giorno preciso non posso assicurarvelo: mettiamo che c'è mare grosso, mettiamo che la guardia costiera stia a vigilare… Un giorno piú o un giorno meno, non vi fa niente: l'importante è sbarcare in America.

L'importante era davvero sbarcare in America: come e 25 quando non aveva poi importanza. Se ai loro parenti arrivavano le lettere, con quegli indirizzi confusi e sgorbi che riuscivano a tracciare sulle buste, sarebbero arrivati anche loro; «chi ha lingua passa il mare», giustamente diceva il proverbio. E avrebbero passato il mare, quel grande mare 30 oscuro; e sarebbero approdati agli **stori** e alle **farme** dell'America, all'affetto dei loro fratelli zii nipoti cugini, alle calde ricche abbondanti case, alle automobili grandi come case.

Duecentocinquantamila lire: metà alla partenza, metà 35 all'arrivo. Le tenevano, **a modo di scapolari**, tra la pelle e la camicia. Avevano venduto tutto quello che avevano da vendere, per **racimolarle**: la casa **terragna** il mulo l'asino le provviste dell'annata **il canterano** le coltri. I piú furbi avevano fatto ricorso agli **usurai**, con la segreta intenzione di 40 fregarli; una volta almeno, dopo anni che ne subivano **angaria**: e ne avevano soddisfazione, al pensiero della faccia che avrebbero fatta nell'apprendere la notizia. «Vieni a cercarmi in America, **sanguisuga**: magari ti ridò i tuoi soldi, ma senza interesse, se ti riesce di trovarmi». Il sogno dell'America traboccava di dollari: non piú, il denaro, 45 custodito nel logoro portafogli o nascosto tra la camicia e la pelle, ma cacciato con noncuranza nelle tasche dei pantaloni, tirato fuori a manciate: come avevano visto fare ai loro parenti, che erano partiti morti di fame, magri e cotti dal sole; e dopo venti o trent'anni tornavano, ma per una 50 breve vacanza, con la faccia piena e rosea che faceva bel contrasto coi capelli candidi.

Erano già le undici. Uno di loro accese la lampadina tascabile: il segnale che potevano venire a prenderli per portarli sul piroscafo. Quando la spense, l'oscurità sembrò 55 piú spessa e paurosa. Ma qualche minuto dopo, dal respiro ossessivo del mare affiorò un piú umano, domestico suono d'acqua: quasi che vi si riempissero e vuotassero, con ritmo, dei secchi. Poi venne un **brusío**, un **parlottare** sommesso. Si trovarono davanti il signor Melfa, ché con questo nome 60 conoscevano l'impresario della loro avventura, prima ancora di aver capito che la barca aveva toccato terra.

— Ci siamo tutti? — domandò il signor Melfa. Accese la lampadina, fece la conta. Ne mancavano due. — Forse ci hanno ripensato, forse arriveranno piú tardi… Peggio per 65 loro, in ogni caso. E che ci mettiamo ad aspettarli, col rischio che corriamo?

Tutti dissero che non era il caso di aspettarli.

— Se qualcuno di voi non ha il contante pronto — ammoní il signor Melfa — è meglio si metta la strada tra le 70 gambe e se ne torni a casa: ché se pensa di farmi a bordo la sorpresa, sbaglia di grosso; io vi riporto a terra com'è vero dio, tutti quanti siete. E che per uno debbano pagare tutti, non è cosa giusta: e dunque chi ne avrà colpa la pagherà per mano mia e per mano dei compagni, una pestata che se ne 75 ricorderà mentre campa; se gli va bene…

Tutti assicurarono e giurarono che il contante c'era, fino all'ultimo soldo.

— In barca — disse il signor Melfa. E di colpo ciascuno dei partenti diventò una informe massa, un confuso 80 grappolo di bagagli.

— Cristo! E che **vi siete portata** la casa **appresso**? —

cominciò a **sgranare bestemmie**, e finì quando tutto il carico, uomini e bagagli, si ammucchiò nella barca: col rischio che un uomo o un fagotto ne traboccasse fuori. E la
85 differenza tra un uomo e un fagotto era per il signor Melfa nel fatto che l'uomo si portava appresso le duecentocinquantamila lire; addosso, cucite, nella giacca o tra la camicia e la pelle. Li conosceva, lui, li conosceva bene: questi contadini **zaurri**, questi villani.

90 Il viaggio durò meno del previsto: undici notti, quella della partenza compresa. E contavano le notti invece che i giorni, poiché le notti erano di atroce promiscuità, soffocanti. Si sentivano immersi nell'odore di pesce di **nafta** e di vomito come in un liquido caldo nero **bitume**. Ne
95 grondavano all'alba, stremati, quando salivano ad abbeverarsi di luce e di vento. Ma come l'idea del mare era per loro il piano verdeggiante di messe quando il vento lo sommuove, il mare vero li **atterriva**: e le viscere gli si strizzavano, gli occhi dolorosamente **verminavano** di luce se
100 appena indugiavano a guardare.

Ma all'undicesima notte il signor Melfa li chiamò in coperta: e credettero dapprima che fitte costellazioni fossero scese al mare come greggi; ed erano invece paesi, paesi della ricca America che come gioielli brillavano nella
105 notte. E la notte stessa era un incanto: serena e dolce, una mezza luna che trascorreva tra una trasparente fauna di nuvole, una brezza che **dislagava** i polmoni.

— Ecco l'America – disse il signor Melfa.

— Non c'è pericolo che sia un altro posto? – domandò
110 uno: perché per tutto il viaggio aveva pensato che nel mare non ci sono né strade né **trazzere**, ed era da dio fare la via giusta, senza **sgarrare**, conducendo una nave tra cielo ed acqua.

Il signor Melfa lo guardò con compassione, domandò a
115 tutti — E lo avete mai visto, dalle vostre parti, un orizzonte come questo? E non lo sentite che l'aria è diversa? Non vedete come splendono questi paesi?

Tutti convennero, con compassione e risentimento guardarono quel loro compagno che aveva osato una cosí
120 stupida domanda.

— **Liquidiamo il conto** – disse il signor Melfa.

Si frugarono sotto la camicia, tirarono fuori i soldi.

— Preparate le vostre cose – disse il signor Melfa dopo aver incassato.

125 Gli ci vollero pochi minuti: avendo quasi consumato le provviste di viaggio, che per patto avevano dovuto portarsi, non restava loro che un po' di biancheria e i regali per i parenti d'America: qualche forma di pecorino qualche bottiglia di vino vecchio qualche ricamo da mettere in

130 centro alla tavola o alle spalliere dei sofà. Scesero nella barca leggeri leggeri, ridendo e canticchiando; e uno si mise a cantare a gola aperta, appena la barca si mosse.

— E dunque non avete capito niente? – si arrabbiò il signor Melfa. — E dunque mi volete fare passare il guaio? …
135 Appena vi avrò lasciati a terra potete correre dal primo **sbirro** che incontrate, e farvi rimpatriare con la prima corsa: io **me ne fotto**, ognuno è libero di ammazzarsi come vuole… E poi, sono stato ai patti: qui c'è l'America, il dover mio di buttarvici l'ho assolto… Ma datemi il tempo di
140 tornare a bordo, Cristo di Dio!

Gli diedero piú del tempo di tornare a bordo: ché rimasero seduti sulla fresca sabbia, indecisi, senza saper che fare, benedicendo e maledicendo la notte: la cui protezione, mentre stavano fermi sulla spiaggia, si sarebbe mutata in
145 terribile **agguato** se avessero osato allontanarsene.

Il signor Melfa aveva raccomandato — **sparpagliatevi** — ma nessuno se la sentiva di dividersi dagli altri. E Trenton chi sa quant'era lontana, chi sa quanto ci voleva per arrivarci.

150 Sentirono, lontano e irreale, un canto: «Sembra un **carrettiere** nostro», pensarono: e che il mondo è ovunque lo stesso, ovunque l'uomo spreme in canto la stessa malinconia, la stessa pena. Ma erano in America, le città che baluginavano dietro l'orizzonte di sabbia e d'alberi erano
155 città dell'America.

Due di loro decisero di **andare in avanscoperta**. Camminarono in direzione della luce che il paese piú vicino riverberava nel cielo. Trovarono quasi subito la strada: «asfaltata, ben tenuta: qui è diverso che da noi», ma per la
160 verità se l'aspettavano piú ampia, piú dritta. Se ne tennero fuori, ad evitare incontri: la seguivano camminando tra gli alberi.

Passò un'automobile: «pare una seicento»; e poi un'altra che pareva una millecento, e un'altra ancora: «le nostre
165 macchine loro le tengono per capriccio, le comprano ai ragazzi come da noi le biciclette». Poi passarono, assordanti, due motociclette, una dietro l'altra. Era la polizia, non c'era da sbagliare: meno male che si erano tenuti fuori della strada.

Ed ecco che finalmente c'erano le frecce. Guardarono
170 avanti e indietro, entrarono nella strada, si avvicinarono a leggere: Santa Croce Camarina – Scoglitti.

— Santa Croce Camarina: non mi è nuovo, questo nome.

— Pare anche a me; e nemmeno Scoglitti mi è nuovo.

— Forse qualcuno dei nostri parenti ci abitava, forse mio
175 zio prima di trasferirsi a Filadelfia: ché io ricordo stava in un'altra città, prima di passare a Filadelfia.

– Anche mio fratello: stava in un altro posto, prima di andarsene a Brucchilin… Ma come si chiamasse, proprio non lo ricordo: e poi, noi leggiamo Santa Croce Camarina,
180 leggiamo Scoglitti; ma come leggono loro non lo sappiamo, l'americano non si legge come è scritto.

– Già, il bello dell'italiano è questo: che tu come è scritto lo leggi… Ma non è che possiamo passare qui la nottata, bisogna farsi coraggio… Io la prima macchina che
185 passa, la fermo: domanderò solo «Trenton?»… Qui la gente è piú educata… Anche a non capire quello che dice, gli scapperà un gesto, un segnale: e almeno capiremo da che parte è, questa maledetta Trenton.

Dalla curva, a venti metri, sbucò una cinquecento:
190 l'automobilista se li vide **guizzare davanti**, le mani alzate a fermarlo. Frenò bestemmiando: non pensò a una rapina, ché la zona era tra le piú calme; credette volessero un passaggio, aprí lo sportello.

– Trenton? – domandò uno dei due.
195 – Che? – fece l'automobilista.

– Trenton?

– Che trenton della madonna – imprecò l'uomo dell'automobile.

– Parla italiano – si dissero i due, guardandosi per
200 consultarsi: se non era il caso di rivelare a un compatriota la loro condizione.

L'automobilista chiuse lo sportello, rimise in moto. L'automobile balzò in avanti: e solo allora gridò ai due che rimanevano sulla strada come statue – ubriaconi, cornuti
205 ubriaconi, cornuti e figli di… – il resto si perse nella corsa.

Il silenzio dilagò.

– Mi sto ricordando – disse dopo un momento quello cui il nome di Santa Croce non suonava nuovo – a Santa Croce Camarina, un'annata che dalle nostre parti andò
210 male, mio padre ci venne per la mietitura.

Si buttarono come schiantati sull'orlo della cunetta: ché non c'era fretta di portare agli altri la notizia che erano sbarcati in Sicilia.

NOTE

1. *cagliato*: spesso come il latte quando si sta trasformando in formaggio
2. *l'imbrunire*: i momenti precedenti al tramonto, quando comincia a mancare la luce
3. *aggrumato*: raggruppato
4. *la plaga*: grande area di terreno
5. *il feudo*: grande territorio che ha un solo proprietario, latifondo
6. *la parlantina*: la facilità nel parlare
7. *Nugioirsi*: New Jersey
8. *Nuovaiorche*: New York
9. *stori*: stores (negozi, in inglese)
10. *farme*: farms (fattorie, in inglese)
11. *a modo di scapolari*: come fossero delle ossa del petto
12. *racimolare*: mettere da parte
13. *terragna*: fatta di terra
14. *il canterano*: mobile con cassetti
15. *l'usuraio*: chi presta soldi ad un alto interesse
16. *l'angaria*: il sopruso, la prepotenza
17. *la sanguisuga*: animale che succhia il sangue (qui usato come insulto contro gli usurai)
18. *il brusío*: rumore di sottofondo, come di insetti
19. *il parlottare*: il parlare sommessamente e senza interruzione

20. *portarsi appresso*: portare con sè
21. *sgranare bestemmie*: dire bestemmie una dopo l'altra
22. *lo zaurro*: contadino miserabile (dialettale)
23. *la nafta*: gasolio usato per i motori delle navi
24. *il bitume*: specie di catrame usato per rivestire le barche
25. *atterrire*: spaventare, causare terrore
26. *verminare*: fare i vermi, essere pieno di vermi (figurativo: i riflessi della luce sul mare sembravano molti vermi)
27. *dislagare*: allargare
28. *la trazzera*: strada di campagna non asfaltata usata per spostare bestiame
29. *sgarrare*: sbagliare
30. *liquidare il conto*: pagare il rimanente del prezzo accordato
31. *lo sbirro*: il poliziotto (dispregiativo)
32. *me ne fotto*: me ne frego, non me ne importa niente (volgare)
33. *l'agguato*: attacco di sorpresa contro qualcuno
34. *sparpagliarsi*: disperdersi, dividersi
35. *il carrettiere*: il guidatore di carretti
36. *andare in avanscoperta*: andare in esplorazione
37. *guizzare davanti*: balzare, saltare in avanti

DOMANDE/PUNTI DI DISCUSSIONE:

1. Spiega la tragica ironia del titolo.
2. Dove si trovavano i protagonisti di questo racconto?
3. Da dove venivano, che cosa aspettavano e dove erano diretti?
4. Come avevano fatto a racimolare i soldi per il viaggio? Che cosa avevano fatto i più furbi?
5. Perchè, secondo te, Sciascia, non usa nessuna punteggiatura quando scrive l'elenco delle cose vendute dai contadini per procurarsi i soldi per il "lungo viaggio" (righe 37-38)?
6. Quale immagine rappresentava per i contadini "il sogno americano"?
7. Chi era il Signor Melfa? Che accordi avevano preso i contadini con lui?
8. Che cosa sarebbe successo loro se non avessero pagato l'acconto?
9. Perchè il Signor Melfa "cominciò a sgranare bestemmie" mentre imbarcava il suo carico umano? Come considerava lui i contadini?
10. Qual era l'aspetto più penoso del viaggio per i contadini?
11. Come si presentò l'America ai viaggiatori?
12. Dopo il "lungo viaggio" che cosa era rimasto ai contadini come bagaglio?
13. Che cosa avrebbero dovuto fare, secondo il Signor Melfi, una volta sbarcati?
14. Che cosa fecero invece?
15. Che cosa videro i due viaggiatori che andarono in avanscoperta?
16. Chi fermarono e che cosa gli chiesero?
17. Come scoprirono alla fine che l'America era ancora molto lontana?
18. Sciascia fa largo uso di similitudini e metafore in questo racconto. Sottolineale, scegli quella che ti sembra più efficace e presentala in classe (es: E faceva spavento, <u>respiro di quella belva che era il mondo</u>, il suono del mare (righe 2-4).

OSSERVAZIONI GRAMMATICALI SUL TESTO

Considera l'uso del <u>futuro anteriore</u> nella seguente frase:

<u>Appena vi avrò lasciati</u> a terra potete correre dal primo sbirro che incontrate... (righe 137-138)

L'azione espressa dal verbo 'lasciare' è nel futuro, ma un futuro precedente all'azione del "correre dal primo sbirro": la relazione temporale fra i due verbi è marcata dall'avverbio "appena". In un italiano meno colloquiale, il verbo "potere" sarebbe al futuro semplice (potrete) e non al presente.

Usa il futuro anteriore unendo le seguenti frasi con l'avverbio "appena" e facendo tutti i cambiamenti necessari.

1. Prima sbarcheranno. Poi chiederanno dov'è Trenton.

   ----

2. Prima liquideranno il conto. Poi potranno sbarcare.

   ----

3. Prima metteranno insieme i soldi per il viaggio. Poi partiranno.

   ----

4. Prima si riposeranno. Poi andranno a dire agli altri che sono sbarcati in Sicilia.

CRISTO SI È FERMATO A EBOLI
di Carlo Levi, 1946

L'autore - scrittore, pittore e medico - confinato nel 1935 per attivitá antifascista in un piccolo paese della Basilicata, scopre un mondo diverso e dimenticato: il mondo dei contadini di Aliano, tormentati dalla malaria e da una eterna, "refrattaria" povertà, perseguitati, piuttosto che rappresentati, da uno stato lontano e colonizzatore, percepito semplicemente come "quelli di Roma".

Aliano, il paese dove Carlo Levi passò un anno di confino, anni '80.

Carlo Levi, *Fuoco di gennaio*, 1954, Olio su tela.

Sono passati molti anni, pieni di guerra, e di quello che si usa chiamare la Storia. Spinto qua e là alla ventura, non ho potuto mantenere la promessa fatta, lasciandoli, ai miei contadini, di tornare fra loro, e non so davvero se e quando potrò mai mantenerla. Ma, **chiuso in una stanza**, e in un mondo chiuso, mi è grato riandare con la memoria a quell'altro mondo, **serrato** nel dolore e negli usi, negato alla Storia e allo Stato, eternamente paziente; a quella mia terra senza conforto e dolcezza, dove il contadino vive, nella miseria e nella lontananza, la sua immobile civiltà, su un suolo arido, nella presenza della morte.

— Noi non siamo cristiani, — essi dicono, — Cristo si è fermato a Eboli —. Cristiano vuol dire, nel loro linguaggio, uomo: e la frase proverbiale che ho sentito tante volte ripetere, nelle loro bocche non è forse nulla piú che l'espressione di uno sconsolato complesso di inferiorità. Noi non siamo cristiani, non siamo uomini, non siamo considerati come uomini, ma bestie, **bestie da soma**, e ancora meno che le bestie, **i fruschi, i frusculicchi**, che vivono la loro libera vita diabolica o angelica, perché noi dobbiamo invece subire il mondo dei cristiani, che sono di là dall'orizzonte, e sopportarne il peso e il confronto. Ma la frase ha un senso molto piú profondo, che, come sempre, nei modi simbolici, è quello letterale. Cristo si è davvero fermato a Eboli, dove la strada e il treno abbandonano la costa di Salerno e il mare, e si addentrano nelle desolate terre di **Lucania**. Cristo non è mai arrivato qui, né vi è arrivato il tempo, né l'anima individuale, né la speranza, né il legame tra le cause e gli effetti, la ragione e la Storia. Cristo non è arrivato, come non erano arrivati i romani, che presidiavano le grandi strade e non entravano fra i monti e nelle foreste, né i greci, che fiorivano sul mare di **Metaponto** e di **Sibari**: nessuno degli **arditi** uomini di occidente ha portato quaggiú il suo senso del tempo che si muove, né la sua **teocrazia** statale, né la sua perenne attività che cresce su se stessa. Nessuno ha toccato questa terra se non come un conquistatore o un nemico o un visitatore incomprensivo. Le stagioni scorrono sulla fatica contadina, oggi come tremila anni prima di Cristo: nessun messaggio umano o divino si è rivolto a questa povertà **refrattaria**. Parliamo un diverso linguaggio: la nostra lingua è qui incomprensibile. I grandi viaggiatori non sono andati di là dai confini del proprio mondo; e hanno percorso i sentieri della propria anima e quelli del bene e del male, della moralità e della redenzione. Cristo è sceso nell'inferno sotterraneo del moralismo ebraico per romperne le porte nel tempo e sigillarle nell'eternità. Ma in questa terra oscura, senza peccato e senza redenzione, dove il male non è morale, ma è un dolore terrestre, che sta per sempre nelle cose, Cristo non è disceso. Cristo si è fermato a Eboli.

(…)

Questa strana e scoscesa configurazione del terreno fa di **Gagliano** una specie di fortezza naturale, da cui non si esce che per vie obbligate. Di questo approfittava **il podestà**, in quei giorni di cosiddetta passione nazionale, per aver maggior folla alle adunate che gli piaceva di indire per sostenere, come egli diceva, il morale della popolazione, o per fare ascoltare, alla radio, i discorsi dei nostri governanti che preparavano **la guerra d'Africa**. Quando don Luigino aveva deciso di fare un'adunata, mandava, la sera, per le vie del paese, il vecchio **banditore** e **becchino** con il tamburo e la tromba; e si sentiva quella voce antica gridare cento volte, davanti a tutte le case, su una sola nota alta e astratta: – Domattina alle dieci, tutti nella piazza, davanti al municipio, per sentire la radio. Nessuno deve mancare. – Domattina dovremo alzarci due ore prima dell'alba, – dicevano i contadini, che non volevano perdere una giornata di lavoro, e che sapevano che don Luigino avrebbe messo, alle prime luci del giorno, i suoi **avanguardisti** e i carabinieri sulle strade, agli sbocchi del paese, con l'ordine di non lasciare uscire nessuno. La maggior parte riusciva a partire **pei** campi, nel buio, prima che arrivassero i sorveglianti; ma i ritardatari dovevano rassegnarsi ad andare, con le donne e i ragazzi della scuola, sulla piazza, sotto il balcone da cui scendeva l'eloquenza entusiastica ed uterina di **Magalone**. Stavano là, col cappello in capo, neri e diffidenti, e i discorsi passavano su di loro senza lasciar traccia.

I signori erano tutti iscritti al Partito, anche quei pochi, come il dottor Milillo, che la pensavano diversamente, soltanto perché il Partito era il Governo, era lo Stato, era il Potere, ed essi si sentivano naturalmente partecipi di questo potere. Nessuno dei contadini, per la ragione opposta, era iscritto, come del resto non sarebbero stati iscritti a nessun altro partito politico che potesse, per avventura, esistere. Non erano fascisti, come non sarebbero stati liberali o socialisti o che so io, perché queste faccende non li riguardavano, appartenevano a un altro mondo e non avevano senso. Che cosa avevano essi a che fare con il Governo, con il Potere, con lo Stato? Lo Stato, qualunque sia, sono «quelli di Roma», e quelli di Roma, si sa, non vogliono che noi si viva da cristiani. C'è la grandine, le frane, la siccità, la malaria, e c'è lo Stato. Sono dei mali inevitabili, ci sono sempre stati e ci saranno sempre. **Ci fanno ammazzare le capre**, ci portano via i mobili di casa, e adesso ci manderanno a fare la guerra. Pazienza!

Per i contadini, lo Stato è piú lontano del cielo, e piú maligno, perché sta sempre dall'altra parte. Non importa quali siano le sue formule politiche, la sua struttura, i suoi programmi. I contadini non li capiscono, perché è un altro linguaggio dal loro, e non c'è davvero nessuna ragione perché li vogliano capire. La sola possibile difesa, contro lo Stato e contro la propaganda, è la rassegnazione, la stessa **cupa** rassegnazione, senza speranza di paradiso, che curva le loro schiene sotto i mali della natura.

Perciò essi, com'è giusto, non si rendono affatto conto di che cosa sia la lotta politica: è una questione personale di quelli di Roma. Non importa ad essi di sapere quali siano le opinioni dei **confinati**, e perché siano venuti quaggiú: ma li guardano benigni, e li considerano come propri fratelli, perché sono anch'essi, per motivi misteriosi, vittime del loro stesso destino. Quando, nei primi giorni, mi capitava d'incontrare sul sentiero, fuori del paese, qualche vecchio contadino che non mi conosceva ancora, egli si fermava, sul suo asino, per salutarmi, e mi chiedeva: – Chi sei? *Addò vades?* (Chi sei? Dove vai?) – Passeggio, – rispondevo, – sono un confinato. – Un **esiliato**? (I contadini di qui non dicono confinato, ma esiliato). – Un esiliato? Peccato! Qualcuno a Roma ti ha voluto male –. E non aggiungeva altro, ma rimetteva in moto la sua **cavalcatura**, guardandomi con un sorriso di compassione fraterna.

Questa fraternità passiva, questo patire insieme, questa rassegnata, solidale, secolare pazienza è il profondo sentimento comune dei contadini, legame non religioso, ma naturale. Essi non hanno, né possono avere, quella che si usa chiamare coscienza politica, perché sono, in tutti i sensi del termine, pagani, non cittadini: gli dèi dello Stato e della città non possono aver culto fra queste **argille**, dove regna il lupo e l'antico, nero cinghiale, né alcun muro separa il mondo degli uomini da quello degli animali e degli spiriti, né le fronde degli alberi visibili dalle oscure radici sotterranee. Non possono avere neppure una vera coscienza individuale, dove tutto è legato da influenze reciproche, dove ogni cosa è un potere che agisce insensibilmente, dove non esistono limiti che non siano rotti da un influsso magico. Essi vivono immersi in un mondo che si continua senza determinazioni, dove l'uomo

non si distingue dal suo sole, dalla sua bestia, dalla sua
140 malaria: dove non possono esistere la felicità, **vagheggiata**
dai letterati paganeggianti, né la speranza, che sono pur
sempre dei sentimenti individuali, ma la cupa passività di
una natura dolorosa. Ma in essi è vivo il senso umano di un
comune destino, e di una comune accettazione. È un
145 senso, non un atto di coscienza; non si esprime in discorsi
o in parole, ma si porta con sé in tutti i momenti, in tutti
i gesti della vita, in tutti i giorni uguali che si stendono su
questi deserti.

— Peccato! Qualcuno ti ha voluto male —. Anche tu
dunque sei soggetto al destino. Anche tu sei qui per il
150 potere di una mala volontà, per un influsso malvagio,
portato qua e là per opera ostile di magía. Anche tu
dunque sei un uomo, anche tu sei dei nostri. Non
importano i motivi che ti hanno spinto, né la politica, né
le leggi, né le illusioni della ragione. Non c'è ragione né

155 cause ed effetti, ma soltanto un cattivo Destino, una
Volontà che vuole il male, che è il potere magico delle
cose. Lo Stato è una delle forme di questo destino, come
il vento che brucia i raccolti e la febbre che ci **rode** il
sangue. La vita non può essere, verso la sorte, che pazienza
160 e silenzio. A che cosa valgono le parole? E che cosa si può
fare? Niente.

Corazzati dunque di silenzio e di pazienza, taciturni e
impenetrabili, quei pochi contadini che non erano riusciti
a fuggire nei campi stavano sulla piazza, all'adunata; ed era
165 come se non udissero **le fanfare** ottimistiche della radio,
che venivano di troppo lontano, da un paese di attiva
facilità e di progresso, che aveva dimenticato la morte, al
punto di **evocarla per scherzo**, con la leggerezza di chi
non ci crede.

NOTE

1. *chiuso in una stanza*: Levi si riferisce qui agli ultimi mesi di guerra quando, prima della liberazione di Firenze, fu costretto alla vita clandestina. In quel periodo scrisse *Cristo si è fermato a Eboli*
2. *serrato*: chiuso
3. *la bestia da soma*: animale usato per portare pesi (ad es. il cavallo, o l'asino)
4. *i fruschi (diminutivo: i frusculicchi)*: spiriti, spiritelli del bosco
5. *la Lucania*: l'attuale regione della Basilicata
6. *Metaponto e Sibari*: città della costa
7. *ardito*: coraggioso, intraprendente
8. *la teocrazia*: stato governato da religiosi
9. *refrattario*: resistente, insensibile agli stimoli
10. *Gagliano*: il nome dato da Levi ad Aliano, il paese dove passò l'anno di confino
11. *il podestà*: il rappresentante locale del governo fascista
12. *la guerra d'Africa*: la campagna di invasione dell'Etiopia, conclusasi nel 1936 con la proclamazione dell'Africa Orientale Italiana
13. *il banditore*: il funzionario comunale che, prima dell'arrivo dei mezzi di comunicazione di massa, girava per i paesi facendo comunicazioni ufficiali
14. *il becchino*: chi si occupa della sepoltura dei morti al cimitero
15. *gli avanguardisti*: i militanti del partito fascista
16. *pei*: per i
17. *Magalone*: il podestà
18. *ci fanno ammazzare le capre*: un riferimento alla tassa istituita dal fascismo sul possesso delle capre, al fine di scoraggiare la pastorizia e incoraggiare la coltivazione del grano; molti contadini furono costretti ad uccidere le capre, dato che non potevano pagare la tassa.
19. *cupo*: scuro, nero (qui in senso figurativo)
20. *il confinato*: generalmente un antifascista che durante il fascismo veniva arrestato e mandato a vivere, in soggiorno obbligato, in un piccolo paese o isola, generalmente nel sud d'Italia
21. *l'esiliato*: l'oppositore politico che è costretto a vivere all'estero
22. *la cavalcatura*: l'andare a cavallo, o su un asino
23. *le argille*: creta, roccia molto friabile, quasi sabbia, che costituiva la base delle colline su cui è costruito Aliano
24. *vagheggiato*: immaginato
25. *rodere*: mangiare a piccoli bocconi, a poco a poco
26. *corazzato*: difeso, protetto come da una corazza
27. *la fanfara*: musica di una banda militare
28. *evocarla per scherzo*: Levi si riferisce qui ai discorsi favorevoli alla guerra di Mussolini e della propaganda fascista in generale

DOMANDE/PUNTI DI DISCUSSIONE:

1. Qual è la promessa che Levi aveva fatto ai contadini di Aliano?
2. Perchè, secondo te, Levi scrive Storia e Stato con S maiuscola?
3. Alla riga 7, Levi parla di 'quell'altro mondo'. Com'è questo mondo?
4. Che cosa vuol dire 'cristiano' per i contadini di Aliano?
5. Perchè loro non si definiscono 'cristiani'?
6. Qual è il significato letterale della metafora *Cristo si è fermato a Eboli*? Che cosa rappresenta in realtà Cristo oltre alla religione cattolica ufficiale, per i contadini di Lucania?
7. Secondo Levi, chi sono gli unici uomini che "hanno toccato" la terra di Lucania?
8. Cosa vuol dire Levi quando scrive che in Lucania "il male non è morale, ma è un dolore terrestre che sta sempre nelle cose"?
9. Secondo te, perchè Levi usa il possessivo nelle seguenti frasi:
   ... lasciandoli, ai <u>miei</u> contadini, di tornare fra loro... (righe 3-4)
   ... a quella <u>mia</u> terra senza conforto e dolcezza,... (righe 8-9)
10. In che senso il podestà sapeva approfittare della particolare configurazione del terreno di Gagliano (Aliano)?
11. Che scopo avevano le adunate?
12. Perchè i contadini in quelle giornate dovevano alzarsi due ore prima?
13. Cosa dovevano fare i contadini "ritardatari"?
14. Perchè i signori erano iscritti al partito fascista?
15. Perchè nessuno dei contadini, invece, era iscritto al Partito?
16. Che cosa rappresentava lo Stato per i contadini?
17. Che cosa vuol dire 'lo stato sta sempre dall'altra parte'?
18. Come si difendevano i contadini dallo Stato?
19. I contadini, come consideravano i confinati?
20. Qual era il sentimento comune che univa tutti i contadini?
21. Che cosa vuol dire Levi quando scrive che "i contadini sono, in tutti i sensi del termine, pagani, non cittadini" (riga 129)?
22. Secondo Levi, i contadini di Aliano sono portatori di un tipo diverso di religiosità e di cultura. Spiega in breve quali sono gli elementi più importanti che separano la 'cultura contadina' di Aliano dalla 'cultura ufficiale' dello Stato italiano.
23. A chi si sente più vicino Levi e perchè?
24. Come reagivano i contadini ai discorsi ufficiali durante le adunate promosse dal podestà?

OSSERVAZIONI GRAMMATICALI SUL TESTO

Considera l'uso del pronome <u>nessuno</u> nella seguente frase (righe 84-85):

<u>Nessuno dei contadini</u>... era iscritto [al partito fascista].

Il contrario di <u>nessuno/a</u> è <u>tutti/e</u>, seguito però dal verbo alla <u>terza persona plurale</u>. Il contrario della stessa frase sarebbe:

<u>Tutti i contadini</u> erano iscritti [al partito fascista].

Nelle seguenti frasi, cambia <u>nessuno</u> in <u>tutti/e</u>, e viceversa, facendo le modifiche necessarie:

1. Nessuno dei contadini voleva partecipare alle adunate.
2. Tutti gli abitanti di Aliano pensavano di non essere "cristiani".
3. Tutti i visitatori si erano presentati come conquistatori o nemici.
4. Nessuna delle divinità contadine era di origine cristiana.
5. Tutte le capre erano soggette alla tassa imposta dal governo fascista.

FONTAMARA

di Ignazio Silone, 1933.

Per i contadini di Fontamara, povero villaggio negli Abruzzi, così come per i contadini di Gagliano in "Cristo si è fermato a Eboli", lo stato è un oppressore lontano e incomprensibile. Siamo in periodo fascista e, in un episodio che non manca di umorismo, un gruppo di fascisti della milizia si presenta al paese per 'schedare' i contadini, dopo averli sottoposti ad un curioso esame orale...
La vicenda è narrata in prima persona da uno dei contadini di Fontamara.

Questi uomini in camicia nera, **d'altronde** noi li conoscevamo. Per farsi coraggio essi avevano bisogno di venire di notte. La maggior parte puzzavano di vino, eppure a guardarli da vicino, negli occhi, non osavano
5 sostenere lo sguardo. Anche loro erano povera gente. Ma una categoria speciale di povera gente, senza terra, senza mestieri, o con molti mestieri, che è lo stesso, ribelli al lavoro pesante; troppo deboli e vili per ribellarsi ai ricchi e alle autorità, essi preferivano di servirli per ottenere il
10 permesso di rubare e opprimere gli altri poveri, **i cafoni**, **i fittavoli**, i piccoli proprietari. Incontrandoli per strada e di giorno, essi erano umili e ossequiosi; di notte e in gruppo cattivi, malvagi, traditori. Sempre essi erano stati al servizio di chi comanda e sempre lo saranno. Ma il loro
15 raggruppamento in un esercito speciale, con una divisa speciale, e un armamento speciale, era una novità di pochi anni. Sono essi i cosiddetti fascisti. La loro prepotenza aveva anche un'altra facilitazione. Ognuno di noi, fisicamente, valeva almeno tre di loro; ma cosa c'era di
20 comune tra noi? che legame c'era? Noi eravamo tutti nella stessa piazzetta ed eravamo nati tutti a Fontamara; ecco cosa c'era di comune tra noi cafoni, ma niente altro. Oltre a questo, ognuno pensava al caso suo; ognuno pensava al modo di uscire, lui, dal quadrato degli uomini armati e di
25 lasciarvi magari gli altri; ognuno di noi era un capo di famiglia, pensava alla propria famiglia. Forse solo Berardo pensava diversamente, ma lui non aveva né terra né moglie.

Nel frattempo si era fatto tardi.
30 «Be'», gridò Berardo minaccioso «ci sbrighiamo?»

L'omino panciuto rimase impressionato dal tono di quella voce e disse:

«Adesso cominciamo l'esame.»

«L'esame? Che esame? Siamo a scuola?»
35 Nel quadrato si fece un varco della larghezza di un metro e ai suoi lati si posero l'omino panciuto e Filippo il Bello. Proprio come fanno i pastori negli **stazzi**, per la mungitura delle pecore.

Così cominciò l'esame.
40 Il primo a essere chiamato fu proprio Teofilo il

sacrestano.

«Chi **evviva**?» gli domandò bruscamente l'omino con la fascia tricolore.

Teofilo sembrò cadere dalle nuvole.
45 «Chi evviva?» ripeté irritato il rappresentante delle autorità.

Teofilo girò il volto spaurito verso di noi, come per avere un suggerimento, ma ognuno di noi ne sapeva quanto lui. E siccome il poveraccio continuava a dar segni
50 di non saper rispondere, l'omino si rivolse a Filippo il Bello che aveva un gran registro tra le mani e gli ordinò:

«Scrivi accanto al suo nome: "**refrattario**".»

Teofilo se ne andò assai costernato. Il secondo a essere chiamato fu Anacleto il sartore.
55 «Chi evviva?» gli domandò il panciuto.

Anacleto che aveva avuto il tempo di riflettere rispose: «Evviva Maria.»

«Quale Maria?» gli chiese Filippo il Bello.

Anacleto rifletté un po', sembrò esitare e poi precisò:
60 «Quella di Loreto.»

«Scrivi» ordinò l'omino al cantoniere con voce sprezzante, «"refrattario".»

Anacleto non voleva andarsene: egli si dichiarò disposto a menzionare la Madonna di Pompei, piuttosto
65 che quella di Loreto; ma fu spinto via in malo modo. Il terzo a essere chiamato fu il vecchio Braciola. Anche lui aveva la risposta pronta e gridò:

«Viva San Rocco.»

Ma neppure quella risposta soddisfece l'omino che
70 ordinò al cantoniere:

«Scrivi. "refrattario".»

Fu il turno di Cipolla.

«Chi evviva?» gli fu domandato.

«Scusate, cosa significa?» egli si azzardò a chiedere.
75 «Rispondi sinceramente quello che pensi» gli ordinò l'omino. «Chi evviva?»

«Evviva il pane e il vino» fu la risposta sincera di Cipolla.

Anche lui fu segnato come "refrattario". Ognuno di
80 noi aspettava il suo turno e nessuno sapeva indovinare che

cosa il rappresentate dell'autorità volesse che noi rispondessimo alla sua strana domanda di chi evviva.

La nostra maggiore preoccupazione naturalmente era se, rispondendo male, si dovesse poi pagare qualche cosa. 85 Nessuno di noi sapeva che cosa significava "refrattario"; ma era più che verosimile che volesse dire "deve pagare". Un pretesto, insomma, come un altro per **appiopparci** una nuova tassa. Per conto mio cercai di avvicinarmi a Baldissera, che era di noi la persona più istruita e 90 conosceva le cerimonie, per essere da lui consigliato sulla risposta; ma lui mi guardò con un sorriso di compassione, come di chi la sa lunga, però solo per suo conto.

«Chi evviva?» chiese a Baldissera l'omino della legge.

Il vecchio scarparo si tolse il cappello e gridò:

95 «Evviva la Regina Margherita.»

L'effetto non fu del tutto quello che Baldissera si aspettava. I militi scoppiarono a ridere e l'omino gli fece osservare:

«È morta. La Regina Margherita è già morta.»

100 «È morta?» chiese Baldissera addoloratissimo. «Impossibile.»

«Scrivi», fece l'omino a Filippo il Bello con un sorriso di disprezzo «**costituzionale**.»

Baldissera se ne partì scuotendo la testa per quel 105 susseguirsi di avvenimenti inesplicabili. A lui seguì Antonio La Zappa, il quale, opportunamente istruito da Berardo, gridò:

«**Abbasso** i ladri.»

E provocò le proteste generali degli uomini neri che la 110 presero per un'offesa personale.

«Scrivi» fece il panciuto a Filippo il Bello «"anarchico".» La Zappa se ne andò ridendo e fu la volta di Spaventa.

«Abbasso i vagabondi» gridò Spaventa, sollevando 115 nuovi urli nelle file degli esaminatori. E anche lui fu segnato come "anarchico".

«Chi evviva» domandò il panciuto a Della Croce.

Anche lui era però uno scolaro di Berardo e non sapeva dire evviva, ma solo abbasso. Perciò rispose:

120 «Abbasso le tasse.»

E quella volta, bisogna dirlo a onor del vero, gli uomini neri e l'omino non protestarono.

Ma anche Della Croce fu segnato come "anarchico", perché, spiegò l'omino, certe cose non si dicono.

125 Maggiore impressione fece Raffaele Scarpone, gridando quasi sul muso del rappresentante della legge:

«Abbasso chi ti dà la paga.»

L'omino ne fu esterrefatto, come per un sacrilegio, e voleva farlo arrestare; ma Raffaele aveva avuto cura di

130 pronunziarsi solo dopo essere uscito dal quadrato, e in due salti sparì dietro la chiesa e nessuno lo vide più.

Con Losurdo riprese la sfilata delle persone prudenti.

«Viva tutti» egli rispose ridendo ed era difficile immaginare risposta più prudente; ma non fu apprezzata.

135 «Scrivi», disse l'omino a Filippo il Bello «liberale".»

«Viva il Governo» gridò Uliva col massimo di buona volontà.

«Quale Governo?» chiese incuriosito Filippo il Bello.

Uliva non aveva mai sentito che esistessero diversi 140 Governi, ma per educazione rispose:

«Il Governo legittimo.»

«Scrivi», fece allora il panciuto al cantoniere «"perfido".»

Pilato volle fare una speculazione, e siccome fu la sua 145 volta, gridò anche lui:

«Viva il Governo.»

«Quale Governo?» chiese allarmato Fillippo il Bello.

«Il Governo illegittimo».

«Scrivi», comandò il ventruto al cantoniere 150 «"mascalzone"».

Insomma, ancora nessuno era riuscito ad azzeccare la risposta soddisfacente. A mano a mano che aumentavano le risposte riprovevoli si restringeva la libertà di scelta per noi che restavamo da esaminare. Ma la cosa 155 veramente importante che rimaneva oscura, era se rispondendo male si dovesse pagare qualche cosa e quanto. Solo Berardo mostrava di non avere questa preoccupazione e si divertiva a suggerire ai giovanotti suoi amici risposte insolenti di abbasso e non di evviva.

160 «Abbasso la banca» gridò Venerdì Santo.

«Quale banca?» gli chiese Filippo il Bello.

«Ce n'è una sola e dà i soldi soltanto all'Impresario» rispose Venerdì da bene informato.

«Scrivi», fece l'omino al cantoniere «"comunista"».

165 Come comunista fu anche registrato Gasparone che, alla domanda, chi evviva, rispose:

«Abbasso **Torlonia**.»

Invece Palammo fu registrato come socialista per aver risposto assai cortesemente:

170 «Viva i poveri.»

Felicia Impastato, madre di Giovanni e Giuseppe:

"Dovevano fare le elezioni, [mio marito] lo chiamava: "Sai, Giuseppe, ora ci sono le elezioni, stai attento, non parlare di mafia. Se tu ti fossi laureato, gli amici miei ti avrebbero..." "Gli amici tuoi?... Mi contento morire di fame che avere un posto dai tuoi amici." E allora diceva "Esci fuori." iii

... una volta gli dissi [a mio figlio Peppino]: "Perchè non esci armato, tu? Caso mai, sempre ti puoi difendere, no?". "Se io esco armato, siccome i carabinieri sono d'accordo con loro, mi prendono per terrorista armato". Non aveva neanche un coltello in tasca. Niente completamente..... Forse non se lo immaginava...lo avevo paura, invece. Mi spaventavo. Mio marito stesso mi diceva: "Sai, fanno un fosso, così, va cercando il fosso con i suoi piedi, va cercando.... Fallo smettere. Digli che smetta, perchè fanno un fosso e lo..." iv

CITAZIONI

Questo film abbonda in citazioni che possono essere usate efficacemente per la discussione in classe. Scegli la citazione che meglio illustra, secondo te, le tematiche del film e discutila:

1. "Vorrei brindare alla libertà e al lavoro che ci riscatta: mai più poveri, mai più!... I piccioli [i soldi] ce li faremo dare dalla regione! Tutti cornuti! Non votare più per il Re. Oggi abbiamo la Repubblica!". (membri della 'famiglia' alla festa iniziale per il cugino Anthony e per sua moglie)
2. "Dove sono questi mafiosi? Chi sono? Sempre dire mafia qua, mafia là". (Cesare Manzella a Stefano)
3. "Non rinchiuderti, partito, nelle tue stanze, resta amico dei ragazzi di strada". (parole del poeta Majakovski: Peppino a Stefano)
4. "Vivi nella stessa strada, prendi il caffè nello stesso bar. I padroni di Cinisi sono loro e mio padre gli lecca il culo! Io voglio urlare che mio padre è un leccaculo!" (Peppino al fratello)
5. "Invece della lotta politica, della coscienza di classe, di tutte le manifestazioni, 'ste fesserie, bisognerebbe ricordare alla gente cos'è la bellezza, aiutarla a riconoscerla, a difenderla. La bellezza? E' importante la bellezza, da lì scende tutto il resto". (conversazione fra Peppino e Salvo in collina)
6. "Qual è la distanza più breve fra due punti? Una retta! Invece l'autostrada fa molte curve e giri! (Peppino a un comizio, come cantastorie)
7. "L'aria non ce la possono sequestrare!"
8. "Qual è il comandamento che ti hanno insegnato? Onora il padre! Onora tuo padre! Dimmelo!" (il padre a Peppino)
9. "Qui non siamo a Parigi, non siamo a Berkeley,... qui siamo a Cinisi in Sicilia, dove non aspettano altro che il disimpegno, il ritorno alla vita privata". (Peppino a radio Aut)
10. "Siamo pari con questo caffè. Abbiamo chiuso tutti i conti, il debito, la riconoscenza, il rispetto... Perchè è soltanto Tano che ti dà il permesso di continuare a ragliare come i cavalli". (Tano a Peppino nella pizzeria di suo padre)
11. "Si sa che niente può cambiare. Noi siciliani la mafia la vogliamo non perché abbiamo paura, ma perché ci dà sicurezza, perché ci piace, ci identifica. Noi siamo la mafia e tu Peppino non sei stato che un povero illuso...". (Salvo alla radio)

CITAZIONE SPECIALE DAL PROGRAMMA DI RADIO AUT DEL 3 MARZO 1978:

'La cretina commedia', una parodia della Divina Commedia di Dante, ed in particolare del Canto X:

Ed el mi disse: "Volgiti! Che fai?
Vedi là Farinata che s'è dritto:
da la cintola in sù tutto 'l vedrai.'

Peppino condanna molti personaggi mafiosi nel suo inferno dantesco, fra i quali l'on. Pandolfo, amante di cavalli, il vicesindaco Maniaci, il costruttore Giuseppe Finazzo, detto Percialino, successivamente indiziato per l'omicidio di Peppino e, naturalmente, Tano Badalamenti.

Parole di Peppino nel film (uguali al vero programma radio, ma in diversa sequenza):
> Così arrivammo al centro di Mafiopoli, la turrita città piena di gente che fa per professione l'ingannopoli.
> Scendemmo ancora per un altro lato dove c'eran color che nella bocca puzzano per i culi che han leccato.
> E il mio maestro; "Volgiti, che fai?", vedi il vice sindaco che s'è desto, dalla cintola in su tutto 'l vedrai"
> "O tu che di Mafiopoli sei il vice, gli dissi, che ci fai in questo loco?"
> "Lasciami stare, triste egli mi dice, qui son dannato a soffrire il tifo, tentai di spostare lo campo sportivo
> e tutti ora mi dicono: "Che schifo!"
> E c'era Don Peppino Percialino, artista d'intrallazzi e di montagne, che si annusava un po' di cocaino,
> sì di cocaino al naso, come si dice, sniffava, no, no, pisciava, non so se pisciava, cacava, non si sa
> se grugniva o se sparava.
> Gridava: "Sono sempre un galantuomo, amico degli amici e di Pantofo: possiedo una congrega: l'Ecce Homo,
> e adesso nel mio cul tengo un carciofo."
> Ma per redimersi dai peccati ecco che tutti pregano e prega pure Don Tano che è uomo di grande fede." ᵛ

DOMANDE DI COMPRENSIONE E PUNTI GENERALI DI DISCUSSIONE:

1. Nella prima scena assistiamo a un 'pranzo mafioso'. Che cosa si festeggia? Come si manifesta la tensione fra Tano e Cesare Manzella?
2. Qual è il contenuto del comizio di Stefano, e come reagisce Cesare Manzella?
3. Che cosa capiamo dall'abbraccio fra la vedova di Cesare Manzella e Tano al funerale di Cesare Manzella?
4. Qual è la reazione del piccolo Peppino alla morte dello zio?
5. Perchè Stefano non può fare il ritratto di Cesare Manzella?
6. Come spiega Stefano a Peppino l'uccisione di Cesare Manzella?
7. Qual è la prima forma di partecipazione politica di Peppino?
8. Quali accuse fanno i compagni di Peppino in carcere al Partito comunista e a Peppino stesso?
9. I genitori di Peppino come giustificano il suo interesse politico nella loro conversazione a letto?
10. Perchè Stefano non vuole pubblicare il giornale di Peppino e dei suoi amici contenente l'articolo "La mafia è una montagna di merda"?
11. Che cosa fa la madre nel tentativo di proteggere Peppino?
12. Primo litigio fra padre e figlio: secondo te, che significato ha la metafora dei 'cento passi'?
13. Che cosa fanno Peppino e i suoi amici durante il primo incontro del Cineforum?
14. Commenta la conversazione fra Salvo e Peppino mentre sono in collina per fotografare l'aeroporto di Cinisi.
15. Commenta lo 'stile politico' di Peppino. Che tipo di comizi fa Peppino?
16. Perchè Peppino e i suoi amici decidono di fondare una radio?
17. Perchè questa radio ha tanto successo?
18. Quali sono la cause e le conseguenze del secondo grande litigio fra padre e figlio?
19. Quali critiche fa il leader della 'comune' alla radio di Peppino?
20. Quale trasformazione subisce la radio nel corso del tempo?
21. Perchè il padre va in America a trovare il cugino?
22. Che cosa pensa Peppino dell'iniziativa degli hippies "liberazione del corpo, chiappe selvagge"?
23. Perchè Peppino occupa la radio una sera?
24. Che cosa propone il padre a Peppino una sera in pizzeria, e come reagisce Peppino?
25. Come viene ucciso il padre?

26. Come si comporta Peppino al funerale del padre?

27. Dopo il funerale, perchè Giovanni è così arrabbiato con Peppino?

28. Tano si presenta alla pizzeria del padre e parla a Peppino e al fratello, ma loro non rispondono.
    Perchè, secondo Tano, Peppino gli dovrebbe essere riconoscente?

29. Perchè Peppino e Salvo sono quasi cacciati dal bar quando la televisione annuncia il rapimento di Aldo Moro?

30. Come reagisce il vecchio Stefano all'annuncio di Peppino della sua candidatura politica nel partito di estrema sinistra Democrazia Proletaria?

31. Perchè Salvo incita gli ascoltatori a spegnere la radio, il giorno dopo l'uccisione di Peppino?

32. Commenta lo slogan: "La mafia uccide. Il silenzio pure"

33. Secondo te, questo è un titolo appropriato per il film? Vorresti proporre un altro titolo?

34. Che cosa pensi della madre, del suo rapporto con il figlio Peppino e con il marito?

35. Che cosa pensi del padre di Peppino, e del suo triplice rapporto con la mafia, con la moglie e con la famiglia?

36. Che cosa ti ha colpito di più della personalità di Peppino?

37. Quale aspetto della 'cultura' degli anni '70 trovi che sia meglio rappresentato nel film?

i   C. Muscau, *'Una vergogna se il film ha aiutato la giustizia'*, *Corriere della Sera*, 12 aprile 2002.

ii F. Bartolotta Impastato, *La mafia in casa mia*, Intervista di A. Puglisi e U. Santino, La Luna edizioni, Palermo 1987, p. 34.

iii Ibid.

iv Ibid., p. 46

v   G. Impastato, *Lunga è la notte, poesie, scritti, documenti*, a cura di U. Santino, Centro siciliano di documentazione Giuseppe Impastato, Palermo 2003, pp. 81-82.

L'UOMO DELLE STELLE

(1995), regia di Giuseppe Tornatore

INTRODUZIONE

Siamo negli anni '50: Joe, impresario cinematografico, si reca in Sicilia con un furgone, una macchina da presa, un carico di pellicole e di promesse: dice di aver bisogno di visi nuovi per il cinema italiano e per pochi soldi offre un provino e la speranza di diventare una "stella". Contadini, uomini e donne, commercianti, bambini, carabinieri, nobili e perfino mafiosi credono di aver trovato il modo di fuggire dalla loro miseria, o semplicemente dal provincialismo dell'isola. Joe si trova così, suo malgrado, a raccogliere confessioni e speranze, frustrazioni e chimere di un intero popolo *"ingannato da tutti, da Dio, dallo Stato, dagli uomini"*, ed ora anche dal suo commercio di illusioni.

Il film fu candidato all'Oscar come miglior film straniero nel 1995 e ricevette un David di Donatello nel 1996 per la miglior regia.

PROTAGONISTI E INTERPRETI PRINCIPALI

Joe Morelli: *Sergio Castellitto*
Beata: *Tiziana Lodato*

NOTE CULTURALI:

Il siciliano che sembra recitare una poesia nella prima scena (ripetuta alla fine del film) in realtà recita le parole di una famosa canzone popolare siciliana contro la guerra, dal titolo "vidi 'na crozza supra nu cannuni" (vidi un teschio sopra un cannone)

A metà circa del film, nella scena in cui Morelli filma un funerale, vediamo un uomo che bacia il cadavere sulle labbra: questo è il bacio rituale dato a un boss mafioso defunto dal suo successore. Solo questo bacio conferisce potere al nuovo boss dell'organizzazione mafiosa.

DOMANDE DI COMPRENSIONE E PUNTI DI DISCUSSIONE

1. Considera una delle prime scene, quella nella quale vediamo Morelli che si lava al fiume, mentre un cadavere é trasportato dalla corrente. Le parole dei contadini alla vista del morto sono: '*O era un sindacalista o un carabiniere o un bandito o un grandissimo figlio di puttana*'. Che cosa ci dicono queste parole sulla società siciliana? Confronta questa scena con una delle scene finali quando Morelli viene picchiato quasi a morte dai mafiosi. Qual è la reazione dei contadini in entrambe le scene?

2. Come reagiscono invece i siciliani all'arrivo dell'uomo delle stelle?

3. Commenta quello che dice Morelli riferendosi alla sua macchina da presa: 'Davanti a questa potete parlare tutti in libertà'.

4. Ecco una lista delle persone che si fanno riprendere da Morelli. Tutti confessano qualcosa di se stessi alla telecamera. Quale di questi personaggi ti ha colpito di più? Che cosa rappresentano nel loro complesso?

* La ragazza abbandonata dal fidanzato.
* I due fratelli che parlano della loro famiglia
* La madre che si prostituisce con Morelli
* Il Don Giovanni che 'fa godere le donne'
* Il brigadiere che recita Dante in siciliano
* I banditi
* Il pastore che parla delle stelle
* la ragazza che nessuno vuole sposare
* Il veterano della Seconda Guerra Mondiale
* Il vecchio di 112 anni che aveva combattuto con Garibaldi
* L'uomo muto, ex-combattente con i repubblicani spagnoli contro il dittatore Franco
* L'omosessuale
* Beata
* il principe che vuole costruire un ponte fra la Sicilia e il continente
* il pescatore

5. Anche Morelli è fotografato in una situazione. Quale? Perchè in quel momento è così simile ai siciliani?

6. Commenta le parole del dottore al quale Morelli dà un passaggio: '*Poveri, ingannati da tutti, da Dio, dallo Stato, dagli uomini....Hanno bisogno di pane, di giustizia, e tu vendi solo illusioni*'

7. Commentate le parole del brigadiere a Morelli, subito dopo l'arresto: '*Basta che qualcuno ci prometta successo e ricchezza e ci caschiamo subito. Tutti si sono confessati con te; ti hanno dato la loro sincerità e forse non lo faranno più per tutta la vita.*'

8. Perchè Morelli viene picchiato dai mafiosi? Come reagiscono il brigadiere e l'onorevole?

9. Secondo te, il personaggio di Joe è cambiato alla fine del film? Che cosa rappresenta Beata per lui?

LA SCORTA
(1993), regia di Ricky Tognazzi

INTRODUZIONE
(Nota: l'introduzione a questo film è particolarmente lunga e dettagliata a causa della complessità dei dialoghi e delle vicende narrate; si consiglia pertanto, per una migliore comprensione, di leggere l'Introduzione prima della visione del film. Per lo stesso motivo, questa scheda non contiene domande di comprensione sulle singole vicende, ma punti di discussione sui temi generali del film)

Trapani (Sicilia), inizio anni '90: il giudice Rizzo e la sua guardia del corpo Virzi pagano con la vita la loro opposizione alla Mafia, uccisi a colpi d'arma da fuoco nel centro di Palermo. Angelo, un amico personale di Virzi ed anch'egli un poliziotto, ritorna nella nativa Sicilia da Roma, e offre di prendere il posto di Virzi, determinato ormai a pagare qualsiasi prezzo pur di vendicare l'assassinio dell'amico. Diventa quindi una delle quattro guardie del corpo destinate a proteggere De Francesco, il giudice che ha preso il posto di Rizzo. De Francesco si dimostra da subito scrupoloso quanto il collega nelle sue inchieste contro la mafia locale, e le sue guardie del corpo diventano presto qualcosa di più che semplici garanti della sua incolumità personale: assumono un ruolo di primo piano nelle inchieste condotte dal giudice e si instaura fra di loro, e con il giudice stesso, un rapporto di intensa amicizia e fiducia reciproca.

In una regione come la Sicilia, dove l'acqua è un bene prezioso, la mafia è riuscita, con l'appoggio delle autorità locali, ad impossessarsi dei pozzi, che dovrebbero essere patrimonio della collettività, e a vendere l'acqua a prezzi altissimi, sia a privati che a ditte e ristoranti. "E' così che vanno le cose qui, ed è sempre stato così", dice Andrea, una delle guardie del corpo, a De Francesco. Ma il giudice è determinato a cambiare lo status quo e a restituire i pozzi al controllo delle comunità locali. Le sue inchieste però lo portano vicino al potere centrale della mafia e ai profondi ed antichi collegamenti fra il crimine organizzato, il potere politico e il sistema giudiziario. Molte forze, dentro e fuori il sistema politico, si oppongono agli sforzi di De Francesco, fino ad isolarlo completamente, e ad ostacolare le sue inchieste, a mettere in pericolo la sua vita, quella dei suoi agenti di scorta e addirittura quella della sua bambina. Solo la scorta rimane al suo fianco fino all'ultimo.

Alcuni critici hanno parlato di film "all'americana", per il suo ritmo serrato, l'uso emotivo della musica, il senso di pericolo incombente. Ma al contrario dei thriller americani, i personaggi non hanno niente di eroico, sono ragazzi normali, che provano paura, che hanno dubbi, ma che al momento di prendere una decisione sanno stare con naturalezza dalla parte degli onesti. Niente nel film è esagerato, anche perchè non ce n'è bisogno: come dice il titolo iniziale - *Liberamente ispirato ai fatti accaduti al giudice Francesco Taurisano e agli uomini della sua scorta* - non si tratta di finzione, è tutto successo davvero.

Il film ha ricevuto il David di Donatello 1993 per la miglior regia.

PROTAGONISTI E INTERPRETI PRINCIPALI
Le guardie del corpo:
Angelo (amico di Virzi, guardia del corpo del giudice Rizzo): *Claudio Amendola*
Fabio (il più giovane, avrebbe preferito un posto più tranquillo): *Ricky Memphis*
Raffaele (onesto e ben addestrato; parla quasi esclusivamente in dialetto, ha una fidanzata, commessa in una pasticceria): *Tony Sperandeo*
Andrea (capo scorta, l'unico sposato, ha tre figli): *Enrico Lo Verso*

ALTRI:
Giudice De Francesco (il nuovo giudice chiamato a Trapani per sostituire il giudice Rizzo), chiamato anche Procuratore:
Carlo Cecchi
Presidente Caruso (il Presidente del Tribunale di Trapani): *Benedetto Raneli*
Giudice Barresi (giudice di Caltanissetta, responsabile dell'inchiesta sull'uccisione di Rizzi Virzi, amico personale
di De Francesco): *Angelo Infanti*
Onorevole Nestore Bonura (esponente politico locale coinvolto con la Mafia): *Giacinto Ferro*
Ispettore Anna (ispettore della polizia, ex ragazza di Angelo): *Francesca D'Aloja*
Lia (moglie di Andrea): *Lorenza Indovina*
Milena (fidanzata di Raffaele): *Elda Alvigini*
U' Pupetto (informatore della polizia): *Luigi Maria Burruano*

CITAZIONI DAL FILM
(Nota: questo film abbonda in citazioni che possono essere usate efficacemente per la discussione in classe.
Scegli la citazione che meglio illustra, secondo te, le tematiche del film e discutila)

1. Fabio ad Angelo, durante la riunione delle scorte: **"Per proteggere uno che tanto muore lo stesso. Poi dicono che in Italia non ci sta la pena di morte...qui siamo venti condannati... Famo** (dialetto per *facciamo*) **pari o dispari per chi muore e per chi si mette il giubbotto"**.

2. Andrea a Lia, sua moglie: **Fra poco avremo una casa nuova. Il Presidente Caruso me l'ha promesso. Ci fa entrare nella cooperativa...** Lia: **Io ci ho paura, Andrea. Ci voglio entrare con te in quella casa....**

3. De Francesco all'Ispettore (Anna), durante una visita ai pozzi d'acqua: **L'acqua ha una potenza di circa 10 litri al secondo. Quindi è acqua pubblica, non è così, Ispettore?** Ispettore Anna: **Certo.** De Francesco: **Sequestri il pozzo.**

4. Andrea a De Francesco, quando riceve una lettera di minaccia: **Qua fanno così. Prima calunniano, poi minacciano, poi...** De Francesco: **Questo gioco non mi dispiace. Vuol dire che siamo sulla strada giusta.**

5. De Francesco dopo aver letto i titoli di giornale che lo accusano di 'avere assetato la Sicilia": **Ho dato la custodia dei pozzi ai sindaci, sono loro che non l'hanno erogata. Mi hanno messo contro l'opinione pubblica. Hanno fatto il gioco dei proprietari dei pozzi.**

6. Angelo ad Andrea, durante il loro litigio violento nel parcheggio sotterraneo: **Questo è un covo di serpi. I magistrati li ammazzano prima qua dentro negli uffici. Il Giudice Rizzo è stato ammazzato da quelli che l'hanno lasciato solo, compreso quella merda di Caruso. (...) Corsale, mi fai schifo.**

7. De Francesco - a casa sua - ad Andrea: **Lei vuol dire che il Presidente si informa dei miei passi attraverso di Lei?** Andrea: **È me che deve sostituire.** De Francesco: **No, non sostituisco uno che mi dice la verità.**

8. De Francesco alla scorta, durante una cena alla casa di Andrea: **Il Presidente Caruso non è... non credo che sia disonesto. È perfino peggio. È 'il terzo', come dite voi. Non sta nè con la mafia nè con quelli che la combattono.**

9. Angelo a De Francesco e al resto della scorta: **Lei sta continuando il lavoro del Dottor Rizzi e noi continueremo il lavoro del Maresciallo Virzi**.

10. De Francesco alla scorta durante il trasferimento in un appartamento più sicuro: **Quando ho deciso di venire a Trapani, sapevo che avrei corso dei rischi. L'avevo messo in conto, ma che sia successo a uno di voi, questo io non lo posso sopportare**.
    Angelo: **Passiamo a prenderla domani mattina alle 8**.

11. Giudice Barresi a De Francesco, durante il loro incontro al ristorante: **Qui siamo in Sicilia. Non abbiamo a che fare solo con storie di corruzione dei partiti e dei politici. Qui Cosa Nostra reagisce con le stragi, e tu lo sai, siete stati colpiti...**

12. Andrea a De Francesco nella scena finale di commiato: **Mi trasferiscono a Busella, un paesino di montagna. Vado ad aprire e chiudere le porte alla stazione dei carabinieri....**
    De Francesco: **Farò di tutto per ritornare**.

DOMANDE DI COMPRENSIONE E PUNTI DI DISCUSSIONE

1. Quale scena del film trovi più emblematica per capire il carattere della mafia?
2. Quale uomo della scorta trovi più interessante?
3. Scegli fra le citazioni riportate più sopra quella che trovi più rappresentativa di uno dei temi del film, e motiva la tua scelta.
4. Che cosa ti ha colpito di più della realtà siciliana? Fai riferimento a scene precise.
5. Commenta i seguenti punti:
   Il ruolo delle donne in questo film.
   Il ruolo dei bambini in questo film.
   Il paesaggio siciliano.
6. Avresti scelto un'altra fine per il film? Quale? Motiva la tua risposta.

DIBATTITO FINALE

Organizza un dibattito fra le seguenti **tre** persone (o **tre** gruppi di persone nella classe):

- un rappresentante della Lega Nord sostiene che l'Italia dovrebbe essere divisa in due; il nord ha una identità culturale ed etnica completamente diversa, e il sud dovrebbe costituire una nazione a parte;

- un rappresentante di Alleanza nazionale sostiene invece un modello di stato fortemente accentrato;

- un contadino del sud, discendente dei contadini di Fontamara come descritti da Silone o dei contadini di Gagliano come descritti da Levi, non è d'accordo nè con Lega Nord, nè con Alleanza nazionale, ma sostiene la necessità di un rapporto diverso con il potere centrale.

SOGGETTI PER TEMI, DISCUSSIONI IN CLASSE E/O PRESENTAZIONI ORALI

1. *Cristo si è fermato a Eboli* di Carlo Levi:
   - Esiste, secondo te, una regione (o una classe sociale, o un gruppo etnico) nel tuo paese di origine o in un paese che conosci bene, che presenta le stesse caratteristiche di estraneità alla vita politica e sociale della nazione intera?
   - "C'è la grandine, le frane, la siccità, la malaria, e c'è lo Stato". Spiega perchè, secondo i contadini di Gagliano, lo stato è paragonabile a una calamità naturale.

2. *Fontamara* di Ignazio Silone:
   - Immagina di essere il gerarca fascista che interroga i contadini di Fontamara. Scrivi un rapporto ai tuoi superiori sui risultati dell'esame orale.
   - Puoi continuare l'esame dei fascisti ai contadini? Chi evviva e chi abbasso?
   - Immagina che l'esame sia fatto a te. Chi evviva e chi abbasso? Motiva le tue risposte. Un funzionario dell'attuale governo (del tuo paese o dell'Italia) a quale categoria ti iscriverebbe? Anarchico, liberale, mascalzone, perfido, ecc.?

3. *Fontamara* di I. Silone e *Cristo si è fermato a Eboli* di C. Levi
   I contadini di Fontamara e quelli di Gagliano nei loro rapporti con lo stato e il fascismo: vedi dei punti in comune o delle diversità?

4. *L'omicidio mafioso* (da *Il giorno della civetta* di L. Sciascia)
   Riscrivi la scena dell'omicidio mafioso come se si svolgesse in un ambiente dove non esistono mafia e omertà. Le reazioni dei testimoni e i loro colloqui con i carabinieri sono sicuramente molto diversi.

5. *Il capitano di Parma e la Sicilia* (da *Il giorno della civetta* di L. Sciascia)
   Il medico del carcere parla con un capomafia chiedendogli di vendicare per lui il pestaggio ricevuto in carcere.

6. *Il lungo viaggio* di L.Sciascia
   - Continua la storia de 'Il lungo viaggio'. Che cosa dicono i due contadini agli altri che erano rimasti sulla spiaggia? Come ritornano a casa? Cosa succede al Sig. Melfi? Lo incontrano ancora?

   - Se hai visto il film *L'uomo delle stelle* metti a confronto la beffa del racconto con quella di Joe nel film.

7. ***Gli appalti al sud e il ponte sullo Stretto di Messina*** di Giorgio Bocca (da ***Piccolo Cesare***)

Scrivi un dibattito fra un sostenitore e un oppositore alla costruzione del ponte sullo Stretto di Messina (questo tema può anche essere svolto come dibattito in classe)

8. Film ***La scorta***.
   - Scrivi una breve sceneggiatura di La scorta II: continua la storia di uno degli agenti della scorta o del giudice De Francesco.

   - Pensa ad un film 'poliziesco' americano con un tema simile (ce ne sono tanti!). Quali sono le differenze principali che riscontri fra quel film e La scorta?

9. Film ***I cento passi***

   Scegli due o più citazioni che esprimano un contrasto significativo nella personalità dei parlanti, nel contenuto, nella situazione, ecc., e commentale.

10. Film ***L'uomo delle stelle***
    - Quale aspetto della società siciliana degli anni '50 hai trovato più interessante o emblematico?
    - Che cosa pensi della fine del film? Joe manterrà la sua promessa a Beata?

Perseo e la Gorgone, Metopa, Tempio C, Selinunte.

FONTI

BIBLIOGRAFIA

FONTI DELLE LETTURE

Arnoldo Mondadori Editore:

I. Calvino, *L'entrata in guerra*, Mondadori, Milano 1994.

M. Mafai, "Gisella, Ministro della Repubblica della Val d'Ossola", da *Pane nero*, Mondadori, Milano 1987.

I. Calvino, "Smania di raccontare e neorealismo", da Prefazione, *Il sentiero dei nidi di ragno*, Mondadori, Milano 1964.

I. Calvino, "Il bosco sull'autostrada", da *Marcovaldo*, Mondadori, Milano 2002.

M. Boneschi, "Stranieri in patria: "terroni" o "polentoni", da *Poveri ma belli: i nostri anni cinquanta*, Mondadori, Milano 1996.

A. De Carlo, *Due di Due*, Mondadori, Milano 1989.

C. Castellaneta, "La tangente", da *Rapporti confidenziali: racconti*, Mondadori, Milano 1989.

A. De Carlo, "La festa dei potenti", da *Tecniche di seduzione*, Mondadori, Milano 1991.

A. De Carlo, "La televisione è il potere", da *Tecniche di seduzione*, Mondadori, Milano 1991.

A. De Carlo, "Il Belpaese", da *Pura vita*, Mondadori, Milano 2001.

I. Silone, *Fontamara*, Mondadori, Milano 1988.

Einaudi:

P. Levi, "L'Intellettuale a Auschwitz", da 'Opere I', *I sommersi e i salvati*, Einaudi, Torino 1987.

P. Levi, poesia "Se questo è un uomo", da 'Opere I', *I sommersi e i salvati*, Einaudi, Torino 1987.

N. Ginzburg, "La vendemmia di parole", da *Lessico familiare*, Einaudi, Torino 1967.

N. Ginzburg, "Le scarpe rotte", da *Le piccole virtù*, Einaudi, Torino 1976.

N. Ginzburg, "Non guariremo più", da 'Il figlio dell'uomo', *Le piccole virtù*, Einaudi, Torino 1976.

M. Corti, *Le pietre verbali*, Einaudi, Torino 2001.

A. Nove, "Protagonisti", da *Superwoobinda*, Einaudi, Torino 1998.

C. Levi, *Cristo si è fermato a Eboli*, Einaudi, Torino 1990.

Su licenza di Adelphi Edizioni:

G. Rugarli, "La tangente matrimoniale", da *La troga*, Adelphi Edizioni, Milano 1988.

L. Sciascia, "L'omicidio mafioso", da *Il giorno della civetta*, Adelphi Edizioni, Milano 2002.

L. Sciascia, "Il capitano di Parma e la Sicilia", da *Il giorno della civetta*, Adelphi Edizioni, Milano 2002.

L. Sciascia, "Il lungo viaggio", da *Il mare colore del vino*, Adelphi Edizioni, Milano 1996.

Giangiacomo Feltrinelli Editore:

G. Bocca, "Berlusconi e Forza Italia", da *Piccolo Cesare*, Feltrinelli, Milano 2002.

G. Bocca, "Tangentopoli", da *Piccolo Cesare*, Feltrinelli, Milano 2002.

M. Serra, "L'assassino", da *Il nuovo che avanza*, Feltrinelli, Milano 1994.

G. Bocca, "Gli appalti al Sud e il ponte sullo Stretto di Messina", da *Piccolo Cesare*, Feltrinelli, Milano 2002.

RCS Libri, S.p.A.:

U. Eco, "Bruno", da *La bustina di Minerva*, RCS Libri, S.p.A., Milano 1999.

A. Moravia, "L'incontro con gli inglesi", da *La ciociara*, Bompiani, Milano 1994.

G. Galli, "Le regole del gioco della democrazia", da *Storia del partito armato*, Rizzoli, Milano 1986.

Sellerio Editore:

L. Mazzetti, "La visita del Federale", da *Il cielo cade*, Sellerio Editore, Palermo 1993.

M. Olschki, "Come si chiama quest'Uomo?", da *Terza Liceo 1939*, Sellerio Editore, Palermo 1993.

Marsilio Editori:

B. Stancanelli, "Bilanci", da *Cruderie*, Marsilio Editori, Venezia 1996.

B. Stancanelli, "L'Agghindatore", da *Cruderie*, Marsilio Editori, Venezia 1996.

L'Espresso:

G. Sartori, "Morire per gli immigrati", *L'Espresso*, 7 settembre 2000.

Besa Editrice:

R. Kubati, *Va e non torna*, Besa Editrice, Lecce 2000.

Editori Riuniti:

M. Melilli, *Mi chiamo Ali... Identità e integrazione: inchiesta sull'immigrazione in Italia*, Editori Riuniti, Roma 2003.

Giunti Editore:

C. Sereni, "Il capolavoro della propria vita" e "Sabato pomeriggio", da *Manicomio primavera*, Giunti Editore, Firenze 1989.

Garzanti Libri S.p.A.:

G. Culicchia, *Tutti giù per terra*, Garzanti, Milano 2001.

Libreria Editrice Fiorentina:

Scuola di Barbiana, *Lettera a una professoressa*, Libreria Editrice Fiorentina, Firenze 1996.

Su concessione del Ministero per i Beni Culturali e Ambientali (divieto di ulteriore riproduzione o duplicazione con qualsiasi mezzo):

M. Fumagalli, "Dagli al corrotto, parola di donna", *Corriere della Sera*, 20 febbraio 1992.

G. Zincone, "Se il pane non basta", *Corriere della Sera*, 24 aprile 2000.

M. Gasperetti, "Gli affari migliori? Alle nove di mattina", *Corriere della Sera*, 31 luglio 2001.

Su concessione di Marco Vigevani Agenzia Letteraria S.a.S., quale rappresentante fidudiario dell'autore:

G. Bocca, *Noi terroristi, dodici anni di lotta armata ricostruiti e discussi con i protagonisti*, Garzanti, Milano 1985.

Su concessione di Vicki Satlow Literary Agent, quale rappresentante dell'autrice:

S. Tamaro, "La famiglia è una camera a gas", da *Va' dove ti porta il cuore*, Baldini & Castoldi, Milano 1996.

FONTI DELLE ILLUSTRAZIONI
(fotografie, manifesti pubblicitari e politici, ecc.)

Istituto Gramsci Emilia-Romagna: pp. 72 (in alto a sin.), 118 (in alto a sin.), 164 (in alto a ds.), 167 (in alto a sin.), 168 (sin. e centro), 169, 170 (in basso), 171, 172, 173 (in alto a ds.), 174 (in alto a sin.), 176 (in alto a sin. e in basso), 236, 268, 269 (in basso), 270.

Biblioteca Panizzi:
- Renzo Vaiani, "Lavori femminili: Casa della Gioventù italiana del Littorio: Reggio Emilia", 1942, Reggio Emilia, Fototeca della Biblioteca Panizzi: p. 31.
- "Villa Minozzo dopo il bombardamento", 1944, Reggio Emilia, Fototeca della Biblioteca Panizzi: p. 94.
- Renzo Vaiani, "Reggio Emilia Vetrine Concorso", ca. 1955, Reggio Emilia, Fototeca della Biblioteca Panizzi: p. 74 (in alto a sin.).
- Foto Ars, "Grandi Magazzini Vampa, Reggio Emilia, ca. 1953, Reggio Emilia, Fototeca della Biblioteca Panizzi: p. 76.
- Studio Vaiani, "Modelle con esposizione prodotti commerciali", ca. 1960, Reggio Emilia, Fototeca della Biblioteca Panizzi: p. 80 (in alto a sin.).
- Gabinetto fotografico del Comune di Reggio Emilia, "Studenti pendolari sciopero per trasporti", 1969, Reggio Emilia, Fototeca della Biblioteca Panizzi: p. 110 (in alto).
- Gabinetto fotografico del Comune di Reggio Emilia, "Sciopero studenti "per Libertà di cultura", ca. 1970, Reggio Emilia, Fototeca della Biblioteca Panizzi: p. 112 (in alto).
- Gabinetto fotografico del Comune di Reggio Emilia, "Manifestazione operai-studenti contro la repressione", ca. 1969, Reggio Emilia, Fototeca della Biblioteca Panizzi: p. 113.
- Laboratorio Fotografico B.M. RE., "Manifesti politici", 1983, Reggio Emilia, Fototeca della Biblioteca Panizzi: p. 166 (in alto a sin.).
- Archivio fotografico della Camera del Lavoro, Reggio Emilia, "Manifestazione per funerali vittime Stazione Ferroviaria - Bologna: 3.8.80", Reggio Emilia, Fototeca della Biblioteca Panizzi: p. 121.
- Studio Vaiani, "Cooperativa di consumo di Massenzatico", 1947, Reggio Emilia, Fototeca della Biblioteca Panizzi: p. 217 (in alto a sin.).
- Studio Vaiani, "Aule", ca. 1960, Reggio Emilia, Fototeca della Biblioteca Panizzi: p. 242.
- Giuseppe Maria Codazzi, "Gente", 1994-1995, Reggio Emilia, Fototeca della Biblioteca Panizzi: p. 180.

Su concessione del ministero per i Beni Culturali e Ambientali (divieto di ulteriore riproduzione o duplicazione con ogni mezzo): fotografie dal *Corriere della Sera*:

11 aprile 2004: p. 26.

7 settembre 2003: p. 22 (in basso) .

4 gennaio 2004: p. 75 (in alto a ds.).

14 gennaio 2004: p. 74 (in basso).

8 maggio 2004: p. 119.

20 agosto 2002: p. 174 (in alto a ds.).

11 luglio 2002: p. 166 (in alto a ds. e sotto).

11 giugno 2004: p. 179.

20 gennaio 2002: pp. 238, 243.

31 luglio 2001: p. 237.

3 febbraio 2004: p. 239.

15 gennaio 2004: p. 298.

16 gennaio 2004: p. 266 (in basso).

19 febbraio 2004: p. 267.

17 luglio 2002: p. 269 (in alto a ds.).

22 maggio 2004: p. 271 (in alto a ds.).

Su concessione del Ministero per i Beni e le Attività Culturali - Soprintendenza P.S.A.E. per le province di Venezia, Padova, Belluno e Treviso: Manifesti dalla raccolta Salce:
- p. 19: "Seminare per vincere", inv. 1.345; p. 17: "Credere obbedire combattere", inv. 13.013; p. 20: "Fila la matita italiana di qualità", inv. 8.614; p. 21:"Vincere e vinceremo", inv. 9.266; p. 19:"All'armi siam fascisti!"(A NOI!), inv. 12.988 ; p. 70:"Gli aiuti d'America" inv. 2.074; p. 80:"Lavabiancheria elettrica Candy" inv. 11.824; p. 80:"Frigoriferi Zoppas" inv. 5.338; p. 75: "Lambretta" inv. 19.273.

Centro Documentazione e Archivio Storico, CGIL Toscana, Sig. Calogero Governali:
- pp. 65, 68, 72 (in basso), 73 (in alto), 74 (in alto ds.), 75 (in alto sin.), 87, 107 (a sin.), 110 (in basso).

Archivio della Fondazione Istituto Piemontese Antonio Gramsci: pp. 72 (in alto a ds.), 86, 116 (in alto a ds.).

Archivio Arnoldo Mondadori Editore: pp. 29, 30 (a ds.), 55.

Tano D'Amico: pp. 109, 115, 144, 266 (in alto).

Archivio Marco Pezzi del Comune di Bologna: pp. 112 (in basso), 114, 116 (in alto a sin.).

Istituto Storico di Modena: pp. 24 (in alto a sin. e ds.).

Guido Mapelli: p. 276.

Fondazione Corriere della Sera (materiale tratto dall'Archivio Storico del Corriere della Sera): p. 82.

Museo Storico Italiano della Guerra, Rovereto:
  – foto Hartman (quinta armata) (n. 131): p. 52.
  – Un gruppo di partigiani riconsegna le armi dopo la smobilitazione (n. 219): p. 66.

Photography Collection, Miriam and Ira D. Wallach Division of Art, Prints and Photographs, The New York Public Library, Astor, Lenox and Tilden Foundations:
  – n. 79878: Italian Family looking for lost baggage on Ellis Island, New York 1905. Photographer Lewis W. Hine: p. 265.

United States Holocaust Memorial Museum, courtesy of National Archives:
  – p. 48: foto di J. Malan Heslop (Ebensee concentration camp).
  – p. 50: foto dal film sovietico sulla liberazione di Auschwitz del Primo Fronte Ucraino.

Museo Archeologico Villa Imperiale del Casale di Piazza Armerina (uso gratuito come consentito dalle leggi vigenti): p. 275.

Paolo Siccardi: p. 165 (in basso).

Nico Bastone: p. 263.

Coraggio Sicilia, Addio Pizzo: p. 271 (in basso).

Visitor Service, Via Montenapoleone, Milano: pp. 165 (in alto a sin.), 217 (in alto a ds.).

Immagini dell'autrice: pp. 19 (in alto, centro e in basso), 24 (in basso e centro), 69, 71, 80 (in alto a ds.).

Museo Archeologico Reg.le "A. Salinas" di Palermo: p. 309

Famiglia Amendola: p. 33.

Centro Siciliano di Documentazione "Giuseppe Impastato": p. 300.

© Pagot, per gentile concessione di Rever srl, Milano: p. 79.

Luciano D'Alessandro: p. 67.

Archivio Franco Pinna: p. 77 (in alto a sin.).

riproduzione autorizzata da Alberto e Carlotta Guareschi: p. 73 (in basso).

Fototeca REDA, Accademia dei Georgofili: p. 89.

Giuseppe Leone: p. 96.

Carlo Riccardi: pp. 77 (in alto a ds.), 107 (a ds.).

Archivio Storico Fiat: p. 77 (in basso).

Dario Lanzardo: p. 208.

Dino Fracchia: pp. 163, 164.

Alberto Ramella: pp. 232, 234.

Marco Becker: pp. 175 (in alto), 176 (in alto a ds.), 231, 233, 235.

Mario La Fortezza: p. 291 (a sin.).

Istituto per la Storia del Risorgimento Italiano, Roma: p. 264 (a sin.).

Mario Carbone: p. 262.

Eredi di Carlo Levi (tramite la S.I.A.E.): p. 291 (a ds.).

Museo Civico Giovanni Fattori - Livorno: p. 264 (a ds.).

Egidio Scaccio: p. 269 (in alto a sin.).

Girolamo Perna: p. 271 (in alto a sin.).

Sergio La Rosa: p. 277.

Best of Sicily, Louis Mendola: p. 274.

Fotoarchivi & Multimedia: p. 199.

Centro di Formazione e Ricerca Don Lorenzo Milani e Scuola di Barbiana, Vicchio (Firenze): pp. 148, 161.

Gianni Berengo Gardin: p. 165 (in alto a ds.).

Photograph courtesy of the Imperial War Museum, London: p. 23.

BIBLIOGRAFIA

Testi di interesse generale:
- G. Candeloro, *Storia dell'Italia moderna, volumi IX e X*, Feltrinelli, Milano 1995.
- G. Galli, *I partiti politici italiani (1943-2000)*, RCS Rizzoli, Milano 2001.
- A. Gambino, *Storia del dopoguerra. Dalla Liberazione al potere Dc*, Laterza, Bari 1975.
- P. Ginsborg, *Storia d'Italia dal dopoguerra a oggi*, Einaudi Editore, Torino 1989.
- A. Lepre, *Storia della prima Repubblica, L'italia dal 1943 al 2003*, Il Mulino, Bologna 2004.
- G. Mammarella, *L'Italia contemporanea 1943-1998*, Il Mulino, Bologna 1974.

Testi su argomenti specifici:
- AA.VV., *Il volto della guerra - Lettere e testimonianze sulla seconda guerra mondiale 1939-1945*, Sugar Editore, Milano 1966.
- M.Addis Saba, a cura di, *La Corporazione delle donne, Ricerche e studi sui modelli femminili nel ventennio*,Vallecchi, Firenze 1988.
- R. Alajmo, *Un lenzuolo contro la mafia*, Gelka editori, Palermo 1993.
- M. Alloisio, G. Beltrami Gadola, *Volontarie della libertà, 8 settembre 1943 - 25 aprile 1945*, Gabriele Mazzotta Editore, Milano 1981.
- M. Ambrosini, *Utili invasori. L'inserimento degli immigrati nel mercato del lavoro italiano*, FrancoAngeli, Milano 1999.
- M. Andreoli, *Andavamo in Piazza Duomo*, Sperling & Kupfer Editori, Milano 1993.
- P. Arlacchi, *Il processo, Giulio Andreotti sotto accusa a Palermo*, Rizzoli R.C.S. Libri & Grandi Opere, 1995.
- P. Arlacchi, *Gli uomini del disonore*, Mondadori 1992.
- A. Bachelet, *Tornate a essere uomini*, Rusconi Libri, Milano 1989.
- E. Biagi, *La seconda guerra mondiale, una storia di uomini*, Vol. VI, Gruppo Editoriale Fabbri, Milano 1985.
- G. Bocca, *Storia dell'Italia partigiana, settembre 1943 - maggio 1945*, Mondadori, Milano 1995.
- G. Bocca, *Partigiani delle montagne*, Feltrinelli, Milano 2004.
- G. Bocca, *Il terrorismo italiano 1970-1978*, Garzanti Editore, Milano 1978.
- M. Boneschi, *Santa Pazienza. La storia delle donne italiane dal dopoguerra a oggi*, Mondadori, Milano 1998.
- A. Bravo, A.M. Bruzzone, *In guerra senza armi, storie di donne, 1940-1945*, Laterza, Bari 2000.
- M. Capanna, *Formidabili quegli anni*, R.C.S. Libri e grandi Opere, Milano 1994.
- R. De Felice, *Autobiografia del fascismo, antologia di testi fascisti 1919-1945*, Minerva Italica, Bergamo 1978.
- A. Colombo, *Etnografia di un'economia clandestina, Immigrati algerini a Milano*, Il Mulino, Bologna, 1998.
- P. Dorfles, *Carosello*, il Mulino, Bologna 1998.
- G. Falcone, in collaborazione con Marcelle Padovani, *Cose di Casa nostra*, RCS Rizzoli, Milano 1991.
- G. Fofi, *L'immigrazione meridionale a Torino*, Feltrinelli Editore, Milano 1964.
- G. Galli, *Piombo rosso, la storia completa della lotta armata in italia dal 1970 a oggi*, Baldini Castoldi Dalai, Milano 2004.
- M. Giusti, *Il grande libro di Carosello*, Sperling & Kupfer, Milano 1995.
- IRES, *Uguali e diversi - Il mondo culturale, le reti di rapporti, i lavori degli immigrati non europei a Torino*, Rosenberg & Sellier, Torino 1992.
- M. Mafai, *Pane nero*, Mondadori, Milano 1987.
- M. Melilli, *Mi chiamo Alì... Identità e integrazione: inchiesta sull'immigrazione in Italia*, Editori Riuniti, Roma, 2003.
- G. Mughini, *Il grande disordine, i nostri indimenticabili anni Settanta*, Mondadori, Milano 1998.
- G. Pajetta, a cura di, *Lettere di antifascisti dal carcere e dal confino (I e II)*, Editori Riuniti, Roma 1975.
- A. Ronchey, *Accadde in Italia: 1968-1977*, Garzanti, Milano 1977.
- G. Saladino, *Terra di rapina*, Sellerio Editore, Palermo 2002.
- P. Secchia, F. Frassati, *Storia della Resistenza. La guerra di liberazione in Italia 1943-1945*, Editori Riuniti, Roma 1965.
- C. Stajano, a cura di, *Mafia, l'atto di accusa dei giudici di Palermo*, Editori Riuniti, Roma 1986
- A. Stille, *Nella terra degli infedeli*, Mondadori, Milano 1995.
- A. Stille, *Andreotti*, Mondadori, Milano 1995.
- G.Valentini, a cura di, *Antonio Di Pietro, Intervista su Tangentopoli*, Editori Laterza, Bari 2001.
- G. Viale, *Contro l'Università*, 'Quaderni Piacentini' n. 33, 1968.

L'autrice e l'editore ringraziano in modo particolare i fotografi e gli Istituti che hanno gentilmente e generosamente dato il loro consenso alla riproduzione delle loro opere in questo volume:

Mario Carbone, Luciano D'Alessandro, Tano D'Amico, Mario La Fortezza, Dario Lanzardo, Giuseppe Leone, Guido Mapelli, Alberto Ramella, Carlo Riccardi, Egidio Scaccio, Gianni Berengo Gardin, Dino Fracchia, Paolo Siccardi, Nico Bastone.

Si ringrazia la Fondazione *Corriere della Sera* per l'utilizzo del materiale tratto dall'Archivio Storico del *Corriere della Sera*.

Infine si ringraziano per la preziosa collaborazione al corredo fotografico del volume: Luca Majoli dell'Archivio Fotografico della S.P.A.E. per le Province di Venezia, Padova, Belluno e Treviso, Manrico Casini-Velcha del Centro Formazione e Ricerca Don Lorenzo Milani e Scuola di Barbiana, Claudio Silingardi dell'Istituto Storico di Modena, Fabrizio Billi dell'Archivio Storico Marco Pezzi, Claudio Salin dell'Archivio della Fondazione Istituto Piemontese Antonio Gramsci, Fabrizio Alberti dell'Istituto per la Storia del Risorgimento, Giovanna Pedron del Museo Storico Italiano della Guerra, Alberto e Carlotta Guareschi, figli di Giovannino Guareschi, Calogero Governali del Centro Documentazione e Archivio Storico, CGIL Toscana, Francesca Tramma della Fondazione Corriere della Sera, Maurizio Torchio e Alberta Simonis dell'Archivio Storico della Fiat, Davide Fiorino dell'Accademia dei Georgofili, Claudia Romano della Biblioteca Nazionale Braidense, Laura Gasparini della Biblioteca Panizzi, Comune di Reggio Emilia, Giuseppe Pinna dell'Archivio Franco Pinna, Simona Granelli dell'Istituto Gramsci Emilia-Romagna, Anna Puglisi del Centro Siciliano di Documentazione "Giuseppe Impastato", Gabriele Manzoni, Visitor Service Via Montenapoleone.

Finito di stampare nel mese di ottobre 2010
da Grafiche CMF - Foligno (PG)
per conto di Guerra Edizioni - Guru s.r.l.